제3판

아동상담

구은미 박성혜 이영미 이혜경 공저

양서원

머리말

'사랑받고 자란 아이가 사랑하고 살아갑니다'라는 공익광고 문구처럼 어릴 적부터 사랑을 충분히 받은 사람이 행복한 세상을 만들 수 있다. 아동의 심리적 어려움을 해결하기 위해 애쓰고 있는 상담자들이나 영유아 및 아동교육에 종사하는 선생님들은 아이들에게 사랑을 전달하고 심리적인 치유를 위해 늘 수고를 아끼지 않는다. 그러나 때때로 감당하기 힘든 일들이 발생할 때마다 좌절을 경험하고는 한다. 아동에 대한 사랑과 열의를 가지고는 있으나 아동의 문제행동, 아동을 둘러싼 주변 환경의 갑작스러운 변화(학대, 이혼, 폭력 등)에 직면했을 때 어디서부터 어떻게 도움을 주어야 할지 난감할 때가 많다. 이 책은 그런 곤경에 처했을 때 실질적인 도움을 주고자 한다.

제3판에서는 아동상담의 주요 이론들과 더불어 상담의 윤리, 최근 아동상담에서 적용되는 다양한 기법, 상담과정, 상담자의 역할과 태도에 대해 최신 내용을 추가하였다.

실제적 접근에서는 현장에서 흔히 접할 수 있는 아동문제들, 즉 발달, 가족, 심리, 사회, 정서, 부적응의 문제들에 대한 이해를 위해 특성, 진단 및 평가기준(DSM-5)들을 살펴보았다. 또한 부모상담의 기술과 전략도 제시하였다.

그러나 모든 상담이 그렇듯 상담은 이론과 실제의 모방으로만 해결할 수 없는 것이고 많은 훈련과 학습, 독창적인 기술로 이루어진다는 것을 잊어서는 안 된다.

이 책은 아동의 문제행동을 정확하게 이해하고, 아동문제행동에 대한 예방과 치료의 중요성을 알려줌으로써, 아동상담을 하고 있는 상담자들뿐만 아니라 영유아교육에 종사하는 선생님들, 학생들에게도 유익한 도움이 되고자 한다.

이 원고가 출간이라는 결실을 맺을 때까지 수고와 인내를 아끼지 않으신 양서원의 박철용 회장님과 임직원 여러분께 존경과 감사의 마음을 보낸다.

건강하고 사랑받는 아이로 성장하도록 오늘도 음지양지로 도움을 주시는 분들께 이 책을 바친다.

2022년 2월
저자 드림

목차

PART 01

아동상담의 기초

1장 아동상담의 이해

2장 아동상담의 기본 조건과 원리

3장 아동상담의 과정

Chapter

01

아동상담의 이해

아동기는 인간의 전 생애발달 과정에 있어 가장 기초적인 것이 형성되며, 이후의 삶에 지속적인 영향을 미치게 되는 중요한 시기이다. 과거에 비해 현대의 아동들은 물질적인 면에서는 풍요로움을 느끼고 있지만, 급변하는 사회 속에서 과도한 학업적 요구와 함께 많은 정서적 · 심리적 문제에 직면해 있다. 또래와의 교류보다는 스마트폰과 더 많은 시간을 보내고 있으며, 과거 가족관계 속에서 해결하던 문제들은 이제 더 이상 가족 내에서 해결하기 어려워지고 있다. 본 장에서는 아동상담의 필요성과 함께, 아동상담의 유형에 대해 알아보기로 한다.

제1절 아동상담의 필요성

아동기는 긍정적인 자아개념 및 여러 가지 사회적 기술을 익혀 건강한 사회인으로 성장하기 위한 초석을 다지는 중요한 시기이다. 과거에는 아동의 행동상의 문제, 정서적 문제 등은 사회적 이슈로 큰 주목을 받지 못했으나 최근에는 학교폭력, 집단따돌림 등 아동문제의 심각성이 우리 사회에 주요한 사회적 문제로 떠오르고 있으며 관련 정부부처에서도 이러한 문제의 해결 및 예방적 차원에서 많은 관심을 표명하고 있다. 특히 아동기는 전인적 발달의 중요한 시기로 이 시기의 문제나 어려움이 적기에 긍정적으로 해결되지 못하면, 현재 생활에 부적응적일 뿐만 아니라, 이후의 삶에도 부정적인 영향을 끼치기 쉽기 때문에 아동상담의 필요성이 강조되고 있다.

아동상담은 아동의 성장발달에 있어서 영향을 미치는 장애를 극복하고 최적의 발달을 가져올 수 있도록 훈련받은 전문가와 도움이 필요한 아동과의 관계형성을 통해 진행되는 과정이라고 할 수 있다. 아동은 여러 면에서 아직 성장발달 중이므로 자신의 생각과 느낌을 언어로 자유롭게 표현하는 데 제한이 있으며 자신의 문제를 스스로 인지하여 상담을 먼저 의뢰하기도 어렵다. 그런 의미에서 아동상담은 다양한 치료적 매체를 통해 아동의 내적 감정을 표현하도록 돕는다. 또한 아동상담의 이론적 배경이 비록 성인상담에 근거하고 있지만, 성인상담과는 차별화된 접근이 필요하며 상담자 또한 아동발달에 대한 전문적 지식이 필요하다.

한국사회의 급격한 경제성장과 도시화는 여러 사회문화적 환경에 영향을 미치고 있으며 특히 가족구조 변화 및 기능 약화는 구성원 모두에게 많은 갈등과 어려움을 증가시키고 있다. 이러한 변화들은 순조로운 아동발달의 문제, 적절한 부모 역할의 부재 등 많은 문제점을 낳게 되었는데, 이러한 현대사회의 변화를 바탕으로 아동상담의 필요성을 살펴보면 다음과 같다.

1. 가족구조 및 기능의 변화

현대 가정의 자녀양육 문제는 전통적인 대가족제도에서 지원받던 보호양육 기능이 약화되어 사회적으로 큰 문제로 대두되고 있다. 또한 맞벌이가정, 한부모가정, 다문화가정, 학대가정의 증가는 아동의 안전 및 정서적인 면에 있어서 또 다른 문제를 낳게 되기도 한다. 뿐만 아니라 점점 더 어린 연령부터 유아교육기관을 다니게 되고, 다양한 수요자의 욕구를 해결하기 위해 실시하고 있는 시간연장 어린이집과 24시간 어린이집 등은 부모가 자녀를 돌볼 수 없는 특수한 상황에서 아이를 돌보기 위한 목적을 지니지만, 실제로는 부모가 자녀를 돌볼 수 없는 상황이라는 조건 없이, 단지 부모가 필요로 하면 언제든지 자녀를 어린이집에 맡길 수 있는 상황이라 부모-자녀 간의 애착형성에 많은 문제점을 야기하기도 한다.

특히 인터넷을 비롯한 여러 매체에서 쏟아내고 있는 수많은 자녀양육 정보로 인해 부모들은 스스로의 부모 역할에 혼돈과 불안을 느끼므로 자녀발달에 따라 부모 역할을 지원할 수 있는 아동, 부모를 위한 상담이 그 어느 때보다 절실히 필요하다.

2. 아동의 부적응 문제

유엔아동권리위원회에서는 우리나라 교육체제의 현저하고 심각한 경쟁적인 환경과 과도한 사교육이 아동의 여가와 문화활동에 대한 권리와 충분한 실현을 방해하고 있으며 이로 인해 심각한 스트레스와 몸과 마음의 건강에 부정적 영향을 겪고 있음에 대해 우려를 표했다(보건복지부, 2017). 이처럼 우리나라의 교육환경을 살펴보면, 지나친 입시위주의 교육과 경쟁사회에서 아동은 놀이시간의 부족, 놀이 친구의 상실, 놀이공간의 부족 등으로 진정한 의미의 아동기를 누리지 못한 채 남보다 더 많이, 더 빨리 경험하고 배울 수 있도록 재촉당하고 있다.

과도한 경쟁 분위기와 기대는 아동에게 스트레스를 유발시키며, 발달에 있어 부정적인 결과와 아동의 부적응 문제를 낳게 한다. 특히 전대미문의 코로나 19의 장기화를 겪으면서 사회관계의 첫 단추를 꿰는 초등학생들이 친구와 갈등 해결하는 법을 잘 알지 못해 친구들과 문제가 생겼을 때 더욱 어려움을 겪게 된다(아동권리보장원, 2020). 교육부가 발표한 2021년 1차 학교폭력 실태조사에 따르면 학교폭력 피해 응답률이 초 · 중 · 고 가운데에서 초등학교에서만 증가했다고 밝혔다(교육부, 2021). 자녀와 학교폭력과 관련한 대화를 할 때는 공감하고 들어주는 게 중요하다. 이처럼 아동의 발달과정에서 발생할 수 있는 여러 부적응 문제를 조기에 적절하게 개입해서 이후의 발달에 미치는 영향을 최소화할 필요가 있다.

3. 스마트폰과 인터넷의 과잉사용

유니세프는 2017년 세계아동현황보고서 '디지털시대의 어린이' 발표를 통해 전 세계 인터넷 사용자의 1/3이 아동으로 집계될 만큼 이미 아동과 미디어는 뗄 수 없는 관계가 되었다고 보고하고 있다(UNICEF, 2017). 우리나라도 최근 스마트폰 등 디지털 기기의 사용이 보편화되면서 미디어에 노출되는 연령대가 점점 낮아지고 있으며, 영유아기부터 성인에 이르기까지 이러한 스마트 미디어는 우리의 일상 깊숙한 영역까지 영향을 미치고 있다. 특히 대중매체나 사이버공간은 개별접촉매개이므로 외부에서 개입하기 어렵기 때문에 잠재적 위험성이 더 클 수 있으므로 일정 수준의 가이드라인이 제시되지 않으면 아동청소년이 대중매체의 위험성에 그대로 노출될 수 있다(황옥경, 구은미, 이은주, 김형욱, 2017).

우리나라는 세계 최고 수준의 인터넷 보급률을 자랑하고 있으나 인터넷의 비대면성을 이용한 사이버 언어폭력과 게임중독 등 그 역기능 또한 심화되고 있다. 인터넷 사용에 대한 우려의 소리가 높은 것은 그것이 미치는 부정적 영향 때문이다. 폭력적인 게임이나 영상에 오랜 시간 노출되면 비현실적 사고와 행동을 하게 되어 아동 문제행동의 원인이 된다. 한국지능정보사회진흥원이 발표한 '2020년 스마트폰 과의존 실태조사보고서'에 따르면 대상별 과의존 위험군 비율로 만 3~9세 유아동의 경우 27.3%로 2018년, 2019년 통계에 비해 지속적으로 높은 상승률을 유지하고 있으며, 특히 맞벌이 가정의 남아 6~9세 아동이 상대적으로 취약한 것으로 나타났다. 스마트폰 과의존 요인별 속성을 보면 유아동의 경우 스마트폰을 이용하는 생활패턴이 다른 행태보다 두드러지고 가장 중요한 활동이 되고 있다는 현저성(sailence)을 가장 많이 경험하고 있는 것으로 나타났다.

미디어의 과한 사용은 언어발달에 해당하는 의사소통 능력뿐만 아니라 비속어 사용에도 관련이 있는데, 이러한 비속어는 인터넷상에서는 물론이고 일상생활에서도 많이 사용되고 있어 언어교육상 문제가 되고 있다(김수정, 구은미, 2019). 비속어 사용의 저연령화와 그것이 갖는 부정적인 영향을 고려할 때 부모와 교사의 더욱 각별한 지도가 필요하다.

제2절 아동상담의 정의

아동상담이란 아동을 대상으로 하는 상담을 의미하며, 아동의 심리적 문제를 해결하기 위한 상담에는 흔히 아동과의 직접적 면담 이외에도 가족상담 · 놀이치료 · 행동수정 등의 방법이 많이 쓰여진다. 아동상담이 성인상담과 구별되는 점은 다음과 같다.

① 아동상담의 대상은 사회적인 또는 법률적인 미성년자들이다.
② 아동의 심리적 문제는 발달과정에서 일시적으로 나타나는 경우도 있고 또 발달과정을 거치는 동안에 의도적 노력 없이 수정될 수도 있다.
③ 상담자는 아동의 부모와 접촉하게 되는 경우가 많다.
④ 심리적 문제는 아동 자신보다는 부모나 학교가 더욱 절실하게 느끼며, 따라서 치료에 대한 필요가 부모나 학교에 달려 있는 경우가 많다.
⑤ 성인보다 아동은 놀이나 비언어적 수단을 통해서 내적 감정이나 갈등을 더 잘 표현하는 경향이 있다.
⑥ 문제해결의 수준이 발달수준에 따라서 제각기 다르다.

아동을 대상으로 상담을 실시하는 아동상담자는 친밀감, 안정감, 신뢰감을 바탕으로 상담과정 안에서 아동의 바람직한 변화를 촉진하는 역할을 해야 하며, 내담아동과 의미 있는 관계를 형성하고 완전한 이해와 수용의 경험을 제공하기 위해 부모 및 아동을 둘러싼 주요 인물과도 상담을 하는 등 협력적 관계를 구축해 나가야 한다(김규리, 진미경, 2021).

1. 아동발달에 대한 이해

아동상담을 실시하기 전에 먼저 아동의 발달 특징을 살펴보아야 한다. 발달적으로 아직 미성숙하고 자신의 생각이나 느낌을 언어로 표현하기에는 제한이 있는 아동을 대상으로 상담을 하기 위해서는 몇 가지 고려해야 할 사항이 있다.

- **자기중심적인 사고** : 타인의 입장을 충분히 고려하기 힘든 발달특성으로 자기중심적 입장을 전제로 이야기하는 경향이 있다. 때로는 자신의 잘못된 행동에 대한 지각보다는 비현실적인 원인과 결과를 추론하는 경우도 있다.
- **짧은 주의력** : 주의집중하는 시간이 짧아서 상담이 길어지거나 지루하다고 생각되면 원래의 이야기에서 벗어나기도 하고 전혀 다른 방향의 이야기를 하기도 한다. 아동 스스로의 문제를 이해하기도 어렵고 도움을 요청하기도 어려우므로 아동상담자는 현재의 아동발달 상태를 정확히 이해하고 접근해야 하며 때로는 인형이나 미술활동과 같은 활동을 통해 아동의 감정을 다루는 것이 필요하다.
- **제한적 언어 사용으로 인한 다양한 치료적 매체의 활용** : 자신의 생각과 느낌을 언어적으로 충분히 표현하기 어려우므로 아동의 비언어적 표현을 잘 이해할 수 있어야 한다. 또한 아동 자신의 어려운 문제에 대해 자유롭게 말할 수 있도록 하기 위해서 언어적 상담기술과 함께 놀이, 미술, 음악, 무용, 모래, 요리, 독서, 원예 등 다양한 치료적 매체가 함께 사용될 필요가 있다.
- **부모와 가족의 협력** : 아동의 문제는 때로는 아동이 속한 가족의 문제에서 비롯된 것이기도 하므로 부모나 가족의 협력적인 관계를 통해 아동을 이해할 필요가 있다. 특히 아동의 행동은 부모의 양육태도, 부부관계, 양육자의 심리적 특성 등에 의해 영향을 받기도 하므로 교육기관에서 교사의 관찰만으로는 아동의 문제를 정확히 판단하기 어렵다.
- **전문가와의 협력** : 아동 문제의 원인은 다양하고 해결책 또한 어느 한 가

지 방법에 의존할 수 없으므로 보다 통합적인 전문가의 도움이 절대적으로 필요하다. 그러므로 보다 효과적으로 다루기 위해서는 다양한 전문가 집단의 다원적 접근이 필요하다.

2. 아동의 발달지표

아동은 발달과정에 있기 때문에 연령과 개인에 따른 차이를 고려해야 하며, 상담을 시작하기 전에 다음과 같은 연령별 발달특성과 이상행동을 알아둘 필요가 있다.

표 1-1 아동발달의 지표

구분	영아기(0~12개월)	걸음마기(1~3세)	학령 전기(4~6세)	학령기(7~12세)
사회·정서 발달	• 사회적 미소 (1~3개월) • 주 양육자와 애착 형성 (3개월) • 분리불안, 낯가림 (5~6개월) • 감정 세분화 (5~8개월)	• 가장 애착 갖는 사람 안전기저 삼음 • 자기중심성 • 강한 행동으로 자신의 정서표현 '싫어'라는 부정적 태도 • 공격행동 • 떼쓰기	• 독립심과 주체성 • 자기주장 강해짐 • 경쟁심 강화 • 기초적인 정서 표현 성숙 • 또래와 어울림 • 남녀 성차이 관심 • 공감력	• 이타성 • 정서를 표출하는 규칙 이해 • 자아존중감 형성 • 자기통제능력 증가
발달 과제	• 애착형성 • 안정감과 신뢰감 형성	• 공격 · 충동성 통제 • 자아개념 • 다양한 탐색 시도 (자율성) • 열 단어 정도 말함 (15개월)	• 남녀 성역할 학습 • 사회적, 감정적 조절능력 • 집단활동	• 자존감 • 우정 • 기초학습능력

〈표 계속〉

구분	영아기(0~12개월)	걸음마기(1~3세)	학령 전기(4~6세)	학령기(7~12세)
지원 환경	• 풍부한 영양과 질병예방 • 안정된 애착형성 • 영아 욕구에 민감한 반응	• 다양한 탐색놀이 지원 • 풍부한 언어적 상호작용 • 대소변훈련 • 일관성 있는 양육과 욕구지연 훈련	• 성차와 성에 대한 가치관 교육 • 또래관계 및 사회적 관계 격려	• 교사와의 긍정적 관계 • 다양한 신체활동 경험 • 배움의 즐거움 경험
이상 행동	• 반응성 애착장애 • 아동방임 • 자폐	• 언어발달 지연 • 과잉보호 • 공격성	• 공격성 • 자위행위 • 유뇨증, 유분증	• 낮은 자존감 • 틱장애 • 우울장애 • 품행장애 • ADHD

[비대면의 그림자] 단절, 그리고 웃지 않는 아이들

비대면의 단절은 영유아뿐만 아니라 청소년 세대에서도 심각한 영향을 미치고 있는 상황이다. 실제로 코로나19로 인한 아동청소년 정신건강 위기는 세계적으로 심각한 수준이다. 이 같은 문제는 우리나라 청소년들 역시 마찬가지로 겪고 있다. 한국청소년상담복지개발원은 올해 2월 발표한 '코로나19 이후 1년, 청소년 정신건강 변화 기록' 보고서를 통해 "코로나19 유행이 장기화 되면서 청소년들의 평온함이나 감사함, 행복 등 긍정적 정서가 저하되고 있다"고 우려했다. 실제로 한국청소년상담복지개발원이 2021년 4월 23일부터 5월 2일까지 온라인을 통해 전국 9~24세 청소년 862명을 대상으로 실태조사를 진행한 결과, 가장 많이 겪고 있는 감정은 '불안과 걱정'으로 전체 응답자의 53.2%를 차지했다. 그 뒤를 이어 △짜증(39.32%) △우울함(30.28%) △두려움(18.58%) 순으로 나타났다. 반면 △감사(4.83%) △평온(4.46%) △관심(3.62%) △침착함(3.14%) 등의 긍정적 감정의 경우 매우 낮은 비율을 보였다. 특히 '따뜻함'의 경우 1.33%에 불과했다. 한국청소년상담복지개발원은 "또래 관계는 정신적 고통이나 방황을 완화해주는 청소년기 정신건강에 안정감을 제공하는 대표적인 보호요인"이라며 "코로나19로 발생한 단절로 인한 또래관계 결핍은 자아정체성 발달이나 사회성 발달에 큰 지장을 초래해 지속적 문제를 발생시킬 가능성이 높다"고 우려를 표했다.

이어 "비대면 시대, 관계의 온도를 높이고 또래와 긍정적 경험을 바탕으로 청소년 각자의 스트레스 조절 능력을 키울 수 있도록 다양한 심리지원 콘텐츠 활성화가 필요하다"며 "또한 고위기 청소년을 위한 맞춤형 심리지원과 사회안전망의 강화가 필요하다"고 조언했다.

시사위크, 2021. 11. 22. 박설민 기자

제3절 아동상담의 유형

상담은 상담자와 내면자가 어떤 방식으로 만나느냐에 따라서 대면상담과 통신 및 사이버상담으로 구분할 수 있고, 상담자와 내담자가 만나는 형태에 따라서 개별상담, 집단상담, 가족상담으로 구분할 수 있다. 또한 상담 기간에 따라 단기상담, 장기상담으로 구분할 수 있다.

1. 상담방식에 따른 분류

- **대면상담** : 가장 많이 활용되고 있는 형태의 상담으로 상담자와 내담자가 직접 대면하여 심리적인 문제를 해결해 나가는 상담을 말한다. 아동상담에서 흔히 활용되고 있는 놀이치료, 미술치료, 음악치료 등 다양한 매체나 활동을 통한 상담방법을 말한다.
- **전화 및 사이버상담** : IT 기술의 발달로 인해 상담과정에서도 전화나 컴퓨터, 스마트폰 등을 이용하는 사례가 늘고 있어 통신 및 사이버상담은 중요한 상담 유형으로 주목받고 있다. 즉 편리성, 경제성, 신속성, 시공의 무제한적 활용성에서 비대면 상황이 보편화된 오늘날 유용하게 활용되고 있다.

2. 상담 형태에 따른 분류

- **개별상담** : 개별상담은 주로 대면을 통한 상담으로 이루어지며, 부모와 자녀 간의 바람직한 관계를 유지할 수 있도록 지원하고 상담을 통해 행동이나 태도를 보다 긍정적인 방향으로 변화시켜 나가도록 하는 것이다.
- **집단상담** : 집단과정을 통하여 아동의 자존감이나 사회성을 향상시키고 아

동과 가족의 제반 문제를 효과적으로 해결할 수 있도록 돕는 것으로, 참가자들끼리 비슷한 입장이나 문제를 가진 집단이므로 비교적 빨리 불안감을 해소하고 안정감을 찾을 수 있는 장점이 있다.

- **가족상담** : 가족상담은 아동의 행동문제나 심리적 장애는 아동 개인의 문제가 아니라 가족 전체와 밀접하게 관련된 문제라는 시각에서 출발한다. 그렇기 때문에 가족상담은 개인을 다루는 것이 아니라 가족 전체를 하나의 통합적인 단위이자 상담의 특별한 한 주체로 보고 가족 전체와 면담하여 가족문제를 해결하는 것을 말한다(황정규, 이돈희, 김신일, 2011). 가족 간 감정 표현이나 상호작용이 활발히 이루어지도록 허용하여 가족관계를 바람직한 방향으로 조정하는 것을 목적으로 한다.

3. 상담 기간에 따른 분류

상담 기간에 따라 단기상담과 장기상담으로 분류되며, 경우에 따라 일주일에 2~3회 상담을 하기도 하고, 한 달에 1회를 하는 경우도 있다.

단기상담은 짧게는 6~8회로 종료되기도 하나, 15~22회기 이상을 하는 경우도 있다. 상담 기간이 4개월 미만이고 15회기 이내인 상담을 하는 단기상담이라고 하고, 그 이상으로 실시될 때 장기상담으로 보는 것이 일반적이다. 장기상담은 상담비용이나 기간으로 인해 내담자의 부담이 있지만, 장기상담이 좋을지 단기상담이 좋을지는 아동 문제의 형성배경과 빈도, 강도 등을 고려하여 정해짐을 알 수 있다. 최근에는 아동이 겪는 어려움이나 갈등을 빠른 시일 내에 해결하기 위해 현재의 문제 해결에 초점을 두고 단기상담으로 실시되는 경우가 많다. 그러나 상담을 진행하는 과정에 영향을 미치는 다양한 외적 요인과 아동 자신의 내적인 요인을 다각도로 평가하여 결정해야 한다.

학습과제

1. 사회변화에 따른 아동상담의 필요성에 대해 토의해 보자.
2. 아동을 대상으로 상담하기 위해서 고려해야 할 아동발달 특성에는 어떤 것들이 있는가?
3. 아동상담 형태 중 가족상담의 중요성에 대해 토의해 보자.

관련문헌 · 영상물

- 김별(2014). 왕따라서 미안해. 큰북작은북.
- 심영섭(2011). 영화치료의 이론과 실제. 학지사.
- 영화 〈카드로 만든 집(House of Cards)〉
- 영화 〈굿 윌 헌팅〉

참고문헌

교육부(2021). 제1차 학교폭력실태조사.

김규리, 진미경(2021). 아동상담자 발달수준이 심리적 소진에 미치는 영향에서 슈퍼비전 관계의 조절효과. **한국놀이치료학회. 24**(3). 207-224.

김수정, 구은미(2019). 양육실제, 아동의 미디어 중독, 언어발달의 구조 관계. **아동과 권리. 23**(4). 663-682.

보건복지부(2017). 유엔아동권리협약 5,6차 국가보고서.

시사위크(2021. 11. 22). [비대면의 그림자] 단절, 그리고 웃지 않는 아이들.

아동권리보장원(2020). 코로나19와 아동의 삶 설문조사보고서. 1-493.

유니세프(2017). 세계아동현황보고서 '디지털시대의 어린이'.

황옥경, 구은미, 이은주, 김형욱(2017). **아동청소년과 인권**. 나남.

황정규, 이돈희, 김신일(2011). **교육학개론**. 교육과학사.

Chapter 02

아동상담의 기본 조건과 원리

아동은 발달하는 과정에 있으므로 그 특성이 고정되어 있지 않고 변화의 가능성이 많아 앞으로의 발달과 성장을 중심으로 더욱 신중하게 판단하고 진단하여야 한다.

아동상담은 아동이 스스로 성장해 나갈 수 있는 방향으로 가도록 옆에서 돕는 조력의 과정으로 아동상담자는 아동에 대한 진심어린 존중과 그 과정을 함께하는 사람으로 존재해야 한다. 전문적인 지식과 더불어 인간적인 자질이 아동상담을 이끌어 나가는 데 매우 중요하므로 본 장에서는 아동을 상담하는 아동상담자가 갖추어야 할 인간적 자질과 전문적 자질에 대해 알아보고, 상담자의 역할과 상담자로서 전문직을 수행할 때 반드시 고려하고 지켜야 한다고 생각되는 윤리적 항목들에 관하여 살펴보기로 한다.

제1절 아동상담의 기본 조건

1. 아동상담자의 기본 자세

아동상담에 있어 상담자의 기본 태도로는 Rogers가 제안한 세 가지 태도, 즉 무조건적 긍정적 존중, 공감적 이해, 순수성이 매우 중요하다고 할 수 있다. 상담자는 상담 장면에서 이런 태도로 임하는 것이 무엇보다도 중요하지만 실제 이 세 가지의 태도는 간단하게 몸에 익힐 수 있는 것은 아니다. 구체적으로 설명하면 다음과 같다.

첫째, 내담자에 대한 '무조건적 긍정적 존중'은 수용적 태도를 말한다. 상담자가 이해할 수 없는 모습을 보이는 내담자에 대해 이런 태도를 취한다는 것은 생각만큼 간단하지 않다. 상대방의 생각이나 행동에 대해 상담자가 동의한다는 의미보다는 내담자의 모습을 있는 그대로 인식하고 경청한다는 의미이다. 상담자 자신의 평가기준과 가치판단을 포기하고 내담자의 힘들어 하는 모습에 대한 진지함과 한 인간에 대한 경외심을 가지고 다가갈 때 진정한 수용이 가능하다. 내담자는 상담자의 이런 모습을 보면서 마음의 문을 열고 심리적 교류를 시작한다.

둘째, 상담에서 말하는 '공감적 이해'란 비록 내담자와 동일한 감정의 상태는 아니지만, 그 기분이 어떤지 충분히 이해하고 인정한다는 것을 의미한다. 상담자는 공감적 이해가 되는 부분과 공감적 이해를 할 수 없는 부분을 명확히 인식하면서 그것을 내담자가 알 수 있도록 전달하는 노력까지를 포함하고 있다. 이런 태도는 내담자에게 전달되기 때문에 내담자는 상담자에 대한 신뢰를 느끼면서 동시에 자신을 탐구하고 이해하려고 하는 마음의 여유를 갖게 된다.

셋째, '순수성'이란 상담자의 '자기일치' 또는 '진실성'으로 표현되고 있다. 이 태도는 인간으로서의 모습을 있는 그대로 보여주면서 내담자에게 다가가는 모습을 말한다. 이는 자신의 내면에서 일어나는 다양한 감정이 내담자와의 관계 속에서 일어나고 있다는 것을 인식하고 감추지 않는다면 상담자는 자신의 순수성 내지 진실성, 즉 자기일치의 모습을 보여주고 있는 것이다.

Rogers와 Axline은 아동심리 치료사의 자세를 다음과 같이 제시하고 있다.

- 아동과 좋은 관계를 형성한다.
- 아동을 있는 그대로의 모습으로 수용한다.
- 아동이 자유롭게 감정을 표현할 수 있도록 허용적인 분위기를 만든다.
- 아동이 표현하고 있는 감정을 민감하게 알아차리고, 이에 대해 적절한 정서적 반응을 보임으로써 자신의 행동을 통찰하기 쉽도록 도와야 한다.
- 아동의 마음속에 내재되어 있는 '성장하는 힘'의 존재에 대한 믿음을 갖고 스스로의 힘으로 해결해 나가는 능력을 소중히 여긴다.
- 비지시적인 태도를 취하면서 아동의 태도에 맞추어 나간다.
- 심리치료는 천천히 진행되는 과정이기 때문에 인내를 갖고 기다린다.
- 현실세계의 적응을 위해 필요하다고 생각되는 것에 대해서는 적절하게 제한을 하도록 한다. 물건을 파괴하는 행동이나 위험한 활동, 치료사를 다치게 하는 행위, 치료시간 등에 대한 제한을 들 수 있다.

2. 아동상담자의 태도

아동상담자는 아동의 성격, 문제, 증상의 정도, 상담자의 성격이나 경험 등의 문제를 고려하여 상담구조나 제한을 설정한다. 여기서 상담자는 아동을 대상으로 상담을 진행해 나가는 가운데 상담자로서 균형을 유지하며 상황에 따라 유연하게 대응하는 자세가 요구된다. 일반적으로 상담자는 객관적인 태도를 유지해야 한다. 이는 상담자가 아동의 문제에 너무 몰입하여 지나치게 동정하거나 감상적이 되어서도 곤란하지만, 냉담하고 초연한 자세를 보여서도 안 된다는 것이다. 구체적으로 상담자의 태도를 살펴보면 다음과 같다.

- **섬세함과 대담함** : 상담자는 아이의 반응이나 갈등에 대해 민감하게 알아차릴 수 있는 사회적 감수성과 섬세함이 필요하면서도, 위축된 아동을 위해 상담자의 대담한 행동의 지원을 통해 자유롭게 표출하도록 유도한다.
- **즉흥성과 목적성** : 상담은 목적에 따라 체계적으로 진행되지만, 때로는 상황에 따라 유연하게 대응하는 자세도 필요하다.
- **가상세계 경험과 현실감각** : 아동과 함께 가상세계에서 자유로움을 느끼면서도, 전체적으로 현실감각을 갖는다.
- **자립심과 보호** : 아동은 자립을 통해 인간으로 성장해 나가는 존재로 인식하면서도, 의존적인 태도나 어리광을 수용하는 자세를 갖는다.
- **성장과 퇴행 수용** : 아동의 성장을 촉진시키는 노력을 하면서도, 퇴행적인 모습도 어느 정도 수용한다.
- **창조성과 현실성** : 아동은 놀이를 통해 독창성과 상상력, 창조성을 발휘하면서도 기존 틀 속에서의 활동을 통해 현실적인 것에 대해 적응한다.
- **비밀유지와 정보 공유** : 아동상담 장면에서 일어난 일은 둘만의 비밀이라는 사실은 중요하다. 그러나 현실 상황에서는 부모나 학교 측이 정보를 요구하는 경우가 있어 아동의 양해를 구해 정보를 제공한다.
- **동행자와 떠나는 자** : 상담이 진행되는 동안 상담자는 아동에게 좋은 거울

이며 동행자이지만, 아동이 자신의 가능성을 발휘할 수 있는 환경과 힘이 생기면 상담자는 아동과 작별하게 된다. 따라서 언제까지나 아동과의 관계를 유지하는 것은 바람직하지 않다.

아동상담자가 치료 장면에서 아동에게 일관된 태도를 유지하는 것은 아동을 보호하면서 상담을 진행해 나가는 데 매우 중요한 문제이다. 아동이 공격성을 표출할 때, 그 행위를 허용하면 강화를 주는 위험성이 있는 반면, 오히려 공격적 행동을 무시하는 것이 의미를 갖는 경우도 있다. 이처럼 아동상담자는 상황에 대한 정확한 이해를 하면서 유연하게 대처하는 능력이 요구되며 적절한 반응을 하는 것이 중요하다.

제2절 아동상담자의 자질

아동상담자의 자질은 아동상담의 전체 과정에서 가장 중요한 아동과 상담자 간의 관계에 영향을 주는 요인이다. 아동상담자의 역할을 수행하기 위해서는 상담자의 인간적 자질과 전문적 자질이 필요하다. 이 중 어느 것이 상담에 더 중요하고 영향을 미치는지에 대해서는 상담자의 인간적 자질, 즉 인격이 전문적 자질인 기술과 방법보다 더 영향을 많이 미친다는 연구결과들이 있다. 이는 상담의 전체 과정이 인간관계에 따른 과정이기 때문일 것이다.

1. 인간적 자질

아동상담자의 인간적 자질은 아동과 친밀한 관계를 형성할 수 있는 인성적 특성을 뜻한다. 아동상담자의 심리학적 이론 배경이나 가치관, 문화적 배경 등이 크게 영향을 끼친다. 하지만 가장 중요한 것은 상담자 자신의 인격적 성숙이라 하겠다.

상담자의 인간적 자질로는 성품이 원만하고 소신이 있고 인간 문제에 대해 민감해야 하며 모호한 것에 대한 인내심, 감수성, 이해력과 내담자와의 의사소통 능력 등이 거론된다. 모호성에 대한 인내심이란 내담자의 감정 및 생각과 문제양상이 분명하지 않더라도 드러날 때까지 기다리는 태도이다.

아동상담은 무엇보다 인격적 성숙이 요구되는 전문 영역이다. 아동을 향한 따뜻한 마음을 가지고 있어야 함은 두말할 나위도 없다. 또한 상담자의 의사소통 유형도 중요하다. 이는 상담의 많은 부분이 언어적 개입을 통해 이루어지기 때문에 바람직한 의사소통 유형을 익힐 필요가 있다. 이에 덧붙여 아동상담은 아동만을 대상으로 하는 것이 아니라, 가족 전체가 상담 대상이어야 한다는 것을 항상 주지하고 있어야 한다. 아동은 상담을 마치면 다시 가족에게 돌아가야 하기 때문에, 아동을 지지해 주고 환경을 개선해 줄 수 있도록 가족상담을 함께 한다는 자세가 필요하다.

상담자의 인간적 자질에 대해 다음과 같이 정리할 수 있다.

- **긍정적 인간관 및 관심 :** 아동상담자는 인간 본성에 대한 긍정적 관심을 가진 인본주의자여야 한다. 그리고 타인의 행복과 복지에 관심과 배려심을 가지고 있어야 한다. 상담자는 편견없이 아동을 존중하고 신뢰하며 잠재력과 가치를 인정할 수 있어야 한다. 심각한 문제행동을 가진 아동과 상담을 진행할 경우, 때로는 거친 행동이나 저항으로 인하여 존중이나 신뢰를 지속하기 힘들 수도 있다. 하지만 그런 아동일수록 내면의 상처가 심하고, 상담자의 온정과 관심을 필요로 한다는 것을 인식하고, 애정어린 관심의 손길을 내밀어야 한다.
- **자신에 대한 이해와 각성 :** 아동상담자는 자신을 알기 위한 노력을 게을리 해서는 안 된다. 자신의 정체성, 가치관, 욕구, 강점과 단점 등에 대하여 잘 파악하고 각성해야 한다. 때때로 자신에 대한 각성 부족으로 아동상담자로

서 객관적이지 못한 태도를 취하는 경우도 있다. 따라서 아동상담자는 자신의 내면에 대해 객관적으로 들여다보기 위한 노력을 지속적으로 해나가야 한다.

- **새로운 변화를 위한 도전** : 아동상담자는 제자리에 멈추어 있어서는 안 된다. 끊임없이 새로운 지식이나 정보를 받아들이기 위해 노력해야 하며, 변화를 위해 모험적으로 도전해야 한다. 주변 환경에 대해 개방적인 태도를 가져야 하며, 현재의 위치에서 안주하지 말고 앞으로 더 나아가려고 노력해야 한다.
- **안정감** : 아동상담은 보람되고 즐거운 작업이다. 하지만 아동상담은 온 마음을 기울여야 하는 작업으로 고도의 집중력을 요구하기 때문에 고된 작업이다. 간혹 심각한 아동문제나 상황으로 인하여 좌절감이나 무력감을 느낄 수도 있다. 이런 경우 수퍼비전을 통한 전문적 도움을 받아 심리적 안정을 도모해야 한다. 심리적 압박이 심할 경우, 아동상담자는 자신에 대한 상담을 통해 마음의 안정을 찾을 수 있을 것이다.
- **유머** : 아동상담자는 유머를 활용할 수 있어야 한다. 재미있는 웃음거리로 아동의 긴장을 풀어줄 수도 있어야 한다는 것이다. 유머는 마음의 여유에서 나온다. 상담 장면에서 적절한 때에 던지는 유머로 한바탕 웃고 나면 긴장이 풀어지고 친근감을 느끼게 한다. 따라서 유능한 아동상담자는 유머를 적절히 사용할 수 있어야 한다.

인간적 자질을 완벽하게 갖춘 자만이 상담을 할 수 있다고 한다면 아마도 상담을 할 수 있는 사람은 없을 것이다. 위에서 제시한 조건들을 완벽하게 구비하지 못하더라도 상담자는 최소한의 인간적 자질을 갖추려고 끊임없이 노력하는 자세와 자신의 문제를 해결하고 의식을 개발하려는 노력을 게을리하지 않는 자세를 가져야 한다.

2. 전문적 자질

아동상담자는 전문가로서 인간적 자질 외에도 전문적 자질을 갖추어야 한다. 아동상담은 전문적 지식과 기술을 요구하는 전문직이다. 아동상담자는 일반적으로 상담에 관한 소정의 교육과 수련을 거쳐 자격증을 취득해야 한다. 상담자의 전문적 자질을 위해서는 상담 관련 분야의 이론에 대한 폭넓은 지식, 실습경험과 훈련, 자격을 갖춘 감독자의 지도감독을 받으면서 수행한 상담경험에 의해 이루어진다. 상담자가 전문적 자질을 갖추기 위해서는 일련의 과정이 필요하다. 이론적 틀에 기초하여 상담 현장에서 내담자를 도울 수 있는 방법과 절차에 대한 수련을 지속적으로 받아 자기 것으로 재창조하여야 한다. 이러한 교육과 훈련의 절차를 오랜 기간에 걸쳐 받았을 때에 비로소 상담자는 전문가로서 역할을 수행해 나갈 수 있는 준비가 된다고 할 것이다.

상담자 자신의 개인적 성격특성 외에 아동상담의 효과를 높이기 위하여 요구되는 특성과 행동으로는 상담자의 일치성, 수용적 태도와 더불어 아동과의 적당한 정서적 분리가 기본적 자질이라 할 수 있다.

- **상담자의 일치성** : 상담자의 일치성이란 진실되고 일관성 있는 태도를 의미한다. 아동이 상담자를 믿을 수 있으며 안전하게 느끼기 위해서는 상담자의 언어와 행동이 일치되어 진실하게 다가와야 하며 인격적으로 통합되어야 한다.
- **수용적 태도** : 수용은 상담자의 가장 중요한 자질로 아동을 있는 그대로 무비판적으로 말과 행동을 수용하는 것을 말한다. 즉 완전한 수용은 인정도 비난도 없이 있는 그대로 수용하는 것으로 평가에 의해 아동의 행동에 영향을 주지 않는 것이다.
- **정서적 분리** : 상담자는 아동과 정서적으로 분리되어야 한다. 상담자의 지나치게 친근하고 따뜻한 태도는 아동에게 영향을 주어 아동으로 하여금 관계를 유지하기 위해 상담자로부터 비난을 받을 행동을 피하도록 행동하

게 통제할 수 있다. 또한 상담자 자신이 아동에게 정서적으로 깊게 밀착되면 아동의 문제에 대해 지나치게 관여하여 상담자가 고통스러워 진다. 상담자의 고통스런 상태는 아동에게 어려움을 더하게 하여 자신의 문제로 인한 고통 외에 상담자의 고통이 부가되어 더 이상 자신의 어려움을 드러내려 하지 않게 한다. 따라서 상담자는 아동의 문제와 관련하여 정서적으로 밀착되어 강한 정서를 보이지 않도록 노력해야 한다.

제3절 아동상담의 윤리

1. 상담자의 윤리

상담은 전문적인 훈련이 필요한 직업으로 내담자와의 관계 속에서 상호 간의 복지와 이익을 위해서 지켜야 할 윤리적 · 도덕적 규준이 있어야 하며, 그 기준에 기초하여 진행되어야 한다. 이러한 지침은 때로는 명문화된 윤리적 강령이 되기도 하고 때로는 명문화되어 있지는 않으나 당연히 지켜져야 할 인간으로서의 또는 사회구성원으로서의 책임이나 의무 등의 도리로 알려져 있기도 하다.

윤리란 사회에서 어떤 방식으로 행동해야 할지와 관련된 행동의 근거를 제공하는 역할을 한다. 상담은 전문가와 내담자의 관계에서 이루어지는 전문적 활동이므로 비록 법적인 구속력은 없다 하더라도 반드시 지켜야 할 윤리적 지침이 있으며 이를 지키는 것이 전문직을 수행하는 기본적인 태도와 책임이라고 하겠다.

상담자의 윤리적 지침에 관심을 가지고 한국상담심리학회를 중심으로 윤리강령을 제정하였고 상담자들이 지키도록 안내하고 있다. 상담자와 내담자와의 관계를 중심으로 살펴보면 다음과 같다.

- **인간권리와 존엄성에 대한 존중 :** 상담자는 내담자의 복리를 증진하고 인간으로서의 존엄성을 존중해야 한다. 내담자의 성별, 종교, 장애, 문화적 배경 등을 이유로 내담자를 차별하지 않으며 이들의 다양성을 존중하는 것이 중요하다.
- **비밀의 보장 :** 상담자는 내담자의 사생활과 상담내용에 관한 비밀을 철저히 보장해 주어야 한다는 것이다. 그러나 내담자의 생명이나 사회의 안전을 위협하는 경우, 법적으로 정보의 공개가 요구되는 경우, 내담자가 치명적인 질병이 있음을 확인한 경우 등 비밀보호의 한계가 있는 경우 사전에 알리고 내담자의 동의를 거쳐 가능한 한 내담자의 신분이 철저히 보호될 수 있는 범위 내에서 적절한 조치를 취할 수도 있다.
- **상담관계와 관련된 윤리강령 :** 상담은 상담자와 내담자 간의 친밀하고 신뢰로운 관계이지만 사적인 관계가 아니라 전문적인 관계임을 명심해야 한다. 따라서 특별한 경우를 제외하고는 반드시 상담실에서 만날 것을 권고하고 있으며, 상담실 밖에서 사적인 관계를 가지거나 물질적인 거래관계도 맺어서는 안 된다. 또한 상담자는 어떠한 경우에도 내담자와의 성적 관계를 가지는 것은 상담자의 윤리강령에 어긋나는 일임을 인식하고 이를 지키도록 해야 한다.

2. 아동상담에서 지켜야 할 윤리

아동상담은 그 기본적인 상담윤리의 개념이나 범위가 성인상담과 일반적으로 크게 다르지 않다. 그러나 내담자가 성인이 아니라는 특수한 상황 때문에 상담자가 지켜야 할 윤리적 문제는 아동만이 아니라 부모와도 관계됨을 고려해야 한다. 다음에서는 상담활동에서 아동에게 보장되어야 하는 권리와 부모에게 보장되어야 하는 권리에 관해 알아보자.

- **상담에서의 아동의 권리**

  아동은 모든 심리측정 및 평가를 받는 이유와 결과에 대해 이해할 수 있는 용어를 사용하여 정보를 받을 수 있는 권리

  - 상담의 목적에 대해 알 권리
  - 비밀보장에 대해 알 권리
  - 상담에서 의사결정이나 상담목표 설정에 참여할 권리
  - 아동이 가족에서 희생양으로 치부되지 않을 권리
  - 상담에서 존중받을 권리
  - 상담이 불편하거나 성공적이지 못할 경우 상담을 중지할 권리

- **상담에서의 부모의 권리**

  부모는 아동에게 필요한 복지를 제공할 법적인 책임이 있다.

  - 부모는 아동과 관련된 교육적 · 의료적 상담에서 정보를 접할 수 있는 권리
  - 상담과 심리치료와 관련된 의사결정을 하며 치료목표 설정에 참여할 권리
  - 부모는 아동과 관련된 기밀정보를 유출할 권리

상담에서의 아동과 부모의 권리는 모든 상담자가 상담을 진행할 때 숙지하면서 이와 관련된 상황에 당면했을 때 참고하고 신중하게 대처해 나가는 것이 중요하다. 왜냐하면 아동과의 상담은 성공적으로 진행되고 있지만 아동이나 부모와의 윤리적 문제와 갈등이 빚어지게 되면 아동과의 관계가 흔들리게 되어 상담의 효과가 반감될 위기에 빠질 수 있기 때문이다.

이상에서 살펴본 내용과 함께 상담에서의 중요한 윤리적인 측면을 정리하면 다음과 같다.

먼저 아동상담자는 비밀보장에 대한 책임을 진다. 내담자인 아동의 사적 정보와 경험내용에 대한 비밀을 보장한다. 내담자의 양해나 승인 없이 면담 중 알

게된 내용을 공개하지 않으며 이를 아동에게 설명해 주어야 한다. 공개가 필요한 경우 미리 상의하여 정한다.

다음으로 상담내용에 관한 기록의 책임이다. 기록에 대한 의무는 상담의 진행과정을 알 수 있으며 다른 상담자나 기관에 의뢰할 때 자료 제공을 위해 필요하다. 또한 사례에 대해 수퍼비전을 받을 경우나 법적인 문제가 발생할 경우에 대비하여 체계적이고 성실한 기록은 반드시 필요하다. 녹음의 경우도 내담자가 원하지 않을 경우 하지 않아야 한다.

마지막으로 상담자는 질 높은 치료를 제공하기 위한 책임감이 있다. 자신의 한계를 인식하고 지속적인 훈련과 실습을 통해 내담자에게 전문적인 상담을 제공할 책임이 있다.

상담자의 윤리에 대한 명확하고도 최종적인 대답이란 있을 수 없다. 그것들은 끊임없이 검토되어야 할 문제인 것이다. 이장호(1995)는 상담자가 숙지해야 할 윤리적 지침을 다음과 같이 제시하고 있다.

① 상담자는 자신이 어떠한 개인적 욕구를 가지고 있는지, 상담을 통해 자신이 얻는 바가 무엇인지, 그리고 자신의 욕구와 행동이 내담자에게 어떠한 영향을 미치는지를 분명히 자각하고 있어야 한다.

② 상담자는 자신이 소속한 기관이나 조직에서 채택하고 있는 윤리적 규준들에 대해 알고 있어야 하지만, 그러한 규준들을 실제 상담에 적용시키는 것은 다름아닌 자신이며, 따라서 상담자 자신의 독자적인 판단이 중요하다는 점을 인식하고 있어야 한다. 또한 상담자는 많은 문제에는 분명한 대답이 없을 수 있으며 적절한 대답을 찾는 책임이 자신에게 있음을 알고 있어야 한다.

③ 상담자에게는 내담자의 복리에 대한 책임이 있으며, 내담자를 자신의 욕구를 충족시키기 위해 이용하는 일이 있어서는 안 된다.

④ 상담자는 치료적 관계를 명백히 해칠 수 있는 내담자와의 어떠한 다른

관계도 가져서는 안 된다.

⑤ 상담자에게는 내담자의 비밀에 대한 보장과 상담관계에 부정적인 영향을 미칠 수 있는 다른 문제들에 대해서도 내담자에게 알려줄 책임이 있다.

⑥ 상담자는 자신의 가치관, 태도 등을 자각하고 있어야 하며, 이러한 가치와 태도가 상담관계 및 내담자에게 어떠한 영향을 미치는지를 인식하고 있어야 한다.

⑦ 상담자는 상담의 목표, 기법 및 절차, 그리고 상담관계를 시작함으로써 내담자에게 닥칠지도 모르는 위험과 내담자가 상담을 시작하려는 결정을 내리기 전에 고려해야 할 다른 요인들에 대해서도 미리 내담자에게 알려주어야 한다.

⑧ 상담자는 자신이 제공할 수 있는 전문적인 도움의 한계를 잘 알고 있어야 하며, 내담자에게 적절한 도움을 주지 못하고 있다는 판단이 내려질 때에는 지도감독자의 도움을 받거나 내담자가 다른 상담자에게 상담을 받을 수 있도록 의뢰해야 한다.

⑨ 상담자는 상담과정에서 자신이 내담자에게 모델이 될 수도 있다는 점을 알아야 하며, 따라서 상담자 자신이 생활에서 내담자에게 영향을 미칠 수 있는 일이나 행동을 인식하고 있어야 한다.

학습과제

1. 일반상담과 아동을 대상으로 한 상담에 있어 상담자의 자질에 차이가 있는지, 차이가 있다면 어떤 특성이 더 고려되어야 하는지 논의해 보자.
2. 아동상담자의 윤리강령에 있어 비밀보장의 중요성에 대해 토론해 보자.

참고문헌

이장호(1995). **상담심리학**. 박영사.

이장호 외(2005). **상담심리학의 기초**. 학지사.

한국놀이치료학회. **윤리강령 및 행동지침.**

한국상담심리학회 윤리강령.

Axline, V.(1947). *Play therapy.* New York: Ballantine.

Axline, V.(2003). **딥스: 자아를 찾은 아이.** 주정일 · 이원영 공역.

Rogers, C. R.(1951). *Client centered therapy.* Boston: Houghta.

Rogers, C. R.(2009). **카운슬링의 이론과 실제.** 한승호 · 한성열 공역.

Chapter 03

아동상담의 과정

본 장에서는 여러 가지 어려움을 지니고 있는 아동을 대상으로 실시되는 구체적인 아동상담의 과정을 살펴보고자 한다. 부모와 아동을 대상으로 진행되는 상담의 모든 과정은 매 과정마다 나름대로 의미가 있으며 각 단계마다 아동상담자가 담당해야 할 독특한 역할이 있다. 전반적인 상담과정은 크게 4단계로 이루어진다. 접수와 면접, 평가와 계획단계를 거쳐 본격적인 치료과정과 마지막으로 평가와 종결의 단계로 나누어지므로 각 단계에 대해 자세히 살펴보고자 한다.

아동상담의 과정은 상담자와 아동이 처음 만나는 순간부터 상담이 완전히 종결되는 모든 과정을 의미한다. 일반적으로 아동상담의 과정은 접수 및 면접, 심리평가의 단계, 치료과정, 평가 및 종결의 네 과정으로 나눌 수 있다. 다음은 각 단계별로 해야 할 상담과제와 상담방식에 대해 자세히 살펴보기로 한다.

제1절 접수 및 면접

상담의 접수와 면접은 상담자가 처음 상담소를 찾은 아동과 가족들을 만나 초기에 실시하는 것이다. 초기 면접은 가족과의 역동을 보면서 대인관계 환경에서의 아동을 평가하고 관찰할 수 있는 유일한 기회가 된다. 따라서 면접 동안 얻어야 할 정보가 많다. 미리 면담에서 어떻게 구조화할지를 결정해야 한다. 접수면접 동안 상담자는 아동의 삶에서 가장 주요한 인물들과 함께 상호작용을 한다. 이때 수집된 정보들을 바탕으로 상담을 계획하고 가족에게 상담을 추천하게 된다. 상담기관을 방문하게 된 동기나 아동의 문제에 대한 설명, 이에 따른 아동과 부모의 고통과 어려움에 대한 이야기가 오가게 된다. 접수와 면접과정에서 해야 할 상담과제와 진행방식은 다음과 같다.

1. 상담접수

성인과 달리 아동 스스로가 상담을 요구하는 경우는 거의 드물기 때문에 아동상담은 부모, 교사, 의사, 지역사회의 종사자 같은 주변 사람에 의해 의뢰되는 경우가 거의 대부분이다.

상담접수는 주로 전화나 인터넷 등을 통해 이루어지게 되며 간혹 직접 방문하는 경우도 있다. 이러한 첫 접촉을 통해 아동과 부모가 필요로 하는 도움을 기관에서 줄 수 있는지를 먼저 판단한다. 기관에서 제공하는 서비스와 아동 및 부모가 필요로 하는 도움이 어느 정도 일치한다고 판단되면 접수면접을 예약하게 된다.

전화접수인 경우 상담자는 이때 아동의 기본적인 인적사항을 파악해야 하며, 상담시간을 약속하고 연락처를 알아두어야 한다. 특히 전화로 접수를 받을 때는 다음과 같은 점에 유의해야 한다.

- 첫 면접을 위한 최소한의 정보, 즉 아동의 이름, 나이, 전화번호, 아동의 문제에 대한 설명 등을 수집한다.
- 만약 아동의 문제가 위기상황이라고 판단되면 즉각적으로 개입하여야 한다.
- 전화로만 듣고 아동의 문제를 유형화시켜 단정적으로 진단하는 것은 피해야 한다
- 아동에게 상담실에 가야 하는 이유를 설명해야 하는 경우 아동의 연령에 맞춰 설명해 주는 것이 좋다.

처음 상담실을 찾은 아동과 그의 가족들과 함께 상담자는 초기 접수면접을 실시한다. 접수면접 동안의 정보에 기초하여, 상담자는 상담을 계획하고 가족에게 상담을 제의하게 된다.

2. 초기 면접

상담자는 초기 면접을 통해 아동문제에 대한 구체적인 정보를 얻게 되며, 현재 상태를 구체화하고, 현재의 문제를 유발시키고 지속시키는 요인과 그동안 아동의 적응과정과 적응방식을 파악하게 된다. 필요한 경우에는 아동을 평가하기 위한 심리검사를 실시할 수도 있다. 이러한 과정을 기초로 상담의 목표를 설정하고 이를 위한 상담방법 및 전략들이 구상될 수 있다. 아동상담에서는 대부분 부모와 아동이 함께 오게 되며, 면담과정은 아동과 부모면담이 모두 포함된다. 초기 면접은 부모의 면접으로 시작하는 경우가 많다.

1) 부모면접

부모면접 과정에서 가장 중요한 것은 상담자와 부모 사이에 신뢰감을 형성하는 것이다. 이를 위해 상담자는 부모의 정서적인 움직임에 민감해야 하며 부모가 하는 말을 적극적으로 경청하고 적절한 시기에 반응을 보이며 필요한 질문을 던지는 등 면접에 필요한 기술을 익힐 필요가 있다. 부모면접에서 이루어지는 구체적인 면접내용은 현재 문제, 가족관계, 학교 또는 유치원(어린이집) 문제, 사회적 관계나 또래관계, 사회문화적인 요소, 오락이나 흥미, 발달과 건강문제, 미래 계획, 행동관찰 등이 있다.

- **주호소 문제** : 아동의 문제행동이 언제 시작되었으며, 가족위기, 사고 등 촉발사건이 있었는지를 알아보아야 한다. 모든 발달영역에 걸쳐 현재의 기능 정도와 촉발사건 이전의 기능 정도에 대해 자세히 알아야 하며, 부모가 인지하지 못하는 가능한 촉발사건도 탐지해 내야 한다. 또한 부모와 가족이 아동의 문제에 어떻게 대처해 왔는지 그리고 문제가 아동과 가족의 환경에 얼마나 광범위하게 영향을 미치고 있는지도 알아야 한다. 즉 아동의 문제행동의 발생시기, 빈도, 문제행동 발생 시의 환경 점검, 이전의 개입 여부, 주변인들의 대처방식 등에 대해 파악하여야 한다.

- **가족사항** : 함께 살고 있는 가족구성원은 누구인지, 구성원들의 이름과 나이, 직업과 학력 등에 대해 알아본다. 부모가 결혼에 이르게 된 동기나 결혼연령, 조부모와의 관계를 알아보는 것도 중요한 정보가 된다.
- **임신과 출산** : 임신 중의 충격적인 경험이 있었는지, 약물복용의 여부, 질병의 유무, 임신에 대한 산모와 배우자의 반응, 출산 유형과 출산예정일에 맞춰 분만하였는지에 대한 내용 등은 아동발달에 대한 정보를 제공할 수 있다.
- **초기 경험** : 신생아 시기와 영아기의 발달은 어떠했는지, 특히 부모와의 애착관계나 기질적 특성, 옹알이나 눈맞춤에 문제가 없었는지를 알아볼 필요가 있다. 대소변가리기 훈련이나 수유시간의 엄격한 실시 여부 등 양육태도에 대해 살펴보고 아동의 수면습관과 활동량을 통해 부모와의 관계를 알아본다.
- **전반적인 발달사항** : 신장과 체중의 변화, 기고 앉고 걷기 등의 운동발달과 울음, 옹알이, 몸짓 등의 언어발달, 감각 기능의 발달 변화, 웃고 울고 화내는 정서발달과 가족이나 또래 친구와의 사회성발달 변화 등 전반적인 발달영역에 대한 발달사항을 살펴본다.
- **현재 적응 상태** : 현재 다니고 있는 교육기관에서의 또래관계, 교사와의 관계를 비롯한 사회생활에 대한 적응 정도를 알아본다.
- **상담 경험 확인** : 과거 상담이나 치료를 받아본 경험이 있는지, 만약 있다면 언제, 어떤 문제로, 어디에서, 얼마 동안, 어떤 상담이나 치료를 받았는지 알아본다.
- **부모 설명 듣기** : 부모가 느끼고 있는 아동의 주된 문제가 무엇인지를 들어본다. 이때 그러한 부적응 행동이 언제 시작되었는지, 얼마나 자주 나타나는지, 어느 정도로 심각한지, 그런 행동을 보이는 환경적 특성이나 시간대 등을 알아보고 이런 행동으로 인해 어떤 어려움을 겪고 있는지를 들어보도록 한다. 또한 앞으로의 상담에서 부모가 원하는 기대 수준이 어느 정

도인지를 파악할 필요가 있다. 그리고 앞으로 이루어지는 상담에 대한 정보를 제공함으로써 상담의 필요성 및 동기부여를 해 줄 필요가 있다.

2) 아동면접

아동면접은 일반적으로 부모면접을 통해 아동에 대한 전반적인 정보를 얻고 난 다음에 이루어진다. 상담자는 아동에 대한 추가적인 정보나 자세한 정보를 얻기 위해 검사를 실시하기도 한다. 상담자가 아동과 면접을 시작할 때 첫째 과제는 아동이 그의 부모와 어떻게 분리하는지를 관찰하는 것이다. 만약 아동이 부모를 떠나지 않으려고 울거나 매달리면 그것은 주목할 만한 일이므로 아동이 떠날 때 부모의 반응도 관찰할 필요가 있다. 또한 상담자와 아동이 상담을 시작할 때 먼저 아동에게 상담실에 대해서 간단히 소개한다. 치료와 면접과정에 대해서 아동이 물으면 설명해 준다.

아동면접을 통해 이루어지는 내용은 다음과 같다.

- **면접 준비하기** : 상담환경은 아동의 감정을 좌우하게 된다. 많은 종류의 장난감이나 물건은 주의를 분산시켜 상담에 집중하기 힘들게 하며 상담자와의 상호작용을 방해한다. 특히 주의력결핍 과잉행동장애 아동들의 경우 색이나 조명, 작은 소리에 의해서도 흥분할 수 있으며 상담자의 장신구나 화장, 옷차림에도 영향을 받을 수 있으므로 유의해야 한다.
  상담자의 위치도 상담 분위기에 중요한 요소이다. 상담자가 아동과 마주 앉는 형태보다는 옆에서 볼 수 있는 형태가 부담을 덜 느끼게 한다. 아동이 앉는 의자 높이도 알맞게 조절하여야 하며 필요한 경우 양탄자 위에 편안하게 앉아서 진행하는 경우도 있다.
- **면접 진행하기** : 아동면접의 형태는 아동의 연령에 따라 다르다. 아동이 어릴수록 면접할 때 쉬운 용어로 진행할 수 있는 세심한 준비가 필요하다. 또한 아동과의 초기 면접에서는 상담자와 아동 사이의 신뢰감을 형성하는

것이 가장 중요하다. 아동이 상담자를 신뢰해야 자신의 감정과 생각을 있는 그대로 솔직하게 털어 놓을 수 있으며 상담 자체를 편안하게 받아들일 수 있다. 신뢰감 형성 즉, 라포(rapport) 형성을 위해서 상담자는 아동에 대한 수용적 태도와 적극적인 경청 태도, 아동의 이야기에 대한 공감능력 등 전문적인 상담기술이 필요하다.

상담실이라는 낯선 상황에서 상담자를 만나게 되는 아동들은 두려움을 갖게 된다. 이때 상담자는 아동이 갖게 되는 심리적 부담감과 거부감 등에 대해 이해하고 아동으로 하여금 자신을 도와주는 사람이라는 사실을 알려주는 것이 도움이 된다. 또한 상담과정 중 알게 되는 사실에 대한 비밀보장과 상담규칙 등에 대해서도 알게 해준다.

제2절 심리평가의 단계

1. 심리평가의 과정

아동이 보이는 문제의 상태와 원인, 그리고 현재의 심리 상태를 빠른 시간 안에 발견하기 위해 심리평가를 실시한다. 아동의 문제와 관련된 상황 이외에도 아동의 다양한 능력과 장점 및 약점을 파악하여 상담의 개념화와 목적 설정, 계획 등에 도움을 받기 위해 심리평가를 활용하기도 한다.

아동의 심리평가 과정을 Kaufman(1979)은 다음과 같이 4단계로 구성하였다.

1단계는 '욕구의 평가'이다. 부모 혹은 아동의 주변 사람들이 제공한 정보를 기초로 하여 아동의 발달 상태나 현재 심리 상태를 파악하며, 아동의 잠재력을 확인한다. 정보는 부모면접 혹은 교사나 주변 사람과의 전화접촉이나 아동에 대한 보고서를 통해 수집한다.

2단계는 '검사 단계'이다. 아동에게 여러 가지 심리검사가 실시되며 부모나 교사를 대상으로 행동평정척도나 관찰평가 등을 실시하는 단계이다. 아동에게 실시되는 심리검사 과정에는 면접, 관찰, 지적능력평가, 학업성취평가, 성격평가가 포함되어야 한다.

3단계는 '분석 단계'이다. 심리검사자는 면접내용, 관찰된 행동, 심리검사의 결과를 종합하고 분석하여 아동의 현재 발달 상태, 특별한 능력이나 가능성, 결함이나 문제를 다루기 위한 치료적 제안, 잠재력 개발을 위해 제공될 수 있는 기회들의 제안, 그리고 부모나 주변 사람들이 아동에게 지지적인 환경을 제공하기 위한 지침들을 계획하게 된다.

4단계는 '검사결과의 해석과 활용'의 단계로 심리검사자는 심리검사의 분석 결과를 부모나 교사 혹은 주변 사람들에게 효과적으로 전달해야 하는데, 이를 위해 심리검사보고서를 그들이 이해할 수 있도록 명료하고 구체적으로 작성해야 한다.

2. 심리검사의 종류

아동에 대한 폭넓은 이해를 위해서 검사의 선택에서부터 검사자 스스로 아동 평가에 대한 전반적인 계획을 세워야 한다.

1) 발달평가척도

아동을 대상으로 한 행동평가척도는 오랫동안 널리 사용되어 온 검사 중 하나이다. 이것은 아동의 행동에 관한 표준화된 형식을 사용함으로써 체계적이고 포괄적인 이해를 가능하게 하며 비교적 쉽고 경제적이므로 효율성이 높은 평가 방법이다. 글을 읽지 못하거나 너무 어린 아동에게 실시하기는 어려움이 따르므로 아동뿐 아니라 부모 또는 교사를 대상으로 실시하는 평가도 포함된다.

- **한국판 아동행동척도**(Korea-Child Behavior Checklist: K-CBCL) : 아동의 행동을 포괄적으로 평가하기 위해서 여러 가지 상황에서 아동이 보이는 행동에 대한 자료가 필요하다. 부모용과 교사용이 있으며, 교사용의 경우 학업과 관련된 적응기술과 교실에서의 행동문제를 보고하도록 되어 있다. 검사는 만 4~17세 아동을 대상으로 부모나 양육자가 평가할 수 있다.
- **코너스 평정척도**(Conner's Rating Scale) : 코너스 평정척도는 부모용, 교사용, 단축형으로 되어 있으며 아동기 과잉행동의 체계적인 분류와 정신성 약물치료에 대한 표준화된 결과 측정치를 제공하기 위해 개발된 검사이다.
- **사회성숙척도**(Vineland Social Maturity Scale) : 사회성숙척도는 0세에서 30세의 영아에서 성인까지를 대상으로 자조, 이동, 작업, 의사소통, 자기관리, 사회화 등과 같은 변인으로 구성되는 사회적 능력, 즉 적응행동을 평가하는 것이다. 검사 실시는 피검자에 대한 정확한 정보를 얻기 위해서 피검자와 가장 많은 시간을 함께 보낸 사람과의 면담을 통해서 시간제한 없이 진행된다.

2) 지능검사

지능검사는 아동을 대상으로 광범위하게 적용되는 것으로 학교에서의 학업적 수행을 예언하는 인지능력을 평가하는 것이다. 또한 지능검사는 통계적으로 임상적 평가를 기초로 한 것이고 내담자인 아동 개인의 생활 상황을 개선하고 치료를 위한 임상 장면에서도 유용하게 활용되고 있다.

- **한국 웩슬러 유아지능검사 4판**(K-WPPSI -IV) : 만 2세 6개월~7세 7개월 사이 유아의 인지능력을 임상적으로 평가할 수 있도록 개발된 개인지능검사이다. 전반적인 지능(전체 IQ)과 더불어 특정 인지영역의 지적기능을 나타내는 15가지 소검사와 5가지 기본지표 및 4가지 추가지표를 제공한다. 본 검사는 아동의 인지영역별 강점과 약점을 상세히 평가할 수 있으며 영재

와 지적장애 등을 포함하는 전반적인 인지기능에 대한 평가가 가능하다.

2세 6개월~3세 11개월용은 7개의 소검사로 구성되며 언어이해, 시공간, 작업기억 등 3가지 기본지표 척도와 어휘획득, 비언어, 일반능력 등 추가지표 척도가 제공된다.

4세~7세 7개월용은 15개의 소검사로 구성되며 언어이해, 시공간, 유동추론, 작업기억, 처리속도 등 5가지 기본지표척도와 어휘획득, 비언어, 일반능력, 인지효율성 등 추가지표가 제공된다.

한국 웩슬러 유아지능검사(K-WPPSI-4)는 각 소영역별 현재 발달수준연령을 파악할 수 있다.

- **한국 웩슬러 아동지능검사 5판**(Korean Wechsler Intelligence Scale for Children-V: K-WISC-V, 곽금주, 2021) : 만 6세 0개월부터 만 16세 11개월까지 아동의 인지적 능력을 평가하기 위한 개인 지능검사 도구로 전반적인 인지적 기능에 대한 포괄적인 평가를 한다.

  K-WISC-V 검사는 16개의 소검사로 구성되며 언어이해(VCI), 시공간(VSI), 유동추론(FRI), 작업기억(WMI), 처리속도(PSI) 등의 5개 기본지표 척도와 양적추론(QRI), 청각작업기억(AWMI), 비언어(NVI), 일반능력(GAI), 인지효율(CPI) 등의 추가지표 척도가 제공된다.

  전체 IQ와 함께 기본지표 척도의 각 지표별 점수를 통해 아동의 구체적인 인지능력과 강점 및 약점에 대해 평가할 수 있으며, 추가지표를 통해 기본지표 척도에서 측정하는 능력 외 아동의 특정한 인지능력에 대해 추가적으로 평가할 수 있다.

  - 언어이해지표: 결정지능과 언어 정보를 개념화하는 능력, 언어로 자신의 생각을 표현할 수 있는 능력을 측정하며 공통성과 어휘 소검사로 구성
  - 시공간지표: 시각 정보를 분석하고 시공간 관계를 이해하는 시공간 추론능력, 정신적 회전 능력, 시각작업기억을 측정하며, 토막짜기와 퍼즐 소검사로 구성

- 유동추론지표: 사전 지식이나 문화적 기대, 결정지능으로는 풀 수 없는 새로운 문제를 해결할 수 있는 능력을 측정하며, 행렬추리와 무게비교 소검사로 구성
- 작업기억지표: 주의집중하며 짧은 시간 동안 의식적으로 시청각정보를 입력하고, 유지하고, 조작하여 결과를 재생산할 수 있는 능력을 측정하며, 숫자와 그림기억 소검사로 구성
- 처리속도지표: 의사결정을 위해 시각정보를 빠르고 정확하게 처리하는 능력을 측정하며, 기호쓰기와 동형찾기 소검사로 구성
- 양적추론지표: 암산능력, 양적 관계를 이해하고 적용하는 능력, 언어적 문제해결능력 등을 측정하며, 무게비교와 산수 소검사로 구성
- 청각작업기억지표: 청각단기기억, 작업기억, 청각적 순차처리 능력, 정신적 조작 능력 등을 측정하며, 숫자와 순차연결 소검사로 구성
- 비언어지표: 언어적 요구를 최소화하여 아동의 전반적인 지능을 측정하며, 토막짜기. 퍼즐. 행렬추리. 무게비교. 그림기억. 기호쓰기 소검사로 구성
- 일반능력지표: 작업기억과 처리속도 요구를 최소화하여 아동의 전반적인 지능을 측정하는 지표이며, 공통성. 어휘. 토막짜기. 행렬추리. 무게비교 소검사로 구성
- 인지효율지표: 학습, 문제해결, 고차원적인 추론과정에서 이루어지는 정보처리의 효율성을 측정하는 지표이며, 숫자. 그림기억. 기호쓰기. 동형찾기 소검사로 구성

- **한국판 카우프만 아동용 지능검사**(Kauffman Assessment Battery for Children) : 한국판 K-ABC는 만 2세 6개월~12세 5개월까지의 정상 및 특수아동을 대상으로 아동의 인지처리능력과 습득도를 측정한다. 인지처리능력은 다시 순차처리능력과 동시처리능력으로 나누어지는데, 동시처리의 하위 검사로는 마법의 창, 얼굴 기억, 그림 통합, 삼각형, 시각 유추, 위치 기억, 사진

순서로 구성되고, 순차 처리의 하위 검사는 손동작, 수 회생, 단어 배열 등이 있다. 습득도를 측정하는 하위 검사는 표현어휘, 인물과 장소, 산수, 수수께끼, 문자 해독, 문장 이해 등이 있다.

3) 기질검사

기질이란 태어날 때부터 가지고 태어나는 한 개인의 행동양식과 정서적 반응유형을 의미하는 것으로 활동수준, 사회성, 과민성과 같은 특성을 포함한다.

이러한 기질은 환경에 의해 바뀌는 것은 아니며, 좋고 나쁘다는 측면이 아닌 고유한 특성으로 생각하는 것이 더 바람직하다.

- TCI(Temperament and Character Inventory) **검사**

TCI는 미국의 정신과 의사 및 유전학자로 유명한 C. R. Cloninger 교수와 동료들이 심리생물학적 인성모델에 기초하여 개발한 심리검사이다. 이 검사는 한 개인의 기질과 성격을 구분하여 측정하기 위한 검사도구이다. 기질과 성격을 종합적으로 평가하는 TCI를 통해 개인의 사고방식, 감정양식, 행동패턴, 대인관계 양상, 선호경향을 폭넓게 이해할 수 있다. 이 검사는 기질을 측정하는 4개의 척도와 성격을 측정하는 3개의 척도로 되어있다. 기질과 성격을 분리함으로 인성발달에 영향을 미친 유전적 영향과 환경적 영향을 구분하여 인성 발달 과정을 이해하는 것이 가능하다. 같은 기질을 가지고 있다고 하더라도 성격차원의 발달형태에 따라 다르게 행동한다고 보았다.

■ **기질차원** : 기질이란 자극에 대해 자동적으로 일어나는 정서적 반응 성향이다. 다분히 유전적으로, 일생 동안 비교적 안정적인 속성이다.

- 위험회피요인 : 위험하다고 느끼거나 혐오스러운 자극에 대해서 행동이 억제되고 위축되는 유전적인 경향성
- 자극추구요인 : 새로운 자극이나 보상에 끌리면서 행동이 활성화되는 유전적 경향

- 사회적 민감성 : 타인과의 사회적 애착을 이루기 위해 사회적 보상신호에 민감하게 반응하는 유전적 경향성
- 인내력 : 지속적인 강화가 없더라도 한 번 보상된 행동을 일정한 기간 동안 꾸준히 지속하려는 유전적인 경향성

■ 성격차원
- 자율성 : 목표를 위해 자신을 통제하고 조절하는 능력
- 연대감 : 타인에 대한 수용능력
- 자기초월 : 자신을 우주의 통합적인 한 부분으로 이해하고 동일시하는 것으로 상황에 대한 이해 및 반응

4) 성격검사

아동의 성격을 검사하는 도구에는 객관적 검사와 투사적 검사가 있다. 객관적 검사로는 한국판 아동용 성격검사에 대해 살펴보고, 투사적 검사로는 한국판 아동용 주제통각검사와 그림검사에 대해 살펴보고자 한다.

(1) 객관적 성격검사

한국판 아동용 성격검사(Korean-Personality Inventory for Children: K-PIC)는 최근 6개월간 아동과 같이 생활한 보호자가 아동의 발달, 정서, 행동, 대인관계, 현실 접촉 등에 대해 응답하여 아동을 다차원적으로 평가할 수 있다. 검사는 16개의 척도로 구성되어 있다. 4개의 타당도 척도와 스트레스에 대한 아동의 적응 잠재력을 측정하는 1개의 자아탄력성 척도와 11개의 임상척도가 있다. 임상척도는 언어발달, 동작발달, 불안, 우울, 신체화, 비행, 과잉행동, 가족관계, 사회관계로 구성되어 있다.

(2) 투사적 성격검사

한국판 아동용 주제통각검사(Korean-Child Apperception Test: K-CAT)는 만 3세에서 10세 아동을 대상으로 개발된 검사이다. 과거의 경험과 지각의 기억흔적이 현재의 지각에 영향을 미칠 것이라고 가정하고, 구강기의 문제, 형제들과의 관계, 고독의 공포, 배설습관에 대한 관심과 같은 기본적 문제를 알아내는 것이며, 이러한 과정에서 양친과 그 밖의 성인들과의 심리적 관계가 묘사되는 특징이 있다.

로샤검사(Rorschach Test)는 임상적 진단도구로서의 유용성뿐만 아니라 개인의 성격이나 습관, 반응양식과 같은 많은 정보를 줄 수 있다. 아동의 성격검사도구로서 로샤검사는 지각-인지적인 과제로서 주어질 때의 반응행동과 아동의 환상을 자극하는 과제로서 주어질 때의 반응내용에는 아동의 사고양상과 성격의 구조와 역동, 행동양상이 반영된다고 본다. 지각-인지적 과제로 볼 때 잉크반점은 아동이 구조화하고 조직화하여야 할 모호한 자극 장으로 간주된다. 따라서 아동은 주어진 자극을 무엇으로 반응할 것인가를 결정하여야 하며, 이를 통해 지속적인 특성, 기질, 선호하는 대처양식, 관심의 출처를 알 수 있다. 또한 환상을 자극하는 수단으로서는 잉크반점이 아동의 상상력을 자극하고 다른 방법으로는 접근하기 힘든 환상을 불러일으킨다고 보인다. 이런 환상의 내용을 다루는 해석에서는 왜 그렇게 행동하게 되었는가를 다루는 것으로 아동의 특정 적응 유형에 영향을 주는 내면의 욕구, 태도, 해결되지 않은 갈등에 초점을 두게 된다.

(3) 그림검사

아동들의 그림은 방어나 꾸미기를 하지 않기 때문에 그들의 그림은 그대로를 노출하여 솔직하고 신선하다. 이러한 아동화의 특징으로 인해 그림을 심리학적으로 의미있는 자료로 사용하게 되었다.

- **동적가족화**(Kinetic Family Drawing Test: KFD) : 가족들이 무엇인가 하고 있는 장

면을 그려보게 하여 아동과 가족구성원 사이의 관계와 역동성에 대한 아동의 지각을 이해하고, 아동의 자아개념이나 대인관계 갈등 등의 정서적 특성을 파악할 수 있다. 그림을 보면서 그 사람의 연령, 아동과의 관계, 그림에서 무엇을 하고 있는지 등의 질문을 통해 가족이 아동의 자아상, 행동, 태도, 감정에 어떻게 영향을 미치는가에 대해 많은 이해를 얻는 데 도움이 된다.

- **동물가족화** : 자신의 가족을 동물로 그리도록 하여 직접 사람을 그리는 것보다 간접적인 방법으로 가족에게 접근하고, 동물이라는 상징에 포함된 의미를 해석하면서 정보를 얻을 수 있다. 그림을 그린 순서와 누구를 그린 것인지 기재한다.
- **집-나무-사람 검사**(House-Tree-Person Drawing Test: HTP) : 집, 나무, 사람을 한 장에 하나씩 차례대로 그리게 한다. 다 그리면 먼저 그린 사람과 다른 성의 사람을 그리도록 한다.
  일반적으로 집은 개인 현실을 반영하는 것으로 아동의 경우 가정에 대한 태도나 부모, 형제와의 관계를 반영하고, 나무는 개인의 성장과정을 표현해 주는 것으로 심층적이고 지속적이며 무의식적인 감정과 갈등을 투사한다. 그리고 인물 그림은 자아상과 밀접한 관계가 있으므로 검사자의 정서적 지지를 가장 필요로 한다. 사람 그림을 통해 피검자에 대한 정보, 피검자와 환경과의 관계에 대한 의식 수준에서의 문제를 반영한다.

5) 학업성취 및 주의력검사

(1) 기초학습기능검사

박경숙, 윤점룡, 박효정(1989)이 제작한 검사로 아동의 학습 수준이 정상에서 어느 정도 떨어지는가를 알아보거나 학습집단 배치에서 어느 정도 수준의 아동 집단에 들어가야 하는가를 결정하며 구체적인 개별화 교수안을 계획하는 검사

목적을 갖고 있다. 기초학습기능검사의 대상연령은 유치원생부터 초등학교 6학년까지이며, 이 검사는 학년 규준과 연령 규준을 갖춘 개인용 학력검사라는 특징을 지닌다. 검사의 구성은 정보처리 기능과 언어 기능 및 수 기능을 측정하도록 구성되어 있으며 구체적으로 다루는 기능 요소는 9개이나, 소검사는 5개(정보처리, 셈하기, 읽기 I, 읽기 II, 쓰기)로 조정되었다.

(2) 주의력장애진단검사(ADHD Diagnostic System: ADS)

ADS는 홍강의, 신민섭, 조성준(1999)이 개발한 주의집중력을 측정하는 검사로, 만 5세에서 만 15세까지의 아동 및 청소년을 대상으로 실시할 수 있다. 이 검사는 시각과 청각 두 가지 검사로 이루어져 있다. 시각검사는 화면을 주시하고 있다가 목표 자극이 나오면 버튼을 누르는 것으로 목표자극이 아닌데도 누르는 오류가 많을 경우 주의집중력의 어려움이 더 크다는 것을 의미한다. 청각검사는 귀를 기울여 잘 듣고 있다가 목표자극과 비목표자극을 구분하여 반응하도록 한다.

3. 치료계획

치료를 시작하기 위해 아동의 문제에 대한 충분한 정보를 수집하고 이를 토대로 치료계획을 세우게 된다. 치료를 시작하기 전 단계로 치료계획에는 아동의 문제를 선정하고 목적과 목표를 설정하고 구체적인 치료방법을 선정하여 진행된다.

상담의 목표는 아동의 목표를 최우선으로 하고 부모와 상담자의 목표를 고려하여 결정하는 것이 바람직하다. 목표설정 과정에는 아동과 부모, 가족 그리고 상담자가 참여하여 상호 협력적으로 이루어져야 한다. 시간의 경과에 따라 목표를 정하는 경우, 우선 아동이 현재 상황에서 원하는 것이나 가능한 것을 중심으로 단기적인 목표를 설정하고 궁극적으로 아동이 도달해야 될 가치관의 변화나 사회적응 기술 등 비교적 오랜 기간을 필요로 하는 것을 장기적인 목표로 설정하는 것이다.

제3절 치료과정

1. 초기 단계

상담의 초기 단계는 상담의 기초를 다지는 단계로, 상담분위기와 방향을 설정하고 상담효과를 결정하는 데 가장 중요한 단계이다. 이 초기 단계는 부모와 아동 그리고 상담자 모두에게 탐색의 단계라고 할 수 있다. 아동은 상담자와 라포가 아직 형성되지 않은 시기이므로 상담자와 상담실을 탐색하게 된다. 따라서 초기 단계에서는 아동과의 라포 형성에 중점을 두어 아동이 상담자와 상담실에 안전감을 느끼도록 수용적인 자세를 취해야만 한다. 상담자는 아동의 감정을 반영해 주고 동기를 부여해 주어야 한다.

상담 초기에는 아동이 불안이나 긴장을 보이는 경우가 많으므로 상담자는 어떻게 해서든지 아동과 관계를 맺으려고 성급하게 시도하기보다는 아동의 마음을 읽어주면서 서서히 안정될 때까지 기다리는 것이 좋다. 대부분의 아동은 자신에 대한 부정적이고 거부적인 반응에 상처를 입고 마음의 문을 닫고 있는 상태일 것이다.

상담자와의 관계는 아동이 가진 다양한 부정적인 감정이 비난이나 비판 없이 수용되고, 아동의 행동과 언어에 전적으로 상담자의 관심이 집중되는 아주 행복하고 즐거운 경험으로 시작되어야 된다. 상담자는 아동의 생각, 감정, 태도를 받아들이는 과정을 통하여 아동의 세계에 들어간다.

1) 신뢰로운 치료적 관계 형성하기

상담 초기 과정은 대부분의 상담에서 상담자와 아동의 상호 신뢰와 수용을 바탕으로 긍정적인 관계를 형성함으로써 시작된다. 이런 관계를 형성하기 위해서는 상담자가 우선적으로 편안한 치료적 환경을 구성해 주어야만 가능하다. 치료적 환경이란 아동이 자신의 감정을 자유롭게 표현할 수 있고 강요받지 않음을 느끼고 신뢰감 있고 비밀이 보장된다는 확신이 드는 환경이다. 이러한 환경은 아동과 상담자에게 안정감을 주고 자발적으로 자기노출과 감정표현을 돕는 역할을 한다. 상담환경이란 앞에서 설명한 물리적 환경구성뿐 아니라 자기표현을 촉진할 수 있는 심리적 환경도 포함된다. 아동상담실은 신체적 안정과 심리적 안정을 모두 고려하여 구성해야 한다.

이러한 안정은 아동과 상담자를 보호하기 위한 상담규칙을 설명하고 상담실에서 주의해야 할 제한점들을 알려주는 것에서부터 시작한다. 상담실에서의 제한과 규칙은 안전을 보장하는 울타리 역할을 한다. 규칙과 제한은 너무 엄격하거나 금지사항이 많아서는 안 되며 아동의 자유로운 활동을 방해하는 정도까지 되어서는 곤란하다. 규칙들은 초기에 아동에게 명확하게 설명해야 한다. 아동이 자기 자신이나 상담자에게 신체적인 해를 야기하는 공격적인 행동을 한다거나 상담도구나 상담매체들, 상담실 내의 가구를 부수는 파괴적인 행동을 해서는 안 된다는 것을 알려주어야 한다.

2) 주요 상담기술

아동상담에서는 상담의 효과를 이끌기 위해 다양한 기술과 매체를 사용한다. 상담자들은 자신의 반응이 내담자에게 어떠한 영향을 미치며 자신의 반응에 따라 상담이 어떻게 전개되어 나갈 것인지를 지각할 수 있어야 한다.

(1) 무조건적 긍정적 존중

무조건적 긍정적 존중이란 내담자의 감정이나 행동, 생각이 어떠하든지 간에 그것을 판단하지 않고 인간으로서 있는 그대로 수용하는 것을 말한다. 내담아동을 상담자의 가치조건에 비추어 판단하거나 평가하지 않고 아동이 무엇을 말하고 느끼고 행동하든 가치있고 존중받을 만하다는 태도를 일관되게 유지하는 것이다. 자신을 있는 그대로 상대방이 진심으로 받아준다고 느낄 때 활동의 자유를 얻고 성장하고 능력을 발휘하는 방법을 생각하게 된다.

(2) 반영

반영은 아동이 표현한 감정과 태도를 다른 말로 표현해 주는 것이다. 감정, 내용, 그리고 행동에 대한 반영을 통해 아동들은 자신이 깊게 이해받고 그들이 이야기하고 있는 것이 상대에게 중요하게 받아들여지고 있다는 것을 느낄 수 있게 된다.

반영은 아동이 상담자에게 말한 것을 확인하는 방법이다. 모든 반영은 아동이 말한 내용을 넘어서서 상담자가 아동이 어떻게 느끼는가를 진실로 이해하고 있음을 전하는 의사소통이어야 한다.

(3) 공감적 이해

공감은 내담아동이 경험한 정서를 상담자가 같이 경험하는 것을 의미하는 것으로 내담자의 감정을 그의 입장에서 이해하고 느낄 뿐 아니라 이해하고 느낀 감정을 내담자에게 말로 표현해서 전달해 주어야 한다. 즉, 공감적 이해는 내담아동의 내면 세계에서 진행되는 심층적인 경험내용을 상담자가 정확히 이해하고 의사소통하는 것이다. 상담자가 내담자를 이해하기 위해서는 내담자의 현상학적인 세계에 초점을 맞추어야 한다. 상담자는 내담자의 입장이 되어 보려고 시도해야 하며 그의 마음 깊숙이 들어가려고 시도해야 한다. 내담자의 말을 들을 뿐 아니라 상담자는 내담자의 눈, 마음, 그리고 가슴을 통해 그들의 세계를 보아야 한다. 그래야 상담자는 내담자의 느낌, 믿음, 의도를 이해하게 된다.

(4) 침묵

상담자의 침묵은 아동들이 생각을 정리하여 자신의 말로 표현하는 데 필요한 시간을 기꺼이 허락해 주고 기다려 주는 아동중심의 끈기있는 상담자의 태도이다. 즉 침묵은 상담에 있어 아동을 더 깊은 수준의 사고와 감정으로 들어가도록 동기화하는 데 사용될 수 있는 기법이라 할 수 있다.

초보 상담자나 아동은 상담 중에 침묵이 흐르는 것을 어색해 하거나 불안해 한다. 상담과정 중의 침묵에 대한 이해는 상담을 촉진시키는 데 중요하다. 상담과정에서 아동이 침묵하는 이유로는 말할 것이 없거나 상담자에 의해 위협받았을 때, 말할 것이 불확실할 때, 처벌받고 비난받는 것을 두려워할 때, 또는 말한 것이 거부될 것을 두려워할 때 침묵할 수 있다. 이때 상담자는 여기서 말을 하지 않아도 괜찮다고 말해 줄 수 있다.

(5) 명료화

명료화는 내담자의 문제를 분명하게 하는 작업으로 아동의 상황을 이해하고자 하는 상담자의 소망을 나타내는 반응 기술이다. 내담자의 입장에 서서 문제를 경청하고 그러면서도 객관적인 입장을 유지하는 것이 명료화의 전제라고 할 수 있다. 명료화는 내담자의 문제갈등을 분명하게 하는 것뿐만 아니라 문제갈등에 연관된 내부적 진실을 분명히 한다.

상담자들은 상담의 모든 단계에서 명료화 기술을 사용할 수 있으나 특히 초기에 적절하다. 아동이 표현한 것을 상담자의 통찰력으로 새로운 관점과 다른 시각으로 보게 도와주며, 아동이 자신의 세계를 이해하도록 돕는 데 사용된다. 명료화는 아동이 말한 것을 바꾸어 말해주는 것으로 상담자가 듣거나 보았던 의미있는 자료들을 다시 정리하고 혼란스러운 상황을 단순화하여 아동에게 새로운 말로 표현해 주어야 한다.

(6) 개방식 질문

질문은 상담자가 아동과의 관계형성과 아동의 입장을 이해하기 시작할 때 필요한 정보를 얻는 데 가장 효과적인 최선의 방법이다. 질문의 유형으로는 보통 개방식 질문과 폐쇄식 질문이 있는데 초기 상담과정에서는 주로 개방식 질문이 사용된다.

상담에서 질문을 할 때는 가능한 한 개방형 질문을 사용하는 것이 좋으며, '왜'라고 시작하는 질문은 되도록 하지 않아야 한다. 대부분 아동들은 이 유형의 질문에 대한 대답을 알지 못하는 경우가 많다. '왜'라는 질문은 아동에게 이유를 말해야 한다는 논리적인 부담을 주게 되며, 변명을 위한 대답을 유도하기 쉽다.

'왜'라는 질문은 내담자에게 부정적인 영향과 방어적인 태도를 불러일으킬 수 있으며 상담자가 반복해서 물으면 아동은 부분적으로만 사실을 말하거나 거짓말을 할 수도 있다. 그러므로 '왜'라는 질문보다는 개방식 질문이 더 바람직하다.

- **개방형 질문** : 반응의 한계를 정하지 않은 질문 형태로서, 상담자는 개방형 질문을 통해 기대하지 않았던 다양한 정보를 얻을 수 있다.
- **폐쇄형 질문** : 단답으로 끝나게 되는 질문 형태로, 구체적인 대답이나 특정한 답을 이끌어내기 위해서 사용된다. 폐쇄형 질문은 시간을 절약해서 정확한 정보를 확인할 수 있는 장점이 있지만, 아동으로부터 새로운 정보를 얻을 수는 없다.

2. 중기 단계

상담 초기 단계에서 중기 단계로 넘어가는 시기는 아동의 인식, 지각, 저항, 자발적 참여 등에 따라 다양하다. 자발적 참여가 높고 저항이 적은 아동의 경우는 초기 단계를 짧게 마치지만 저항이 강한 아동의 경우 더디게 진행되기도 한다.

상담 중기에 접어들면서 서로 신뢰할 수 있는 라포를 형성하게 되지만 아동은 일시적으로 거부적이고 부정적인 반응을 보이며 치료 전과 같은 수준의 행동문제를 표출하는 경우가 있기도 하다. 이러한 일시적 퇴행 현상은 아동의 행동이 변화되는 과정에서 일어나는 일종의 저항으로 상담자는 상담이 순조롭게 이루어지는 신호로 받아들여 원래대로 상담계획을 진행시켜야 한다. 이런 과정을 통해 점차 아동은 상담실을 편안한 장소로 느끼면서 자신의 내재되어 있는 억압된 부분들을 표출하기 시작한다.

중기 단계에서는 아동이 세상을 보는 관점, 자신의 가치, 생활양식이 다루어진다. 상담의 중기 단계는 전체 상담과정의 대부분을 차지하는 긴 시간으로 성장과 신뢰, 훈습의 단계를 거친다. 긍정적인 감정과 성취의 경험을 쌓아가면서 자신감을 회복시켜 나간다. 또한 자신의 과거에 있었던 충격적인 사건들을 반복하고 재구성하는 가운데 해석을 할 수 있게 되고 문제에 대한 통찰력을 갖고 해결해 나가면서 성장하게 된다.

1) 심오한 탐색과 분석

중기 단계에서는 본격적인 상담이 이루어진다. 이 과정에서는 아동과 아동의 문제에 대한 심도 있는 탐색과 분석을 한다. 상담자는 아동이 자신에게 중요하다고 느끼는 것, 아동의 가치 등을 다루면서 지속적으로 자기탐색을 계속하고 자기이해를 발전시켜 나갈 수 있도록 도와주어야 한다. 아동들은 가치를 결정하는 과정에 있기 때문에 상담자의 도움이 필요한 중요한 부분이다.

2) 아동의 세계에 대한 이해

아동과 상호작용함에 따라 상담자는 아동의 자아상에 대해 더 많이 이해하게 된다. 상담자는 아동이 이야기하는 것에 대해 주의깊게 경청해야 한다. 아동들은 자신이 상담을 하게 된 원인이 자신에게도 있을 수 있다는 것과 자신의 행동과 태도가 자신의 문제와 어떤 관련성이 있는지 이해하지 못한다. 아동이 탐색을 시작하면 상담자는 아동의 행동목적을 찾기 위해 주의해서 경청해야 한다. 상담자들은 '어떤 목적으로 아동이 그런 행동을 했을까?, 어떤 요구가 충족되었을까?, 향상되기를 원한다는 아동의 말과 행동이 일치하는가?, 아동은 자신의 요구를 충족하고 있는가?, 아동은 애정이 부족한가?, 아동이 표현하는 것은 어떤 것에 대한 요구인가?' 등과 같은 질문들을 스스로에게 해야 한다.

3) 상담목표에 도달하도록 돕기

상담자들은 아동이 가치와 목표를 표현하고, 자신의 목표를 충족시키기 위해 그들이 무엇을 해야 할 것인지에 대해 의사결정을 하도록 돕는다. 상담자들은 아동으로 하여금 잘못된 목표나 부적절한 목표를 인식하도록 도울 수 있고, 가장 중요한 것은 그들이 표현한 목표와 행동 간의 부조화를 이해할 수 있도록 도울 수 있다는 것이다. 또한 상담은 아동이 더 큰 사회적 관심, 협동, 그리고 타인들에 대한 관심을 발달시키도록 돕는 관점으로 나아가야 한다. 그 과정에서 상담자들은 아동들이 자신의 삶을 이해하고 해석하도록 돕고 변화하려는 마음을 가지도록 도와야 한다.

상담이 진행됨에 따라 아동은 자아수용의 증가, 반복적인 활동의 감소, 공포의 극복, 죄책감의 감소, 공격성의 감소, 자기표현과 자기조절의 증가, 긍정적인 정서표출의 증가 등이 나타난다.

4) 주요 상담기술

일반적으로 수용과 반영 등의 상담기법은 상담의 어느 단계에서나 사용될 수 있지만 대체로 시작 단계에서 매우 효과적이다. 중기 단계에서 효과적인 상담기술로는 해석하기, 제안하기, 질문하기, 자기노출, 정보주기, 직면하기 등이 있다.

(1) 제안하기

일반적으로 제안하기는 지식이 부족한 사람에게 문제를 해결해 나가는 방법에 대한 충고와 제안을 제공하는 것을 말한다. 많은 아동이 미숙해 보이고 스스로 의사결정을 할 능력이 없어 보이기 때문에 상담자를 포함한 어른들은 아동에게 충고를 하고 싶은 함정에 쉽게 빠진다. 충고를 전혀 안할 수는 없지만 신중을 기해야 한다. 때로는 충고가 내담자들에 의해 받아들여지지 않거나, 내담자의 의존성을 강화하고 해결책을 제공하려는 상담자의 초점을 변화시킨다는 것이다. 충고보다는 덜 직접적인 방법이 제안인데 이는 상담자가 아동에게 어떤 과정이 실제로 적합한지에 대해 구체화하지 않고 여러 가지 대안을 제시하는 것이다. 대안들을 제안함에 있어 상담자는 아동이 제안을 거부할 선택과 자유를 주어야 한다.

(2) 정보 제공

상담자는 내담아동으로부터 종종 지식, 경향, 흥미 등에 대한 정보를 제공해 줄 것을 요청받는다. 아동들이 정보를 찾고 있는 것이 분명하고 상담자가 요청받은 정보를 갖고 있다면 제공해 주어야 한다. 상담자가 정보를 제공할 때 유의해야 할 점은 정보 그 자체보다 아동이 정보를 어떻게 인식하고 어떻게 사용하는가를 이해하는 것이다. 그러나 단순히 요청에 의해 지나치게 많은 양의 정보를 제공하지 않도록 주의를 기울여야 한다. 많은 정보를 알고 싶은 순수한 표현인지, 자신의 심각한 문제를 숨기려는 의도로 정보를 추구하는 관심을 보이는 것인지 분별하여 적절한 반응을 보여야 한다.

(3) 해석

해석은 아동이 어떤 특정한 방식으로 행동하는 이유를 파악하는 것으로 아동들이 자기 자신의 감정과 행동, 자신의 문제에 대한 통찰력을 발달시키고, 새로운 관점을 생각하고 폭넓은 대안을 탐색할 수 있도록 돕기 위해 사용되는 기법이다. 해석의 가치는 언제 사용되는가, 무엇이 해석되는가, 내담자가 해석으로부터 무엇을 얻을 수 있는가 등에 달려 있다. 해석은 내담자가 그것을 수용해서 이해하고 활용할 수 있을 때에만 효과적이다. 상담자는 해석할 때 아동에게 상담자 자신의 가치나 태도, 감정을 투사시키지 않도록 유의해야 한다.

(4) 자기노출

자기노출은 상담 중기에 치료를 긍정적인 방향으로 전개시켜 나가게 하는 유용한 기법이다. 상담자의 자기노출은 자신의 과거 경험에 입각한 실제적인 정보를 제공해 주는 반응으로, 내담자의 자아나 문제에 직접적으로 관련된 것으로 치료를 향상시키는 것이어야 한다.

상담자의 자기노출을 통해 내담자의 자기노출을 증가시키고 깊은 수준의 노출을 격려하고 강화하여 치료적 관계를 공고히 하면서 내담자로 하여금 몰입하게 하는 이점이 있다. 그러나 상담자의 자기노출은 짧게 하며 아동이 어떻게 해야 하는지 암시하지 않도록 유의해야 한다. 아동 스스로가 자기의 행동을 결정할 수 있도록 한다.

(5) 문제해결

상담은 상담자가 내담자의 문제를 해결해 주는 것이 아니라 내담자 스스로 문제를 해결하는 능력을 신장시켜 주어 효과적이고 건설적인 행동을 하게 하는 것이다. 즉 해결책을 제시하는 것이 아니라 기존의 해결노력을 탐색하고 한계를 평가하여 좀 더 나은 대안을 모색해 보는 과정을 밟아가는 것이다. 자기통찰과 탐색과정을 거쳐 실제 행동의 변화를 위해 문제해결, 선택과 책임감 갖기를 통해 문제해결단계에 이르게 된다. 행동의 각 과정은 내담자의 목표와 가치를 실현하도록 돕는 방법을 고려하는 과정이라 할 수 있다. 아동이 자신을 위한 행동을 하도록 돕는 것은 상담자의 책임으로 효율적인 의사결정기술을 학습하는 것은 중요하다.

(6) 직면

직면이란 내담자로 하여금 자신의 행동이나 말에 주의를 집중하도록 유도하거나 강요하는 것으로 이는 자신의 감정과 행동을 인식하고 자각을 증대시키고자 하는 것이다. 내담자의 주관적인 기분 상태와 감정, 이야기에 숨겨진 이유, 드러내지 않은 자신의 개인적 목적, 즉각적인 행동 등에 대해 직면시킨다.

(7) 격려

격려의 목적은 아동의 행동을 적극적으로 지지해 주고 강화해 주어서 아동으로 하여금 용기와 책임감을 갖게 하고, 자신의 문제에 직면하여 이를 해결할 수 있도록 돕는 것이다. 격려받은 아동은 자신이 가치있고 힘이 있으며 스스로 통제하며 잘 행동하고 있다는 느낌을 갖게 된다. 아동은 생활 중 적어도 일부분에서 성공적인 경험을 하는 것이 필요하다. 이를 통해 격려를 받음으로써 자신감을 갖게 된다.

제4절 평가 및 종결 단계

내담아동이 원했던 방향으로 변화가 이루어지면 상담은 종결된다. 평가 및 종결 단계에서는 상담 초기에 설정한 상담목표가 어느 정도 달성되었는지를 검토하고, 필요하다면 목표를 수정하거나 새로운 목표를 설정할 수 있다.

언제 상담을 종결할 것인지를 결정하는 것은 쉬운 일이 아니다. 보통은 상담 초기에 설정한 상담목표가 달성되면 종결을 준비하게 되지만 상담자가 느끼는 종결시기와 아동이 느끼는 종결시기가 다른 경우도 종종 있다.

상담이 진행됨에 따라 아동의 주된 문제들은 사라지는 반면에, 이전에 인식되지 못했던 사소한 문제들이 떠오르게 되어 이러한 문제까지 해결해 주길 바라게 되는 경우가 많다. 그러나 상담의 종결은 초기 면접 때 설정했던 상담목표가 어느 정도 달성되었다고 평가되었을 때 결정하게 된다. 즉 상담자는 지속적으로 상담과정을 검토하고 상담목표가 달성되었는지를 점검하며, 목표가 달성되었다면 상담을 종결해야 한다.

1) 상담목표 달성에 대한 평가

상담을 종결할 시점이라고 생각되면 상담 초기에 설정한 상담목표가 어느 정도 달성되었는가를 검토해 보아야 한다. 또한 새로운 상담목표가 있다면 그것 또한 어느 정도 달성했는가를 재검토해야 한다. 상담목표가 달성됨에 따라 보다 심각한 증상을 후에 제기하는 경우 상담목표를 조정해야 하며 새로운 상담계획을 다시 만들고 상담을 다시 시작해야 한다. 따라서 종결의 문제는 상담목표의 재검토 후에 결정해야 한다.

2) 종결에 대한 내담아동의 불안 극복

종결 단계에서는 지금까지 목표에 도달하기 위해서 진행되어 온 결과와 성취들이 요약되고 평가한다. 이때 상담자는 반드시 아동이 자신의 문제와 문제에 작용하는 관련된 능력을 이해하는 수준을 평가해야만 한다. 그들이 달성해야 할 목표에 도달하지 못하면 새로운 행동계획을 세워 다시 적극적으로 노력해야 할 것이다. 아동이 상담관계가 끝낼 준비가 되었는가를 알 수 있는 좋은 신호는 적극적으로 계획수립에 기꺼이 참여하느냐 하는 것이다. 상담 회기의 종결은 상담자에게 민감성을 요구한다. 상담자는 특히 종결 시에 내담아동에게 일어날 수 있는 여러 가지 감정과 생각을 반드시 다루어 주어야만 한다. 이런 과정을 제대로 거쳐야 내담아동은 별다른 상처나 후유증 없이 상담자로부터 진정한 심리적 독립을 이룰 수 있게 된다.

3) 내담아동의 의존성 극복

종결과정에서 생각해야 할 주된 것 중 하나는 내담자의 의존성이다. 내담자가 상담자에게 도움을 구한다는 사실 자체가 내담자의 의존성을 나타내는 것이며, 특히 상담과정에서는 그 의존성이 하나의 불가피한 요소라고 할 수 있다. 그러나 일반적으로 내담아동이 결국에는 직면한 문제들을 다른 사람에게 의존하지 않고 독자적으로 선택, 판단, 실행할 수 있어야 한다. 내담자의 심리적 독립을 촉진하기 위해 내담자의 자율적 판단과 결정을 수용 및 격려해 주는 상담자의 태도와 자세가 중요하다. 사소한 일에도 내담아동 스스로 결정하도록 격려해 주어야 한다. 이런 과정을 거치면서 내담자는 점진적으로 상담자 도움 없이 독자적으로 적응적인 삶을 영위할 수 있게 된다.

대부분의 아동은 종결 시기가 가까워 오면 상담에 대한 필요가 없어지게 되지만, 어떤 아동은 상담자와 친밀한 관계가 형성되어 종결을 원하지 않을 수도 있고 불안해하거나 퇴행을 보이기도 한다. 이때는 적절하게 이를 다루어 주면서 종결에 대한 준비를 시켜야 한다. 아울러 아동이 원하면 언제든지 다시 도움을 받을 수 있다는 것을 알려주는 것도 중요하다.

4) 생활 장면에서의 적응

내담아동이 처음에 호소했던 문제가 충분히 완화되었다 하더라도, 다른 측면들에서 내담자의 현실생활이 여전히 힘든 부분이 있다면 종결에 대한 고려는 뒤로 미루는 것이 바람직하다. 따라서 현실적응력이 얼마나 증진되었는지를 고려해 보아야 한다.

아동이 자신의 생활 장면으로 돌아갔을 때 상담자의 도움이나 개입 없이도 잘 적응할 수 있도록 준비를 시킨다. 그동안 상담과정을 통해 이루어진 변화를 실제 현실에서 적용하여 활용하도록 연습시키는 것이 중요하다.

학습과제

1. 아동상담에 있어 사용되는 다양한 심리검사에 대해 살펴보자.
2. 아동상담의 단계별 주요 상담기법의 차이에 대해 토론해 보자.
3. 상담을 종결할 때 아동의 태도에 있어 생길 수 있는 변화에 대해 이야기해 보자.

참고문헌

강문희, 손승아, 안경숙, 김승경(2008). **아동상담**. 교문사.

강정원, 홍기묵, 안지영(2009). **영유아교사를 위한 아동상담**. 정민사.

고인숙, 이숙희(2010). **아동상담**. 동문사.

곽금주(2021). **K-WISC-V 이해와 해석**. 학지사.

김순혜(2005). **현대아동상담**. 학지사.

김춘경(2004). **아동상담-이론과 실제**. 학지사.

문수백, 변창진(1997). **K-ABC 해석요강**. 학지사.

박경숙, 윤점룡, 박효정(1989). **기초학습기능검사**. 도서출판 특수교육.

오경자, 홍강의(1997). **K-CBCL 실시요강**. 중앙적성출판사.

오현숙(2002). 청소년 기질 및 성격검사. JTCI. 키즈큐.

이숙, 정미자, 최진아, 유우영, 김미란(2004). **아동상담**. 양서원.

현정환(2009). **아동상담**. 창지사.

홍강의, 신민섭, 조성준(1999). **주의력장애진단시스템 설명서**. 아이큐빅.

홍주학(2015). **유아용 부모 양육 행동 검사, 유아 기질 검사**. 범아출판.

Axline, V.(1947). *Play therapy*. New York: Ballantine.

Kaufman, A, S.(1979). *Intelligent testing with WISC-R*. New York: John Wiley & Sons.

Rogers, C. R.(1951). *Client centered therapy*. Boston: Houghton Mifflin.

PART 02

아동상담이론과 기법

4장 아동상담의 주요 이론

5장 아동상담의 주요 기법

6장 아동상담의 다양한 기법

Chapter 04

아동상담의 주요 이론

아동상담을 진행하는 데 있어서 아동과 그 아동의 문제를 바라보는 시각은 무엇보다 중요하다. 또한 아동의 문제에 대한 치료를 어떠한 이론을 바탕으로 하느냐에 따라 그 접근방법이 달라질 수 있다. 본 장에서는 아동상담의 주요 이론인 정신분석이론, 아동중심이론, 대상관계이론, 인지행동이론을 중심으로 정의 및 주요 개념, 발전배경, 상담기법 등을 살펴봄으로써 아동상담의 실제를 위한 기초를 제공하고자 한다.

제1절 정신분석이론

서론

『양들의 침묵(The Silence of The Lambs)』은 미국의 범죄 스릴러 소설가인 토머스 해리스가 1988년에 발표한 소설이다. 이를 1991년 영화로 제작하여 웬만한 아카데미상을 휩쓸었을 정도로 지금까지도 높은 평가를 받고 있는 영화이기도 하다. 이 영화에서는 연쇄살인사건을 맡은 주인공 스탈링과 사건 해결에 결정적인 도움이 되는 유명한 정신과 의사이자 독심술의 대가인 한니발 렉터 박사를 만나면서 흥미로운 심리전을 보여주고 있다. 마지막 장면에서 렉터 박사가 스탈링에게 "Well, Clarice... have the lambs stopped screaming? (클라리스, 양들이 울음소리는 멈추었나?)"라는 첫마디를 시작으로 전화를 걸며 이야기가 마무리된다. 여기서 스탈링은 어렸을 때 양들의 비명과 함께 양들의 도살이 시작되었음을 목격하고 충격에 빠진 그녀는 한 마리라도 살리고 싶어서 어린 양을 안고 도망쳤으나 아직 어린 그녀에게 어린 양은 너무 무거웠고 결국 보안관에게 잡혔던 경험으로 지속적인 트라우마(trauma)를 겪게 된다. 이처럼 어렸을 때의 경험이 성인이 되어서도 지속되어 현재의 생활에도 영향을 미친다고 보는 관점이 바로 정신분석적 접근이라고 할 수 있다. 이 장에서는 정신분석이론에 대한 기본 개념과 발달단계 등을 소개하고 이 이론에 근거한 상담기법 등을 다루기로 한다.

1. 정신분석이론에 대한 이해

1) 주요 개념

(1) 리비도

본능은 Freud적 접근의 핵심이라고 할 수 있는데, Freud는 초기에 성적 에너지를 리비도(libido)라고 불렀다. 그는 리비도가 출생 때부터 나타나고 아동의 성격과 행동을 결정한다고 하였다. 리비도의 개념은 초기에 성적 에너지로 불리다가 이후에는 모든 삶의 본능의 에너지를 리비도라고 불렀다. 그는 정신분석적 상담에서 인간의 본능을 강조하면서 이러한 본능은 쾌락을 추구하는 삶의 본능인 에로스와 공격적인 욕구를 설명하고 있는 죽음의 본능인 타나토스(tanatos)로 구성되어 있다고 하였다.

(2) 의식구조

① 무의식

우리가 무의식은 직접 알 수는 없지만, 행동을 통해 추론할 수 있다. 무의식에는 모든 경험, 기억, 억압된 재료들이 저장되어 있으며 무의식에 관한 이러한 개념들은 인간의 행동과 성격의 문제를 이해하는 데 중요한 역할을 한다. Freud는 이러한 무의식에 대한 개념과 의식의 단층에 대한 이해를 할 수 있도록 큰 공헌을 하였다.

② 전의식

무의식과 의식의 중간 부분으로, 현재 의식하고 있지는 않지만, 우리가 노력을 하면 의식화시킬 수 있는 정신작용의 부분을 말한다. 이는 흔히 이용 가능한 기억이라고 불린다.

③ 의식

의식은 자신이 조금만 주의를 기울이면 곧 인식할 수 있는 정신작용의 부분이며 어떤 순간에 우리가 느끼거나 알 수 있는 모든 감각과 경험을 말한다. Freud는 의식을 빙산에 비유하여 물위에 떠 있는 작은 부분이라 하였으며, 이러한 의식은 성격의 제한된 일부분만을 나타낸다고 하였다. 물론, 물속 아래 더 큰 부분을 무의식으로 비유함으로써 이를 인간의 의식적 사고와 행동을 전적으로 통제하고 있는 힘이라고 하였다.

(3) 성격의 구조

Freud는 인간의 성격이 원초아, 자아, 초자아로 구성되어 있으며, 원초아는 성격의 생물학적 구성요소, 자아는 심리적 구성요소, 초자아는 사회적 구성요소라고 하였다. 그는 이러한 세 부분이 구분되어 있다기보다는 하나의 전체로서 작용한다고 하였으며, 원초아, 자아, 초자아 사이의 갈등이 일어날 때 인간은 불안을 느끼며, 이러한 불안을 적절한 방법으로 조절하거나 해결할 수 없을 때 자아가 방어기제를 사용한다고 하였다.

① 원초아(Id)

원초아는 가장 원초적인 체계로서 의식 수준에서 무의식 부분이며, 출생 시 가지고 태어난다. 원초아는 공격적이고 동물적이며 긴장을 감소시키려는 쾌락원리를 따르며 억압보다는 충동적인 행동을 하게 된다. 예를 들어, 영아들이 배가 고프거나 기저귀가 젖었을 때 자기의 욕구가 충족될 때까지 우는 경우나, 배가 너무 고플 때 돈도 없고 자신의 것도 아님에도 불구하고, 지나가는 빵집에 가서 빵을 그냥 먹는 것 등을 예로 들 수 있다.

② 자아(Ego)

자아는 원초아와 초자아를 통제하고 그 관계를 조절하는 역할을 한다. 즉 초자아가 침해를 받지 않는 범위 내에서 원초아의 욕구와 충동이 어떤 방법으로든지 충족될 수 있도록 한다. 자아는 현실원리에 의해 자신이나 타인에게 해를 끼치지 않고 원초아의 욕구를 충족시키기 위해 주위 환경 상태를 적절히 조정하여 인간이 안전하게 개인의 생활을 유지하도록 도와준다. 자아는 의식적이고 합리적인 성격 요소이며 본능을 만족시킬 현실적인 수단을 찾도록 도와주는 것이다. 예를 들어, 한 아이가 돈도 없고 가진 것도 없는 상태에서 배가 고플 때 지나가는 빵집에 들어가서 가게 주인에게 자신의 상황을 얘기하고 빵을 얻어 먹거나, 청소를 대신 해주고 빵을 얻어 먹는 것은 자아가 기능하는 것이라 볼 수 있다.

③ **초자아**(Superego)

초자아는 성격구조 중에서 마지막에 발달하는 요소로서, 도덕적인 부분인 양심(conscience)과 자아이상(ego ideal) 형태로 나타난다. 양심은 아동이 무언가를 잘못하였을 때 부모로부터 처벌을 받음으로써 죄의식이나 자기에 대한 비판적 평가, 도덕적 억압 형태로 나타나며, 자아이상은 아동이 바람직한 행동을 하였을 때 부모로부터 받는 보상이나 칭찬을 통해 형성되는 자아존중감이나 긍지 등의 형태로 나타난다. 이처럼 Freud는 3세에서 6세 아동들의 도덕적 기준과 부모의 심리적인 보상과 처벌을 통해 내면화됨으로써 초자아를 형성한다고 보았다. 초자아는 원초아의 충동을 억제하고 자아가 좀 더 원초아의 바람직하지 않은 충동을 사회적으로 수용될 수 있도록 도덕적인 목표를 가지고 설득하는 기능을 한다. 예를 들어, 앞에서 예를 든 배고픈 아동의 경우, 자신의 돈이 없다면 남의 것을 절대 탐하면 안 된다는 도덕원리로 초자아는 배고픔의 원초아의 충동을 철저히 억제하는 것이다.

2) 심리성적 발달단계

Freud의 정신분석학 이론에 의하면, 인간의 성격발달은 초기의 경험에 의해 성인기까지 미친다고 하였다. 특히 출생 후 6세까지의 부모-자녀관계는 아동의 후의 성격발달에 지대한 영향을 미치며, 아동의 문제행동의 원인이 된다고 하였다. Freud는 출생부터 다섯 단계에 걸쳐 성격발달이 이루어지는데, 초기의 세 단계가 성격발달에 결정적 역할을 한다고 하였다. 앞서 설명한 리비도는 이 시기에 신체의 특정 부위에서 만족을 추구하며, 이 만족 부위는 연령에 따라 변화한다. 만약 심리성적 발달단계 중 한 단계에서 다음 단계로의 진행이 제대로 진행되지 않으면 특정 단계에 고착될 수 있으며, 이러한 고착은 성인기 성격에 직접적 영향을 미칠 수 있다.

(1) 구강기(Oral stage : 0~1세)

출생에서부터 첫 1년 동안 유아는 구강기를 경험하게 되는데, 성본능이 입에 집중되어 있어 빨기, 씹기, 물기와 같은 구강활동으로부터 쾌락을 얻는다. 이 시기 동안 유아는 구강 흡입적 행동과 구강 공격적 활동을 보인다. 구강기 초기에 구강 흡입적 행동이 만족스럽지 못하게 되면, 유아는 성인이 되어 지나치게 먹거나 씹기, 담배 피우기, 마시기를 추구하는 등 구강기 고착이 일어날 가능성이 크다. 또한 치아가 생기는 구강기 후기에 나타나는 구강 공격적 행동이 만족스럽지 못하면, 유아는 성인이 되어 빈정대거나 적대적이고 공격적인 행동, 타인에 대한 신랄한 비난 등의 행동을 보이게 된다. 구강기의 최대 과업은 자신과 타인에 대한 신뢰감을 형성하는 것이다. 특히 부모와의 신뢰감 형성은 이후의 타인과의 사랑과 믿음, 자존감, 긴밀한 관계 유지 등에 지대한 영향을 미친다고 볼 수 있다.

(2) 항문기(Anal stage : 1~3세)

1세부터 3세까지 유아는 항문을 통해 쾌락을 경험하게 된다. 자발적인 배뇨와 배변은 성본능을 만족시키는 주된 방법이 되며, 주로 양육자인 어머니를 통해 배변훈련이 시작된다. 이러한 경험은 배변훈련의 방법과 이 시기의 유아에 대한 부모의 태도와 감정에 따라 이후 유아의 성격에 영향을 미칠 수 있다. 항문기에 부모의 지나친 관심이나 통제가 이루어지면 이후 성인기에 인색함이나 고집, 부적절한 분노의 표현, 잔인함 등과 같은 항문기적 고착 성격이 형성되기도 한다. 이 시기의 발달과업은 부모의 적절한 배변훈련을 통해 독립성, 자율성을 획득하고 부정적 감정들을 어떻게 수용하고 극복하는지를 배우는 것이다.

(3) 남근기(Phallic stage : 3~6세)

3세에서 6세까지 유아는 생식기 자극으로부터 쾌감을 경험하게 된다. 즉, 이 시기에 유아는 자신의 성기를 만지고 자극하면서 쾌감을 느끼는 것이다. 특히 남근기의 가장 중요한 특징은 이성 부모를 향한 외디푸스 콤플렉스와 일렉트라 콤플렉스와 같은 근친상간적 욕구를 발달시키는 것이다. 외디푸스 콤플렉스는 남아가 어머니에게 애착을 느껴 아버지를 경쟁자로 생각하고 적대감을 느끼며, 거세불안과 같은 아버지의 처벌을 두려워하게 되는 것을 말한다. 반면, 일렉트라 콤플렉스는 여아가 아버지에게 애착을 느껴 어머니를 경쟁자로 생각하고 남아의 거세불안과 같이 여아 또한 남근을 주지 않는 어머니에 대한 원망 등의 부정적 감정을 가지게 되는 것을 말한다. 그러나 남아와 여아 모두 이러한 불안을 해소하기 위해 이성 부모가 인정하는 남성다움과 여성다움을 갖기 위해 동성의 부모에게 성적 동일시를 하게 된다. 이러한 동일시를 통해 남성이나 여성의 역할을 학습하게 되고, 부모가 가지고 있는 가치관이나 도덕기준을 내면화함으로써 초자아가 발달하게 되는 것이다. 이때 부모가 유아에게 지나치게 통제를 할 경우, 자연스러운 충동에 있어서도 죄책감을 가지게 되며, 성인이 되어서도 다른 사람들과 친숙한 관계를 맺기 어렵거나 낮은 자존감이나 지나친 자기비난을 하게 될 수도 있다.

(4) 잠복기(Latent stage : 6~12세)

6세에서 12, 13세까지에는 성적인 힘이 잠재되어 있고 성적 욕구가 철저히 억압되어 있는 시기로서, 리비도의 신체적 부위가 특별히 한정된 데가 없는 시기이다. 이 시기에는 원초아보다는 자아나 초자아가 강하며, 성적 에너지가 학교생활을 통해 주로 친구 특히 동성 친구와의 우정, 운동, 지적인 활동 등으로 바꿔게 된다. 정신분석가들은 잠복기에 아동들은 학교생활을 통해 사회적 · 도덕적 가치를 내면화함으로써 자아와 초자아가 계속 발달한다고 보았다.

(5) 생식기(Genital stage : 12세~성인기)

약 12세 이후부터 심한 생리적 변화로 인해 그동안 억압되어 있던 성적 충동이 강해지는 사춘기를 경험하게 되는데, Freud는 이를 생식기라고 하였다. 이 시기에는 원초아, 자아, 초자아 간의 갈등과 혼란으로 균형이 깨지게 되며, 이때 자아는 억압과 같은 방어기제를 통해 원초아의 욕구를 부정하거나 합리화와 같은 방어기제를 통해 초자아를 진정시킴으로써 현실 속의 불안과 갈등을 대처해 나간다. Freud는 부모와 해결되지 않은 갈등이 이 시기 동안 나타난다고 보았으며, 이러한 갈등이 해결되었을 때 드디어 성숙한 애정관계뿐 아니라 독립적인 기능도 할 수 있게 된다고 하였다. 이 시기에 이성에 대한 성적 관심과 욕구를 보이며, 이러한 충동들을 어떻게 사회적으로 수용될 수 있는 방식으로 표현하는가를 배워야 하는 시기이기도 하다.

3) 방어기제

자아 방어기제(defense mechanism)는 개인이 자아를 보호하기 위해 불안을 극복하고 이에 대처하도록 돕는 비현실적인 방법으로, 불안감을 제거하려고 하는 무의식적인 심리적 기제를 말한다. 자아 방어기제는 현실을 부정하거나 왜곡시키며 무의식 수준에서 일어나는데, 개인의 발달 수준과 정도에 따라 사용하는 방어기제는 다르다고 볼 수 있다. 이 방어기제들을 사용한다고 해서 병적인 것은 아니다. 그러나 지속적으로 이를 사용하는 것은 바람직하다고 볼 수 없다. 일반적인 방어기제는 다음과 같다.

① 억압(Repression)

사회적으로나 윤리적으로 수용될 수 없다는 생각되는 충동이나 욕구, 소망을 갖고 있지만, 이를 무의식 속으로 밀어 넣거나 이것이 의식되지 않도록 하는 것이다. 예를 들면, 갓 태어난 동생이 부모의 사랑을 독차지하고 있다고 생각하여 그 동생이 사라지기를 바라는 마음을 완강하게 부정하지만 무의식 속에는 이러한 마음이 있는 것을 말한다.

② **투사**(Projection)

바람직하지 못하고 사회적으로 인정받을 수 없는 자신의 행동과 생각을 남의 탓으로 돌려 자신을 보호하고자 하는 것을 말한다. 자신의 심리적 특성이나 약점을 전혀 인식하지 못하고 그것을 남에게서 발견하고 비난하고 공격하는 것이다. 예를 들면, 선생님이 다른 친구를 자기보다 더 예뻐한다고 생각해서 화가 나 있는 한 아동이 선생님은 나한테만 화를 내냐고 말하는 것이다.

③ **퇴행**(Regression)

이전의 발달단계로 돌아가 현재의 불안이나 위협을 해소하려는 것이다. 예를 들면, 갓 태어난 동생을 본 8세 아동이 손가락을 빤다거나 기어 다니는 행동을 하는 것과 같이 현재의 발달단계에서 그 이전으로 돌아감으로써 무의식적으로 부모에 대한 사랑이 동생한테 뺏길 것 같은 두려움을 표현하는 것이다.

④ **고착**(Fixation)

다음 단계를 밟는 것이 불안으로 가득 차서 욕구가 충분히 충족되지 않았던 발달시기에 머물러 있는 것을 말한다. 아동이 발달단계에 맞는 책임감을 보이거나 독립적인 존재가 되기보다는 거기에 대한 불안감으로 성장하기를 거절하고 유아기에 병적으로 집착하려는 것이다. 예를 들면, Freud는 고착으로 인해 고착적 성격이 형성된다고 하였는데, 구강기적 고착적 성격은 담배를 아주 많이 피는 사람이나 음식에 대한 지나친 집착 등이며, 항문기적 고착적 성격은 수전노나 결벽증처럼 너무 깔끔을 떠는 것과 같은 성격을 보이는 것이다. 또한 부모의 사랑을 충분히 받지 못한 아이가 나이가 든 후에도 지속적으로 부모의 사랑에 의존하고 확인하려고 하는 것 등을 예로 들 수 있다.

⑤ **반동형성**(Reaction formation)

실제로 느끼는 감정을 직접 표현하기에 부모나 상사와 같은 너무 강한 상대에게 오히려 무의식적 욕구와는 정반대로 표현하는 것을 말한다. 예를 들면, 부모에 대한 반항심이 있는 아동이 오히려 부모에게 더 순종하는 것이나 정말 싫어하는 상사에게 더 충성을 다해서 일하는 것이다.

⑥ **부정**(Denial)

수용하기 힘든 사건이나 위협적인 현실에 대해 부정하는 것을 말한다. 예를 들면, 사랑하는 사람이 죽었을 때 그 현실을 받아들이지 못하고 그 사실을 부정하는 것이다. 흔히 부모들이 '내 자식은 절대 그럴 리 없어'라고 믿는 자녀에 대한 신화는 부정의 대표적인 예라고 볼 수 있다.

⑦ **대치**(Displacement)

충족하기를 원하는 욕구가 충족될 수 없을 때, 감정을 직접 표현하지 못하고 다른 대상에게 표현하는 것을 말한다. 예를 들면, 좋아하는 여자친구가 있지만, 그 사람에게 표현을 하지 못하고 오히려 그 친한 친구에게 더 잘 해주거나 친하게 지내는 것이다. 또한 '종로에서 뺨 맞고 한강에서 화풀이한다.'와 같이 화가 난 상대방에게 화를 내기보다는 다른 사람에게 그 감정을 표현하는 것이다.

⑧ **합리화**(Rationalization)

어떤 실망스러운 현실에서 자아가 상처를 입지 않기 위해 그럴 법한 이유를 찾아 자신의 감정을 정당화하는 것을 말한다. 예를 들면, 달리기 시합 때 우승을 하지 못한 아동이 상탄 적이 없는 친구에게 일부러 져준 거라고 말하는 것이나 여우가 나무에 높이 매달려 있는 포도를 딸 수 없자 저것은 신포도이기 때문에 따지 않는 것이라고 말하는 것이다.

⑨ **동일시**(Identification)

자신보다 강한 다른 사람의 특징을 자신의 것으로 맞춤으로써 자신의 불안과 부정적 감정을 감소시키거나 약함을 감추려는 것을 말한다. 아동들이 자신의 동일 성의 부모를 모방함으로써 자신의 약함을 감추고 그 부모와 같은 파워를 보여주려고 하는 것이다. 예를 들면, 여자아이가 엄마의 구두를 신거나 엄마의 옷을 입는 등 엄마처럼 보여주고 싶어 하는 것이나 남자아이가 아빠 구두를 신거나 아빠 넥타이를 매는 모습을 보여주는 것이다.

⑩ **승화**(Sublimation)

각 개인이 사회적으로 용납될 수 없는 충동을 사회적으로 인정될 수 있는 행동방식으로 표출하는 것으로, 자아로 하여금 충동의 표현을 억제하지 않고 충동의 대상을 변화시킴으로써 문제가 있는 충동을 건전한 방법으로 표현하는 것을 말한다. 예를 들면, 외과의사나 운동선수가 됨으로써 자신의 공격적인 충동을 사회적으로 인정되는 방식으로 표출하는 것이다.

2. 상담에의 적용

1) 상담목표

Freud에 의하면 인간의 문제는 인생 초기의 경험에서 비롯되며, 이를 해결하기 위해서는 과거 자신을 억압했던 무의식적인 갈등을 이해하는 것이 무엇보다 중요하다고 하였다. 따라서 정신분석적 상담은 이러한 무의식을 의식화함으로써 개인의 성격구조를 바꾸고 자아를 강화시켜서 현실에 바탕을 둔 행동을 하도록 하는 것이다. 이때 상담자는 내담자의 과거의 경험과 갈등에 대처하는 현재 방법 간의 연관을 찾아 내담자가 이에 대한 종합적인 이해를 하도록 도와주는 것이다.

2) 상담기법

(1) 꿈의 분석(Dream analysis)

꿈의 분석은 내담자가 꾼 꿈을 통해 내담자의 무의식적인 소망과 욕구, 두려움 등을 드러내고 이를 통찰하도록 돕는 중요한 기법이다. 상담자는 내담자의 현재 꿈의 내용에서 상징들을 발견하고 그 의미들을 밝혀내는 역할을 하게 된다. 이러한 꿈의 의미들을 파악하고 그 요소들을 해석함으로써 내담자들은 무의식적으로 억압되어 있던 것들을 발견하게 되고 이를 통해 새로운 통찰을 하게 되는 것이다.

(2) 자유연상(Free association)

정신분석 상담의 주요 기법으로, 무의식적인 소망이나 갈등, 동기 등을 알기 위해 사용되며, 과거 경험들을 회상시키고 억압되어 있던 감정들을 드러내게 하는 것이다(Meyers, 2009). 자유연상은 상담자가 내담자로 하여금 소파에 편안하게 누운 상태에서 마음속에 떠오르는 것을 억압하지 말고 즉각적으로 자유롭게 얘기하도록 격려해야 하며, 자유연상의 흐름이 방해되지 않도록 내담자의 뒤에 앉아 진행하는 것이 좋다. 자유연상이 진행되는 동안 상담자는 내담자의 무의식에 갇혀 있던 억압된 것들을 밝혀내는 것이다. 이를 통해 내담자로 하여금 의식하지 못했던 근원적인 역동을 더 잘 통찰하도록 해야 한다.

(3) 해석(Interpretation)

해석은 상담자가 내담자의 꿈, 자유연상, 저항 등에서 나타나는 행동의 의미가 무엇인지 내담자에게 설명하고 명료화하는 것이다. 상담자는 해석을 통해 내담자가 더 많은 무의식적 욕구나 감정 등을 끄집어 내도록 촉진하게 된다. 해석은 상담자가 내담자의 문제 원인에 대한 평가에 근거해서 이루어지며 상담자는 내담자가 해석을 거부할 수 있으므로 내담자의 준비성 정도를 잘 파악하고 그 시기를 잘 선택하여 해석을 해야 한다. 또한 해석을 할 때 내담자가 어느 정도 견딜 수 있고 그 해석을 자신의 것으로 인정할 수 있을 때 해야 하며, 우선 표면적인 것부터 시작하여 차차 내담자가 갈 수 있는 범위까지만 해석을 해야 한다.

(4) 저항의 분석과 해석

저항은 상담 시 내담자가 억압했던 무의식적 감정이나 경험을 의식의 표면으로 가져오는 것을 주저하거나 비협조적인 태도를 보이는 것을 말한다. 자유연상이 되지 않고 중간에 중단되거나 치료시간에 오지 않거나 지각하는 등의 행동을 보이는 것이다. Freud는 저항을 억압된 감정이나 충동이 의식화되려고 할 때 생기는 불안을 방어하려는 아동의 무의식적인 역동이라고 보았다. 상담자는 내담자가 저항을 보일 때 그 저항을 지적해야 하고 내담자가 직면하도록 해야 한다. 이때 상담자는 저항에 대한 해석을 통해 내담자가 저항의 원인을 인식하도록 도와주어야 한다.

(5) 전이의 분석과 해석

내담자가 상담자와의 관계를 통해 무의식 속에 억압해 놓았던 것을 행동으로 보이는 것을 말한다. 주로 어렸을 때 부모와의 관계에서 느꼈던 감정을 상담자에게 표현하는 것이다. 이것은 내담자의 현재에 미치는 과거의 영향을 통찰할 수 있는 정신분석의 주요 기법이기도 하다. 상담자는 전이에 대한 해석을 통해 내담자를 고착시키고 정서적 발달을 지연시키는 과거의 갈등을 통찰하고 해결할 수 있도록 도와주어야 한다. 반면, 상담자가 과거 자신이 가졌던 중요 인물에 대한 감정을 내담자에게 보이는 역전이 현상이 일어날 수 있기 때문에 이에 대한 상담자의 인식을 통해 역전이를 극복하거나 예방해야 한다.

제2절 아동중심이론(인본주의적 접근의 아동중심놀이치료)

서론

> "처음엔 선생님이 어떻게 하실지, 내가 어떻게 해야 할지 몰라서 무서웠어요. 하지만 선생님이 '이것은 모두 너를 위한 것이다. 재미있게 놀아라. 아무도 너를 방해할 사람은 없다' 하셨지요.... 나는 선생님을 차츰 믿게 됐어요 선생님은 나한테 적하고 끝까지 싸워서 항복시켜야 한다고 말하셨어요... 나는 적들과 싸워서 이제 무섭지 않다는 것을 알게 됐어요. 나는 사랑을 느낄 때 불행하지 않다는 것을 알았어요."
>
> – 딥스 중에서–

딥스의 독백처럼 아동을 전적으로 믿고 수용해주면 진정한 자아를 찾게 되고, 이는 창의적이고 자유로운 사람으로 성장하는 밑거름이 된다. 아동중심놀이치료는 인본주의 심리학을 기초로 두고 있다. 즉, 인본주의 심리학을 근간으로 발달된 아동상담방법이 아동중심놀이치료이다. 이 장에서는 인본주의적 접근방법의 아동상담, 아동중심놀이치료에 대해 살펴보겠다. 이것은 아동중심놀이치료가 전적으로 온전히 아동에 초점을 둠으로써 놀이를 통해 아동과 의사소통하며 아동과 치료자와 친밀한 관계를 맺으며 치료가 이루어지는 것을 말한다.

놀이의 내용과 방향은 아동에 의해 결정되고 아동은 자유롭게 자신과 타인을 탐색하면서 관계를 형성하고 자신을 표현하게 된다. 결국 아동은 자기 스스로에 대해 어떻게 느끼는지를 알게 되고 이는 자기를 찾는 기회가 된다. 놀이치료사는 아동의 관점에서 치료과정을 함께 공유하는 것이다.

1. 아동중심놀이치료의 정의

놀이치료는 내담아동과 잘 훈련받은 치료자 간의 놀이치료과정에서 이루어지는 역동적인 대인관계이다. 아동중심놀이 치료자는 아동의 최적의 성장과 발달을 위해 자연적 의사소통 매개체인 놀이를 활용하게 되며, 선택된 놀이감을 통해 아동은 '자기(사고, 감정, 행동, 경험)'를 충분히 탐색하고 표현한다. 이는 안전한 관계 속에서 아동의 발달을 촉진한다(Landreth, 1991).

2. 발전배경

인본주의란 인간다움을 존중하는 사상적 · 정신적 태도이자 세계관을 말한다. 무의식적 결정론에 근거한 정신분석이론과 환경결정론에 근거한 행동주의이론의 입장에 반대하는 제3세력의 심리학이라고 할 수 있다. 모든 인간이 긍정적 방향으로 성장하고자 하는 경향과 자기결정 및 자아실현을 갖고 있으며, 인간의 잠재능력에 큰 믿음을 두고 인간이 자신의 인생을 스스로 결정하고 자유롭게 선택하는 존재라는 점을 중시한다. 그러므로 인간에게 스스로 성장할 수 있는 촉진적인 조건을 제공하는 것을 강조한다. 인본주의 심리학은 Carl Rogers(1951)의 인간중심이론 즉, 내담자중심치료의 이론적 구성개념을 따르며, Rogers의 제자이자 동료인 『딥스』의 저자 Virginia Axline(1947)은 놀이치료에 아동중심모델을 적용한 창시자이다. 그 후 North Texas대학의 Garry Landreth(1991)는 치료적 관계를 형성하고 유지하기 위한 기본적 원칙을 개정, 확대하는 등의 아동중심놀이치료의 이론과 기법을 발전시켰다(유미숙, 이영미, 장미경 역, 1999). 우리나라에서는 숙명여자대학교 주정일 교수에 의해 『딥스』가 번역되었고, 처음으로 아동중심놀이치료가 소개되었다.

3. 성격이론

아동중심 접근은 제한적이지 않고 자유로운 환경이 제공될 때 성장과 성숙을 향해 애쓰는 아동의 선천적인 인간 능력에 초점을 맞추었다. 아동중심이론에서는 적합한 환경은 아동의 개별화되고 관계적인 능력의 발달을 도모한다고 하였다. Rogers가 제안한 성격의 기본적인 구성개념은 아동중심이론에서 주장하는 성격이론과 일치하기에 이에 대해 알아보도록 한다.

자기실현을 향한 유기체의 타고난 경향이 그의 정서, 사고를 부정하게 만드는 경험 들에 의해 방해받지 않을 때 최적의 성격발달이 이루어진다.

성격은 다음과 같은 세 가지 중심요소로 이루어져 있다(Rogers, 1951).

① **인간**(person)

유기체라고도 하며, 아동에게 속한 모든 것으로 사고, 행동, 감정, 신체적인 존재(물리적, 생리 기능)을 포함하는 자기지각들로 구성된다. 아동은 자신이 중심에 있고, 지속적으로 변화하는 경험세계 안에 존재한다. 이 과정에서 아동은 세상과 상호작용하고 반응한다.

② **현상학적 장**(phenomenal field)

경험적 세계 또는 주관적 경험으로 불리는 개념인데, 특정 순간에 개인이 지각하고 경험하는 모든 것을 의미한다. 그러므로 현재 행동을 결정하는 것은 과거가 아니라 과거에 대한 각 개인의 현재의 해석이라고 할 수 있을 정도로 현상학적 장은 중요한 경험의 장을 말한다. 즉, 현상학적 장이란 아동이 경험하는 모든 것이며 이는 곧 아동이 삶을 바라보는 기본 틀이 된다. 아동이 일어난다고 지각하는 어떤 것이든 아동에게는 현실이 되는 것이다. 아동을 치료하기 위해서는 아동이 현실에 대한 지각을 어떻게 하고 있느냐를 이해하는 것이 우선이다. 엄마와 아동이 동일한 사건을 경험하더라도 각기 다르게 행동할 수 있고 이러한 속성 때문에 모든 개인은 서로 다른 독특한 특성을 보이는 것이다. 엄마는 아무렇지 않게 지나치는 말로 아이에게 내뱉은 말이 아이에게는 비수로 남을 수 있는 것이다. 치료자는 아동 개인의 내적 참조틀을 이해하는 데 집중해야 한다.

③ **자기**(self)

인간주의 심리학의 가장 중요한 구성개념이다. 자기라는 개념은 개인의 현상학적 장 안에서 경험하는 것 중 일부를 분화시켜 자기만의 지각을 만든 것이다. 타인이 아동의 정서, 행동에 대해 어떻게 지각하고 그 결과 어떻게 반응하느냐에 따라 '나'라는 개념이 형성된다. 현재 자신이 어떤 존재인가에 대한 자기개념은 곧 자기 자신에 대한 자기 상(self image)이다. 아동은 각자의 경험을 통해 가치를 형성하는 가치의 조건화(conditions of worth), 즉 칭찬을 받고 강화를 받은 아이라면 자신을 긍정적인 가치존재로 보고 위협적이고 비난적인 경험은 자신을 부정적인 존재로 인식하게 된다.

아동중심놀이치료에서는 아동은 성장하면서 부모와 타인의 반응과 평가에 따라 자신이 어떤 아이인지를 인식하게 된다는 것이다. 그러므로 치료자에게 아동이 전적으로 수용받게 되면 새롭게 성장하고 변화하는 기회를 갖게 된다. 놀이치료는 아동이 자기를 발견할 수 있는 현상학적 장이 된다. 아동은 자기개념의 긍정적 변화를 촉진하게 된다.

4. 기본 개념

1) 자기실현

인간에게는 많은 욕구와 동기가 있지만, 이는 자기를 유지하고 증진시키고 실현하려는 욕구의 일부분에 지나지 않는다고 한다. 자기실현(self actualization)은 인간의 타고난 잠재력을 성장시키려는 경향성을 말한다. 모든 인간은 성장과 자기

증진을 위해 끊임없이 노력하고 고통이나 성장 방해요인에 직면하여 극복할 수 있는 성장지향적 유기체라고 보고 있다. 즉, 자기실현욕구가 기본적인 행동동기라고 보았다. 자기실현의 과정은 자신을 창조하는 과정이며 이를 통해 모든 인간은 삶의 의미를 찾고 주관적인 자유를 실천해 감으로써 점진적으로 완성되어 간다고 보았다(홍종관, 2002).

2) 정신병리

개인이 현재 경험하는 것과 자기개념 간의 불일치가 일어날 때 부적응적이고 건강하지 못한 성격을 갖게 되는데, 이때 개인은 자기실현의 방해를 받게 된다. Rogers(1951)에 의하면 인간의 의미있는 경험들이 자기의 구조로 조직화되고 상징화되지 않게 되면 인간은 부적응이 나타난다고 하였다. 즉 유해한 환경이 아동의 욕구를 채워주지 않는다면 아동의 자아실현이 방해를 받게 되고 아동은 결국 부적응이 일어나게 된다. Axline(1947)은 '적응적인 인간은 자신이 가는 길에 너무 많은 장애물이 있지 않으면서 자신의 권리 안에서 자유롭고 독립적인 경험의 기회를 부여받은 개인을 말한다. 부적응적인 인간은 투쟁의 어려움도 견디지 못하고 경험하지 못한 채 성취의 권리를 제대로 인정받지 못한다.'라고 하였다. 즉, 아동의 경험에 대한 지각이 부정 · 왜곡되면, 아동은 자기개념과 경험 간의 불일치 상태를 야기시키고 이는 행동의 불일치뿐만 아니라 불안이나 심리적 부적응을 일으킨다. 그러므로 놀이치료는 아동에게 일치되고 안전한 환경을 제공하는 것이다.

3) 아동중심놀이치료의 목표

Landreth(1991)는 자기실현을 향한 아동의 내적 자기안내의 노력이라고 일반적 목표를 정의한다. 충분한 이해와 지지를 갖고 있는 성인이 아동에게 긍정적 성장경험을 제공하여 아동이 갖고 있는 내적 강점을 발견하는 것이다. 그러므로 아동의 문제보다는 인간으로서의 아동에게 초점을 맞추고 아동이 아동 자신의 삶에 영향을 미칠 수 있는 과거가 아닌 현재와 미래의 문제에 대처하도록 하며 사고나 행동보다는 감정에게, 설명보다는 이해, 교정보다는 수용, 지시가 아닌 아동의 주도, 치료자의 지식이 아닌 아동의 지혜를 활용하여 초점을 두어야 한다.

그러므로 아동중심놀이치료의 목표는 다음과 같다.

- 좀 더 긍정적인 자기개념을 개발하기
- 좀 더 자기책임 갖기
- 좀 더 자기주도적으로 되기
- 좀 더 자기수용적으로 되기
- 좀 더 자기신뢰적으로 되기
- 자기결정적 의사결정에 참여하기
- 통제감을 경험하기
- 대처과정에 민감하기
- 평가의 내적 원천을 개발하기
- 자신에 대해 더 신뢰하기

놀이치료자가 아동을 전적으로 수용하고 존중 · 이해하고 있다는 것이 전달될 때 위와 같은 형태의 관계와 행동이 형성된다. 놀이치료자는 아동의 감정을 언어적 · 비언어적으로 수용하고 반영하게 되면 아동은 자신의 내적인 가치를 알게 된다.

5. 놀이치료의 구성요건

1) 놀이감

놀이는 아동의 상징적 자기표현언어이다. 자신의 감정, 사고를 자유롭게 표현하면서 자기치유를 경험하는 것이기 때문에 놀이감은 주의 깊게 선택(select)되어져야 한다.

다음은 놀이감과 놀이도구를 선택할 때 중요한 평가적 기준이 되는 7가지 준거사항이다(Landreth, 1991).

① 폭넓은 감정을 표현하게 해주는 놀이도구

아동의 감정의 종류와 깊이는 다양하다. 다양한 감정표현을 충족시켜 줄 수 있는 놀이감의 선택은 아동 내면에서 분출하는 욕구의 표현을 도와준다. 아동이 표현하기 어렵거나 죄책감을 느낄 수 있는 공포, 두려움, 화, 적개심 같은 감정을 안전하게 표현하도록 도와주는 것은 중요하다. 인형, 퍼핏 등은 폭넓은 감정을 표현하도록 도와준다.

② 실생활 경험을 탐색할 수 있는 놀이도구

현재 실생활에서 어려움을 겪고 있는 아동들에게 문제를 표출하고 극복하도록 도와주기 위해 실생활을 경험하도록 그와 관련된 놀이감을 제공해야 한다. 치료자는 아동이 표현하는 것을 있는 그대로 수용해 주어야 하며 그로 인해 아동은 자신의 문제를 탐색하고 극복하게 된다.

③ 아동과 긍정적인 관계형성을 돕는 놀이도구

아동과 치료자와의 긍정적 관계형성은 치료를 효과적으로 돕는 중요한 요소이다. 이러한 관계형성을 위해서 치료자는 아동이 놀이로 자신을 자유롭게 표현하도록 긍정적 환경을 조성하고 놀이를 통해 전달하는 메시지를 이해하는 능력을 지니고 있어야 한다. 이 과정에서 놀이감은 아동의 감정표현을 촉진하게 된다. 가족인형을 통해 치료사는 아동이 가족관계에서 경험하는 부분을 이해하게 된다. 놀이감은 치료자가 아동을 이해하는 중요한 매체이다.

④ 제한점에 대한 현실검증이 가능한 놀이도구

아동의 공격성을 표출하면서도 되는 것과 안 되는 것 즉, 허용과 불허용의 한계를 검증해 볼 수 있는 기회를 제공하는 놀이도구가 필요한데, 다트는 이런 점에서 유효하다. 현실검증 기회를 통해 자아통제력을 배우고 제한을 통해 치료자와 아동 간의 안정된 관계를 유지하는 데 도움이 된다.

⑤ 긍정적인 자기상을 발달시킬 수 있는 놀이도구

자존감이 낮은 아동에게 놀이치료는 긍정적 자아상을 갖도록 도와준다. 이를 위해 놀이도구가 복잡하거나 부서져 있거나 조작하기 어려워서 아동에게 좌절감을 주게 되는 것은 치료에 유익하지 못하다. 단순하고 간단하면서도 해낼 수 있을 거라는 자신감을 주는 놀이감은 아동이 성취한 결과에 만족하고 이를 반복적으로 시도하도록 함으로써 자신감이 확대되고 긍정적 자기상을 만들어 준다.

그런 의미에서 복잡한 퍼즐, 블록, 연령에 적절하지 않은 체스, 장기, 바둑을 제공하는 것은 유의해야 한다.

⑥ 자기이해를 발달시킬 수 있는 놀이도구

자기이해는 수용적인 관계를 맺은 치료자와의 상호작용을 통해 안정감을 느낀 아동이 솔직한 감정을 표현하게 되면서 이루어지는 부분이다. 부정적 감정의 표현조차 치료자에게 수용받게 되면 아동은 치료자의 수용적 태도를 자신의 세계로 소화시키고 이는 자신을 수용하고 이해하는 데 도움을 주게 된다. 펀치백을 치거나 공이나 찰흙을 던지면서 자신의 감정을 이해받은 아동은 자신의 내면 감정을 이해하게 된다.

⑦ 자기통제력 발달을 돕는 놀이도구

자기통제력의 발달은 아동이 성인의 개입 없이도 스스로 선택하고 결정할 수 있는 책임감의 발달을 말한다. 아동이 놀이치료실 안에서 놀이감을 선택함으로서 책임지게 되는 과정에서 자기통제력 발달을 도울 수 있다.

예 "이렇게 갖고 놀아도 돼요?"– "네가 원한다면 여기서는 네가 원하는 방식으로 갖고 놀 수 있지."

위의 언급처럼, 놀이감은 아동의 감정, 욕구, 경험에 대한 탐색을 촉진할 수 있도록 해야 한다.

2) 치료자의 태도 및 역할

아동중심놀이치료자의 치료적 관계를 위한 촉진적 태도는 다음과 같다(신숙재, 이영미, 한정원, 2000).

- **진실성 :** 내담아동과의 관계에서 일어나는 경험과 감정을 솔직히 표현하는 태도인 일치성 혹은 진실성이 필요하다. 치료적 관계 속에서 경험하는 있는 그대로의 수용적 경험은 일관성을 유지해야 하며, 치료자 자신의 자기이해와 자기수용이 필요하다. 치료자가 진실해야 한 인간으로서 아동 역시 진실되게 경험될 수 있다.
- **따뜻한 보살핌과 수용**(무조건적 존중) **:** 아동을 있는 그대로를 수용하고 존중하는 태도인 무조건적인 긍정적 관심 즉, 따뜻한 보살핌, 수용이다. 아동을 있는 그대로 받아들이고, 존중하며 순수한 관심을 쏟고, 아동이 스스로 책임질 수 있다는 믿음을 전달해야 한다. 치료자의 수용은 조언, 설명, 판단, 질문 등으로 아동을 방해하지 않는 태도에서 경험된다.
- **민감한 이해**(공감적 이해) **:** 아동의 경험과 감정을 민감하고 정확하게 이해하며 공감하는 태도는 아동의 자기치유적인 힘을 촉진하게 된다. 아동의 주관적인 세계를 이해하기에는 쉽지 않지만, 치료자가 자신의 경험, 판단, 기대를 버리고 아동 개인의 독특성, 개별성을 충분히 이해한다면 민감한 이해는 이루어질 수 있다.

또한 아동중심놀이치료자는 아동을 위한 촉진자이며 격려자이며 탐험가이다. 역할이 단순해 보이지만, 강력하기 때문에 아동을 주시하고 있고 아동의 마음속을 들여다보고 느낄 수 있어야 한다. 치료자는 교사(유치원 및 학교 교사), 베이비시터, 성직자, 감독자, 부모, 경찰관, 친구, 문제해결자, 해석가, 심문하는 사람이 아니다. 치료자의 역할은 다음과 같은 기본 원리로 설명될 수 있다.

아동과의 치료적 관계의 8가지 기본 원칙은 다음과 같다(Axline, 1947).

- 치료자는 진실로 아동에게 흥미를 가지며 따뜻하고 보호하는 관계
- 아동을 무조건적으로 수용
- 아동이 안전감과 허용감을 갖도록 하고 자유롭게 자신을 탐색, 표현의 기회 제공
- 아동의 감정에 민감하게 반영
- 아동의 능력을 깊이 신뢰하고 존중하며 아동에게 책임감 돌려줌
- 아동의 내적 지시를 신뢰, 관계형성 허용하고 놀이나 대화를 지시하지 않음
- 점진적인 치료과정임을 알고 재촉하지 않음
- 적절한 치료적 제한을 설정

3) 놀이치료실

놀이치료실의 분위기는 '아동을 위한 특별한 장소'라는 느낌을 분명하게 제공해 주어야 한다. 이곳에서는 무엇이든지 자유롭게 사용할 수 있다는 메시지를 전해주고, 개방적 분위기와 편안하고 안전하며 따뜻한 분위기를 제공해야 한다. 이상적인 놀이치료실은 독립적인 공간에 위치하며, 방음시설을 갖추고, 일방경(one-way mirror)을 설치하고, 놀이치료실 내부에 싱크대와 화장실을 구비하는 것이 효율적이다.

놀이치료실은 비밀이 보장되는 장소이며, 바닥은 청결하게 유지할 수 있는 재질로 준비하고, 벽지는 아동의 산만을 부추기지 않도록 차분한 색이나 무늬가 효과적이다.

놀이치료실 크기는 대략 3.5m×4.5m가 적당한데, 이는 너무 크거나 작지 않아서 치료자 동선 밖으로 아동이 멀어지는 것을 방지하거나 답답함을 줄일 수 있는 크기이다.

6. 놀이치료과정

초기 회기는 '치료자와 아동 간의 관계형성'을 맺어야 하는 치료의 방향을 결정하는 중요한 단계이다. 놀이치료자는 아동과의 관계형성을 돕기 위해 아동이 안전감을 경험하도록 돕고, 아동의 감정과 지각에 민감하게 반응하고 아동과의 정서적 소통에 노력한다. 또한 책임감 돌리기의 반영을 통해 아동이 스스로 선택하고 책임감을 갖도록 한다.

놀이치료실에 대한 소개와 구조화(만남시간, 장소, 치료자 역할 등)는 간단하게 전달하고 아동에게 자유를 주고 수용해 주고 있다는 것을 전달해야 한다. 치료실에 대한 소개가 끝나면 아동에게 책임감을 돌려주어 아동이 그 다음 행동을 결정하게 한다. 이는 아동이 주도적이고 통제권을 갖고 있다는 것이다.

Moustakas(1955)는 다음과 같은 치료과정을 설명하고 있다.

① 아동의 놀이는 부정적 감정을 표현하고 발산한다.

② 양가적인 감정, 불안, 적개심 등이 표현된다.

③ 부모, 형제, 타인과의 긍정적이고 부정적인 양가감정이 표현된다.

④ 아동의 놀이에 긍정적이고 주도적인 태도가 나타난다. 물론 부정적인 태도도 나타나긴 하지만 현실적으로 수용가능한 내용과 태도이다.

7. 놀이치료자의 치료적 반응

1) 놀이치료자의 반응 시 유의사항

① 아동중심놀이치료자는 일반적으로 질문을 하지 않는다. 이는 아동이 정서에 초점을 맞추기보다는 질문에 답하기 위해 인지영역을 자극하게 되기 때문이다. 또한 치료자의 질문에 대한 정답을 찾기 위해서 치료자의 의도를 파악하게 되고, 이는 아동중심이라기보다는 치료자중심으로 관계를 구조화시킬 수 있다.

② 아동중심놀이치료는 평가를 하지 않도록 한다. 치료자는 아동을 칭찬하기 보다는 격려하는 태도를 취해야 하는데, 칭찬은 평가를 나타내기 때문이다. 평가를 나타내는 언어는 아동의 내적인 동기를 빼앗고 성인의 기준에 부합하기 위한 행동을 이끌게 된다.

③ 아동중심놀이치료자는 주도하지 않는다.

치료자는 질문뿐만 아니라 개입도 아동이 원하지 않으면 해서는 안 된다. 대안이나 문제해결을 하는 것도 아니고 충고나 지시도 해서는 안 된다. 놀이치료는 아동이 이끌어가는 것이기 때문에 치료자는 지시하는 권위자로서의 관계가 아닌 아동이 진정한 자아를 찾도록 함께 동행하는 사람이다.

④ 아동중심놀이치료자는 앞서가는 반응을 하지 않는다. 아동이 물어보지도 않는 것에 구체적으로 자세하게 설명하거나 아동이 궁금해 할 것을 알아서 미리 설명하지 않는다. 이러한 태도는 아동에게 불필요한 의존심을 유발할 수 있다.

⑤ 아동중심놀이치료자는 확인되지 않는 사실을 단정짓지 않는다. 미리 예측해서 단정짓거나 판단하는 것은 아동과 의사소통의 장애를 줄 뿐 아니라 아동의 마음을 닫게 하고 아동에게 방어나 저항감을 줄 수 있다.

2) 치료적 반응

아동중심놀이치료자가 일반적으로 사용하는 대표적인 반응기법은 다음과 같다.

① **반영 :** 반영은 아동중심놀이치료의 핵심 반응이다. 치료자가 아동의 놀이나 언어에서 나타나는 감정과 생각, 행동을 읽어 내어 적절한 말로 다시 되돌려 주는 것이다. 마치 거울과 같이 다시 비추어 준다고 하여 반영이라고 한다.

② **격려 :** 아동의 감정, 사고를 적극적으로 지지하고 강화하기 위해 활용한

다. 긍정적 정서반응뿐 아니라 부정적 정서반응에도 반응하는 것이 격려 반응이다. 아동의 행동에 대한 결과가 아닌 과정에 초점을 맞추어 반응하는 방법이다. 진정한 격려는 아동에게 자신감을 갖게 한다.

③ **명료화** : 치료자는 아동이 미처 지각하지 못한 사고 감정을 명확하게 해주는 반응인데, 아동이 자신의 사고, 모습, 세계를 이해할 수 있도록 자각하게 해주는 반응이다.

④ **침묵** : 치료자가 아동에게 관심을 갖고 집중하고 있으며 전적으로 수용하고 있다는 것을 언어적 메시지로 전달하는 것뿐 아니라, 적절한 침묵으로도 전달할 수 있다. 이는 수용적이면서 여유로운 전달방법인데, 고개를 끄덕이거나, 미소를 짓거나, 눈맞춤으로써 아동에게 집중하고 있고 아동을 존중한다는 것을 비언어적으로 전달하는 반응이다.

3) 치료적 제한 설정

제한이라는 것은 아동과 치료자의 신체적, 정서적 안전을 보장하는 것으로서 치료에 있어 중요한 요소이다. 또한 제한은 놀이치료실을 보호한다. 조절장애나 충동적이고 통제가 어려운 아동일수록 치료적 제한설정은 아동의 행동 변화에 필수요소이다.

인간은 완전히 허용적 환경 안에서 온전한 자유를 만끽하기보다 더 불안정해지고 스스로 결정하고 책임져야 하는 것에 부담을 느낄 수 있다. 자유에 책임이 따르듯이 아동은 이런 책임을 치료적 제한 속에서 배워 나가는 것이다. 그러므로 제한 설정은 아동이 좀 더 자유롭게 안정적으로 자신의 모든 것을 확장시킬 수 있게 도와준다.

그러므로 치료자를 때리거나, 놀이감을 던져 깨트린다거나 옷을 함부로 벗는 행동을 허용하는 것은 치료적 의미와는 무관하다.

Landreth(1991)는 치료적 제한설정모델을 ACT라는 모델로 제안하였다.

① **A-인식**(Acknowledging the child's feelings) : 아동의 느낌과 소망, 욕구를 인정하여야 한다. 아동의 감정을 수용하고 반영해 주는 것이다. 아동의 정서와 의도가 인식되었을 때 한계는 용이하게 받아들여진다.

② **C-소통**(Communications the limit) : 치료자는 아동에게 처벌적이거나 권위적이지 않은 방식으로 한계를 전달하고 소통해야 한다.

③ **T-목표**(Targeting an acceptable alternative) : 아동이 수용할 수 있는 대안들을 목표로 하여야 한다. 아동이 자신을 표현하는 방법을 방해하거나 간섭할 수 없지만, 수용적인 한계 내에서 표현할 수 있다는 것을 인식하게 하는 것이다.

주의) 제한은 필요한 경우에만 사용하여야 한다는 것을 잊지 말자. 미리부터 여러 가지를 설명할 필요는 없다. 다만, 아동의 행동특성상, 충동조절이 어려운 경우에는 몇 가지의 제한을 간단하게 설명해 준다. 불안하고 우울한 아동에게 놀이치료 초기부터 많은 제한을 하는 경우 오히려 아동이 자유롭게 탐색하지 못하고 표현을 촉진하지 못하는 결과를 낳게 되므로 주의해야 된다. 제한설정 시 치료자가 흥분하거나 우유부단하지 않도록 조심해야 한다. 확고한 태도로 단호하게 전달해야 한다. 이런 태도가 권위적이거나 무섭게 윽박지르는 것과는 다름을 구별해야 한다.

아동중심놀이치료는 신뢰할 만한 놀이치료자가 놀이실, 놀이감을 통해 아동에게 최적의 환경을 제공하여, 아동의 잠재능력을 최대한 발휘하도록 도와주면, 아동 내부에 있는 치유의 힘으로 자신을 새롭게 발견하고 자기실현을 할 수 있다고 보는 치료이다.

제3절 대상관계이론

서론

영화 〈디테치먼트(Detachment)〉는 교육과 관련된 수많은 영화 중의 하나이다. 그러나 단순한 학교의 학생들에 대한 교육을 다루었다기보다는 아픔을 안고 살아가는 우리의 모습을 다루고 있다. "detachment"는 무심함, 심리적 거리두기를 뜻하는 것인데, 미국 사회나 우리 사회에서 소외된 인간으로서 서로가 서로의 문제에 관여하지 않고 거리두기를 해왔기에 누구나 외롭다고 느낀다. 이 영화는 주인공 헨리를 포함해 결핍된 인간들의 모습을 조명하면서 상대방을 이해하려고 노력하는 자세의 중요성에 대해 말하고 있다. 무관심보다는 애착(attachment)을 가지고 서로에게 다가갈 때 비로소 더 나은 삶을 살 수 있다고 영화는 말하고 있다. 사람은 어떤 나쁜 대상관계도 그 자체가 없는 것보다 낫다고 생각한다. 이 장에서는 인간이 처음으로 맺는 대상과의 관계에 대한 중요성을 강조하는 대상관계이론을 살펴보고 이를 상담에서 어떻게 적용할 수 있을지 살펴보고자 한다.

일반적으로 사람들은 자신의 욕구나 내적 상태 또는 기대에 따라 어떤 대상을 좋은 대상 또는 나쁜 대상으로 지각하게 된다. 여기서 대상(object)이라는 의미는 자신과 관계를 맺는 모든 사람이나 사물을 말하며, 전문적인 의미로서 대상(object)은 필요한 욕구를 충족시키는 그 무엇을 가리키며, 대상관계(object relation)란 사람과 사람 또는 사물 사이의 관계를 말한다. '대상관계'라는 용어는 Freud가 처음으로 사용하였는데, 1930년대에는 정신분석학의 한 흐름으로서, 유기체를 소외된 단독 존재로 보기보다는 환경과의 상호작용 속에서 존재하는 것으로 봄으로써 대상관계에 대한 관심이 높아졌다. 정신분석의 한 흐름이지만 인간관이나 기본 요소, 목적 등에서 차이가 있다. 정신분석에서는 인간을 역동에 의해 살아가는 존재로 보았다면 대상관계이론에서는 대상과의 관계에 의해 살아가는 존재로 보았다. 또한 정신분석에서 원초아, 자아,

초자아를 기본 요소로, 대상관계이론에서는 자기, 대상, 관계를 중시했으며, 정신분석의 목적이 생애 초기인 과거를 재경험함으로써 무의식을 의식화하는 것이라면 대상관계이론에서는 내담자의 대상관계를 변화시키는 것이다. 대상관계이론은 자기표상(self-representation)과 대상표상(object-representation)이라는 용어를 사용하는데, 자기표상이란 내가 나 스스로에게 어떻게 의식되는지를 말하며, 대상표상은 내가 관계하는 중요한 타인이 어떻게 나에게 나타나는지를 의미하는 것이다. 이 이론은 세계 속에서 특히 부모를 비롯한 주요 타인들과의 관계 속에서 자신과 다른 사람들에 대한 표상을 형성하며 이러한 내면화된 표상들이 자신과 다른 사람들에 대한 지각, 경험, 관계에 어떠한 영향을 주는가에 대한 이론적 틀을 제공하였다.

대상관계이론은 한 학자의 단일 이론이라기보다는 여러 학자들의 이론들이 축적되어 형성된 것이기 때문에 학자들마다 조금씩 다른 견해의 차이를 보이고 있지만 대상과의 관계를 바라보는 시각을 지닌다는 점과 인간의 초기 발달 시기가 인간의 성격발달에 결정적인 영향을 미친다는 공통적인 관점을 가지고 있다.

Fairbairn, Klein, Winnicott, Balint, Bowlby, Kernberg, Kohut, Mahler 외에 많은 학자가 대상관계이론에 중요한 영향을 미쳤는데, 이 중 Klein, Winnicott, Fairbairn의 이론을 중심으로 살펴보고자 한다.

1. 발전배경

1) Klein의 이론

대상관계이론은 Melein Klein에 의해 창시되었는데, Gabbard(1995)는 정신병 상태에 있는 아동들의 불안의 가장 깊은 수준에서 무의식적 심리내적 분석을 통해 정신병리의 출현과 발달에 있어 초기 대상관계의 중요성을 제시하였다. 실제적으로 Klein은 전통적인 정신분석 장면을 엄격하게 유지하면서 내담자의 문제를 오로지 해석을 통해서만 다루었다. 그녀는 '단계(phrase)'라는 용어보다는 '입장(position)'이라는 용어를 사용해서 인격이 '편집-분열의 입장'에서 '우울 입장'으로 성장해 간다고 하였다. 이러한 인격 성장은 생후 1년 이내에 거의 완성되며 일생을 통해 반복된다고 보았다. 먼저 편집-분열 입장은 가장 초기의 원시적인 입장으로서, 영아가 엄마를 부분 대상(part-object)으로 보는 것을 말한다. 영아는 만족을 주는 좋은 대상과 좌절을 주는 나쁜 대상으로 분열이 일어난다. 예를 들면, 영아가 자신의 엄마를 좌절을 주는 나쁜 대상으로 인식할 경우에는 의심이 많아지고 편집적이 되며 불안한 성향을 가지게 된다. 이 아이는 이 불안을 피하기 위해 현실회피와 같은 방어기제를 사용하게 된다. 우울 입장은 편집-분열 입장 이후 현실과 환상을 통합하고 구별하는 능력이 생겨 엄마가 나쁜 엄마와 좋은 엄마로 나뉘어져 있는 것이 아니라 하나라고 인식하게 되며 일생동안 지속된다는 것이다. 이때 아이는 어머니가 좋은 대상이면서 동시에 증오의 대상도 될 수 있다는 것을 알게 되며 자기 속에 있는 공격성이 어머니를 공격할지도 모른다는 두려움으로 죄책감을 느끼고 우울해지는 것이다. 편집-분열의 입장에서는 피해-불안이 주요 감정이라면, 우울 입장에서는 상대방에 대한 걱정이 주요 감정이라고 볼 수 있다. Klein은 이 두 가지 인격성장과정을 통해 충분히 극복해 나가는 것이 중요하다고 강조하였다.

Klein은 과학이나 철학에 대한 교육적 배경을 가지고 있지는 않지만 뛰어난 통찰력과 상상력, 그리고 아동을 적극적으로 임상 관찰하는 노력이 합쳐져서 독자적인 정신분석이론체계를 확립하였고 이를 바탕으로 대상관계이론 정립에 지대한 영향을 미쳤다. 이러한 그녀의 독창적인 이론은 이후 Winnicott의 이론의 기반이 되었다.

2) Winnicott의 이론

Winnicott은 Klein의 영향을 받기는 하였으나 그녀보다는 환경과 모성적 역할에 더 중점을 두었으며 아동이 자신이 타인으로부터 분리된 존재라는 사실을 지각하게 만드는 것이 무엇인지에 대해 관심을 가졌고 엄마의 아동을 돌보는 행동의 적절성 여부가 아동의 심리에 지대한 영향을 미친다고 하였다.

Winnicott(1953)은 '일차적인 모성 몰입(primary maternal preoccupation)'이라는 용어를 사용하였는데, 이는 아이가 태어나면 엄마가 아이를 위해 자신을 헌신한다는 것이다. 또한 엄마가 제공하는 환경을 통해 아이가 창의적이고 건강한 자기를 형성할 수 있게 되고 좀 더 독립적으로 발달할 수 있게 되며 나아가 자신에 대해 보다 현실적인 감각을 갖게 된다고 보았다. 충분히 좋은 심리사회적 환경은 아이가 유아적 의존에서 독립으로 발달할 수 있게 돕고, 자신이 전능하다는 생각으로부터 보다 현실적인 지각으로 전환하게 해준다는 것이다. 또한 그는 태어나면서부터 강력하게 대상, 특히 엄마에 의해 촉진되는 참자아(true self)와 거짓자아(false self)의 개념을 사용하였다. 참자아는 유아의 존재의 연속성을 지지하는 '충분히 좋은 어머니(good enough mother)'로부터의 보살핌을 통해 아동의 내재적인 능력을 발달시키고 확립시킴으로써 형성된 유아의 특징을 말한다. 거짓자아는 외부 현실에 맞추고자 참자아를 보호하고 다른 사람과의 관계를 촉진하는 자기의 일부로서, 유아 자신의 욕구보다는 엄마의 욕구가 우선할 때 생기게 된다. Winnicott(1965)은 '중간대상(transitional object)' 개념을 또한 사용하였는데, 이는 나와 나 아닌 다른 세계의 연결을 도와주는 상징을 말한다. 즉 대부분 아이들은 태어나면서 자기가 선호하는 이불이라든가 담요 또는 장난감 등을 가지고 있는데, 이는 엄마 냄새라든가 푸근함을 느낄 수 있는 엄마와의 즐거운 경험과 연관되어 아이에게 편안함과 위안을 주는 기능을 하는 것이다. 부모는 이러한 중간대상이 아이의 환상에 의해 만들어진 것이라는 첫과 아이가 자신의 환상으로부터 객관적인 현실 인식을 발달시켜 나가는 대상이라는 사실을 인정해야 한다. Winnicott(1965)은 이러한 중간대상이 형성되기 위해서는 성인이 아기에게 이것의 기원과 성질에 대해 묻지 말아야 한다고 주장하였다. 유아는 이러한 중간대상을 통해 점점 자신의 능력의 한계를 인정하고 타인들이 독립된 존재임을 객관적으로 지각하게 되는 것이다. 중간대상은 발달 면에서나 건강한 성인의 삶에 있어서도 매우 소중한 영역이라고 볼 수 있다.

3) Fairbairn의 이론

Fairbairn(1952)은 Freud의 고전적인 동기이론과는 달리 리비도가 쾌락을 추구하기보다는 대상을 추구한다고 보았으며 자아의 모든 부분이 항상 대상들과 연결되어 있다고 보았다. 또한 모든 정신병리를 내적 대상(internal object)으로 표현되는 과거의 관계를 계속 유지하려는 자아의 노력이라고 생각하였다. 정신병리는 외부 대상들과의 관계가 만족스럽지 못해서 생긴 내적 대상들의 증가로 인한 자아분열과 자아파편화가 될 때 파편화된 이 부분들이 현실의 대상관계를 포기하고 내적 대상들에게 집착하는 데서 생긴다고 보았다. 그 또한 초기 대상관계의 중요성을 강조하면서 분열증 환자들을 대상으로 한 임상 경험으로 자신의 이론을 도출하였다고 볼 수 있다.

2. 인간관과 주요 개념

1) 인간관

대상관계이론에서는 인간을 자아의 독립과 자율성에 의한 자기실현을 하는 선을 추구하는 존재로 보고 있다. 여기서는 인간 개인과 그 개인의 성장을 도모하는 대상자인 양육자와의 관계를 중시하며 타자와의 관계형성 및 심리적 교류를 인간의 근본적 욕구로 보았다.

2) 주요 개념

(1) 대상관계

대상(object)은 우리가 흔히 생각하는 어떤 비인간적인 사물이라기보다는 어떤 욕구나 행동을 만족시키기 위해 그 목표가 되는 사람, 즉 무의식 세계에서 개인의 운명을 관장하는 양육자의 상이나 이미지를 말한다. 대상관계는 양육자인 어머니의 이미지와 어머니가 만들어 준 아이의 이미지가 무의식의 세계에서 상호작용하는 것을 말한다. 이것은 아이가 갖는 다른 사람과의 관계를 결정하는 준거 틀로서의 기능을 한다고 볼 수 있다.

(2) 자기표상

표상은 사람이 하나의 대상을 어떻게 심리적으로 구상하고 있는지를 말한다. 유아는 자신의 주변 환경 속에서 자기에게 의미있는 중요한 타인과 관계를 맺으면서 자신을 경험하게 되고 이에 따라 자기에 대한 정신적 표상을 갖게 되는데, 이를 자기표상이라 한다. 유아들은 이러한 자기표상이나 타인표상을 통해 긍정적이거나 부정적인 상을 갖게 된다. 유아들의 자기표상은 이후 자신의 내면화된 상으로 인해 자신의 성격을 갖게 되는 것이다.

(3) 분열

유아는 주요 타자와의 긍정적이거나 부정적인 경험을 통해 정서들을 표현하게 되는데, 분열은 유아가 한번에 이 두 가지 측면을 동시에 받아들이지 못하고 한 측면을 의식적인 차원에서 경험하고 다른 측면은 의식에서 배제하고자 하는 것을 말한다. 유아는 분열을 통해 의미있는 타자, 즉 어머니를 유아의 의식세계에서 온전한 대상이 아닌 부분대상으로 지각하게 되며, 부분대상이라는 것은 유아가 주관적인 자신의 느낌으로 좋다, 나쁘다 또는 쾌감을 주느냐 주지 못하느냐만 판단을 하게 되는 그 대상이 지닌 하나의 부분적 측면만을 고려하는 대상표상을 말하는 것이다. 즉 유아는 자신의 욕구를 좌절시키는 어머니의 부정적인 측면을 경험하게 되면 어머니를 나쁜 사람으로 지각하게 되지만 유아의 인지적 · 정서적 성숙에 따라 어머니에 대한 긍정적 · 부정적 측면들을 의식적인 차원에서 한 대상을 양 측면에서 전체 대상으로 지각하게 되는 것이다.

(4) 대상항상성

대상항상성은 생후 24~36개월 사이에 형성되기 시작하는 긍정적인 정서가 부여된 내적 존재로서의 타자에 대한 일관적인 지각을 말한다. 대상항상성이 생기게 되면 아이는 어머니에 대한 내면화된 긍정적인 상으로 인해, 어머니가 없는 부정적인 감정이 느껴지는 상황에서도 극단적이거나 부분적이 되지 않고 긍정적인 정서를 느낄 수 있게 된다.

3. 상담에의 적용

대상관계이론에서는 '자기(self)'를 중요하게 생각하는데, Winnicott(1953)에 따르면 환자가 퇴행에서 기쁨을 얻는 것은 그의 리비도가 충족되기 때문이 아니라, 잃어버렸던 자기를 되찾기 때문이라고 하였다. 또한 대상관계이론에서는 건강한 사람을 다음과 같이 정의하고 있다. 건강한 사람이란 대상에 대한 일관적인 경험을 가지고 있으며 대상을 부분 대상보다 전체 대상으로 경험하는 사람을 의미한다. 또한 건강한 사람은 경계가 분명하고 진실하며 정서적으로 전체성을 경험할 수 있는 사람이다. 따라서 대상관계이론에 기초한 상담에서는 내담자가 이와 같은 건강한 사람이 될 수 있도록 도와주는 것이다.

1) 상담목표

대상관계이론에 기초한 상담에서는 앞서 언급한 것과 같이 개인이 성장관계에서 미해결된 욕구나 갈등으로 인해 무의식적으로 억압되었거나 다른 사람들에게 투사한 부분들을 통합하여 온전한 대상관계를 형성하고 자아기능을 강화시키는 것을 목적으로 한다.

대상관계이론 상담은 분열이나 투사, 투사적 동일시와 같은 기제에 근거한 상호작용과 그 원인에 대한 통찰을 통해 내담자 자신과 다른 사람들에 대해 좀 더 현실적이고 수용적인 태도를 갖게 하며 상담자와의 관계를 치료적으로 잘 활용할 수 있도록 도와준다. 또한 내담자가 내적 대상에 대한 부정적인 감정과 긍정적인 감정이 병존할 수 있도록 내담자의 통합된 자아기능을 강화시키는 것을 도와준다.

2) 상담기법

대상관계이론에 기초한 상담에서는 해석을 통한 통찰뿐 아니라 상담자와의 만남과 긍정적인 관계형성을 통해 상담의 성공 여부가 결정된다. 이 이론에 기초한 상담은 주로 비지시적인데, 이와 관련해서 Scharff와 Scharff(1991)가 제시한 상담을 성공시키기 위한 몇 가지 상담기법을 소개하고자 한다.

(1) 안아주기(Holding)

이 치료기법은 수용하기나 받아주기와 같은 의미로 사용되며, 상담자가 내담자의 경험을 이해하고 내담자의 욕구나 내적 상태를 민감하게 알아차리는 수용적인 태도를 의미한다. 상담자가 내담자를 믿고 인정한다는 심리적인 지원을 내담자에게 전해주고 내담자의 존재가치를 높여주는 행동을 함으로써 내담자가 편안하게 자기 자신을 표출할 수 있도록 한다. 이러한 안아주기 태도는 상담자의 중립적이고 객관적인 태도를 강조하는 고전적 정신분석과는 달리 내담자 경험의 본질에 대한 깊이 있는 이해와 수용적 태도를 일관되게 보여줌으로써 내담자가 점차 자신과 다른 사람들에 대해 좀 더 이해하게 되고 수용하는 능력을 키워 나갈 수 있도록 하는 것이다.

(2) 해석(Interpretation)

해석은 다른 상담이론에서와 같이 내담자의 경험과 문제에 대해 이해할 수 있는 필수적인 기법이다. Scharff와 Scharff(1991)는 이러한 기법이 상담자와 내담자가 공동으로 내담자의 내적 경험에 대한 이해를 구축해 나갈 수 있는 쌍방향적인 기법이라고 하였다. 해석은 단순히 상담자의 관점을 일방적으로 전달하는 것이 아니라 상담자의 해석에 대해 내담자가 반응하고 상담자의 관점을 수정할 수 있는 기회를 제공하기 때문에 상담자와 내담자가 함께 할 수 있는 기법이라고 볼 수 있다.

해석은 내담자가 주요 타자와의 관계에서 나타나는 대상관계, 대인관계, 전이관계 사이의 공통적인 주제나 핵심갈등을 파악해서 설명했을 때 가장 효과적이라고 볼 수 있다. 해석은 언어적인 해석뿐 아니라 행동적 해석의 형태로 이루어진다(Ogden, 1994). 행동적 해석은 내담자에게 해석을 직접 말로 전달하지는 않지만, 상담자가 내담자 역동에 대해 태도나 얼굴표정, 상담을 진행해 나가는 방식 등의 행동으로 표현하는 것을 말한다. 즉 행동적 해석은 내담자와 관련된 주제를 다루는 시점을 결정하고 이와 관련된 해석의 수준과 해석을 전달하는 방식을 결정하는 것이다. 이런 형태의 해석은 언어적 해석과 함께 치료적 관계형성과 치료효과에 큰 영향을 미치기 때문에 이 상담에서 필수적인 기법이라고 볼 수 있다.

(3) 지금-여기 경험 다루기(Here and now)

대상관계이론에 기초한 상담에서는 지금-여기 치료 장면에서 내담자와 상담자의 관계에서 일어나는 경험이나 사건을 주로 다루는 것을 중요한 치료기법으로 생각한다. 내담자의 대상관계가 현재 상담자와의 관계에서 재연되기 때문에 상담자가 내담자와의 경험을 공유하고 이에 대해 탐색 및 분석함으로써 더 효과적인 개입을 할 수 있게 된다. 예를 들면, 평상시 친구들과 어울리지 못하고 친구들에게 먼저 말을 걸지 못하는 유아의 경우 치료상황에서 상담자와의 관계에서도 반복되는 경향이 있을 때 상담자는 이를 적절히 다룰 수 있어야 한다. 대상관계이론에 기초한 상담에서는 과거 경험의 발견보다는 대상관계로 내면화된 과거 경험이 현재 관계에 어떻게 영향을 미치고 있는지를 탐색하도록 하여 현재 상담자와의 관계를 통해 기존의 대상관계를 변화시키는 데 목적을 두는 것이다.

(4) 역전이에 대한 이해와 활용(Countertransference)

대상관계이론에서는 상담자 자신의 미해결 문제로 인해 치료 장면에서 유발되는 반응인 역전이 개념을 확대해서 내담자의 투사적 동일시로 유발된 반응을 이에 포함시켰다(윤순임 외, 2011). 상담자와 내담자의 관계에서 역전이나 전이가 다루어지지 않는 경우가 있는데, 이로 인해 상담이 계속 진행되기 어려워 조기 종결로 이어질 가능성이 있다.

상담자가 아동의 부정적 특성들을 간과하지 않으면서도 내담자의 성장 가능성을 충분히 믿는다면, 상담자는 전이의 부정적인 측면들을 더 효과적으로 다룰 수 있다. 따라서 이를 적절히 이해하고 상담에 활용을 한다면 효과적인 치료를 기대해 볼 수 있다.

역전이의 경우에는 상담자의 내담자에 대한 반응이 상담자 자신의 문제로 유발되는 반응이라고 충분히 자각하고 이에 대한 통찰을 하게 되면 자신의 반응을 내담자 역동과 연결시켜 이해할 수 있게 된다. 이것이 내담자의 내면세계와 역동을 파악하고 치료적으로 다루는 데 유용한 단서로 활용될 수 있다(Cashdan, 1988).

제4절 인지행동이론

서론

"나는 평생 자폐로 살 겁니다. 나는 모자란 게 아니라 다른 겁니다." 영화 〈템플 그랜딘(Temple Grandin)〉의 마지막 장면에 나오는 대사이다. 이 영화는 현재 콜로라도 주립대학 교수로 가축학대시설 개량 분야의 전문가로 알려져 있는 실제 인물 '탬플 그랜딘'의 이야기를 그렸다. 하지만 그녀가 오늘의 위치에 이르기까지 수많은 난관들이 있었다. 거기에는 주변의 시선뿐 아니라 자신의 자폐증(당시의 용어)을 극복하기 위해 무엇인가 몸을 압박해야 불안감을 떨쳐낼 수 있기에 '압박기계'라는 독특한 장치를 개발해 기숙사에 갖다 놓기까지 하는 노력을 기울였다. 그녀는 자신이 모자란 게 아니라 다르다고 인식함으로써 자신의 자폐증을 극복하고 자폐증 계몽활동과 가축의 권리보호에 대해 세계적으로 영향력 있는 학자가 되었다. 탬플 그랜딘 이야기에서처럼 자신에 대한 합리적인 신념이 살아가는 데 얼마나 중요한지 보여준다. 이 장에서는 비합리적인 신념으로 인한 부적응이 어떻게 작용하는지 살펴보고 이와 관련된 인지행동이론에 대한 전반적인 이해를 돕고자 한다.

인류의 역사 이래, 많은 사람이 종교의식을 통해 정신적인 고통을 해결하려고 했으며, 근대로 들어오면서 심리학과 정신의학에서 심리치료 분야가 나타나기 시작하였다. 과학적인 연구와 실증적인 사실에 근거한 치료적 개입이 본격적으로 이루어지게 되었다. 이후 20세기 초에는 Freud의 정신분석이론이 주를 이루다가 20세기 중반에는 행동수정을 위한 행동치료가 주를 이루게 되었다. 또한 인지행동치료의 토대가 된 인지적 접근(cognitive approach)의 효시는, 기존의 성격 및 정신병리이론과는 전혀 다른 인간에 대한 조망을 제시한 George Kelly(1955)였으며, 그는 인간에 대해 자신이 처한 환경을 표상하는 역량을 가진 능동적인 존재로 간주하였다. 인지상담은 인간의 인지적 측면을 우선적으로 변화시키는 데 관심을 둔다. 즉, 인지상담은 개인의 지각 또는 사고과정이나 이론을 탐색하고 어떤 오류가 있을 경우를 바로 잡아주어 새로운 경험을 할 수 있도록 촉진하고 안내하는 과정이다. 우리가 일반적으로 통용하고 있는 인지상담을 정확히 표현하면 인지행동상담이라 할 수 있다. 이러한 흐름으로 1960년대에 들어오면서 새로운 패러다임인 인지행동치료가 심리치료의 주를 이루게 되었고 현재까지도 많은 발전을 이루고 있다. 기본적으로 인지행동이론에서는 인간을 합리적인 사고와 비합리적인 사고 둘 다 할 수 있는 존재로 보며, 인간의 문제행동이 이러한 비합리적인 사고에 의해 형성된다고 보았다. 따라서 이 이론에서는 인간의 문제행동은 인간의 인지를 변화시킴으로써 바뀔 수 있다는 것을 기본 전제로 하고 있다. 즉, Dobson과 Block(1988)에 의하면, 인지행동치료는 다음과 같은 세 가지 기본 가정 첫째, 인지적 활동은 행동에 영향을 미친다는 것, 둘째, 인지적 활동은 인식될 수 있고 변화될 수 있다는 것, 셋째, 인지 변화를 통해 원하는 행동 변화를 가져올 수 있다는 것을 전제로 한다. 이 장에서는 인지행동이론의 가장 대표적인 이론이라 할 수 있는 Ellis의 합리적 · 정서적 행동치료와 Beck의 인지치료를 중심으로 좀 더 구체적으로 살펴보고자 한다.

1. Ellis의 합리적·정서적 행동치료

Albert Ellis는 감정과 행동을 변하게 하는 수단으로서 생각을 강조한 임상의학자로, 1955년에 시카고에서 개최한 미국심리학회 연차대회에서 합리적 심리치료를 발표함으로써 인간의 장애가 부적응적 인지로 인한 것임을 강조하였다. 그러나 그 이후 그의 이론이 인간의 정서적 측면을 간과한다는 비판을 받았고, 그의 이론에서 행동적 측면 또한 중요한 부분을 차지하였으므로 1993년에 합리적 · 정서적 · 행동치료(Rational Emotional Behavior Therapy: REBT)로 이름을 바꾸어 현재까지 사용되고 있다. Ellis는 1959년에 비영리 교육 · 과학연구소를 설립하였고 1968년 합리적 · 정서적 치료연구소를 설립하여 이 이론에 대한 훈련 및 연구들을 함으로써 합리적 · 정서적 행동치료 발전에 지대한 공헌을 하였다.

1) 인간관과 주요 개념

(1) 인간관

합리적 · 정서적 행동치료는 기본적으로 인간은 합리적인 사고를 할 수도 있고 비합리적 사고를 할 수도 있는 잠재적 기능을 가지고 태어난다는 가정을 기본 전제로 하고 있다. 즉, 인간은 자신의 가치를 보존하고, 사고하고, 말하고,

사랑하며, 다른 사람과 친분을 맺고, 스스로를 성장시키고 자아를 실현하는 경향성을 가지고 있음과 동시에 스스로를 파괴하고, 일을 뒤로 미루고, 실수를 계속 반복하고, 미신에 빠져들고, 참을성이 없고, 완벽하려 하며, 자기를 비난하고 자신의 가능성을 파괴하는 잠재력도 가졌다고 본다. 사람들이 가지고 있는 이러한 심리적 문제는 그들의 비합리적 신념으로 인해 생기며, 이것으로 인해 비합리적 행동패턴을 형성하여 결국에는 대인관계에서의 적응문제를 야기한다는 관점에 바탕을 두고 있다. 그러므로 인간을 사고하고 감정을 나타내며 동시에 행동하는 존재로 보았다. 즉, 행동의 변화는 사고나 감정의 변화를 통해 이루어진다고 보았다. 따라서 이 치료에서는 상담자가 내담자의 비합리적 신념을 합리적인 신념으로 바꿀 수 있도록 도와주는 역할을 하게 되는 것이다.

(2) 주요 개념

① 비합리적 신념

Ellis(1979)는 사람들의 정서적 문제는 구체적인 사건 때문이 아니라 그 사건을 지각하고 있는 비합리적 생각으로 인해 일어난다고 믿었다. 이러한 비합리적 신념과 합리적 신념은 다음과 같은 네 가지 기준에 의해 구분된다.

첫째, 당위적 사고(Should) : '항상', '꼭', '절대', '반드시' 등과 함께 '~해야 한다.'라는 사고로 강한 요구가 포함되어 있으며, 이러한 사고는 비합리적이며 융통성이 없고 경직된 사고를 나타낸다. 예를 들면, '나는 반드시 나의 분야에서 성공해야 한다.'는 비합리적 신념을 가지고 있게 되면 자신의 실패를 전혀 받아들이지 못하고 심한 좌절을 겪게 되어 다시는 일어나지 못하게 되기도 한다. 따라서 상담자는 내담자가 '내가 성공한다면 좋을 것이다.'라고 좀 덜 경직적이고 더 융통적인 사고를 할 수 있도록 도와주어야 한다.

둘째, 과장 : 이것은 현실성이 떨어지고 극단적인 생각을 하는 것을 말한다. 예를 들면, '남자친구랑 헤어지면 내 인생이 끝난다.'라든가 '이번 시험에 통과하지 못하면 나는 평생 직장을 가지지 못할 것이다.' 등의 사고를 가지는 것이다. 따라서 상담자는 '남자친구랑 헤어져도 다른 남자친구를 만날 수도 있고 다른 좋은 긍정적인 면이 있을 수 있다.'라는 사고를 할 수 있도록 도와주어야 한다.

셋째, 자기비난 또는 타인비난 : 이것은 자기 자신이나 타인 또는 상황적 조건 중에서 한 가지 부정적인 면을 기초로 전체를 부정적인 것으로 생각해 버리는 경향을 말한다. 예를 들면, '내가 남자친구랑 헤어진 것은 내가 남자친구한테 잘못했기 때문이다.'라든가 '시험에 떨어지다니 내가 이 세상에서 제일 머리가 나빠.'라는 생각을 하는 것이다. 따라서 상담자는 '내가 남자친구랑 헤어진 것은 나의 잘못이 아니라 서로 성격적으로 맞지 않았기 때문이다.'라고 생각을 바꾸도록 도와주는 것이다.

넷째, 욕구좌절에 대한 인내심 부족 : 이것은 좌절되는 상황을 견디지 못하는 경우를 말하는데, 예를 들면, '다른 사람이 나를 좋아하지 않는 것을 나는 참을 수가 없다.'라는 생각을 하는 것이다. 상담자는 내담자가 '다른 사람이 나를 좋아하지 않아도 괜찮다.'라는 생각을 하도록 도와주는 것이다.

이처럼, 비합리적 신념은 논리적으로 모순이 많고, 현실적이지 않으며, 삶의 목적 달성에 도움이 되지 못한다. 또한 경직된 사고로 융통성이 없으며, 이러한 사고는 부적절한 정서와 부적응 행동을 유발하는 것이다.

② A-B-C-D-E 모형

이 모형에서의 핵심은 내담자를 정서적으로 곤란하게 하는 것(C: consequences)은 선행사건(A: activating event)이 아니고 말로 표현되는 내담자의 신념(B: belief)라는 것이다. 좀 더 구체적으로 살펴보면 다음과 같다.

- A(Activating event) – **선행사건** : 내담자가 노출되었던 문제 장면이나 선행사건을 말한다. 예를 들면, 부모의 죽음이나 이혼, 애인과의 결별, 또는 사람들 앞에서 실수를 한 사건 등을 들 수 있다.
- B(Belief) – **신념** : 어떤 사건이나 문제 장면에 대한 개인의 사고나 신념을 말한다. 앞서 언급한 것처럼 신념체계는 합리적 신념과 비합리적 신념이 있는데, 정서적 문제는 문제 사건이나 행위(A)로 인한 것이 아니라 그 사

건에 대한 신념 B로 인해 발생한다는 것이다. 예를 들면, 애인과 결별하여 그것으로 인해 우울증을 경험했다면, 그 우울의 원인은 결별 자체보다는 이성 친구한테 버림받았고 이러한 상실감으로 인해 다시는 그런 사람을 만나지 못할 거라는 생각 때문이라는 것이다.

- C(Consequence) – **결과** : 선행사건 A로 인해 생겨났다고 내담자가 보고하는 정서적, 행동적 결과를 말한다. 비합리적 신념을 가진 사람들은 주로 지나친 불안, 분노, 죄책감, 비판, 원망 등의 감정을 느끼게 되고 심리적 · 정신적 장애를 앓기 쉬우며 주로 방어적인 태도를 취하는 경향이 있다.
- D(Dispute) – **논박** : 내담자의 비합리적 신념에 대한 상담자의 논박을 말한다. 즉 상담자는 내담자가 가지고 있는 비합리적 신념에 대해 의문을 제기해 보는 것이다. 논박은 인간이 자신의 정서반응이나 장애를 일으키는 비합리적 신념을 어떻게 바꾸는지 그 방법을 내담자에게 제시하는 것으로 REBT의 핵심이라고 할 수 있다. 이것은 내담자가 자신의 비합리적인 신념을 고치는 데 적용할 수 있는 과학적인 방법이라고 할 수 있다.
- E(Effect) – **효과** : 내담자의 비합리적 신념을 직면 또는 논박한 효과를 말하는데, 즉 내담자가 자신의 비합리적인 신념을 합리적인 신념으로 바꾼 후 느끼게 되는 내담자의 자기수용적인 태도나 긍정적인 감정의 결과를 의미한다. 논박이 성공하게 되면 합리적인 생각을 하게 되는 인지적 효과, 긍정적인 정서를 경험하게 되는 정서적 효과, 바람직하고 적응적인 행동을 나타내게 하는 행동적 효과가 이루어지게 된다.

2) 인지적 · 정서적 행동치료에의 적용

인지적 · 정서적 행동이론에 근거하여 상담을 진행할 경우, 상담자는 내담자가 가지고 있는 비합리적 신념을 합리적 신념으로 바꾸게 하여 긍정적인 결과를 가져오게 만들어야 한다. 상담자는 무엇보다도 다음과 같은 REBT의 특성들을 충분히 파악할 필요가 있다. 인지적 · 정서적 행동치료(REBT)의 특징들을 요약하면 다음과 같다.

① REBT는 심리적 장애의 생성과 그 치료에 있어서 '인지'를 강하게 강조한다.

② ABC모델이라는 정서장애 모델을 강조한다.
사건과 정서와 행동 그리고 인지 사이의 관계를 묘사한 ABC모델은 정서적 문제 원인이 비합리적이며 역기능적 신념이라고 강조한 것이다.

③ 변화의 지속을 촉진하기 위하여 철학적 변화를 강조한다.
REBT의 형성은 그 이론이 철학적인 변화를 강조하고 있기 때문에 철학적 수준의 변화를 시도함으로써, 상담자는 그의 내담자들이 현재의 정서적 문제를 극복할 뿐 아니라, 언제 다시 직면할지도 모르는 정서적 장애에서 상처를 쉽게 받지 않도록 도와준다.

④ 심리적 문제를 다루는 자기조력적(self-help) 접근의 중요성을 강조한다.
부적절한 정서와 부적응적인 행동을 극복하는 과정에서 내담자의 노력에 큰 강조점을 둔다.

⑤ 상담자의 적극적이며 지시적인 위치를 강조한다.
Ellis(1974)는 대부분의 내담자들이 그가 REBT의 원리와 기법을 적극적으로 가르쳤을 때 혜택을 얻을 수 있으며, 내담자와 라포 형성을 촉진하여 내담자에 의한 조기종결의 가능성을 완화시킬 수 있다고 하였다.

⑥ 상담자와 내담자의 관계에 관한 요소를 강조한다.
내담자와 상담자의 라포형성이 무엇보다 중요한데, 상담자는 내담자를 무조건적으로 수용하고, 내담자에게 자기개방하기를 주저하지 않으며, 유머를 사용함으로써 친근성을 촉진시켜 내담자와의 관계를 쉽게 해준다.

⑦ 중다양식적 접근을 강조한다.
그는 내담자의 비합리적 신념을 규정하고 말로 논박을 하는 데 강한 초점

을 두면서도, 인지적 · 정서적이고 행동적인 기법을 모두 사용하라고 적극 권장하고 있다.

(1) 상담목표

REBT는 부적절한 정서와 행동의 원인이 되는 비합리적 신념을 바꾸는 것을 상담목표로 하고 있다. 인지적 · 정서적 행동치료에서는 상담자들이 다음과 같은 역할을 통해 내담자를 돕는 것이다(양옥경, 김정건, 서미경, 김미옥, 김소희, 2011).

① 내담자가 어떠한 비합리적인 생각과 신념을 가지고 있는지를 찾아내어 이를 내담자에게 보여주어 분명히 자각하고 인식하도록 도와준다.

② 내담자가 가지고 있는 신념이 어떻게 심리적 문제와 정서적 혼돈의 원인이 되고 있는가를 보여준다.

③ 개인이 갖고 있는 비논리적인 신념들이 사실은 내면화된 자기독백이나 자기 대화의 내용으로 어떻게 연결되고 있는가를 깨닫도록 구체적인 문장으로 정확하게 표현해 준다.

④ 비합리적인 신념을 반박해 보도록 자기의 사고방식을 분석하고 교정하는 시간을 가짐으로써 지금과는 다른 새로운 신념체계인 합리적이고 융통성 있고 효율적인 사고로 바꾸게 한다.

이러한 상담자들의 활동을 통해 내담자들이 자신의 삶에 대한 새롭고 현실적인 철학을 갖게 하고 생활에서 대부분의 불행한 사건들에 효과적으로 대처할 수 있게 만드는 것이 궁극적인 인지적 · 정서적 행동치료의 상담목표이다.

(2) 상담기법

인지적 · 정서적 행동치료는 A–B–C–D–E 모델에 의해 상담의 진행과정을 살펴볼 수 있는데, 앞서 설명한 대로 상담과정에서 상담자는 내담자의 비합리적인 신념(B)에 대해 적극적으로 논박(D)하여 이를 합리적인 신념으로 바꿈으로써 새로운 적응과 정서적 문제를 해결하게 하는 효과(E)를 돕는 것이다. 여기서 상담자는 적극적이고 지시적인 방법을 사용하여 내담자의 생각과 감정 및 행동을 바꾸도록 능동적인 조언자 및 촉진자 역할을 하게 된다. 또한 REBT 상담자들은 질문을 하고, 파고들고, 가르치고, 격려하고, 숙제를 내주며 구조화된 행동연습을 제시하고 모든 종류의 개인상담에서 사용될 수 있는 기법들을 직접적으로 수행한다(박경애, 2013). 여기서 주로 사용되는 인지적, 정서적, 행동적 기법을 간단히 소개하면 다음과 같다.

① **인지적 기법**(cognitive techniques)

- 내담자의 비합리적 신념에 대한 상담자의 논박
- 인지적 과제 : 긍정적 자기진술
- 내담자의 비합리적 신념에 대한 내담자의 논박
- 독서법
- 새로운 자기진술 사용 : ~이면 좋겠다 등

② **정서적 환기기법**(emotive-evocative techniques)

- 목적 : 자기개방과 수용(자신의 정서 경험)
- 무조건적 수용
- 역할연기 : 비합리적 신념의 효과 확인
- 다른 사람의 예 모델링
- 유머 사용
- 합리적 사고의 강력한 권고
- 모험
- 내담자에게 긍정적 · 부정적 감정 체험
- 자기 언어를 통해 부정적인 감정을 경험
- 유쾌한 경험

③ **행동적 기법**(behavioral techniques)

- 과제 제공 : 극단적 정서를 체험할 수 있는 상황 재연
- 비합리적 사고 논박과제
- 행동수정원리 적용
- 신체적 이완을 통한 비합리적 신념의 확인
- 합리적 감동적 구상법

이 외에 스포츠를 통한 기분전환이라든가 실질적인 요구충족, 어떤 것을 맹목적으로 믿게 한다든가, 요구를 포기하게 하고 인내심을 가지게 하는 등의 과제가 내담자에게 주어질 수 있다.

2. Beck의 인지치료

인지치료(Cognitive therapy)는 Aaron Beck과 Rush, Shaw, Emery, Greenberg 등과 같은 그의 동료들에 의해 발전된 인지행동치료의 하나로, 1960년대에 우울증에 대한 Beck의 초기 연구에서 발전된 인지행동주의 상담이론 중 가장 널리 보편화된 상담이론이다. 원래 그는 정신분석적 훈련을 받은 정신과 의사로서, 우울증 환자들을 치료하는 중에 우울증 환자의 사고와 꿈을 조사하면서 그들이 분노와 관련된 생각보다는 실패나 상실과 관련된 생각을 더 많이 가지고 있다는 점을 발견하였다. 이에 많은 임상적 관찰과 실험적 검증을 거쳐 Beck은 우울증에 대한 이론을 제시하고 인지변화에 초점을 맞춘 치료법을 개발하여 우울증 환자에게 적용하였다. 이러한 인지치료는 이후 우울증뿐 아니라 공포증, 공황장애, 강박증, 섭식장애, 정신분열증, 성격장애 등 다양한 치료영역으로 확대되어 사용되고 있다. Beck은 그의 딸 Judith Beck과 함께 필라델피아에 있는 그의 연구소에서 개최하는 많은 훈련프로그램과 연구, 책 출판 등을 통해 인지치료의 발전에 많은 기여를 하였다.

1) 인간관과 주요 개념

(1) 인간관

인지치료는 인간에 대한 몇 가지 기본 가정을 살펴봄으로써 인지치료를 단순한 치료기법으로만 이해하기보다는 인간에 대한 기본 관점을 이해하는 것이 중요하며, 실제 상담에서 내담자를 이해하고 인지치료기법을 적용하는 것이 바람직하다. 따라서 이를 위해 인지치료 상담이론에서 바라보는 인간에 대한 기본 가정을 살펴보면 다음과 같다(Beck et al., 1979).

① 인간의 감정과 행동은 객관적 현실보다는 주관적 현실에 의해 결정된다.
② 이러한 주관적 현실은 객관적 현실에 의해 수동적으로 주어지는 것이라기보다는 객관적 현실에 대한 인간의 능동적인 구조화 과정에 의해 이루어진다.
③ 인간의 주관적 현실은 사고와 심상 등의 인지내용에 반영된다.
④ 인지내용은 자기 자신, 자신의 과거와 미래, 그리고 주변세계에 대한 현상학적 장을 구성한다.
⑤ 인간의 심리적 고통과 정신병리는 이런 현상학적 장, 즉 인지내용이 현실을 부정적으로 왜곡하는 데에 기인한다.
⑥ 부정적으로 왜곡된 인지내용은 심리적 치료를 통해 내담자가 의식할 수 있다.
⑦ 인지적 내용의 변화를 통해서 감정 및 행동이 변화될 수 있다.
⑧ 효과적인 치료를 위해서 상담자는 내담자와 협조적인 동반자적 관계를 형성하는 것이 바람직하다.
⑨ 효과적인 치료는 심리적 증상의 완화 및 제거뿐만 아니라 내담자로 하여금 스스로 심리적 문제를 해결할 수 있는 능력을 길러주는 것이다.

자신의 심리적, 사회적 문제나 행복에 있어 한 개인이 자신과 세계에 대해 가지고 있는 지각은 다른 무엇보다 중요한 역할을 하는데, Beck은 자신과 세계에 대한 개인의 정보처리과정에 나타나는 오류와 왜곡을 문제의 핵심으로 보았다. 이처럼 주관적인 경험을 중시하는 인지치료의 핵심은 내담자의 '눈'을 통해 비춰진 세상을 이해하는 것이며 자기치료(self-treatment)를 강조한다고 볼 수 있다.

(2) 주요 개념

① 자동적 사고

인지치료에서는 어떤 사건을 접할 때 특정한 생각과 심상이 유발되고 이러한 생각과 심상의 내용이 특정한 감정 및 행동반응을 일으킨다고 본다. 이러한 생각과 심상은 촉발사건이 생기면 개인에게 잘 의식되지 않은 상태로 자동적으로 유발되는 경향이 있는데, Beck 등(Beck et al., 1979)은 이러한 인지를 자동적 사고(automatic thoughts)라고 하였다. 이러한 자동적 사고는 촉발사건으로부터 심리적 증상이 유발되도록 매개하는 주요한 인지적 요인이 되는 것이다. 우울증을 경험하는 환자들은 실패, 상실, 무능함 등과 같이 자기 자신이나 미래, 환경에 대한 부정적인 사고를 습관적으로 하는 경향을 가지고 있으며 Beck은 이를 인지삼제(cognitive triad)라 하였다(Gross, 2015). 예를 들면, 우울증 환자들이 '자신은 무가치한 사람이다.', '나의 미래는 없다.', '세상은 살기 어려운 곳이다.' 등에서처럼 자신과 미래, 환경에 대한 부정적인 생각을 자동적으로 하는 것이다.

② 인지적 오류

인지치료에서는 심리적 문제를 겪고 있는 내담자들이 주로 가지는 자동적 사고의 내용이 상당 부분 비현실적으로 왜곡되어 있다고 보는데, 이들은 주변의 사건이나 상황을 왜곡해서 그 의미를 해석하는 경향이 있다. 이러한 것을 인지적 오류(cognitive error) 또는 인지적 왜곡(cognitive distortion)이라 한다(Beck et al., 1979). 그의 제자 Burns(1989)는 이러한 인지적 오류의 몇 가지 유형을 아래와 같이 소개하고 있다.

- **흑백논리적 또는 이분법의 사고 오류** : 예를 들면, 나를 좋아하는지에 대한 타인의 반응에 나를 좋아하거나 싫어하거나 둘 중의 하나로 해석하는

경우인데, 이런 오류를 범하는 사람들은 경험을 흑백으로 해설할 뿐 회색 지대는 없다고 본다.

- **과잉일반화 오류** : 한두 번의 경험에 의해 일반적인 결론을 내리고 무관한 상황에도 그 결론을 적용시키는 것이다. 예를 들면, F 성적을 받고 나서 '나는 모든 과목에서 F를 받을 것'이라고 생각하는 것이다.
- **정신적 여과**(mental filtering) **또는 선택적 추상화**(selective abstraction) : 상황이나 사건의 주된 내용은 생각하지 않고 특정한 일부의 정보에만 주의를 기울여 전체의 의미를 해석하는 것이다. 예를 들면, 대부분의 사람이 나의 작품을 긍정적으로 평가했음에도 불구하고 한두 사람이 부정적인 평가를 했을 경우 이 부정적인 평가에만 주의를 기울여 내 작품은 실패라고 단정하는 것이다.
- **의미축소 또는 의미확대**(minimization or magnification) **오류** : 사건의 중요성이나 의미를 지나치게 과장하거나 축소하는 것이다. 예를 들면, 학교에서 내가 상을 받게 되었을 때 내가 잘 해서 받았다기보다 이는 우연히 일어난 일이라고 생각하며 그 의미를 축소하는 것이다.

이 외에도 감정적 추리, 개인화, 당위적 사고 등 여러 종류의 인지적 오류가 있다.

③ 역기능적 인지도식

인지치료에서는 심리적 문제가 인지적 취약성을 가진 사람이 스트레스와 같은 부정적인 환경적 자극에 직면하여 발생된다는 인지적 취약성-스트레스 모형(cognitive vulnerability-stress model)에 기초하고 있다. Beck은 이러한 인지적 취약성을 역기능적 인지도식(dysfunctional schema)이라고 하였으며, 이러한 인지도식은 어린 시절의 경험에 의해 형성된다고 하였다. 즉 심리적 장애를 가진 사람들은 어린 시절의 경험에 의해 특정한 내용의 인지도식을 형성하고 부정적인 사건을 접하면서 그 사건의 의미를 왜곡하여 해석하게 되어 결과적으로 심리적 문제를 일으킨다는 것이다. 그는 맥락에 따라 역기능적 인지도식, 역기능적 태도, 역기능적 신념 등 다양한 용어를 사용하였다. 이러한 역기능적 인지도식을 측정하기 위해 절대주의적, 당위적, 이상주의적, 완벽주의적이며 융통성이 없는 내용으로 구성된 역기능적 태도 척도(Dysfunctional Attitude Scale)를 제작하였다. 예를 들면, '절반의 실패는 전부 실패한 것이나 다름없다'라든가 '사람들로부터 인정을 받으려면 항상 일을 잘 해야 한다' 등 Ellis가 제시한 비합리적 신념과 유사한 내용을 포함하였다. 이 외에도 Beck은 Clark와 함께 1991년에 구체적인 역기능적 신념을 측정하기 위해 사회적 의존성-자율성 척도(Sociotropy-Autonomy Scale)를 제작하기도 하였다(Clark & Beck, 1991).

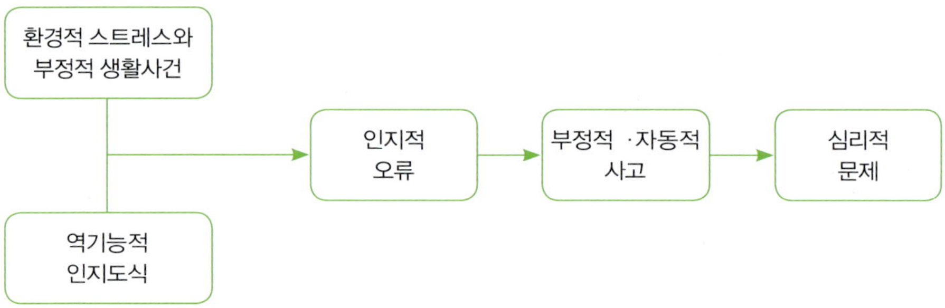

그림 4-1 인지치료 이론에 근거한 심리적 문제의 발생과정

2) Beck 인지이론 상담에의 적용

(1) 상담목표

인지치료의 가장 기본적인 상담목표는 내담자로 하여금 자신이 가지고 있는 인지도식을 알게 하고 그 인지내용에 대한 현실적이고 합리적이며 적응적인 사고로 대치시키는 것이다. 내담자가 호소하는 문제를 명료화하고 구체화함으로써 내담자와 합의하여 상담목표를 정한다.

(2) 상담과정

인지치료의 상담 회기는 주로 단기를 목표로 하여 일반적으로 보통 12~20회기로 구성하며 내담자 문제의 심각성에 따라 장기화하는 경우도 있다. 무엇보다도 인지치료를 시작하기 전에 내담자가 인지치료가 적당한지를 평가할 필요가 있다. 인지치료는 우울이나 불안, 분노, 죄책감 등 다양한 정서적 문제를 가지고 있거나 대인관계, 학업, 다이어트 등과 같은 다양한 스트레스로 인한 부적응 문제를 가지고 있는 내담자에게는 적당하다. 반면, 인지능력이 떨어지고 심리적인 내성능력이 부족한 내담자나 심각한 성격장애 또는 정신병적 증상을 보이는 내담자에게는 인지치료가 적당한지 신중을 기해야 한다.

① 초기 단계

인지치료 초기에는 면접 회기를 포함한 3~4회 정도 이루어진다. 이 시기에는 다른 치료들과 마찬가지로 상담자와 내담자의 라포형성이 무엇보다도 중요한 시점이다. 이때 상담자는 내담자가 호소하는 문제를 구체적이고 체계적으로 탐색하여 명료화해야 한다. 또한 내담자가 상담을 통해 기대하는 것이 무엇인지 탐색하고 구체적인 상담목표를 내담자와 함께 정한다. 내담자가 인지치료 방법에 대해 알 수 있도록 간략하게 설명하고 이 시기에 나타날 수 있는 내담자의 저항이나 부정적인 반응을 탐색하여 이를 잘 다루어 주어야 한다.

② 중기 단계

인지치료 중기 단계에서는 내담자와 정한 초기 상담목표 중 현재 내담자가 가장 시급히 해결하길 원하는 변화 가능성이 높은 목표를 선택하여 그와 관련된 자동적 사고에 초점을 둔다. 우선, 내담자의 자동적 사고를 탐색하기 위해서는 내담자로 하여금 문제되는 사건이나 상황에 대해 구체적이고 사실적인 기술을 하도록 해야 하며, 또한 그 상황에서 내담자가 느낀 감정 및 행동반응을 자세히 보고하도록 해야 한다. 그러고 난 후 그 상황에서 떠오른 생각을 말해보도록 하고 상담자는 내담자가 그 상황을 어떻게 해석했기에 그런 감정이 나타난 것인지에 대해 물어보는 것이 좋다. 이러한 방법의 하나로, 상담 중기에 Beck은 내담자가 매일매일 문제되는 감정을 느끼게 만드는 사건과 생각을 기록하게 하는 숙제를 주고 다음 상담시간에 그것을 가져오게 하여 이에 대한 구체적인 내용을 다루게 하는 방법으로, 역기능적 사고에 대한 일일기록표(daily record of dysfunctional thoughts)를 사용하였다. 이러한 활동을 통해 내담자의 자동적 사고를 확인하게 되면 내담자로 하여금 그 사건과 상황에 대해 다른 해석이나 객관적인 해석이 가능한지 탐색해 보도록 하고 기록지를 활용한 숙제를 통해 내담자 스스로 반복적으로 일상생활에 적용해 보도록 한다. 이때 시간계획표나 과제수행표를 만들어서 실행해 보거나 자기주장 훈련하기, 역할연습하기 등 여러 가지 행동치료기법을 적용할 수 있다.

상담 중기 후반에는 자동적 사고를 만드는 역기능적 신념을 보다 심층적으로 다루어야 한다. 역기능적 신념을 찾아내는 것은 그리 쉽지만은 않다. Beck은 내담자의 역기능적 신념을 찾아내기 위한 3단계를 제시하였는데 다음과 같다. 첫째, 내담자로 하여금 자신의 자동적 사고를 인식하게 한다. 둘째, 이러한 자동적 사고의 내용에서 일반적이고 중심적인 주제를 발견하도록 한다. 셋째, 내담자가 자신의 삶에 대한 원칙을 찾아내도록 한다. 예를 들면, 한 여대생이 자신의 남자친구가 주말에 연락하기로 했는데 전화를 하지 않아 매우 속상함을 경험했을 때, 아무리 노력해도 나는 다른 사람들이 쉽게 싫증을 내는 타입이라는 자동적 사고를 하게 된다. 이런 특정 사건의 자동적 사고내용으로부터 이러한 내용이 나에게 무엇을 의미하는지 계속 질문을 던짐으로써 결국 '사랑받지 못하면 나의 삶은 불행하다'는 내담자의 자동적 사고를 찾아내는 것이다.

③ 종결 단계

내담자와 정한 상담목표가 성취되고 내담자의 문제가 어느 정도 해결되었다고 판단되면 치료 종결을 준비해야 한다. 상담자는 내담자와 함께 그동안 이루어진 인지치료과정을 살펴보고 종결 이후 발생할 수 있는 문제나 상황을 예견해 본 후 이에 대한 인지치료 적용 계획을 함께 논의해야 한다. 치료 종결 시 내담자의 문제가 어느 정도 해결되었는지 파악하기 위해 상담 전과 후에 몇 가지 검사를 실시하여 이를 비교 평가해 볼 수 있다. 상담자는 치료 종결 후 추후회기를 가짐으로써 내담자의 현 적응 상태를 확인해 보는 것 또한 필요하다.

(3) 상담의 주요 기법

① 소크라테스식 질문

이 기법은 상담자가 내담자의 자동적 사고내용을 직접적으로 논박하는 것보다 내담자 스스로 자신의 사고내용을 평가하도록 하는 것이다. 예를 들면, '그렇게 생각하는 이유는 무엇인가?', '다른 해석방법은 없는가?' 등의 질문을 계속 던짐으로써 내담자 스스로 자신의 사고 내용이 인지적으로 왜곡되어 해석되었음을 스스로 깨닫게 하는 것이다(Beck, 2011).

② 행동실험을 통한 검증

검증해야 할 가정이나 신념을 구체적으로 정하고, 이 생각을 검증하기 위해 어떤 실험을 할지 고안하여 이를 검증해 보는 것이다. 예를 들면, '주변의 모든 사람들은 나를 싫어한다.'는 역기능적 인지도식을 가지고 있는 내담자의 경우, 친구에게 전화를 걸어 같이 점심을 먹자고 제안하는 등의 실험을 해보고 나서 그 결과를 적어보게 하는 것이다. 실험결과를 적어보고 그 과정에서 배운 것을 정리해 놓음으로써 새로운 대안적 신념이나 가정을 찾도록 하는 것이다.

③ 책자를 이용한 독서요법

인지치료에서는 내담자가 자신의 문제를 이해하고 극복하는 데 다양한 책자를 활용하는 것을 적극적으로 권장하고 있다. 상담자는 내담자에게 역기능적 신념이나 자동적 사고, 인지적 오류로 인해 실생활에 어떠한 영향을 미치는지에 관한 내용을 소개하는 책자를 읽도록 숙제를 내준다. 이러한 활동은 상담시간에 상담자가 내담자와 이에 대해 함께 논의함으로써 내담자가 자신의 역기능적 인지도식보다는 보다 적응적인 인지도식을 발견하도록 도움을 준다.

학습과제

1. 정신분석 상담과정에서 유아가 갑자기 손가락을 빨거나 기어 다니는 행동을 보일 때 상담가는 처음에 어떠한 접근을 할 수 있을지 논의해 보자.
2. 트라우마(trauma)가 무엇이며 아동에게 어떠한 영향을 미치는지에 대해 논의해 보자.
3. 아동중심놀이치료의 기본적인 목표에 대해 논의해 보자.
4. 아동중심놀이치료의 관계의 기본원칙에 대해 논의해 보자.
5. 아동중심놀이치료의 치료적 반응에 대해 논의해 보자.
6. 자신이 자주 꾸는 꿈이 어떻게 과거와 현재, 그리고 미래와 연결이 되어 있는지 분석해 보고 논의해 보자.
7. 자신과 어머니와의 초기 관계에 대해 생각해 보고 그 관계가 이후에 어떠한 영향을 미쳤는지 논의해 보자.
8. 상담에서의 역전이가 무엇이고 그 역전이 경험의 예를 들어 이것이 상담에 미치는 영향에 대해 논의해 보자.
9. 동생이 태어나고 나서 엄마가 더 이상 자신을 사랑하지 않는다고 생각하고 우는 6세 여자아이의 사례를 Ellis의 A-B-C-D-E 모형에 근거하여 적용해 보고 논의해 보자.
10. 자신이 가지고 있는 인지적 왜곡을 5개 이상 적어보고 이를 극복할 수 있는 방법에 대해 논의해 보자.

관련문헌 · 영상물

- 김준기(2009). 영화로 만나는 치유의 심리학. 시그마북스.
- Anne Marie Albano, Patricia Marten DiBartolo(2013). 최병휘 옮김. 어린이와 청소년을 위한 수줍음의 인지행동치료 워크북. 시그마프레스.
- 소설 〈양들의 침묵〉
- Temple Gradin(2005). 홍한별 옮김. 나는 그림으로 생각한다. 양철북.
- 영화 〈디테치먼트(Detachment)〉(2011).

- 영화 〈말아톤〉(2005)
- 영화 〈템플 그랜딘〉(2010)
- 영화 〈Awaken〉(2012).
- 영화 〈모탈 트란스퍼(Mortal Transfer)〉(2001).
- 영화 〈양들의 침묵〉(1991).
- D. 스티븐슨 본드 지음 | 최규은 옮김(2012). 프로이트와 이별하다 -무의식의 깊은 잠을 깨우는 융 심리학
- 주정일 역(1990). 딥스(버지니아 액슬린 저). 샘터사.
- 주정일 외(1992). 상담원의 눈으로 본 아이. 샘터사.
- 주정일(2007) 한국의 딥스: 놀이치료사례 영수이야기. 샘터사.
- http://www.youtube.com/watch?v=JIMWOOlR_9g. -Child-Centered Play Therapy DVD Preview, Garry Landreth.
- http://www.youtube.com/watch?v=SOYhs593-kE. -History Speaks: Landreth Interview

관련웹사이트

- MBC 스페셜(2000.5) 〈어린이날 기획-놀이방의 작은 기적〉
- (사)국제심리상담학회 http://www.ipscaa.org/
- 국제분석심리학회 http://www.iaap.org/
- 노스텍사스대학교 http://www.unt.edu.
- 대한신경정신의학회 http://www.knpa.or.kr/
- 미국놀이치료학회 http://www.a4pt.org
- 미국 인지행동치료학회(ABCT: Association for Behavioral and Cognitive Therapies) http://www.abct.org/
- 한국 라깡과 현대정신분석학회 http://www.lacan.kr/
- 한국심리학회 http://www.koreanpsychology.or.kr
- 한국인지행동치료학회 http://www.kacbt.org/

- 한국 융 연구원 http://www.jung.re.kr/
- 한국놀이치료학회 http://www.playtherapykorea.or.kr
- 한국분석심리학회 http://www.carljung.or.kr/
- 한국정신분석학회 http://www.freud.or.kr/

참고문헌

고인숙, 이숙희(2010). **아동상담.** 동문사.

김은정, 정연옥(2006). **놀이치료 사례집.** 학지사.

김진숙, 김창대, 이지연 역(2007). N. Gregory Hamilton 지음. **대상관계이론과 실제.** 학지사.

박경애(2013). **아동 및 청소년을 위한 인지행동치료 상담사례: REBT를 중심으로.** 학지사.

박신(2005). 꿈의 해석. 한국분석심리학회 동계학술대회 자료집. 한국분석심리학회.

신숙재, 이영미, 한정원(2000). **아동중심놀이치료: 아동상담.** 동서문화원.

심우엽(2006). **교육심리학.** 교육과학사.

양옥경, 김정진, 서미경, 김미옥, 김소희(2011). **사회복지 실천론 개정4판.** 나남.

유미숙, 이영미, 장미경 공역(1999). **놀이치료: 아동중심적 접근.** 상조사.

윤순임(2001). 정신분석에서의 자기. 상담 및 심리치료에서의 자기의 문제. 가톨릭대학교 심리상담대학원 심포지엄.

윤순임 외(2011). **현대상담 · 심리치료의 이론과 실제.** 중앙적성출판사.

이보섭(2005). 집단적 무의식으로서의 아니마, 아니무스. 한국분석심리학회 춘계학술대회 자료집. 한국분석심리학회.

이부영(2011). **분석심리학: C.G. 융의 인간심성론.** 일조각.

지그문트 프로이트(2004). 김인순 역. **꿈의 해석(프로이트 전집4).** 열린책들.

한국놀이치료학회. 제35차 학술발표 및 사례발표회 홍종관(대구교육대학교) 아동중심놀이치료를 위한 심리학적 기초.

Allan, J. A. B., & Lawton-Speert, S.(1993). Play psychotherapy of a profoundly incest abused boy: A Jungian approach. *International Journal of Play Therapy, 2*(1), 33-48.

American Psychiatric Association(1994). **정신장애의 진단 및 통계편람 제4판.** 이근후 외(역). 하나의학사.

Anold, L. E., & Jensen P.(1995). *Attention Deficit Disorders, Comprehensive textbook of psychiatry*(6th ed.). by Kaplan, H. I., Sadock, B. J., Baltimore, Williams & Wilkins, 2295-2310.

Arkowitz, R.(1997). Integrative theory of therapies. In J. S. Rutan(Ed.), *Psychotherapy for the 1990s*(pp. 19-34). NY: Guilford Press.

Arnold, L. E.(1978). *Helping parents help their children*. N.Y: Brunner/Mazel.

Avedon, E. M., & Sutton-Smith, B.(1971). *The study of games*. NY: Wiley.

Axline, V.(1947). *Play therapy: The inner dynamics of childhood.* Boston: Houghton Miffin.

Bateman, A., & Holmes, J.(1995). *Introduction to Psychoanalysis: Contemporary Theory & Practice.* London: Routledge.

Beck, J. S.(2011). *Cognitive Behavior Therapy(2nd)*. The Gilford Press.

Beck, A. T., Rush, J., Shaw, B., & Emery, G.(1979). *Cognitive Therapy of Depression*. New York: Gilford Press.

Bedrosian, R., & Beck, A. T.(1980). Principles of cognitive therapy. In M. J. Mahoney(Ed.), *Psychotherapy process: Current issues and future directions* (p.128). New York: Plenum.

Beiser, H. R.(1979). Formal games in diagnosis and therapy. *Journal of Child Psychiatry, 18*, 480-490.

Biederman J., Newcorn J., & Sprich, S.(1991). Comorbidity of ADHD with Conduct, Depressive, Anxiety, and Other Disorders. *Am J Psychiatry, 148*(5), 564-578.

Bird, H. R., Canino, G., Rubio-Stipec, et al.(1988). Estimates of the Prevalence of Childhood Maladjustment in a Community Survey in Puerto Rico. *Arch Gen Psychiatry, 45*, 1120-1126.

Breen, D. T., & Daigneault, S. D.(1998). The use of Play Therapy with Adolescents in High School. *International Journal of Play Therapy, 7*(1), 25-48.

Burns, D. D.(1989). *The Feeling Good Handbook: Using the New Mood Therapy in Everyday Life*. New York: W. Morrow.

Cashdan, S.(1988). *Object relations therapy: Using the relationship*. New York: W. W. Norton & Company.

Clark, D. A., & Beck, A. T.(1991). Personality-factors in dysphoria: A psychometric refinement of Beck's Sociotropy-Autonomy Scale. *Journal of Psychopathology and Behavioral Assessment, 13*(4), 369-388.

Cockle, S. M., & Allan, A. B.(1996). Nigredo and Albedo: From Darkness to Light in the Play Therapy of A Sexually Abused Girl. *International Journal of Play Therapy, 5*(1), 31-44.

Comings, D. E.(1994). Genetic factors in substance abuse on studies of Tourette syndrome and ADHD probands and relatives. *Drug Alcohol Depend, 35*(1), 1-16.

Corsini, R., & Wedding, D.(1995). *Current psychotherapies*(5th ed.). Itasca, IL: F. E. Peacock.

Corey, G.(1996). 조현춘, 조현재 공역. **심리상담과 치료의 이론과 실제.** 시그마프레스.

Dobson, K. S., & Block, J.(1988). Historical and philosophical bases of the cognitive-behavioral therapies. In Dobson, K. S.(Ed.), *Handbook of Cognitive-Behavioral Therapies*. New York: The Guilford Press.

Ellis, A.(1974). *Techniques of disputing irrational beliefs*. New York. Institute for Rational-Emotive Therapy.

Ellis, A.(1979). The issue of force and energy in behavioral change. *Journal of*

Comtemporary Psychothrapy. 10(2), 83-97.

Fairbain, W. R. D.(1952). *An object-relations theory of the personality*. New York: Basic Books.

Fall, M.(1994). Self-efficacy: An additional dimension in play therapy. *International Journal of Play Therapy, 3*(2), 21-32.

Frankel, J. B.(1998). The play's of therapy are seen most clearly in child therapy. *Psychoanalytic Dialogues, 8*(1), 148-182

Freud, S.(1953). The relation of the poet to daydreaming. In Collected papers. London: Hogarth Press.

Gabbard, G. O.(1995). Theories of personality and psychopathology. Psychoanalysis. In H. I. Kaplan & B. J. Sadock(Eds.), *Comprehensive textbook of psychiaty 6th*, 1, 451-452. Baltimore: Williams Wilkins.

Garfield, S. L., & Kurtz, R.(1977). A study of eclectic views. *Journal of Consulting and Clinical Psychology, 45*, 78-83.

Gelso, C. J., & Carter, J. A.(1994). Components of psychotherapy relationship: Their interactions and unfolding during treatment. *Journal of Counseling Psychology, 41*, 296-306.

Goldfried, M. R., & Newman, C.(1986). Psychotherapy integration: An historical perspective. In J. C. Norcross(Ed.), *Handbook of eclectic psychotherapy*(pp. 25-61). New York: Brunner/Mazel.

Goldfried, M. R., & Safran, J. D.(1986). Future directions in psychotherapy integration. In J. C. Norcross(Ed.), *Handbook of eclectic psychotherapy* (pp. 2463-483). New York: Brunner/Mazel.

Goodman, R., & Stevenson, J.(1989). A twin study of hyperactivity. *Journal of Child Psychology Psychiatry 30*, 691-709.

Goyette, G. H., Conners, C. K., & Ulrich, R. F.(1978). Normative data on Revised Conners Parent and Teacher Rating Scales. *Journal of Abnormal Child*

Psychology, 6, 221–236.

Gross, R.(2015). *Psychology: The Science of Mind and Behaviour*(7th Ed.). Hodder Education, 796.

Guerney, B.(1983). *Client-Centered Play Therapy: Handbook of Play Therapy.* 27–28.

Joyce, A. S., Duncan, S. C., & Piper, W. E.(1995). Task analysis of working responses to dynamic interpretation in short–term individual psychotherapy. *Psychotherapy Research, 5*, 49–62.

Kaduson, H. G.(1997). Play Therapy for Children with attention–deficit hyperactivity disorder. In H. G. Kaduson, D. Cangelosi, C. E., Schaefer(Eds.), *The playing care: Individualized play therapy for specific childhood problems*(pp.197–228). Northvale, NJ: Jason Aronson.

Karasu, T. B.(1986). The specificity versus nonspecificity dilemma: Toward identifying therapeutic change agents. *American Journal of Psychiatry, 143*(3), 687–695.

Kelly, G.(1955). *The psychology of personal constructs*. Vol. I, II. Norton, New York. (2nd printing: 1991, Routledge, London, New York) – p.161

Kendall, P. C.(1993). Cognitive–behavioral therapies with youth: Building theory, Current status, and emerging developments. *Journal of Consulting and Clinical Psychology, 61*(2), 235–247.

Kenny, M. C., & Winick, C. B.(2000). An Integrative Approach to Play Therapy with an Autistic Girl. *International Journal of Play Therapy, 9*(1), 11–34.

Klein, J. W., & Landreth, G.(1993). Play Therapy with Multiple Personality Disorder Clients. *International Journal of Play Therapy, 2*(1), 1–14.

Kot, S., Landreth, G. L., & Giordano, M.(1998). IntensiveChild–Centered Play Therapy with Child Witnesses of Domestic Violence. *International Journal of Play Therapy, 7*(2), 17–36.

Kranz, P. L., Kottman, T., & Lund, N. L.(1998). Play Therapists' Opinions Concerning the Education, Training, and Practice of Play Therapists. *International Journal of Play Therapy, 7*(1), 73.

Landreth, G.(1991). Play therapy: The art of the relationship(1st ed.). Philadelphia: Brunner/Routledge.

Leavitt, K. S., Morrison, J. A., Gardner, S. A., & Gallagher, M. M.(1996). Group Play Therapy for Cumulatively Traumatized Child Survivors of Familial AIDS. *International Journal of Play Therapy, 5*(1), 1–18.

Lieberman, F.(1979). Social work with children. NY: human Science Press.

Mahler, M.(1972). On the first three subspaces of the separation–individuation process. *Journal of Psycho-Analysis, 53*, 333–338.

Meyers, D. G.(2009). *Exploring psychology*(8th ed.). Worth Publishers.

Milich, R., & Loney, J.(1979). The role of hyperactive and aggressive symptomatology in prediciting adolescent outcome among hyperactive children. *Journal of Pediatrics Psychiatry, 4*, 93–112.

Moustakas, C.(1959). *Psychotherapy with children: The living relationship.* New York: Harper & Row.

Murray, J. B.(1987). Psychophysiological Effects of Methylphenidate(Ritalin). *Psychological reports*, 61, 315–336.

Namka, L.(1995). Shame Busting: Incorporating Group Social Skills Training, Shame Release and Play Therapy With A Child Who sas Sexually Abused. *International Journal of Play Therapy, 4*(1), 81–98.

Ogden, T. H.(1994). *Subjects of analysis*. Northvale, NJ: Jason Aronson.

Philip Rieff, P.(1979). *Freud: The mind of the moralist*(3rd ed.). Chicago: University of Chicago Press.

Piper, W. E., Azim, F. A., Joyce, S. A., & McCallum, M.(1991). Transference interpretation, therapeutic alliance and outcome in short–term individual psychotherapy. *Archives of General Psychiatry*, 48, 946–953.

Post, P.(1999). Impact of Child–Centered Play Therapy on the Self–Esteem, Locus of Control, and anxiety, of At–Risk 4th, 5th, and 6th Grade Student. *International Journal of Play Therapy, 8*(2), 1–18.

Rapport, M. D., et al.(1988). "Attention Deficit Disorder and Methylphenidate A Multilevel Analysis of Dos–response effects on Children's Impulsivity Across settings." *Journal of the American Academy of Child Psychiatry, 27*, 60–69.

Ritvo, S.(1978). The psychoanalytic process. *Psychoanalytic Study of the Child, 33*, 295–305.

Rogers, C.(1959). A theory of therapy, personality, and interpersonal relationships, as developed in the client–centered framework. In S. Koch(Ed.), *Psychology: A study of a science*(Vol.3). NY: McGraw–Hill.

Rutter, M., Graham, O., & Yule, W.(1970). *A Neuropsychiatric Study in Childhood. Spastics International Medical Publications*. Heinemann Medical Books. London.

Schaefer, C., & Reid, S.(1986). *Game play*. NY: John Wiley & Sons.

Scharff, D. E., & Scharff, J. S.(1991). *Object relations family therapy*. London: Jason Aronson Inc.

Seligman, M.(1995). The effectiveness of psychotherapy. *American Psychologist, 50*(12), 965–974.

Shapiro, D. E.(1995). Puppet Modeling Technique for Children Undergoing Stressful Medical Procedures: Tips for Clinicians. *International Journal of Play Therapy, 4*(2), 31–39.

Smith, D.(1982). Trends in counseling and psychotherapy. *American Psychologist, 37*, 802–809.

Strauss A. A., & Lehtinen L. E.(1947). *Psychopathology and education of the brain injured child*. New York: Grune & Stratton.

Szatmari, P., Offord, R. D., & Boyle, M. H.(1989): Ontario child health study:

Prevalence of attention deficit disorder with hyperactivity. *Journal of Child Psychiatry, 30*, 219–30.

Thomas, M. B.(1992). *An introduction to marital and family therapy*. New York: Macmillan Publishing Company.

Thompson, C. L., & Rudolph, L. P.(2000). *Counseling children*. Wadsworth.

Thompson, C., & Campbell, R.(1992). Personal intervention preferences for alleviating mild depression. *Journal of Counseling and Development, 71*(1), 69–73.

Webb, N. B.(1991). *Play therapy with children in crisis*. The Guilford Press.

Weiss, G.(1996). *Attention deficit hyperactivity disorder. Child and Adolescent Psychiatry* (2nd ed.). ed by Lewis M. Baltimore, Williams and Wiltkins.

Weissman, M. M., Prusoff, B. A., Gammon, G. D. et al.(1984). Psychopathology in the children of depressed and normal parents. *Journal of American Academy of Child Psychiatry, 23*.

Winnicott, D.W.(1953). Transitional objects and transitional phenomena. *International Journal of Psychoanalysis, 34*, 89–97.

Winnicott, D. W.(1965). *The family and individual develpoment*. London: Tavistock.

Winnicott, D. W.(1971). **놀이와 현실**. 이재훈 (역). 한국심리치료연구소.

Young, M. E., Feller, F., & Witmer, J. M.(1989). Eclecticism: New foundation for recasting the counseling profession. Unpublished manuscript available from Mark young, graduate Programs inCounseling and Therapy, Stetson University, P. O. Box 8365, Deland, FL 32720.

Zook, A., & Walton, J. M.(1989). Theoretical orientations and work settings of clinical and counseling psychologists: A current perspective. *Professional Psychology: Research and Practice, 20*, 23–31.

Zuchelli, P.(1993). Group Play Therapy with Junior High School Student. *International Journal of Play Therapy, 2*(1), 15–31.

Chapter

05

아동상담의 주요 기법

본 장에서는 아동상담의 대표적 기법인 놀이치료, 모래놀이치료, 미술치료에 대해 알아보고자 한다. 다양한 놀이 및 미술치료기법만을 제시하는 것이 아니라 이 기법들이 어떠한 치료과정을 거쳐 치료적 효과를 줄 수 있는지를 상세히 기술하고 있다. 이 기법들은 인간의 시각, 촉각, 감각의 요소를 활용하여 인간의 잠재력을 활성화시켜 문제해결에 접근하고자 하였고, 가장 기본적인 사회적 관계인 부모-자녀관계에 대한 최근의 치료방법도 소개하고 있다. 비구조화된 놀이치료기법에서 구조화된 놀이치료기법까지 소개하여 놀이치료의 전반적인 추세와 흐름을 이해하도록 도움을 주고 있다.

치료사: 여기는 놀이실이란다. 네가 원하는 방법으로 놀이감을 갖고 놀 수 있어.

아동: 치료사를 바라보며 활동을 하지 않는다.

치료사: 여기서 무엇을 해야 할지 생각 중인가 보구나. 여기서는 네가 결정할 수 있어.

아동: (이젤로 가더니) 물감놀이해도 돼요?

치료사: 여기서는 네가 결정할 수 있단다.

아동: 노란색과 빨간색을 섞어서 오렌지색을 만들 수 있을 것 같아요.

치료사: 아, 너는 노란색과 빨간색으로 오렌지색을 만드는 것을 알고 있는 거로구나. 색에 대해서 많은 것을 알고 있는 것처럼 들리는구나.

…

아동: 내가 망쳤어요.

치료사: 그것을 망쳐서 정말로 화가 났구나.

–Play Therapy : theory and Practice 중–

제1절 놀이치료

1. 놀이치료의 기초

1) 아동에 대한 관점

모든 아동은 일상생활에서 즐거움을 발견하고 경험해야 한다. 이런 규칙은 늘 어른들이 유념해야 할 부분이다.

아동이 과제를 완성하도록 재촉받고 성장하도록 내몰릴 때 아동은 즐거움을 박탈당한다. 여유로움, 즐거움, 그리고 참을 줄 아는 힘은 아동 자신의 내적 자원을 발견하는 데 도움이 된다.

정상적으로 성장하는 아동이라면 일상에서 즐거움을 알고, 기쁨으로 가득차 있어야 한다. 이런 경험을 통해 아동은 창의적이고 개방적 사고와 세상의 신비와 호기심, 가치 그리고 사랑을 배울 수 있게 된다. 아동은 늘 현재 여기에서 이런 경험들을 하고 아이들은 끊임없이 성장하고 있다. 그렇게 자유롭게 자발적으로 충분한 능력을 발휘하면서 자란 아동이 건강한 성인으로 성장할 수 있다. 건강한 사람은 자신뿐 아니라 타인도 충분히 사랑할 줄 아는 사람이다

만일 아동이 성장과정 중에 이런 능력에 제한을 받게 된다면, 그래서 아동의 내적 · 외적으로 끊임없는 성장과 변화에 장애를 받게 된다면, 어른은 아동의 건강한 성장을 위해 다각적으로 도움을 주어야 한다.

2) 놀이의 의미

아동의 놀이를 관찰하다 보면 놀이가 지닌 신비한 기제(mechanism)에 새삼 놀라움을 금치 못할 때가 있다. 아동은 놀이를 통하여 자신의 경험과 관련된 내적 · 외적 상태를 표현하고 있다. 솔직하게 직접적으로 때로는 은유적으로 자신을

표현한다. 어른 인형을 공룡들 틈에 던져버리거나 아기 인형을 동굴 속에 가두어 두거나, 배고파 우는 아이를 거들떠 보지도 않거나, 텅빈 집에서 혼자 떨어져 멍하니 있는 모습을 보이거나, 경쟁게임에서 패배를 이기지 못해 분에 겨워 울어대거나, 치료자에게 인정받기 위해 지나친 배려나 눈치보는 행동 등으로 아동은 엄마에 대한 사랑의 갈구를, 동생에 대한 질투를, 성취에 대한 지적 욕구를, 학대에 대한 불안과 두려움을, 부모의 이혼으로 내쳐질 것 같은 자신의 두려움과 혼란과 외로움 등, 아이들은 기쁨이나 슬픔, 불안과 두려움 등을 놀이를 통해 표현한다. 아동의 심리를 최초로 분석한 Freud(1962)는 놀이는 아동만의 문화이고 아동의 심리를 잘 나타낸다고 하였다. 아동이 가장 좋아하고 몰두하는 것이 놀이이며 이를 통해 아동은 자신의 세계를 진실하게 창조해 낸다고 보았다. Reid(1986) 역시 아동은 놀이를 통해 정서적인 갈등을 표현하고 훈습한다고 하였다. 아동중심놀이치료의 대가이자 『딥스』의 저자인 Axline(1947) 역시 놀이를 자연스런 자기표현의 매개체로 보았다. 아동이 성장하면서 경험하였던 불안, 두려움, 공격, 혼란, 좌절의 욕구들을 놀이를 통해 표현하게 되면, 이 과정에서 아동은 아동 내부에 자리잡고 있던 능력이 다시 성장하면서 자신을 새롭게 인식하도록 도와주고 궁극적으로는 아동의 자아실현을 위한 도구가 되는 것이라고 하였다.

3) 놀이의 특징

놀이는 어떤 대가나 보상을 요구하는 일과는 달리 외적인 보상을 요구하지 않는다(Csikszentmihalyi, 1976). Schaefer(1983)는 놀이의 특징을 다음과 같이 세분화하고 있다.

- 놀이는 외적 동기보다는 내적 동기에 의해 나타난다.
- 놀이를 하는 아동은 놀이활동의 결과보다는 놀이활동 그 자체에 관심이 있다.

4) 아동의 문제형성

아동의 문제형성은 아동의 타고난 성질(기질), 충분히 좋은 환경의 제공이 중단된 시기, 전반적 발달수준(인지, 정서, 사회, 신체)등에 따라 문제의 유형이나 정도가 달라질 수 있다.

2. 놀이치료의 정의

아동은 성인과 달리 자신의 생각과 감정에 대한 자각을 언어화하기 쉽지 않다. 아동의 놀이는 아동의 생각이고 감정이자 언어이다. 치료자는 아동과 놀이 상호작용을 통해 아동의 행동, 사고, 감정의 메시지를 이해하고 의사소통하게 되는데, 이 과정에서 아동의 기쁨, 슬픔, 고통, 외로움, 소망 등을 나누게 된다. 이것이 놀이치료이다.

국제놀이치료학회(1997)에서는 '놀이치료는 내담자들의 심리사회적 어려움을 방지 혹은 해결하고 최적의 성장과 발달을 돕기 위해, 훈련된 치료자가 심리적인 문제를 가진 내담아동을 돕기 위해 체계적으로 놀이의 치료적 힘을 적용시키는 대인관계 과정이며, 이 과정에서 체계적으로 이론적 모델을 사용하는 것이다'라고 하였다.

치료적 관계라는 대인관계 맥락 안에서 놀이라는 매개체를 통해 아동의 어려움을 표현하고 감정을 발산시킴으로써 직면, 조절을 통해 자신의 문제를 해결해 가는 과정이다.

3. 놀이치료의 목적

Amster(1943)는 구체적으로 놀이치료 목적에 대해 다음과 같이 정리하고 있다.

- 아동이 보이는 문제와 갈등에 대한 이해와 평가를 내리는 데 도움을 주며

- 아동과 치료자와의 치료적 관계형성을 맺도록 하며
- 아동이 방어를 극복하고 불안을 다루기 위한 매개체를 제공하고
- 아동의 감정을 언어로 표현하도록 이끌어 주며
- 아동이 무의식적인 감정과 수반되는 긴장, 불안을 놀이감을 통해 표현하여 완화하도록 도와주며
- 궁극적으로는 아동이 치료실 밖의 상황에서도 잘 적응할 수 있도록 한다.

이와 더불어 아동이 실제적으로 관계맺고 있는 환경적인 부분도 개선하는 것이 놀이치료의 목표가 될 수 있다. 아동은 환경과 끊임없이 상호작용하고 있기 때문에 놀이치료로 아동의 적응력이 변화하면서 가족이라는 환경과 유치원, 학교, 학원 등 다른 사회적 주변 환경과의 협조를 요청하고 변화시키는 것도 중요한 치료목표가 된다. 부모상담에 관해서는 다른 장에서 논하도록 하겠다.

4. 놀이의 치료적 힘

놀이치료에서 치료란 아동이 단순히 노는 것으로 치료되는 것은 아니다. 놀고 나서 즐겁고 개운한 감정으로 정화된 느낌을 가질 수 있지만, 치료라는 것은 단순한 정화의 느낌뿐 아니라 아동의 증상이나 문제가 해결되어야 하는 것이다. 그런데 치료자와의 상호적인 대인관계를 통해 놀이를 경험하는 아동은 슬프고 외로운 감정이 감소되고, 충동적 행동이 조절되고, 교정적 정서경험을 하게 되는데, 이는 치료자가 놀이의 치료적 힘을 활용하고 적절한 개입을 적용하기 때문이다.

Schaefer(1983)는 놀이의 치료적 요인(therapeutic factors)에 대해 다음과 같이 언급하면서 치료적 요인이란 내담자에게 유익한 영향을 미치는 것이라고 하였다.

표 5-1 놀이의 치료적 요인

치료적 요인들	유익한 결과
저항의 극복	작업동맹을 맺음
의사소통	이해
숙달	자아존중감
창조적 사고	문제해결
정화	정서적 이완
소산	외상 적응
역할놀이	새로운 행동 습득, 공감
공상, 시각화	공상적 보상
은유적 가르침	통찰력
애착형성	애착
관계 증진	자아실현, 자아존중, 친밀감
긍정적 정서	자아활성화
발달상 두려움 극복	성장, 발달
게임놀이	자아강화, 사회화

5. 놀이치료의 발전배경

정신분석의 대가인 Sigmund Freud(1909)가 한스라는 아동의 아버지를 통해 한스의 문제행동을 정신분석적 입장에서 간접적으로 치료한 것이 아동심리치료의 기원이 된다. 이는 부모놀이치료 즉 Filial therapy의 토대가 되기도 한다. 1919년 Hug-Hellmuth는 놀이가 아동분석의 필수적이라고 여기고 놀이감을 최초로 치료에 적용하였다. 놀이치료의 봇물을 튼 장본인이라 할 수 있다. 정신분석 놀이치료에서는 아동치료에 놀이를 도입하기 시작하였는데, 그 대표적인 학자가 Anna Freud(1928)와 Melanie Klein(1932)이다. A. Freud는 놀이를 치료동맹 형성을 위한 매개체로, 즉 아동을 치료에 끌어들이는 방법으로 놀이를 활용하였고

M. Klein은 놀이의 역할을 강조하여 놀이를 보다 적극적으로 아동치료에 적용하였다. A. Freud는 아동과 치료자와의 강하고 적극적인 관계형성을 돕기 위해 놀이를 활용한 것이다. 반면 Klein은 언어화를 위한 직접적인 매체로 놀이를 활용하였다. 그녀는 놀이를 아동의 자연스런 표현매체로 여기고 6세 이하의 아동을 분석하는 수단으로 놀이를 사용하였다. 그녀는 놀이감을 성인의 자유연상과 동일하다고 보고 놀이를 무의식에 접근하는 매개체로 인식하였다. 모든 놀이활동에 상징적 의미가 있다고 보고 '놀이분석'을 하였다. 1930년대와 1950년대 사이에는 아동 치료이론들과 기법들이 급성장한 시기이다. 기존의 전통적 정신분석적 놀이치료와 그에 적합하지 않은 아동들을 치료하기 위해 기존 모델들이 수정되거나 새로운 모델들이 개발되었다.

Otto Rank(1936)는 출생외상의 스트레스가 개별화의 두려움을 갖게 한다고 하였고, Solomon(1938)은 적극적인 놀이치료, Levy(1938)는 특정 트라우마 치료를 위해 이완치료, Bixler(1949)는 제한된 치료라고 하였다. Rogers(1951)의 내담자중심치료이론의 영향을 받아 Axline(1947)은 아동중심놀이치료를 창시하였다. 그의 책 『딥스』를 통해 아동중심놀이치료의 사례를 발표하였고 이는 아동상담자의 기본서가 될 만큼 놀이치료의 원리와 방법을 구체적으로 알려주고 있다. Landreth(1991)는 현재 아동중심놀이치료를 전 세계에 전파하고 있다.

그 외에 부모-자녀 간의 관계를 강화시키기 위해 놀이 회기를 구성한 Bernard Guerney(1964)의 Filial Therapy(부모놀이치료), Brody(1978)는 신체적인 접촉의 사용과 다소 구조화된 세션을 강조한 발달놀이치료, Jernberg(1979)는 발달지향의 간결한 놀이치료 즉, 치료놀이, Knell의 인지행동놀이치료, 게슈탈트놀이치료, Kottman의 아들러 놀이치료, 통합놀이치료 등이 있다.

1982년 Schaefer와 O'Conner는 미국에서 놀이치료의 이론과 실제를 체계적으로 정립하여 미국놀이치료학회(Association for Play Therapy)를 설립하였고 매년 다양한 놀이치료사를 위한 교육과 세미나, 워크숍, 회의 등을 개최하고 있다.

우리나라의 경우, 놀이치료를 처음 소개한 사람은 숙명여자대학교 아동복지학과 창설자 주정일 교수이다. 그는 교수직을 물러나면서 정서적, 발달적으로 어려움을 갖고 있는 아동들에게 도움을 주고자 놀이치료를 시작하였다. 1987년 서울 흑석동에서 유치원 안의 작은 방에 놀이치료실을 꾸미고 제자들과 함께 놀이치료를 시작한 것을 계기로 원광아동상담소를 개소하게 된 것이 우리나라의 놀이치료의 시작이다. 1992년 놀이치료사들과 정신과 의사가 주축이 되어 놀이치료연구회를 만들었고, 1997년 한국놀이치료학회가 창립되었다. 학회에서는 정기적으로 국내 및 국제 학술대회, 사례연구회를 통해 놀이치료사들을 양성하고 회원들의 질적인 향상을 도모하고 있다(신숙재, 이영미, 한정원, 2002).

현재 우리나라에는 아동 · 청소년상담소, 사회복지관, 소아정신과 병원 등에서 놀이치료가 실시되고 있다.

6. 놀이치료이론

1) 정신분석 놀이치료

1909년 Freud가 한스라는 아동을 치료하면서 아동심리치료의 물꼬를 트게 된다. 그 후 Hug-Hellmuth(1921)도 아동분석에서 놀이가 필수적이라고 보았고, Freud와 Klein이 놀이치료를 더 발전시켜 나가게 된다.

정신분석 놀이치료에서는 아동을 지시하거나 교육하도록 하지 않으면서 놀이를 아동과의 관계수단으로서 활용하며, 관찰과 근거의 출처이며, 해석을 위한 통찰도구의 기능으로 보고 있다.

치료자는 참여적 관찰자의 역할을 한다(Esman, 1983). 놀이를 통해 아동과 관계를 맺고, 아동 놀이를 관찰하고 아동의 소망, 환상, 갈등을 편안하게 표현하도록 돕는다. 이 과정에서 놀이에 대한 해석을 제공함으로써 의사소통과 놀이의 이해와 자신에 대한 이해를 증진시키도록 한다. 아동은 자신의 감정과 갈등에 대한 통찰을 얻게 되고 아동은 이를 언어화하게 된다.

아동의 깊고 본질적인 측면을 변화시키고, 아동의 삶의 상처를 다루고 내적 갈등으로 인해 발달이 정지, 고착된 부분에서 건강한 발달을 하도록 변화시키는 부분에 초점을 맞춘다(O'Connor & Schaefer, 1983).

2) 아동중심 놀이치료

아동중심 놀이치료는 놀이치료 회기를 최적의 환경으로 만들어 아동의 적응행동을 높이는 것이다. 이는 아동이 유해한 환경으로부터 경험하는 갈등을 감소시켜서 아동이 자아실현을 하도록 돕는 것이다. 아동의 자아실현을 돕기 위해서는 아동은 최적의 성장과 발달을 하여야 하고 이를 위해 의사소통의 매개체인 놀이는 아동의 감정, 생각, 경험, 행동을 충분히 표현 · 탐색에 도움을 주고 안전한 관계의 발달을 촉진하게 된다.

3) 인지행동 놀이치료

인지행동이론을 근거로 하여 Susan Knell(1993)의 인지행동놀이치료(Cognitive behavior paly therapy) 모델이 각광을 받고 있다. 행동의 인지적 중재에 기초하여 아동발달에 맞게 재구성하였다.

치료의 목표는 아동이 발달적으로 부적절한 행동을 형성 · 유지 · 강화시키는 인지유형을 발견하여 인지적, 언어적 매개전략으로 촉진시키며 부적절한 대인관계 도식도 탐색 · 교정하는 것이다.

Knell(1998)에 의하면 인지행동놀이치료가 발달에 민감한 만 2세에서 6세 사이의 아동들에게 가장 적합하며, 조절문제, 학대아동, 우울, 불안한 아동들에게 효과적이라고 한다.

놀이치료자는 아동을 관찰하고 적절한 보상을 주는데, 특히 언어적 진술은 아동의 행동의 일반화를 촉진시킨다. 그런 의미에서 놀이는 아동 행동 변화의 강화물이 된다. 또한 치료자와의 긍정적 관계를 높이는 수단이 된다.

4) 발달놀이치료

초기 양육자와 아동 간의 애착이라는 상호작용(양육 접촉)이 아동의 정신건강의 필수라고 보고 아동의 최적의 각성 수준을 유지하도록 도와주어 아동의 발달을 증진시킨다. 아동이 세상에서 최적으로 활동하기 위해 필요한 인간관계를 방해하는 행동을 극복하도록 도와주는 것이며, 접촉(touch)을 통해 타인과의 의사소통을 하게 되고 신체 자각과 더불어 내적 자기를 만들어 내는 것이다.

5) 융학파 놀이치료

아동이 자신의 독특한 개성을 발달시키고 주변 환경 즉 가족, 학교 등의 건강한 요구들을 수용하고 적응하면서 상실, 외상을 극복하거나 타협하도록 돕는 것이다. 개별화 과정의 활성화를 통해 자신과 외부세계와의 관계 속에서 적절하게 적응하도록 돕는 것이다.

6) 아들러학파 놀이치료

아동은 주관적 관점에서 인생을 경험하고 독특하고 창조적이며 행동은 목표지향적이다. 그러므로 부적응 행동도 목적이 있는 것이다.

아동의 생활양식을 탐색하여 놀이라는 안전한 매체를 통해 대안적 행동을 배우고 연습함으로써 아이들의 잘못된 행동을 변화시킨다. 이는 잘못된 신념과 열등감을 긍정적으로 구성하도록 돕는 것이다.

목표는 생활양식을 깨닫고(잘못된 신념, 자기패배적 목표와 행동 통찰) 긍정적 행동목표로 바꾸면서 사회적 관심을 증가시키고, 소속감 욕구를 채우고 열등감을 극복, 창조성을 극대화하는 것이다.

7) 생태학적 놀이치료

생태계 속에 속해 있는 개인인 아동의 기능을 침해하고 있는 생태학적 요소 즉, 생물학적 요인과 아동이 속해 있는 체제의 구조와 기능, 자신의 욕구 충족을 방해하는 부분들에 대한 재검토, 환경과 아동 간의 조화 유지 및 요구를 충족시키는 전략을 개발하는 것이다. 그리하여 아동의 현재, 미래에서 발달과 기능을 최대화하고 그들 삶을 최대한 즐기도록 하는 것이다.

8) 대상관계/주제놀이치료

대상관계이론과 아동의 놀이주제에 관한 연구들이 통합된 이론이다. 즉 Mahler의 정서적 대상항상성의 발달단계와 초기 관계 발달에 있어서의 애착 연구를 통합시켰다. 자기와 타인 간의 유의미한 관계에서 형성된 내적 작동 모델은 대인관계를 이끄는 대상관계를 발달시키는 역할을 한다. 일생 초기에 맺는 관계의 맥락에서 처음으로 발달되는 대상관계의 손상을 보이는 아동을 대상항상성에서 건강한 발달을 돕고 긍정적인 내적 작동모델로 변화되도록 도와준다.

9) 부모놀이치료(Filial therapy)

12세 이하의 자녀를 둔 부모들이 치료자의 지도감독하에 자녀들에게 놀이치료를 직접 실시함으로써 효과적인 치료자의 역할을 배우게 되어 긍정적인 부모-자녀관계를 증진시킨다.

7. 놀이치료 구성요건

1) 놀이치료 대상

아동의 건강하고 균형 있는 발달을 도모하고자 영유아기, 아동기, 청소년기는 물론 성인기에도 놀이치료가 가능하다. 영유아기에는 전반적인 발달, 즉 신체적 발육(걷기, 말하기, 식습관, 대소변 훈련 등)과 인지적 기능 수준, 관계 맺기(낯가림, 가족 및 가족 이외의 또래, 친척, 교사 등과의 관계), 정서적(감정 표현) 기능 수준, 부모의 양육태도 등을 점검할 수 있다. 특히 놀이평가, 행동평가를 할 수 있고 발달수준에 맞는 교육이 가능하다. 아동기에는 행동습관(손톱 깨물기, 눈깜박이기, 산만, 부주의, 충동성, 공격성, 강박행동, 위축 등), 언어습관(말더듬기, 문장 흐리기, 발음 부정확, 단어 건너뛰기 등), 정서(낯가리기, 표현 못하기, 불안, 우울, 또래와의 마찰 등), 부모-자녀관계 어려움을 들 수 있다. 청소년기에는 학습부적응, 공격성, 반항, 산만, 부주의, 충동성, 위축, 또래관계의 어려움, 부모-자녀관계문제 등이 나타난다.

2) 놀이치료사

초기 아동기 동안 중요했던 대상(object)과의 상호작용에 의해 어려운 점들이 최소화되거나 극대화될 수 있다. 아동기에 가장 중요했던 대상에 대한 감정양식은 인생과정에서 다른 개인에게 전이된다. 놀이치료자는 아동의 중요한 대상으로 재구성하여 아동의 대상에 대한 새로운 틀을 구성하도록 도움을 주어야 한다. 이 과정에서 충분히 좋은 치료자(good enough therapist)는 진정성, 공감적 이해, 충분한 수용, 경청을 제공하여야 한다.

3) 놀이치료실과 놀이도구

아동과 정기적으로 만날 놀이치료실은 아동만의 특별한 놀이감 방으로 꾸며진다. 최소 놀이치료실의 크기는 약 3×3m이며, 5×5m보다 크지 않는 것이 바람직하다(O'connor, 1997). 안전하고 조용하며 청결하며 비교적 청소가 용이하며, 화장실과 싱크대가 구비되어 있으면 좋다. 지저분한 활동들을 하면서도 걱정이 없고, 모래상자, 물놀이, 그림그리기, 뛰어놀기 등 신체적 활동을 적극적으로 하되 안전성이 보장되어야 한다. 또한 조용하게 이완할 수 있는 활동도 가능하도록 하여야 한다.

놀이실 안이나 바로 옆에 화장실을 구비하는 것은 아동이 치료 회기를 피하기 위해 밖으로 나가는 것을 예방할 수 있다. 놀이실에 창문이 있다면 아동의 손이 닿지 않아야 하고 안전에 대비해서 안전유리와 창살이 있는 것이 좋다.

놀이도구는 아동의 발달단계에 맞게 구비할 뿐만 아니라, 다양한 상황, 기법, 환경에 맞도록 해야 한다.

놀이감과 놀이도구는 치료자의 다양한 이론적 배경에 따라 달라질 수 있으나, 양육과 관계된 놀이감, 창의적이고 가상활동이 가능한 놀이감, 공격성이 표출될 수 있는 놀이감, 이완할 수 있는 놀이감, 자신의 문제 증상과 관련된 놀이감 등이 구비되어야 한다.

- **놀이감 종류**

① 양육 놀이감 : 젖병, 아기 담요, 베이비로션/파우더, 동물과 사람 인형, 감각운동기 놀이감(소리나는 놀이감(딸랑이, 악기, 녹음기 등), 공, 블록 등)

② 가상 놀이감 : 영웅, 의사 등 각종 직업이나 영웅적인 캐릭터, 가족 역할을 위한 의상이나 피규어, 생활도구 및 가전제품 축소물 등 소꿉놀이감, 장난감 전화, 계산기, 다양한 환경(유치원, 병원, 마켓, 집, 학교, 유치원 등)

③ 공격 놀이감 : 군인, 무기, 군용차, 전투기, 펀치백, 스티로폼 칼이나 총, 풍선, 야수, 동물, 괴물 인형 등

④ 창의적 및 이완 놀이감 : 찰흙, play-doh, 글라스 데코, 모래, 물감, 미술도구, 이젤, 물 등

⑤ 그 외의 자동차류, 보드게임류 등

8. 놀이치료과정

① 접수상담

아동의 문제 파악과 발달력, 가족환경, 또래 및 사회적 환경의 정보를 탐색한다.

② 평가

아동의 인지, 정서, 행동, 사회성, 성격, 부모-자녀관계 및 부모 양육태도 등에 관한 전반적 발달검사를 실시한다.

③ 치료계획

아동의 주 증상을 중심으로 어떠한 이론적 배경으로 기법을 적용할지 치료목표와 치료계획을 세우도록 한다.

④ 놀이치료과정

O'connor(1997)는 Jernberg(1979)의 놀이치료과정을 변형하여 다음과 같이 나누었다.

초기 과정을 도입과 탐색의 단계로 보고 아동이 낯선 환경과 낯선 사람에게서 편안함을 느낄 수 있도록 치료자는 안전하고 보호적인 관계를 맺도록 한다. 아동과의 친밀하고 지지적인 관계는 아동의 긴장과 방어를 푸는 데 도움을 준다. 치료자는 변함 없는 관심을 아동에게 보이고 적극적으로 아동을 수용, 존중, 이해를 바탕으로 하는 관계맺기의 욕구를 보여주어야 한다.

두 번째 단계는 잠정적 수용 단계인데, 치료자가 아동을 전적으로 수용하겠다는 욕구를 보여주면 아동은 치료자를 수용하는 것 같이 보이지만 아동은 낯선 사람을 자신이 지금까지 해왔던 방식으로 대할 것이고 그것이 수정될 수 있는지 시험하는 단계로 들어가게 된다. 어느 순간은 치료자를 친밀한 사람처럼 대하다가도 거리를 두기도 하는 등 양가적인 특성을 보일 것이다. 아동은 진정으로 치료자가 판단하거나 비판하지 않을 것임을 알아야 하고 치료자는 반영적 기술로 알려주어야 한다. 치료자가 어떤 역할을 하고 있는 사람이라는 것을 알아야 아동은 시험 단계에서 진정한 자신의 모습을 드러내게 된다.

세 번째 단계인 부정적 반응 단계에는 아동의 과거 경험들에서 충족되지 못한 욕구들을 표출하는 단계인데, 아동의 공격성이 표출되기도 하고 퇴행적 행동이 표출되기도 한다. 아동의 애착욕구, 독립과 의존문제, 개별화 문제, 외디푸스 콤플렉스의 어려움 등을 나타내기도 한다. 이때 치료자의 진정성은 아동의 문제를 해결하는 데 필수 요소이다.

마지막 단계인 성장, 신뢰, 훈습-아동이 부적정 반응 단계를 거치면 치료의 가장 긴 단계인 성장, 신뢰, 훈습의 단계로 들어가게 된다. 지금까지 양육자와의 관계에서 손상된 경험을 보충하려는 시도이다. 치료의 교정적 사건들 즉, 재부모화(reparenting)인데, 아동 초기에 충족되지 못한 욕구들을 다루면서 이 작업이 시작된다. 아동은 과거 외상적 경험들을 통합하고 다시 경험함으로써 훈습을 거치게 된다. 현재 기능을 높이기 위해 과거의 부정적인 면, 긍정적인 면들을 현재로 통합해야 한다. 과거 경험의 훈습은 해석과 문제해결이라는 기법을 사용하여 다룰 수 있다.

성장과 신뢰는 현재에 강조를 두고 치료자와 아동 간의 상호작용을 통해 '지금-여기'에서 적절하게 다룰 수 있다.

9. 놀이치료의 치료적 방법

① 치료적 관계 형성

긍정적 치료관계의 발달은 심리치료에 있어서 효과적인 치료결과를 낳게 되는 가장 중요한 요소이다. 정신분석, 아동중심, 인지행동놀이치료는 이러한 치료적 관계 형성을 중요시하였다. 이것은 아동과의 접촉을 형성하게 하고 치료 안으로 아동을 자연스럽게 개입하도록 도와줄 수 있다. 효과적인 치료란 아동과 치료자 간의 신뢰감이 형성되어야 한다.

② 의사소통으로서의 놀이

놀이는 치료 양식일 뿐 아니라 아동과 치료자 간의 의사소통의 수단이 된다. 치료자는 아동의 놀이를 통하여 아동의 사고, 감정 등 그들의 세계를 이해할 수 있게 된다.

③ 안전한 장소로서의 치료

놀이치료는 아동에게 안전감을 제공해 주어야만 한다. 치료가 문제를 다루는 데 있어서 안전한 장소와 방법을 제공해 준다는 것을 아동이 체험하고 아는 것은 중요하다.

10. 부모상담

부모와의 관계형성은 아동 치료를 동기화시키고, 협력을 구하는 중요한 열쇠가 된다. 치료자는 가능한 부모와 협력할 수 있는 방법을 찾아 치료자와 부모와의 관계를 유지하고 향상시키도록 해야 한다. 부모는 놀이치료 과정에서 중요한 조력자가 된다. 치료자는 부모의 감정을 반영하고 신뢰와 라포를 형성하는 것이 무엇보다도 중요한 기술임을 인식해야 한다.

치료자와 부모는 아동의 심리적 건강과 안녕에 대한 관심을 공유하고 놀이치료를 통해 아동의 건강한 향상에 서로 참여해야 한다. 이런 동맹관계는 서로를 신뢰해야 가능하다. 치료의 효과를 극대화하기 위해서는 치료자는 아동에 대해 보다 더 잘 이해하여야 하므로 부모에게 아동에 관한 정보를 상세히 듣는 것이 효과적이다. 치료자는 치료자 개인이 갖고 있는 자신의 전문적인 기술, 경험, 직관을 사용해야 한다. 부모를 통해 아동의 과거 양육사 및 발달사, 현재 아동의 주변관계 및 생활 전반을 탐색함으로써 아동의 문제 원인을 파악해야 한다.

이것은 아동의 문제행동을 감소시키고 아동의 잠재능력을 개발하기 위한 중요한 정보이다. 또한 부모 자신이 아동을 양육하는 방식이나 관계를 변화시키려는 의지나 능력을 향상시키고, 부모-자녀관계를 개선하는 데 도움을 주어야 한다. 나아가 부모 자신들의 심리적 건강을 위해서, 긍정적인 부모-자녀 간의 상호작용 욕구를 충족시키기 위해서도 필요하다. 주 양육자가 양부모이거나 조부모 혹은 다른 친척인 경우도 있기에 부모와 함께 하는 작업의 구성은 다양할 수 있음을 고려해야 한다.

부모상담 내용은 아동의 문제행동, 기본생활, 양육사, 교육사 탐색뿐 아니라, 놀이치료과정 설명과 이해, 아동지도 방법, 부모-자녀관계의 개선, 부모-자녀와의 조율, 대화기술 등이 포함된다.

•부모와 함께 하는 치료과정의 우선적 목표

① 부모가 아동을 지지하게 해줌으로써 부모-아동의 관계를 향상시킨다.

부모가 아동의 변화를 격려, 지지해 줌으로써 아동과 부모의 관계를 향상시키는 것이다.

② 부모-아동 관계에서 역기능적인 측면을 다룬다.

아동이 부모와 함께 생활하고 있다면, 부모-자녀관계에서 역기능적인 측면을 다루는 데에 초점을 맞추어야 한다. 물론 부모-자녀관계의 친밀감 형성을 돕는 것이 궁극적인 목표이지만, 우선적으로 해야 할 측면은 아동이 문제행동을 일으킴으로써 나타나는 부모-자녀 간의 부정적 측면을 다루어 주어야 한다.

③ 부모와 함께 생활하지 않는 경우 현재 아동을 돌보고 있는 주 양육자와 아동 간의 건강한 애착 형성을 촉진한다.

아동이 어떠한 이유로 인하여 현재 부모와 생활하고 있지 않다면, 현재 아동을 돌보고 있는 양육자와의 관계개선에 초점을 두는 것이 우선순위이다. 이러한 경우에 현 양육자가 조부모, 양부모, 그 외의 친적인지에 상관 없이 그 양육자와 건강하고 강한 애착이 형성되도록 촉진하는 데에 초점을 맞추어야 한다.

부모상담은 '고자질'이나 부정적 방법으로 자녀에 대해 보고하여 아동을 처벌하는 시간으로 간주되어서는 안 되고, 한 주간의 주요 사건에 대해 함께 나누도록 격려해야 한다. 부모를 지지하고 수용하고 경청하는 것이 매우 중요하다. 치료자는 아동이 내담자라는 것을 기억해야만 하고, 내담아동의 비밀보장에 대해서도 유의해야 한다. 어떤 부모들은 자녀의 양육문제뿐만 아니라 부모의 성격 특성, 우울 등의 문제로 개인을 위한 개인상담 약속이나 부부치료 시간을 따로 마련해야 하고 필요하다면 성인상담 전문가에게 의뢰해야 한다.

11. 치료적 태도와 반응

치료자의 반응에는 직접적 표현방법인 언어반응과 무언의 의사소통의 방법인 비언어반응이 있다.

1) 언어반응

놀이치료에서 언어반응은 우선적인 의사소통의 매개체이다. 특히, 아동의 감정채널에 잘 맞추어진 언어반응은 '오우!(어떻게 알았지? 맞아, 내 말이 그 말이야)'의 감탄사를 자아낼 만큼 아동에게 감동을 준다. 이는 곧 아동의 마음을 정화시키고 치료자에 대한 아동의 믿음을 확고하게 해 준다. 그러므로 적절한 언어 선택과 효과적인 반응 전달은 아동의 감정상태, 언어능력, 연령 등을 고려해야 한다.

- **반영** : 아동이 제시한 사건을 구체적으로 묘사하기 위해 사용하는 반영의 목적은 아동이 정서언어를 적절하게 사용하도록 도와주고 용어의 사용

을 확장시키는 것이다. 또한 자신의 정서의 느낌의 중요성을 알려주는 것이다. 자신의 감정을 환기시킴으로써 정서를 표현하고 강화한다. 또한 치료자가 아동의 정서를 지각하고 있다는 것을 확인시켜 주는 기회를 만들어 준다.

- **직면 :** 아동으로 하여금 방어가 사용되고 있다는 것을 인식하도록 하기 위해서 현재 및 과거의 사건들을 알려주는 것이다.
- **명료화 :** 적절한 해석의 토대를 마련해 주는 것인데, 아동이 미처 자각하지 못하는 감정이나 생각을 명확하게 해주는 것이다.
- **해석 :** 아동의 정서, 동기와 행동양식 간의 연결을 알려주는 것이다. 아동의 내적 상태를 현재와 연결시켜 그 의미를 파악하여 알려주는 것이다.

TIP 공감적 경청 기술

경청기술 4가지 발달단계

1. 판단, 탐색, 충고, 해석하지 말기
2. 내용을 재구성하기 : 언어적 커뮤니케이션, 왼쪽 뇌의 기능인 이성적, 논리적 사고 이용, 아동이 말하는 내용을 생각해 보기
3. 오른쪽 뇌를 작동하여 감정을 나타내기
4. 2, 3단계를 포함함, 내용을 재구성하고 감정을 나타내기
   그리하여 아동으로 하여금 사고력, 감정을 통해 문제에 직면토록 도와줌

TIP 놀이주제의 예

- **양육(nurturing)**
  양육놀이는 어떤 유형의 양육을 제공해 주는 등장인물(아동, 손 인형, 인형, 동물 등)이 있어서, 이 등장인물이 다른 등장인물에게 젖을 먹이거나 음식을 주거나 선물을 주거나 양육하는 일을 하게 된다
- **치유(수선, fixing)**
  치유놀이는 어떤 캐릭터가 "망가진" 대상을 "치유하거나" 혹은 아프거나 다친 인물을 "치료해 준다".

2) 비언어 반응

일반적으로 성인의 의사소통의 대표적인 예는 언어적 표현이 대부분이지만, 아동들에게는 언어적 표현 외 '놀이'라는 비언어적 표현도 있다.

비언어적 기술은 놀이치료에서는 중요한 요소이다. 놀이를 통해 아동이 자신의 감정과 생각을 표현할 때, 치료자는 언어적 혹은 신체적으로 아동의 전 회기에 관심이 있다는 것을 보여준다. 아동의 모든 표현에 치료자도 함께 이해하고 나누고 있다는 것을 보여주어야 한다. 몸짓이나 고개 끄덕이기, 눈맞춤 등 비언어 반응은 아동에게 온전히 관심을 두고 있는 치료자의 집중의 표현이며, 순수한 감정의 전달이다.

제2절 모래놀이치료

제이슨은 종결 단계에서 모래 상자에 원이나 만다라를 그렸으며 그것은 전체성을 향한 자아가 점차 내부로 모여드는 것을 나타낸다.

제이슨 : 이것은 힘의 원(circle of power)이에요. 그리고 이 안에서는 아무도 다치거나 슬프지 않아요... 행복할 거예요(손가락으로 부드럽게 모래를 훑고 나서는 다시 말하기 시작한다). 왜냐하면 가족이 같이 있고, 아무도 싸우지 않을 테니까요... 이제는 엄마랑 아빠가 나를 보살펴 준다는 것을 알아요. 엄마는 예전에 잘못했던 것에 대해 미안해할 거예요...

제이슨은 그의 정신에 충분히 좋은 부모상을 내면화시켰고 이는 일종의 아동의 분노를 해결했다는 상징적인 의미의 생명의 원 혹은 만다라를 평화에 연결함으로써 나타냈다. 엄마를 지각할 때 느꼈던 고통과 좌절을 극복하고 자기 내부의 새로운 회복의 느낌과 희망을 지니게 되었다. – Play therapy: theory and practice 중–

1. 모래놀이치료의 정의

모래놀이치료는 인간의 시각, 촉각 등의 감각적 요소들을 활용하여 인간의 내적 세계의 표현을 가능하게 하는 치료방법이다. 이를 통해 개성화 즉, 자기실현을 이루는 것이 모래놀이치료 핵심이다(김보애, 2003). 모래놀이치료는 개성화 과정을 촉진시킨다(Weinrib, 2005).

모래놀이치료에서 사용되는 모래상자는 내담자 자신 안으로 들어가는 통로가 된다. 모래놀이치료는 인간의 무의식에 잠재하는 자연치유의 능력이 모래상자놀이를 통해 자극되어 갈등과 분열이 통합으로 변환됨으로써 치유된다(Kalff, 1966)는 것이다.

모래놀이치료는 인간에게 스스로를 치유하려는 힘이 있다는 가정 아래 출발하는 비언어적인 치료양식으로, 모래상자 안에 만들어진 3차원의 세계는 전혀 표현되지 않았던 개개인의 경험과 생각들이 상징적으로 나타난 것이라고 하였다(노치현, 황영희, 1998).

2. 모래놀이치료의 발전배경

1911년 Wells의 floor game에 힌트를 얻어 개발된 모래놀이치료는 1929년 영국의 소아과 의사인 Margaret Lowenfeld가 실시하여 '세계기법(world technique)'이라고 명명하였다. 그녀는 이 기법이 아동의 내적 세계를 표현할 수 있다고 본 것이다. 그 후 스위스의 Dora Kalff(1966)가 Jung의 개성화 과정 이론을 도입하여 발전시킨 모래상자를 이용하여 심리치료기법으로 탄생되었다. 그녀는 인간 정신도 신체와 마찬가지로 전체성과 치유를 향한 동기를 가지고 있다는 Jung의 분석학적 접근방법을 모래놀이에 적용시켰다. 자유스러운 공간이 제공되고, 그 과정에서 인간은 자신의 근원적인 내면을 돌아볼 수 있는 기회를 제공받는다. Kalff는 인간의 무의식층에 있는 부정적인 아니마와 아니무스가 긍정적인 아니마와 아니무스로 전환되어 남성 안에 있는 여성성과 여성 안에 있는 여성성이 통합되어 무의식이 의식화되도록 안내자의 역할을 수행한다는 것이다. 이는 인간의 전체성으로 가는 길이며 인간의 본래의 자기 모습을 표현하는 것이며 이것이 곧 자기실현 즉, 개성화의 과정이라고 보았다. 이것이 곧 모래놀이치료의 근본적이 개념이라고 하였다. 또한 치료자와 내담자와의 관계를 '모자일체성(mother-child unity)'이라는 표현으로 강조하고 있다. 이런 관계가 성립되면 내담자 자신이 자기치유의 능력을 발휘하여 '전체성의 상징'을 표현한다고 보았다. 이것이 Jung이 말한 '자기상징'이며 모래놀이치료는 이런 상징을 체험하도록 하는 것이다.

Lowenfeld(1939)는 아동은 성인과 다른 복잡한 정신적 요소가 얽힌 존재이며, 시각과 촉각과 같은 감각요소를 포함한 기법이 효과적이라고 하였다. 뒤엉켜진 생각들을 시각, 촉각과 같은 감각의 요소를 함께 지닌 기법이 필요하다고 느끼고 이 기법을 발전시켰다. 그 후 Kalff(1966)는 이런 기법에 치료적 의미를 부여하였는데, 아동뿐 아니라 성인에게도 실시하여 전 연령층에 적용될 수 있음을 강조하였다. 모래상자는 "자유로우면서도 보호받은 공간"으로서 제공되며, 내담자는 치료자의 조건 없는 수용과 따뜻한 지지 속에서 자유롭게 모래상자 표현을 하게 되고, 치료자는 그 작품에 대해 해석을 하지 않는 비언어적이고 비합리적인 치료를 지향한다(이부영, 권택술, 1986에서 재인용).

1965년 일본의 가와이 하야오(河合隼雄)는 스위스 취리히에 있는 Jung 연구소에서 유학 중에 모래놀이치료를 일본에 소개하였다. 가와이 하야오(1983)는 『모래상자놀이치료 입문』이라는 저서를 통해 임상에서 경험한 치료 장면을 자세하게 소개하였다.

Kalff의 제자인 Weinrib(2004)은 그의 저서 『Images of the Self』에서 모래놀이치료는 적극적이고 구체적인 상상(imagination)을 통하여 의식과 무의식이 만나는 것이며, 치유(healing)와 성장(growth)의 과정이 있다고 제시하였다(Bradway & McCoard, 1997). 모래놀이치료는 신체(body)와 정신(mind)의 작용만이 아니라, 제3의 방법인

'영성(spirituality)'이 작용할 수 있다. 모래놀이치료에서의 영성적 관점을 제시하고 있는 Shaia(2001)는 모래놀이치료가 심층심리치료와 영적 실제의 통합이라고 하였다. 실제로 Kalff는 Lowenfeld의 심리학과 Jung의 분석학에 제3차원인 명상요법(meditative and spiritual practice)을 더하여 모래놀이치료를 발전시켰다.

내면의 깊은 수준까지 작용하는 비언어적이며 정서적인 치료방법 중의 하나인 모래놀이치료는 치유를 가능하게 하는 창의적인 퇴행을 권장한다. 모래놀이치료의 기본 가정은 인간의 무의식 깊은 곳에 적절한 조건이 주어질 경우 정신이 그 스스로를 치유하는 자율적인 경향성이 나타난다는 것이다(河合隼雄, 中村雄二不郎, 2000).

3. 모래놀이치료의 방법 및 특징

1) 방법

모래놀이치료에서 사용되는 모래와 모래상자, 작은 소품들은 무의식으로 가는 통로를 제공한다. 무의식 안에 있는 자기(self)와 의식의 중심에 있는 자아(ego)를 연결하는 이런 치료방법을 통해 인간은 자기실현의 과정을 일상생활과 연결시킨다는 것이다. 모래놀이치료실에는 수많은 상징적인 작은 소품들이 선반에 진열되어 있는데, 이는 개인 내부세계의 충동과 감정에 관련된 상징물들이며, 이를 통해 아동은 보다 깊은 원형적 세계로 들어가는 입구를 제공받게 된다.

무의식을 미지의 정신세계라 부른다. 무의식은 무궁무진한 창조적 가능성을 지니고 있으며 생명의 원천이다. 이는 위험한 충동으로 치부하기보다는 체험하며 자아가 속해 있는 의식으로 동화해야 할 것들이다. 무의식을 진지하게 취급하고 그것에서 생기는 문제의 해결을 위해 고심하는 일은 대단한 용기가 필요하다(김보애, 2003).

2) 특징

Kalff(1966)는 모래놀이치료의 특징을 다음과 같이 설명하였다.

- 내담자와 치료자의 관계는 '모자일체성'의 관계를 유지하여야 함을 중요시 하였다.
- 모래상자를 중심으로 자유롭고 보호된 공간을 제공받아야 한다.
- 내담자의 자기치유력이 발휘됨을 강조하였다.
- 작품을 통해 보편적 무의식에 기인한 원형적 이미지를 표현한다고 하였다.
- 치료자는 놀이감의 상징적 의미이해가 필요하다.

4. 모래놀이치료 구성요소

1) 모래상자

모래놀이치료는 내담자가 자신의 다양한 이미지를 표현하도록 사각의 모래상자를 제공한다. Kalff는 내담아동이 일어선 자세에서 상자 전체가 아동의 시야에 들어오도록 57×72×7cm의 크기를 추천한다. 일반적으로 모래상자는 방수처리를 하고 바닥에는 바다, 강, 하늘을 연상하는 파란색의 칠을 한다. 하늘에 대비한 땅의 이미지를 상징하는 모래를 넣게 되는데, 모래는 상자높이의 2/3 정도를 채우는 것이 바람직하다(야마나카 야스히로(山中康裕), 김유숙, 2005). 모래상자는 내담아동이 어느 방향에서도 만들 수 있는 위치에 놓여져야 한다. 우리나라에 놀이치료를 소개하고 『딥스』의 역자인 주정일 교수는 우주와 지구의 형상을 담은 둥근 모래상자를 시도하여 모래놀이치료를 실시한 적도 있다.

2) 모래 종류

Lowenfeld는 갈색의 고운 모래, 굵은 모래, 흰 모래의 세 종류를 사용하고, Kalff는 갈색과 백색의 두 종류를 사용하고 있다. 모래의 상태는 건축물을 용이하게 만들 수 있는 젖은 모래, 젖은 모래를 기피하는 내담아동을 위한 마른 모래 등을 준비하도록 한다. 현재에는 검은 모래, 붉은 모래 등 다양한 색과 다양한 굵기로 활용하고 있다. 모래의 영어 표현인 sand는 메시지를 보낸다(send)는 의미로도 사용되므로, 모래는 의식과 무의식 간의 소통을 위한 상징적 매개체로도 볼 수 있다(Shephered, 2002). 티벳 불교의 종교의식에서도 모래가 사용되고, 미국 남서부 지역의 나바호 원주민의 치유의식에서도 모래가 사용되고 있는 것은 모래가 치유의 의미로서 활용되고 있다는 것을 알려준다.

3) 모래소품

모래놀이치료에서 소품은 특별히 정해져 있지 않고 가능한 한 다양한 종류의 놀이감을 준비하도록 한다. 상징물은 내담자의 잠재적 영상을 끌어내는 역할을 하고, 보다 용이하게 내담자의 내면을 표현하도록 도와준다.

상징물의 선택은 내담자의 내면을 묘사하기 위해 가능한 한 선택의 폭을 넓힐 수 있도록 다양하게 제공해 주는 것이 좋다고 하였다. 일상생활과 상상을 나타낼 수 있는 모든 소품을 준비하는 데 소품들은 범주화하여 분류하는 것이 바람직하며 온갖 종류의 동물인형(선사시대의 동물 · 야생동물, 가축, 애완동물 등), 새, 차량(하늘과 육지, 바다의 수송 수단), 빌딩, 울타리, 다리, 나무, 꽃, 다양한 직업의 인물들, 만화 주인공들, 영웅, 인형 집, 가구, 자연 생성물(식물, 돌멩이, 조개, 솔방울, 깃털 등), 무기류, 로봇, 영적이고 종교적인 아이템

등이 필요하다.

모래상자 안의 상징물이 내담자 자신의 내부와 외부 세계를 연결하고 균형을 이루도록 작용한다. 즉, 내담자가 이를 사용하여 자신의 내적 세계를 표현하도록 해주며, 이를 통해 관찰자로 하여금 내담자의 세계를 이해하고 공감할 수 있도록 하는 데 좋은 수단이 되는 것이다(김보애, 2003).

5. 치료자 역할

Kalff는 모래놀이치료에서의 치료자와 내담자의 관계를 "모자일체성"으로 표현하고 있다. 이는 치료자와 내담자의 관계가 마치 안전과 사랑을 제공하는 모자 간의 이미지와 동일하며, 이러한 치료관계를 바탕으로 상처받기 쉬운 내담자를 지지하고 보호한다는 것을 의미한다(Turner, 2005). 모래놀이치료에서 치료자의 역할은 참여관찰자이긴 하지만, 아동의 무의식에 존재하는 자기치유력을 발휘할 수 있도록 도와야 하므로 치료자는 '자유롭지만 보호된 공간(free and protected space)'을 제공해야 한다. 그러므로 치료자는 아동과 라포를 형성하며 아동의 모래작업 즉, 창조활동에 충분히 공감하며 함께 참여해야 한다. 치료자는 인간 내면을 깊숙이 이해하고 공감할 수 있는 전문적인 지식과 훈련을 충분히 받아야 한다.

6. 전이와 역전이

치료는 내담자와 치료자가 동행하는 여정이기 때문에 양자 간의 전이와 역전이가 발생할 수 있다. 치료자에게 사랑의 감정을 느끼거나, 같이 있는 게 힘들게 느껴지고 꺼려지거나, 역으로 내담자에게 애증을 느끼게 된다면 이는 치료과정에서 각각 전이, 역전이가 발생하는 것이다. Jung은 치료과정에서 전이감정이 일어나는 것이 효과적이라고 하였다.

7. 모래놀이치료과정

가와이 하야오에 의하면 모래놀이치료는 작품을 해석하지 않는다고 한다(심재경 역, 1983). 치료자는 내담자의 모래작품을 있는 그대로 수용하고 작품의 전후의 연속적인 흐름 속에서 연관성을 파악하고 이해하여야 한다. 그러므로 치료자는 분석적이고 판단적인 방법을 피하고 내담자의 있는 그대로의 모습을 수용하는 것이 중요하며 이런 과정은 자유로운 과정에서 이루어져야 한다(Kalff, 1966). 상징은 언어로써 완전하게 표현하기 어려운 것처럼(Jung, 1966), 모래작품이 갖는 의미는 언어로 파악하기 쉽지 않은 작업이다. 작품을 통해 그 의미를 알아내는 것은 중요하지만, 치료자의 판단으로 단정짓는 것은 위험한 일이다. 내담자가 체험한 경험 그 자체를 이런 것이다 저런 것이다라고 판단하는 것 역시 신중해야 할 뿐만 아니라, 옳고 그르고 좋고 나쁜 것으로 판단할 수도 없는 것이다. 치료자는 내담자의 작품 전체의 흐름을 통해 이해하고 내담자의 자유로운 표현을 통한 자기(self) 안에 있는 치유의 힘을 발견해야 한다.

모래상자치료의 과정에서 자아발달의 첫 단계는 혼돈의 세계로서 자신의 문제가 무엇인지 알지 못하는 것으로 서로 관계가 없는 소품을 선택하여 혼란스럽게 표현하는 단계이다. 두 번째 단계는 동식물의 소품을 사용하여 무의식적 퇴행을 모래상자치료과정에서 표현한다. 세 번째는 투쟁의 단계인데 모래상자에 투쟁하는 장면을 표현한다. 이때 대극과 투쟁은 혼돈된 세계에서 힘과 힘의 대결과 충돌이 시작되며 질서가 만들어지고 영웅이 탄생한다. 네 번째는 자아와 자기의 건설 단계로서 어머니로부터 분리하여 자신의 세계가 표현된다. 다섯 번째 단계는 집단 적응의 단계로서 일상생활에 적응해 가는 시기로 마을 등이 나타나고 자아의 영역이 넓혀져 간다(Neumann, 1964; 야마나카(山中康裕), 김보애, 2003).

Kalff는 Neumann의 심리발달이론을 모래놀이치료의 단계와 유사하다고 인식하였다. Neumann(1964)의 심리발달이론 5단계는 다음과 같다.

① 혼돈

② 동식물 단계

③ 투쟁 단계

④ 자아분화 완성 단계 : 나와 타인의 개념을 알고 모로부터 인격체로 분리하여 자아개념을 이루는 단계

⑤ 집단적응 단계

Kalff(1980)는 모래놀이치료과정을 3단계로 정리하였다

① **동식물 단계**(The Animal · Vegetative Phase) **:** 초기 과정에서 모래상자 안이 여러 소품들을 두서없이 사용하는 경우를 볼 수 있다. 이는 혼돈의 상태처럼 보이기도 한다. 또한 동식물을 많이 사용하는 단계를 흔히 볼 수 있다.

② **투쟁 단계**(The Fighting Phase) **:** 혼돈 단계를 거치고 나서 모래상자 안에 악과 선, 강자와 약자, 적군과 아군 등의 대극 상태를 배치하여 갈등이나 투쟁을 나타내게 된다.

③ **집단 적응 단계**(The Phase of Adaptation to the Collective) **:** 충분한 투쟁 단계를 거치고 나면 자아와 자기의 통합이 나타나게 된다. 이는 일반적인 적응 단계라고 할 수 있는데 자아가 환경에 적응해 가는 단계이다.

모래는 감각을 자극하고 퇴행을 촉진하여 무의식의 세계와 만날 수 있게 하는 가교 역할을 한다. 인간의 본능적인 감각기능을 자극하여 인간의 몸과 마음을 통합하여 인간 본연의 모습으로 돌아가게 하는 것이다. 모래놀이치료는 진정한

동식물 단계

투쟁 단계

집단 적응 단계

자기를 찾기 위해 무의식의 소리를 듣고 그것을 의식에서 어떻게 통합해 가느냐가 진정한 치료과정이라 할 수 있다. 모래놀이치료는 본래 심리치료기법의 하나임을 염두에 두고 다른 치료영역과도 연계치료하는 방법을 연구해야 할 것이다.

제3절 미술치료

미술은 어린 아동이나 청소년, 어른 할 것 없이 누구나 쉽게 다가갈 수 있는 매체이다. 미술을 통해 자신의 생각과 느낌을 표현한다. 영화 〈카드로 만든 집〉에서 주인공 샐리가 의무적으로 받아야 하는 정신과 의사의 상담방식에 저항의 한 방법으로 자신의 온몸에 물감을 칠하고 나무인 것처럼 서 있던 장면이 있다. 이 장면에서 6살 샐리는 말 대신 직접 자신의 몸에 물감을 칠함으로써 자신의 저항을 표현하였다. 이때 정신과 의사는 샐리의 마음을 그녀가 한 미술활동을 통해 파악하고 샐리에게 자신이 다가간 방법이 잘못되었음을 깨닫고 다른 방법을 찾기 위한 고민을 하게 된다. 이 영화를 보면 미술이라는 매체를 통해 아이들이 자신의 마음을 표현하고 이를 통해 아이들의 심리를 읽을 수 있다는 사실에 놀라게 된다. 이 장에서는 이러한 미술활동을 매체로 하여 이루어지는 미술치료의 구체적인 개념과 특징은 무엇이며, 미술치료에 대한 역사적 고찰, 실제 상담에서 어떻게 미술치료가 적용되는지를 살펴보고자 한다.

1. 미술치료의 정의

인간은 자신의 무의식을 물체나 형태를 상징으로 바꿈으로써 거기에 심리학적인 중요한 의미를 두며 그 상징들을 미술을 통해 표현해 왔다. 미술은 인간의 역사와 더불어 성장해 왔으며, 인간의 삶과 밀접한 관계를 지니고 있다. 인간은 이러한 미술적 활동을 통해 자신의 고통스러웠던 경험이나 감정을 표현하고 받아들일 수 있도록 하며 자신의 스트레스를 완화시키기도 한다. 또한, 자발적인 미술활동은 개인의 내적 심리세계와 외부세계 간의 조화를 이룰 수 있도록 도와주는 역할을 한다. 이처럼 미술치료는 미술활동을 통해서 심리적인 어려움과 내면의 문제를 표현하고 완화시킬 수 있도록 하는 치료법이다(박성혜, 길은영, 곽진영, 2021). 또한 말로써 표현하기 어려운 경험이나 감정을 미술활동을 통해 경험하게 하고 내면의 마음을 돌아볼 수 있도록 하며 자아성장을 촉진시키는 치료법이다. 특히 학대를 받거나 폭력적인 사건을 경험한 어린 아동들의 경우 자신의 경험을 말로 표현하는 것 자체가 공포나 불안을 일으킬 수 있기 때문에 그림 그리기나 만들기를 통해 자신의 불안을 감소시키면서 감정을 표현할 수 있게 된다. 일본의 쓰나미 지진 이후 일본의 미술치료 전문가가 아이들과 미술활동을 함께 함으로써 아이들이 가진 트라우마(trauma)를 극복하는 과정을 예로 들 수 있다. 이처럼 미술치료의 목적은 미술활동을 통해서 심리적 · 행동적 문제를 겪고 있는 사람들의 정서적 안정을 돕고 그림을 통해 심리를 분석함으로써 무의식에 잠재된 갈등과 내면세계를 진단하는 치료적 역할이라고 할 수 있다. 이러한 미술치료는 아동뿐만 아니라 성인, 노인에게도 유용하게 사용될 수 있다.

미술치료의 특성에 대해 많은 연구자들과 학자들의 견해를 바탕으로 정리하면 다음과 같다. 첫째, 미술치료는 자신의 꿈이나 환상, 경험이 언어보다는 심상(image)을 통해 표현된다. 둘째, 미술치료는 눈으로 볼 수 있고 만져볼 수 있는 자료들을 내담자로부터 얻을 수 있다. 미술 재료는 시각적 의사소통의 네트워크를 형성하게 하는 데 매우 유용하다(Waller, 2003). 셋째, 내담자가 표현한 작품에 대한 보관이 가능하므로 자료의 영속성이 있으며, 상담자와 내담자 모두 언제든 그 작품을 필요로 할 때에 다시 재검토할 수 있어서 치료과정을 한눈으로 볼 수 있다. 내담자들이 각자의 작품을 오랫동안 볼 수 있도록 놔두게 두면 이것을 통해 반영(reflection)을 할 수 있는 기회를 가지게 된다(Waller, 2003). 물론, 상담자 또한 내담자의 작품 변화를 통해 치료 효과를 한눈으로 이해할 수 있게 된다.

넷째, 미술작품을 통해 우리의 경험을 반영하는 공간성 특성을 가지고 있다. 즉, 자신의 가족 그림이나 조형작품을 통해 그 가족의 심리적 거리나 문제점, 그 가족의 역동성 등을 파악할 수 있다. 다섯째, 미술치료는 내담자의 창의성과 신체적 에너지를 유발할 수 있는 기회를 준다. 무언가를 자신의 창의적인 사고로 만들어 내고 이에 대한 감상과 토론 등을 통해 개인의 신체적 에너지를 유발할 수 있는 기회를 주는 것이다.

미술치료는 개인보다는 집단으로 운영되는 경우가 많은데 이러한 집단미술치료는 개인미술치료와는 달리 6~12명으로 구성되며, 집단 구성원들 사이의 상호작용을 통해 치료적 효과가 나타나는 방법이다. 집단미술치료를 통해 내담자들은 구성원들 간에 관계형성을 하게 되고 다른 사람에 대한 공감능력이 향상되며 자신을 이해하는 능력이 다양한 시각을 통해 증가하게 된다. 그러나 상담자는 집단미술치료를 진행할 때 집단역동을 잘 운영해야 하며 집단 내에서의 경계(boundary)를 분명히 할 필요가 있다. 이러한 집단의 역동성을 활용한 가족미술치료는 단순히 한 개인이 겪는 어려움보다 가족 전체가 어려움에 빠져 있는 상황을 도와주는 것이다. 가족미술치료를 통해 가족 사이의 관계, 의사소통 유형이나 어려움 등을 다루고 가족의 다양한 모습을 알 수 있다. 전 가족이 치료의 대상이 되기 때문에 개인치료에 비해 단기간에 진행되는 편이지만, 변화 효과가 오래 지속되는 특성을 가지고 있다.

2. 미술치료의 발전배경

1) 초기 미술치료

미술치료가 전문적이고 체계적으로 정착된 시점은 그리 오래되지 않았다. 그러나 미술치료의 근원을 살펴보면 선사시대로 거슬러 올라갈 수 있다. 선사시대의 사람들은 자신의 생활 모습이나 소망, 미래에 대한 두려움으로부터의 보호 등의 주술적인 목적으로 동굴 벽화 등에 표현하였다. 19세기 말경이 되어서야 미술의 치료적인 측면에 대해 관심을 가지고 이해하기 시작하였으며, 20세기 초 정신의학은 이미지나 인간의 감정, 무의식 간의 관련성에 관심을 가지게 되었다. 이후 정신과 병동에서 환자들이 미술가들의 지도 아래 미술활동을 하게 되었으며 환자 치료에서 미술의 효과를 인정하고 작업치료의 부분으로 받아들이게 되었다.

2) 현대 미술치료

이후 20세기 중반에 이르러 Freud와 Jung의 정신분석이론이 현대 미술치료의 토대가 되었고 Freud는 꿈 속에 나타난 이미지를 무의식적 상징적 심상으로 보았으며, 미술 표현이 인간 정신의 내면세계를 이해하는 방법이 된다고 하였다. 그러나 그때까지 미술치료라는 용어는 사용되지 않았으며, 1940년대부터 본격적으로 심리치료와 미술을 연계하여 인식하기 시작하였다.

① 마가렛 나움버그(Margaret Naumburg) : 상징성을 통한 해석 강조

이러한 흐름에 지대한 영향을 준 사람 중 한 사람이 미국인 Margaret Naumburg이다. 그녀는 현대 미술치료 창시자로, 뉴욕정신분석학교에서 행동장애 아동에게 미술치료를 시행하였고 1940년대에 정신분석적 미술치료 모델을 정립하였다. 그녀는 정신분석과 경험에 입각하여 내담자들에게 꿈과 환상 및 내적 경험 등의 무의식적 사고와 감정들을 그림에 자발적으로 표현하게 하였으며, 이러한 그림들이 상징적인 언어가 된다는 것을 기본 전제로 하였다. 이에 Naumburg는 그림의 상징성을 중요시하고 내담자의 그림을 해석함으로써 이를 바탕으로 내담자를 치료하는 데에 관심을 가졌다. 그녀는 언어보다 그림에 의해 전이 문제가 더 쉽게 해결된다고 보았다.

② 에디뜨 크레머(Edith Kramer) : 내담자의 창조와 자아성장 강조

1950년대에 들어서면서 Naumburg의 뒤를 이어 미술치료에 지대한 영향을 미친 사람이 Kramer이다. 그녀는 Naumburg와 달리 상징성을 통한 해석보다는 아동 내담자가 미술활동 과정을 통해 어떻게 내담자의 감정이나 욕구를 표출하고 이를 창조적 에너지로 승화시킬 수 있는지에 관한 미술활동의 창조적 행위 그 자체에 치료적 가치를 두었고 아동미술치료에 대해 많은 연구를 하였다. 내담자는 미술활동을 통해 자신의 충동이나 환상에 접근하면서 자신의 갈등을 재경험하고 이러한 과정 속에서 그 갈등을 해결하고 통합하게 된다는 것이다. 그녀는 미술작품을 만드는 과정 자체가 심리치료라고 하였다. 따라서 상담자는 내담자의 그림에 대한 해석보다는 내담자가 자유연상을 통해 자신의 감정이나 욕구를 잘 표현하고 이를 긍정적인 에너지로 바꿀 수 있도록 도와주는 역할을 해야 한다고 하였다.

③ 엘리너 울만(Elinor Ulman) : 치료와 창조를 통합하는 절충적인 입장 강조

1960년대에 들어서면서 미술치료를 독립된 분야로 발달시킨 사람이 Ulman이다. 그는 Naumburg와 Kramer 각각의 심리치료 혹은 미술 중의 어느 한쪽에 치우치기보다는 이를 통합하는 절충적인 미술치료 접근법을 고안하게 되었다. 이때 미술치료는 주로 미국을 중심으로 발전하기 시작하였는데, Ulman이 1961년 『Bulletin of Art Therapy』에 실린 자신의 논문에서 미술치료라는 용어를 처음으로 사용하였다. 이 학회지는 이후 1970년에 미국미술치료학회지(American Journal of Art Therapy)로 명칭이 변경되었다. 이어 미국미술치료학회(American Art Therapy Association)가 창립되었고 1970년대에 일부 대학에서 미술치료 대학원 과정이 생기는 등 전문적인 양상을 보이면서 두드러진 발전을 보였다. 또한 이러한 형태의 치료가 아동의 정서적, 발달적, 인지적 성장을 어떻게 할 수 있는지 관찰한 후에 많은 병원과 정신건강 분야에서 미술치료를 포함시키기 시작했다. 이러한 미술치료는 아동과 성인의 평가, 의사소통, 치료를 위한 중요한 도구로 여겨지면서 발전하게 되었다. 지난 몇십 년 동안 미술치료는 암센터, 교도소, 충격적인 사건을 겪은 사람들을 도와주는 기관 등 다양한 곳에서 사용되고 있다. 미국의 경우 뉴욕에서 발생한 9 · 11테러 이후 그 희생자와 가족구성원들을 위한 미술치료를 통해 미술치료의 의미 있는 작업에 더욱 관심을 가지게 되었다.

3) 한국에서의 미술치료

미국의 미술치료 흐름에 비해 한국에서의 미술치료 역사는 그리 길지 않다. 그러나 미국과 마찬가지로, 처음에는 정신병원과 종합병원 신경정신과에서 환자들을 대상으로 작업활동의 하나로 미술활동을 시도하였으며, 본격적으로 알려지고 치료 현장에서 적용된 것은 1992년 한국미술치료학회가 창립되어 미술치료에 대한 본격적이고 체계적인 활동이 시작된 시점이라고 볼 수 있다. 그 이후 여러 대학과 대학원에서 미술치료 강좌를 개설하였고 미술치료사 양성과정이 생기면서 보다 양적 · 질적인 성장과 더불어 다양한 학문적 연구 또한 병행되고 있다. 현재 많은 미술치료사가 교육기관, 사회복지기관, 상담소, 소아정신과, 특수학교, 노인병원 등 다양한 분야에서 활동하고 있다.

3. 미술치료의 실제

1) 미술치료 대상

일반적으로 미술치료 적용대상이 정해져 있지는 않지만, 자신의 감정이나 마음을 언어보다는 그림으로 잘 표현하는 사람들에게 적당하다. 특히 사회적으로 위축되어 있거나 고립되어 있으며 대인관계가 제한된 사람들에게 적당하다. 조현병, 우울증 등을 앓고 있거나 심신장애가 있는 사람들뿐 아니라 성폭행이나 아동학대 등 트라우마를 겪은 사람들에게도 적당하다. 그러나 자신의 마음속을 이미지화시키는 데 어려움을 느끼는 사람들의 경우 미술치료가 효과적이지 못할 수도 있으므로 주의해서 이를 적용해야 한다.

2) 미술치료의 기능

미술치료는 크게 진단적 기능과 치료적 기능으로 나눈다.

(1) 진단적 기능

우선, 미술치료는 내담자가 나타내는 미술적 활동을 통해 내담자의 정서적, 인지적, 발달적 상태를 평가하는 역동적인 진단을 할 수 있다. 미술치료에서는 내담자가 자신의 내적 갈등이나 억압, 두려움 등을 표현함으로써 내담자가 가지고 있는 심리적 문제를 진단하고 상담자가 내담자에 대한 포괄적인 시각을 가질 수 있도록 도와준다. 심리적 목적을 위한 그림 평가(drawing assessment)는 1906년 독일 정신과 의사인 Fritz Mohr(Malchiodi, 1998))에 이루어졌으며, 이후 Goodenough가 아동의 지능을 측정하기 위한 Draw-A-Man Test라고 불리는 검사도구를 개발하였다. 미술치료에서 주로 많이 쓰이는 진단도구는 아래와 같다.

① DDS(Diagnostic Drawing Series)

Berry M. Cohen과 Barbara Lesowitz가 1982년에 개발한 DDS(Diagnostic Drawing Series)는 13세 이상 내담자에게 적용 가능하며 세계적으로 가장 널리 쓰이는 미술치료 검사도구이다. 이는 18×24인치(대략 45×60cm) 흰 종이를 주고 그림을 그리게 하고 사용한 색깔이나 선길이, 공간 사용, 지면 위의 그림 위치 등을 파악하여 진단하는 것이다.

② MARI(Mandala Assessment Research Instrument)

이 검사는 내담자에게 기하학적 형태로 그려진 여러 만다라 중에서 하나를 선택한 후 색깔 종이와 파스텔 색깔 하나씩을 선택하여 만다라를 그리게 하는 것이다. 그림을 그린 후 내담자가 그린 그림과 관련된 의미나 경험, 정보들이 있는지 설명해 보도록 한다. 이 검사는 내담자의 심리적인 향상과 그들의 현재 심리적 상태에 대해 알아보는 것이다.

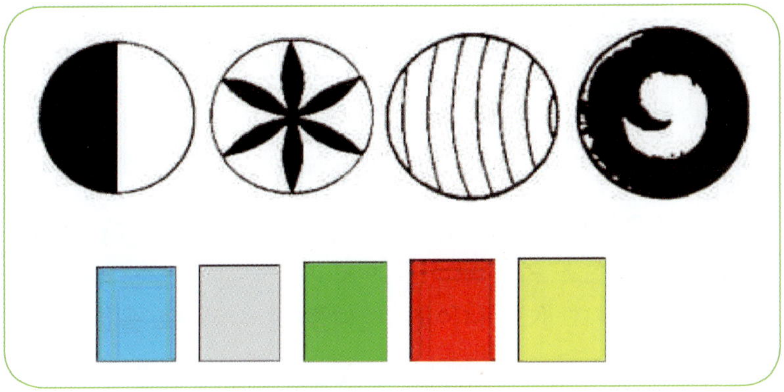

그림 5-1 만다라평가연구척도 예

③ HTP(House, Tree, Person)

이 검사는 개인의 성격을 측정하는 투사적 검사이며, 뇌손상이나 일반적인 정신적 기능을 평가하는 데에도 사용된다. HTP검사는 John Buck에 의해 개발되었으며, 그는 이 검사를 통해 지적 능력의 양적 · 질적 평가를 할 수 있도록 매뉴얼을 제시하였다. 원래 이 검사는 3세 이상에게 적용되며, 1시간 반 동안 집, 나무, 각 사람(여자, 남자)을 그리게 하고 60가지의 질문을 하도록 되어 있다. 예를 들면, 집의 경우 여기 집에 누가 살고 있는지, 현재 행복한지, 사람들이 이 집을 방문하는지 등의 질문을 하고, 나무의 경우, 어떤 종류의 나무인지, 몇 살 나무인지, 계절은 언제인지, 누가 이 나무에 물을 주는지 등을 묻거나 사람의 경우, 이 사람이 누구인지, 몇 살인지, 좋아하는 것과 싫어하는 게 무엇인지 등을 묻는다. 많은 미술치료사나 검사자들은 자신이 만든 질문들을 사용하기도 하는 등 좀 더 융통성 있게 적용하여 사용하고 있다. 특히 KHTP(Kinetic House Tree Person)는 집, 나무, 사람을 함께 그려서 각각의 그림에서 나타나지 않는 역동성과 내담자의 더 깊은 내면에 개인이 갖고 있는 욕구와 이것이 어떻게 관련되어 있는지를 파악해 볼 수 있다.

④ KFD(Kinetic Family Drawing)

동적 가족화 검사는 가족이 각자 무언가 하고 있는 모습을 그리게 하여 가족의 체제나 내담자의 가족 지각뿐 아니라 가족 역동을 파악하는 것이다. 상담자는 가족을 그린 후에 각 인물상이 누구인지와 연령, 그리고 무엇을 하고 있는지를 질문한다. 상담자가 해석을 할 경우에는 인물상의 위치, 크기, 방향, 생략, 거리 등을 기준으로 진단해야 한다. 가족체계 진단법은 상담자가 가족 전체나 부부, 부모와 자녀들이 협동하여 그리게 함으로써 그들의 가족관계를 파악할 수 있게 한다.

⑤ Road Drawing

이 검사는 내담자로 하여금 그 사람의 '삶의 길'을 나타내도록 길을 그리게 하는 투사적인 검사이다. 이 길 그림은 내담자의 근원, 그 삶 과정의 역사, 현재까지의 경험, 미래를 위한 계획 등을 나타내는 자발적인 심상을 이끌어 낼 수 있는 잠재성을 가지고 있다(Hanes, 2008). "주기적인 업그레이드(periodic upgrade)"를 위한 길의 치료적 특성이나 욕구는 길에 대한 내담자의 변화와 회복을 위한 능력으로 비유될 수 있다(Hanes, 2008).

(2) 치료적 기능

미술치료는 내담자가 가지고 있는 내적 갈등과 불안 등 병리적 문제를 해결하는 기능을 가지고 있다. 미술치료에서는 내담자에게 특정 주제나 방법이 주어지지 않고 내담자가 자유롭게 주제와 재료를 선택하는 비지시적인 방법과 특정한 주제나 지시가 주어지는 지시적인 방법이 있다. 비지시적 방법은 주로 장기적으로 치료를 해야 하는 상황이나 내담자의 자아능력이 신뢰로울 때 적합한 방법이다. 예를 들면, 내담자에게 자신이 원하는 것이나 지금 현재 떠오르는 것을 그려보라고 하는 등 자발적이고 자유롭게 자신의 느낌이나 감정, 생각을 표현해 보게 하는 것이다. 이를 통해 내담자는 자신의 내면을 알 수 있는 내적 경험을 하게 되며 자아 성장의 기회를 갖게 된다. 반면, 지시적 방법에서는 치료기간이 단기적일 때 주로 사용하는데, 치료를 시작할 때 내담자가 시작하는 데 어려움을 보이거나 자아가 미성숙한 경우 사용된다. 예를 들면, 지금 현재의 가족을 그려보라고 한 후 비지시적인 방법과 같이 자신의 느낌, 감정 등을 표현하게 한다. 이러한 방법들을 통해 상담자와 내담자는 상호작용을 하게 되며, 내담자가 미술작품을 만들거나 생각하는 과정, 그리고 다 완성한 후의 느낌과 깨달음, 내적 경험 등이 치료의 도구로 사용되어 치료적 효과를 가지게 된다. 미술치료의 치료적 기능에 대해서는 많은 임상적 연구들을 통해 특히 우울증이나 불안증, 자살 충동, 조현병 등을 가진 내담자들을 대상으로 하는 미술치료 프로그램의 효과에 대해 오랜 시간에 걸쳐 알려져 있다.

3) 미술치료를 위한 준비사항

미술치료를 시작하기 전에 구비해야 할 공간이나 시간, 매체 등 여러 가지 준비사항이 있다. 이러한 구조적, 물리적 환경 외에 상담자와 내담자의 라포형성과 같은 심리적 환경 또한 제공되어야 한다. 이에 대해 구체적으로 살펴보면 다음과 같다.

(1) 물리적 공간

미술치료를 위한 물리적 환경으로는 적당한 공간과 충분한 채광이 있는 곳이 좋으며, 내담자가 안온하고 편안한 느낌을 가질 수 있는 공간을 마련해야 한다. 물감을 사용할 경우, 물 사용이 쉽도록 세면대가 구비되어 있어야 한다. 벽의 구성에서는 미술치료에서 무엇보다 작업한 것을 전시하거나 집단미술활동을 할 경우 벽면을 사용하기 때문에 이를 고려하여 편안한 밝은 톤의 색으로 하는 것이 좋다. 또한 어린 아동들을 대상으로 미술치료를 할 경우, 벽이나 바닥을 활용해서 진행할 수도 있으므로, 청소하기 쉬운 재질로 마련해 놓는 것이 좋다. 이 외에도 미술 재료나 비품, 그리고 미술작품을 보관할 수 있는 보관시설이나 음악을 들을 수 있는 오디오 시설, 미술치료 관찰을 위한 일방경이나 비디오와 카메라, 거울 등을 설치하는 것이 좋다.

(2) 매체

미술치료를 진행할 경우, 치료시간의 구성 및 다른 요소들에 따라서 다양한 매체를 사용할 수 있다. 우선, 미술 재료는 간단하고 적절하고 다루기 쉬워야 하며, 내담자가 작품을 제 시간에 완성할 수 있도록 쉽게 제작할 수 있는 것이어야 한다. 미술치료에서는 매체의 사용이 무엇보다 중요한 요소이므로, 상담자는 내담자의 욕구에 따라 민감하게 반응하여 내담자에게 맞는 매체를 제공해야 한다. Landgarten(1981)는 통제 정도에 따른 미술매체의 특성을 제시하였는데, 가장 낮은 통제를 하는 순서부터 제시하면, 젖은 점토 → 그림물감 → 부드러운 점토 → 오일 파스텔 → 두꺼운 펠트지 → 콜라주 → 단단한 펠트지 → 얇은 펠트지 → 색연필 → 연필 순이다. 즉 젖은 점토의 경우 낮은 통제력을 지닌 재료로써 강박관념이나 경직된 내담자에게는 적합하며 퇴행을 촉진시킬 수 있는 재료이지만, 충동적인 성향을 가진 내담자에게는 적합하지 않을 수 있다. 반면에 색연필이나 연필과 같은 딱딱한 재료는 높은 통제력을 지닌 특성을 가지고 있기 때문에 충동적인 성향을 가진 내담자들에게 적당하다고 볼 수 있다. 이처럼 내담자의 성격과 반대성향의 미술 재료를 제공하는 이유는 내담자의 내면세계의 억압되어 있는 부분을 재통합할 수 있는 기회를 제공하기 때문이다. 또한 똑같은 매체를 사용하더라도 내담자에게 전혀 다른 경험을 줄 수 있다. 예를

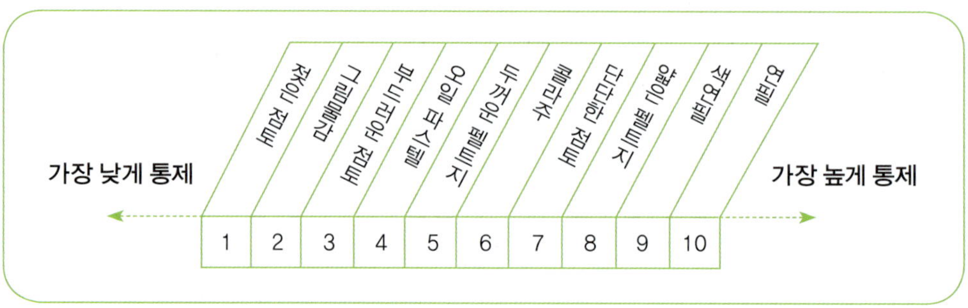

그림 5-2 **미술매체의 특성**(Landgarten, 1981, 김춘경 2006에서 재인용)

들면, 쉽게 찢어지는 신문지를 이용할 경우, 강박관념이나 스트레스가 많은 내담자에게는 이 신문지를 마구 찢어서 사용하게 하여 강박 성향이나 스트레스를 풀 수 있는 기회를 제공할 수 있지만, 내담자가 쉽게 좌절하는 성향을 가진 경우에는 이러한 신문지의 특성이 오히려 좌절을 더 경험하게 만들 수도 있다. 그러므로 내담자의 성격을 고려하여 적당한 미술매체를 선택해야 한다. 또한 지나치게 많은 양의 미술매체를 제공할 경우, 내담자가 질리거나 무엇을 선택할지 몰라서 미술활동에 참여하는 것을 꺼려하게 할 수 있기 때문에 상담자는 이에 대한 충분한 고려를 통해 미술매체를 제공해야 한다.

(3) 시간

보통 미술치료시간은 주 1~2회 제공되며, 1회기에 대략 1시간이나 1시간 반 정도 실시한다. 그러나 치료시간은 치료목표나 대상, 방법에 따라 다양하게 결정되며, 내담자에 따라 조절 가능하다. 미술치료도 놀이치료와 마찬가지로 도입시간에는 Warm-Up시간을 갖는 것이 좋고, 미술활동 후에 내담자가 만든 작품이나 과정에 대해 느낌을 말해보거나 토론하는 시간을 갖는 것이 좋다.

(4) 심리적 환경

미술활동을 통해 치료적 효과를 보기 위해서는 내담자에게 제공하는 심리적 환경이 무엇보다 중요하다. 상담자는 내담자에게 심리적으로 편안하고 안전한 환경을 제공해 주어야 한다. 내담자가 표현하는 느낌이나 감정에 대해 심리적으로 지지해 주고 내담자가 자신의 느낌이나 감정을 미술활동을 통해 잘 표현할 수 있도록 촉진해 줄 수 있는 환경을 제공해 주어야 한다. 어떤 아동들은 미술치료실의 낯선 환경과 자신이 그린 작품이 평가될 것에 대한 두려움으로 미술활동에 참여하는 것을 꺼려하기도 하는데, 이때 이 미술활동에 대해 평가를 하는 것이 아니고 내담자 자신이 언제든지 그만두거나 그 미술작품을 폐기할 수도 있다는 등 내담자에게 전적인 권한이 있음을 알려주어야 한다. 따라서 전반적으로 상담자는 내담자가 하는 미술활동에 참여하지 않는 것이 좋다. 상담자와 내담자가 같이 할 경우, 내담자가 자신의 작품을 상담자의 것과 비교하여 경쟁의식을 갖게 되고 자아를 오히려 훼손시키는 등 자아 성장의 기회를 갖기 어려울 수도 있다. 그러므로 상담자는 내담자에게 언제나 지지자이자 촉진자의 역할을 제공하여 내담자가 편안한 마음으로 미술활동을 할 수 있도록 심리적 환경을 제공해야 한다.

4) 미술치료의 과정

(1) 초기 단계

① 탐색 및 규칙 정하기

어느 치료 접근과 마찬가지로, 초기 미술치료과정은 다른 치료 접근들과 비슷하다. 우선, 미술치료가 시작되기 전에 상담자는 내담자가 지켜야 할 규칙, 특히 안전과 관련 있을 경우 명확히 얘기해 주어야 한다. 또한 정해진 시간에 상담을 받으러 오기, 다른 사람을 해치는 행동을 하지 않기 등 주의해야 할 사항을 얘기해 주고 왜 이곳에 오게 되었는지, 현재 무엇이 가장 불편한지 등을 상담자와 내담자가 함께 이야기해 보는 시간을 갖는 것이 좋다. 실제적으로, 상담 초기는 상담자의 태도와 내담자의 초기에 대한 반응에 따라 치료가 지속될지가 결정될 수 있는 중요한 시점이다.

② 검사 실시하기

상담자는 내담자에게 어떠한 검사들이 이루어질지에 대해 이야기해 주고 검사를 실시한다. 상담자는 내담자에 대한 이해를 바탕으로, 내담자에게 진행하는 미술심리진단검사를 통해 어떠한 편견이라도 갖지 말아야 한다. 우선 초기 면접을 통해 가족력, 주요 문제 등을 파악하고, 관찰이나 지능, 인성, 투사검사 등을 실시한다.

③ 분석하기

내담자에게 미술심리진단검사를 실시할 때 관찰을 통하여 내담자의 태도나 시작 순서, 크기, 위치, 소요시간, 필압 정도, 생략 여부 등을 파악하고 아동이 그림검사를 완성하였으면 거기에 대한 질문을 하여 내담자에게 이 그림이 주는 의미 등을 파악한다. 이에 따라 상담자는 형식적인 분석과 내용적인 분석을 통해 전체적인 분석을 실시한다.

④ 라포형성하기

미술활동에 익숙하지 않거나 말로 표현하는 것을 어려워하는 내담자의 경우, 상담자는 조급한 마음보다는 내담자의 얘기를 들어주고 공감하는 반영적 경청법을 사용하여 내담자와 상담자 간의 신뢰로운 관계를 형성할 수 있어야 한다. 라포의 형성은 치료의 최대 성공비결이기 때문에 상담자와 내담자의 라포형성을 위한 최대한의 노력을 기울여야 하는 시기이다.

(2) 중기 단계

중기 단계는 내담자가 자신의 감정을 표현하기 시작하면서 긍정적인 변화를 보이기도 하지만 양가감정이나 전이, 역전이 등의 감정들이 표현되기도 하는 시점이다. 이에 상담자는 이런 내담자 혹은 상담자 본인의 감정을 충분히 살펴보고 고려해야 한다.

(3) 말기 및 종결 단계

말기 단계에서는 치료 시작 때 가지고 온 주호소 문제가 해결되기 시작하면 상담자는 내담자와 함께 종결을 준비해야 한다. 내담자는 이 시기에 좀 더 자신에 대한 긍정적인 측면을 보이며, 자기통제나 유머 등을 표현할 수 있게 된다. 상담자는 내담자가 종결을 충분히 받아들일 수 있도록 종결 몇 회기 전부터 준비를 하고 내담자가 이를 인식할 수 있도록 상기시켜 주어야 한다. 예를 들면,

아동의 경우, 상담자가 종결까지 남은 횟수만큼 아동이 좋아하는 사탕을 준비하여 아동이 이를 보고 종결까지 몇 회 남았는지 스스로 종결을 맞이할 수 있도록 해주어야 한다. 때로는 종결 파티를 내담자와 함께 기획해 볼 수 있다.

5) 미술치료기법

미술치료기법은 대상에 따라 다양한 기법이 적용될 수 있는데, 앞서 제시했던 진단검사인 HTP검사나 만다라 검사, KFD(Kinetic Family Drawing) 등 외에 실제적으로 진단과 엄격하게 구분되지 않는 기법들도 있다.

(1) 만다라(Mandala) 기법

그림 5-3 만다라

최근에 많이 사용되고 있는 만다라 기법은 자아정체감 확립이나 심리적인 통합에 유효한 기법이다. 만다라는 원이 지니고 있는 인간의 마음의 전체성과 인간과 자연과의 관계를 나타내는 우주관이나 종교성에서 나오게 되었다. 크레용, 파스텔, 물감, 색연필, 색종이 등 다양한 미술재료를 사용하여 개별적으로나 집단을 대상으로 만다라를 완성하게 한다. 집단으로 만다라 그리기를 실시할 경우, 이러한 활동을 통해 집단 속의 자기이해나 협동심 등을 기를 수 있다. 이 만다라 작업은 벽화 위에 많은 사람이 함께 작업할 경우, 개인이나 소집단이 책상 위에서 그리는 것보다 내담자들이 거부감을 덜 느끼고 편안함을 더 느끼며 집단 내의 역동성을 더 잘 나타낼 수 있는 장점이 있다.

(2) 신체 윤곽 그리기(Body Outline Drawings)

신체 윤곽 그리기는 Steinhardt(1985)가 처음으로 제안한 기법으로, 아동을 큰 종이 위에 눕히고 상담자가 아동의 신체를 따라 그리는 것이다. 상담자는 내담자 아동에게 "○○야, 이것이 누가 되기를 원하니"라고 물어볼 수 있고 이를 통해 아동이 자기 자신이 되기를 원한다고 답할 경우 아동이 자신을 어떻게 보는지에 대한 정보를 얻을 수 있게 된다. 반면, 아동 자신이 아닌 다른 사람들을 나타내는 신체 윤곽일 경우, 이 인물들에 대한 느낌이나 생각 등을 탐색해 볼 수 있는 기회가 되기도 한다. 때로는 손을 도화지에 대고 그리고 난 후 자기가 하고 싶은 말을 적게 할 수도 있다. 이러한 신체 윤곽 그리기는 자기 신체를 중요하게 생각하고 신체 이미지에 대한 긍정적인 개념을 갖도록 도와준다. 신체 윤곽 그리기는 심신장애인의 신체개념이나 자아개념의 부정적일 경우에도 사용되는 기법으로, 전체 자기 신체 윤곽 그리기뿐 아니라 손도장이나 발도장 찍기라든가 가면 만들기, 거울 보고 자기 그리기 등 신체 일부를 그릴 수 있다.

(3) 감정 그림 그리기(Feeling Drawings)

아동이 말 대신 그림으로 자신의 감정을 노출시키는 기법으로, O'Connor(1983)의 인생 색칠하기(color your life) 기법과 감정차트(feeling chart) 기법, 그리고 이를 응용한 감정 하트 만들기 등이 있다. 인생 색칠하기 기법은 상담자가 아동에게 몇 가지 색채들과 보편적인 정서를 연결시키고 이를 어떻게 색칠해야 하는지를 가르쳐주는 것이다. 예를 들어, 상담자가 아동에게 오늘 하루 기분이 어떤지 물어본 후 아동이 즐거웠다고 대답을 하면, 즐거울 때 생각나는 색깔이 무엇인지, 또는 화가 날 때 생각나는 색깔이 무엇인지 등을 물어 감정과 색채를 연결시켜 표현할 수 있도록 하는 것이다. 이는 아동이 자신의 감정에 대해 말할 수 있도록

그림 5-4 감정 하트

하기 위해 최대한 다양한 감정을 인식할 수 있도록 도와주는 것이며 이를 통해 궁극적으로 아동이 자신의 감정을 말로 표현할 수 있도록 하는 것이다. 이 기법은 사정이나 치료상황 모두에서 적용할 수 있다. 감정차트 기법 또한 인생 색칠하기 기법과 비슷하며, 아동이 원하는 색깔과 아동이 느끼는 주관적인 감정을 연결시키는 것이다. 이를 응용하여 적용한 감정 하트 만들기는 도화지에 하트를 그리고 최근의 감정을 그리거나 색종이로 나타내게 한다. 상담자는 아동이 감정을 표현한 후에 모든 인간은 다양한 감정을 가지고 있음을 인식할 수 있도록 도와준다. 그림 5-4는 P라는 여자 아동이 자신의 감정을 색깔로 표현한 감정 하트 미술 작업인데, 이 아동은 노란색은 행복한 느낌, 빨간색은 불안하고 걱정스러운 느낌, 회색은 지루한 느낌, 파란색은 신나고 흥분한 느낌, 초록색은 즐거운 느낌이라고 하였다. 이에 대해 상담자는 그림 옆에 아동의 감정과 색깔에 대한 설명을 기록하였다. 이렇게 다 색칠을 한 후 아동이 현재의 자신의 느낌을 말로 표현하도록 격려하고 상담자는 아동의 현재의 감정을 잘 파악하여 이를 바탕으로 현재의 아동의 상황 등을 파악할 수 있다.

(4) 사회적 원자(Social Atom)

그림 5-5 **사회적 원자**(Social Atom)

심리극의 창시자인 Moreno가 1940년대 제안한 사회적 원자(Social Atom)와 소시오그램(Sociogram)은 내담자가 맺고 있는 대인관계를 그림으로 나타내는 방법이다. 이러한 기법은 간단한 도형으로 짧은 시간 내에 내담자의 인간관계를 나타낼 수 있는 장점이 있으며, 대개 여자는 동그라미, 남자는 세모로 표현한다. 이는 친숙 정도와 사회적 원자의 적절한 "사회적 한계" 사이의 경계에 대한 명확한 선을 나타낸다(Moreno, 1947). 이것은 그리기에 다소 거부감이 있거나 방어적인 사람들에게 실시해 볼 수 있는 대표적인 그림검사이다. 상담자는 다른 매체를 활용하여 내담자가 자신의 사회적 원자를 나타내 볼 수 있게 할 수 있다. 예를 들면 아동들이 좋아하는 Crayola Model Magic 재료를 이용하여 자신의 가족관계를 표현해 보게 할 수 있다. 여기서 사용되는 재료는 부드럽고 물렁물렁하며 손에 묻지 않아 아동들이 사용하기에 적당하다. 그림 5-5 에 제시된 예는 남자 초등학생이 자신의 가족을 가족 구성원 각각을 대표하는 색깔로 눈사람을 만든 후 가는 선을 만들어 가족 간의 관계를 표현하였다. 이 아동은 자신을 빨간색 눈사람으로 표현하고 반대편에 있는 파란색을 아버지로 표현하였는데, 아버지를 무서워하고 아버지에 대한 거부반응을 가지고 있어서 아버지와 연결선을 표현하지 않았다. 상담자는 이러한 활동을 한 후에 아동 스스로 이 작품에 대해 이야기해 보게 한다. 이를 통해 상담자는 아동이 현재 맺고 있는 대인관계나 가족관계에서의 상황이나 관계 정도를 파악할 수 있다.

(5) 콜라주(Collage) 기법

콜라주는 신문이나 잡지, 사진 등에 나와 있는 그림이나 내용들 중 자신이 오리고 싶은 것들을 오려서 붙여 구성하는 기법이다. 원본처럼 완벽하게 표현할 필요가 없기 때문에 미술 능력이나 상상력에 대한 자신감이 부족한 내담자들에게 덜 위협적인 미술치료기법이다(Nainis, 2008). 최근에 이 콜라주 기법은 미술치료에서 가장 많이 사용되고 있으며, 미술 제작 초기뿐 아니라 무의식적인 수단으로서 자기표현의 형태로 사용된다(Moon, 2010). 이 기법은 거부감이 적고 표현하기 쉬운 장점이 있으며, 내담자가 직접 재료를 선택하고 자신의 인생에 대한 해체된 측면이나 혼돈된 감정에서 벗어나 규칙을 창조하도록 하는 상징적인 활동이 될 수 있게 만든다. 잡지를 활용한 콜라주의 경우, 대중매체를 통한 문화적인 메시지나 고정관념을 반영하기 쉽기 때문에 내담자는 자신의 성, 인종, 종교, 나이 등 사회문화적 요인들을 반영하는 이미지들을 발견하는 경험을 하게 된다. 상담자는 소외된 집단들에 대한 긍정적인 이미지들을 포함한 잡지 사진들의 상징적인 배치를 의도적으로 제공해야 한다.

(6) 난화(Scribble) 그리기

그림 5-6 개인 난화 그리기

그림 5-7 집단 난화 그리기

난화는 특별한 도식이나 양식을 필요로 하지 않고 긁적거리기를 통하여 자유롭게 표현하는 미술치료기법이다. 이 기법은 영국의 분석학자인 Winnicott와 미국 미술교사인 Cane이 자신이 만든 낙서를 통해 거기서 그림을 발전시키는 시각적인 시작으로서 난화의 개념을 제시하였다. 이 기법은 그림 그리기를 어려워하거나 상상력이 부족한 내담자들에게 적당하며, 내담자가 긁적거리고 난 후 그 안에서 숨어 있는 이미지를 찾아보고 이를 표현해 보도록 한다. 이 기법은 처음에 공식적으로 개인과 가족들을 평가하기 위한 미술치료 평가도구의 하나로 이용되었으나, 어린 아동들이 이 과제를 수행하는 데 어려움을 보이자, Ron Hays가 이에 대한 대안으로 Dot to Dot Drawing을 제안하였다. 난화와 같은 "시각적인 시작(Visual starter)" 접근은 진단뿐 아니라 치료에서도 사용되는 미술치료사들 사이에서 가장 인기 있는 기법이다(Rubin, 2009). 이러한 난화를 바탕으로 상호 이야기 나누기를 할 수 있는데, 상담자와 내담자가 각기 서로 제시해 준 난화에서 이미지를 찾아 이에 대한 그림을 그리고 서로 번갈아가며 이야기를 만들어 본다. 이러한 난화 상호 이야 기법은 앞서 제시한 것처럼 어린 아동들보다는 말을 할 수 있고 중증 장애아보다는 경도 장애아에게 더 효과적이다. 또한 그림 5-7 에 제시되어 있는 이 난화 그리기는 개인뿐 아니라 소집단활동(2~4명)으로도 적합한데, 집단 구성원 각자 한 가지 색의 크레파스를 선택한 후 돌아가면서 그림을 그리게 된다. 이때 상담자는 집단 구성원 사이의 역동성을 살펴볼 필요가 있으며, 활동 후 집단 구성원이 함께 작업한 작품에 제목을 붙이고 각자의 개인적 느낌과 집단 속에서의 역동성 등에 대해 이야기해 보는 시간을 갖는다. 이를 그려감에 따라 내담자들은 내적 변화를 하게 되고 내담자의 사고나 감정들에 대한 자신의 의사소통을 확실하게 전달하게 된다.

(7) 자유화 그리기

자유화는 내담자가 매체나 주제를 자신이 스스로 정하여 그리는 방법으로, 진단이나 치료상황 모두에서 사용되는 기법이다. 내담자가 자신이 그리고 싶은 것을 그리기 때문에 내담자의 의식과 무의식을 모두 볼 수 있는 기법이다. 무엇을 그려야 하는지 어려워하는 아동들의 경우 상담자가 간단한 주제를 정해주는 것도 좋다. 예를 들면, 지금 현재의 느낌을 그림으로 한번 그려보라고 하거나 자연 중에 가고 싶은 곳을 그려보라고 제안해 볼 수 있다. 상담자나 다른 집단구성원들의 평가를 두려워하는 구성원이 있다면 상담자는 내담자의 그림에 대한 어떠한 평

그림 5-8 자유화 그리기 1

그림 5-9 자유화 그리기 2

가를 하지 않기 때문에 안전하다는 인식을 갖도록 해주어야 한다. 예로 제시된 그림 5-8 은 유아교사 대상 집단미술치료 프로그램에 참여한 한 여교사의 그림이며, 그녀는 자신이 현재 처해 있는 상황을 그림으로 표현하였다. A선생님은 개인적으로 집안의 경제를 혼자 책임져야 하는 어려움과 유치원 내에서 자신의 발전적인 미래로 향하고 싶은 욕구를 표현하였다. 특히 큰 풍선이 자신이 책임져야 하는 가정의 무게를 표현했다고 얘기했으며, 자신이 이렇게 경제적 책임감을 무겁게 갖고 있었는지 인식하지 못했다고 하였다. 그림 5-9 는 만 6세 여자아이가 집단 가족치료에서 표현한 그림으로, 1년 전에 죽은 엄마를 대신해서 자신을 돌봐주고 있는 보모와 아빠가 서로 좋아한다는 사실에 분노를 가지고 있으며, 아빠 옆에서 아빠가 그리는 그림을 따라 그리다가 자신의 분노를 빨간색으로 칠하는 등 자신의 감정을 그림에 표현하였다. 이처럼 자유화나 주제화는 현재의 기분이나 느낌을 자유롭게 표현할 수 있고 상담자가 이에 대한 내담자의 감정을 파악할 수 있는 데 유용한 기법이라고 할 수 있다.

(8) 협동화 그리기

앞서 제시한 집단 난화 그리기에서처럼, 협동화 그리기는 가족이나 소집단들이 각자 한 가지 색깔의 크레파스를 선택하여 한 장의 종이에 함께 그림을 그리게 하는 집단치료기법이다. 상담자는 내담자들이 그리는 위치와 내용, 그림 순서, 집중 정도, 협동성, 자발성 등을 주의 깊게 살펴보고 관찰해야 한다. 이를 통해 집단체계와 역동성을 분석할 수 있으며, 이 활동을 통해 집단구성원들은 협동심과 의사소통 및 상호작용 능력, 집단에 대한 이해능력을 높일 수 있다. 상담자의 재량에 의해 가족이나 집단 전체가 함께 할 수 있고 이를 소그룹으로 나눠서 실시할 수 있다. 그림 5-10 은 한 가족을 대상으로 집단미술치료 첫 회기에 실시한 아빠와 딸의 협동화 그림이다.

상담자는 아빠, 보모, 첫째 딸(만 6세), 둘째 딸(만 5세)에게 두 명씩 짝을 지어 함께 아무 말 하지 않고 돌아가면서 그림을 그리게 하였다. 이때 큰딸은 보모에 대한 저항을 보이며 아빠와 함께 그림을 그리겠다고 하였고 보모에 대한 애착을 가지고 있는 작은딸은 보모와 함께 그림을 그렸다. 이 그림을 그리는 동안 상담자는 전체적인 가족 역동을 파악할 수 있었으며, 그림을 그리는 동안 각 가족 구성원들의 자리 배치나 그림 패턴 등을 살펴보고 이에 대한 분석을 하였다.

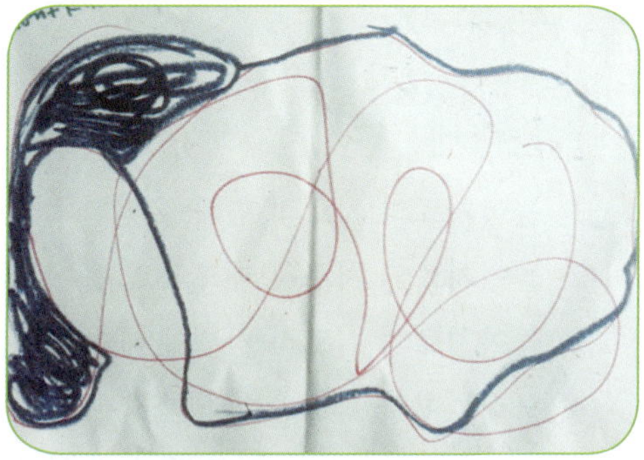
그림 5-10 협동화 그리기

그림 5-11 배 종이접기를 통한 집단활동

이처럼 미술치료기법들은 다양한 매체를 활용하여 때로는 진단 도구로써, 때로는 치료 도구로써 사용되어 왔다. 앞서 제시한 미술치료기법 외에도 내담자에게 도화지를 제시하면서 내담자가 보고 있을 때 테두리를 그어서 제시하는 테두리법이나 산, 강, 바다, 나무, 사람 등을 차례대로 제시하여 그림을 그려서 하나의 풍경이 되도록 색칠하게 하는 풍경구성법 등이 있다. 이 외에도 이를 바탕으로, 박스나 신발 등을 이용하여 가족을 표현하거나 자신이 가고 싶은 미래의 모습을 만들어 보라고 할 수도 있다. 어린 아동들의 경우, 그림 5-11 과 같이 종이접기로 배를 만들고 그 배를 자신으로 상징화하면서 이를 꾸미고 닻을 만들어 정착하고 싶은 곳을 집단이 함께 꾸며보게 하는 것도 한 방법이다. 이처럼 미술치료는 다양한 방법과 창의적인 방법을 고안하여 치료상황에 적용할 수 있는 융통적인 특성을 가지고 있다.

학습주제

1. 놀이치료의 치료적 힘과 유익한 결과를 살펴보자.
2. 놀이치료의 치료적 태도와 반응에 대해 알아보자.
3. 놀이치료의 치료적 방법에 대해 살펴보자.
4. 모래놀이치료의 방법과 특성에 대해 알아보자.
5. 모래놀이치료사의 역할에 대해 알아보자.
6. 모래놀이치료의 치료과정에 대해 알아보자.
7. 마구 소리를 지르며 또래 친구들에게 공격적인 행동을 보이는 7세 유아에게 적절한 미술치료기법은 무엇인지 논의해 보자.
8. 집단으로 미술치료를 진행할 때 한 아이가 아무것도 하기 싫다고 저항을 보일 때 상담자는 어떻게 해야 하는지 논의해 보자.

관련문헌 · 영상물

- 영화 〈카드로 만든 집〉(1993).
- NHK 다큐멘터리 〈Healing children through art〉 일본 쓰나미 지진 이후 아이들을 대상으로 한 미술치료 https://www.youtube.com/watch?v=ghs6l3SgWKw
- 기사, 뉴 노멀 시대의 치매 예방 미술 치료, 여성동아(2020.12.01.일자) https://woman.donga.com/3/all/12/2256818/1
- 0 to 5 in 30 Minutes! Sand Play Therapy
- A short interview with Dr Barbara A. Turner regarding the essence of sandplay therapy
- http://www.youtube.com/watch?v=eezpOkViayA.—Sandplay Therapy With Barbara Turner, PhD
- http://www.youtube.com/watch?v=aWd40dMH70c.—Sandplay – Dora Kalff
- Sandplay Therapy – A Brief Overview 2011. 2. 7.

관련웹사이트

- 분당어린이카운슬링 https://www.icounsel.co.kr
- 원광아동상담소 http:// www.childcounsel.co.kr
- 새길아동청소년상담소 http://www.saegilcounsel.com
- 정인아동청소년상담센터 http://www.jungincc.com
- 만다라평가연구척도(Mandala Assessment Research Instrument) http://www.maricreativeresources.com/mini-mari-test
- 한국놀이치료학회 http://www.playtherapykorea.or.kr
- 한국미술심리치료연구학회 http://kaaps.or.kr
- 한국미술치료상담학회 http://cafe.daum.net/katci
- 한국미술치료연구센터 http://www.katc.org/
- 한국미술치료학회 http://www.korean-arttherapy.or.kr

참고문헌

김보애(2003). **모래놀이치료의 이론과 실제.** 학지사.

김영옥(2013). **만다라 미술치료 워크북.** 비움과 소통.

김춘경(2006). **아동상담(이론과 실제).** 학지사.

노치현, 황영희(1998). **모래놀이치료: 경험과 표현.** 동서문화원.

박성혜, 길은영, 곽진영(2021). **미술심리치료 이론과 실제.** 박영스토리.

신숙재, 이영미, 한정원(2000). **아동중심놀이치료 -아동상담-.** 동서문화원.

심재경 역(1983). **모래상자놀이요법 입문.** 양영각.

야마나카 야스히로(山中康裕), 김유숙(2005). **모래놀이치료의 본질.** 학지사.

유미숙, 이영미, 장미경 공역(1999). **놀이치료 -아동중심적 접근-.** 상조사.

이부영, 권택술(1986). 한국인 성인 정신과 환자에 대한 모래상자놀이 요법의 시험적 적용. **신경정신학, 25**(1), 136-153.

정여주(2007). **미술치료의 이해: 이론과 실제.** 학지사.

한국놀이치료학회. 제35차 학술발표 및 사례발표회 홍종관(대구교육대학교) 아동중심놀이치료를 위한 심리학적 기초.

Amster, F.(1943). Differential uses of play in treatment of young children. *American Journal of Orthopsychiatry, 13*, 62-68.

Axline, V.(1947). *Play therapy: The inner dynamics of childhood*. Boston: Houghton Miffin.

Bixler, R.(1949). Limits are therapy: Journal of therpy. *Journal of Counseling Psychology, 13*, 1-11.

Bradway, K., & McCoard, B.(1997). *Sandplay - Silent Workshop of the Psyche*. Brunner-Routledge.

Brody, V.(1978). Developmental play: A relationship-focused program for children. *Journal of Child Welfare, 57*(9), 591-599.

Csikszentmihalyi, M.(1976). What play says about behavior. *Ontario Psychologist, 8*(2), 5-11.

Esman, A.(1983). Psychoanalytic play therapy. In C. Schaefer & O'Connor(Eds.), *Handbook of play therapy*. NY:Norton.

Guerney, B.(1964). Filial therapy: Description and rationale. *Journal of Counseling Psychology, 28*(4), 303−310.

Guerney, B.(1983). *Client-Centered Play Therapy: Handbook of Play Therapy*, 27−28.

Hanes, M. J.(2008). Signs of Suicide: Using Road Drawings with Inmates on Suicide Observation at a County Jail. Art Therapy Journal of the American *Art Therapy Association, 25*(2), 78-84.

Hug-Hellmuth, Hermine von(1921). On the technique of child-analysis. *International Journal of Child Analysis, 2*, 287.

Jernberg, A. M.(1979). Theraplay. San Fransisco: Jossey-Bass Inc. *International Journal of Psycho-Analysis, 2*, 287-305.

Jung, C. G.(1966). *Two essays on analytical psychology*. Princeton: Princeton University Press.

Kalff, D.(1966). *Sandspiel*. Rascher Verlag.

Kalff, D. M.(1980). *Sandplay: A psychotherapeutic approach to the psyche*. Santa Monica, California: Si Press.

Knell, S. M.(1998). Cognitive- behavioral play therapy. *Journal of Clinical Child Psychology, 27*, 28-33.

Landgarten, H. B.(1981). *Clinical Art Therapy: A Comprehensive Guide.* New York: Rouledge.

Landreth, G.(1991). *Play therapy: The art of the relationship*(1st ed.). Philadelphia: Brunner/Routledge.

Levy, D. M.(1938). Release therapy. *American Journal of Orthopsychiatry, 9*, 713-736.

Lowenfeld, M.(1939). A New Approach to the Problem of Psychoneurosis in Childhood. *British Jurnal of Medical Psychology, 11*, 194–227.

Machioldi, C.(1998). *Understanding Children's Drawings.* Guildford Publications.

Moon, C. H.(2010). *Materials and Media in Art Therapy.* Taylor and Francis Group. New York, NY: LLC.

Moreno, J. L.(1947). Organization of the Social Atom, *Sociometry, 10*(3), 287–293. New York, NY: Sociometric Institute.

Moustakas, C.(1959). *Psychotherapy with children: The living relationship*. New York: Harper & Row.

Nainis, N.(2008). Approaches to art therapy for cancer inpatients: Research and practice considerations. *Art Therapy: Journal of the American Art Therapy Association, 25*(3), 115–121.

Neumann, E.(1964). *The Orgins and dynamics of nascent personality*. New York: Harper Colophon.

O'Connor, K.(1983). The Color–Your–Life Technique. In C. E. Schaefer & K. J.

O'Connor (Eds.), *Handbook of play therapy* (pp. 251 – 258). New York: Wiley.

O'Connor, K. J., & Braverman, L. D.(1997). *Play Therapy-Theory and Practice- A camparative presentation*. John Wiley & Sons, Inc.

Rank, O.(1936). *Will therapy*. New York: Knopf.

Reid, S. E.(1986). Therapeutic use of card games with learning- disabled children. In C.E. Schaefer, C.(1993), *The therapeutc powers of play*. NY: Jason Aronson Inc.

Rubin, A. R.(2009). *Introduction to Art Therapy: Sources & Resources*. Taylor & Francis Group, LLC.

Schaefer, C. & O'Connor K.(Eds.).(1983). *Handbook of play therapy*. NY: Wiley.

Shaia, A.(2001). Sandplay's unitive view. *Journal of Sandplay Therapy, 10*(2), 89–99.

Shepherd, S. R.(2002). The sands of time—and timelessness. *Journal of Sandplay Therapy, 11*(2), 17–34.

Solomon, J.(1938). Active play therapy. *American Journal of Orthopsychiatry, 8*, 479-498.

Steinhardt, L.(1985). Freedom within boundaries: Body outline drawings in art therapy with children. *The Art in Psychotherapy*, 12, 25–34.

Turner, B. A.(2005). Neurobiology and the sandplay process. *Journal of Sandplay Therapy, 14*(2), 99–112.

Waller, D.(2003). Group art therapy: An Interactive Approach. In C. Malchiodi (Ed.), *Handbook of Art Therapy*(pp. 313–314). New York, NY: The Guilford Press.

Weinrib, E.(2005). Introduction to sandplay and creativity. *Journal of Sandplay Therapy, Vol. 14*(2), 49-50.

Weinrib, E. L.(2004). *Images of the Self: The Sandplay Therapy Process*. Temenos Press.

Winnicott, D. W.(1990). *The Maturational Process and the Facilitating Environment*. London and New York: Karnac Books

河合隼雄 · 中村雄二不郎, *The Wisdoms of Sandtray*. (Translated by Woo Jongtae, Eastern Children Consulting Center. 1st Edition. Hakmunhwa, Seoul, 2000).

Chapter

06

아동상담의 다양한 기법

아동을 상담하는 데 사용되는 기법은 매우 다양하다. 상담자는 그 가운데 아동의 발달수준에 맞는 상담기법을 잘 선택하여 사용하는 것이 중요하다. 아동의 발달적 특성은 언어이해와 표현능력이 제한적이어서 비언어적 의사소통이 강조되어야 하며 아동에게 재미있는 방법을 찾으려고 노력해야 한다. 언어적으로 완벽하게 표현하기 어려운 것을 음악이나 기타 다른 매체를 이용하여 내면적인 표현을 할 수 있다. 본 장에서는 현장에서 많이 적용되는 다양한 기법을 소개하고자 한다. 음악을 이용한 음악치료, 치료자와 아동 사이의 활동을 통한 상호작용을 강조하는 치료놀이, 가정에서 부모가 놀이치료사의 역할을 강조하는 부모놀이치료, 게임의 치료적 가치를 강조한 게임놀이치료, 그 외 동물매개치료, 요리를 매체로 하는 요리치료, 식물을 대상으로 하는 활동인 원예치료, 독서의 힘을 통해 치료하는 독서치료 등 다양한 기법의 역사와 개념, 특성, 치료과정, 실제에 대해 구체적으로 살펴보자.

제1절 음악치료

음악은 생리적으로나 심리적으로 인간의 마음을 안정시키기도 하고, 때로는 힘을 북돋아 주기도 하고, 혼란을 주기도 한다. 본능적 욕구를 자극하거나 해소시켜 주기도 하며, 자아를 강화시키고 감정을 발산시키거나 통제하기도 하며, 승화시키거나 풍부한 심미적 경험을 갖게 해준다. 일반적으로 상담이 언어라는 매개체를 사용하여 내담자의 행동변화를 꾀하는 것이라면, 음악치료는 음악이라는 매개체를 사용한다는 특징이 있다. 즉 음악적 효과를 치료에 이용하여 인간의 온갖 경험을 표현하게 한다.

이 장에서는 음악치료의 개념과 기본 전제, 적용영역을 살펴보고 아동발달과의 관계를 살펴보고자 한다.

1. 음악치료의 역사

음악은 인류문명이 시작되면서부터 여러 문화권에서 치료적 힘이 있는 것으로 생각되어 왔고 신체적, 정신적 질병의 치료방법 중 하나로 사용되어 왔다. 선사시대 사람들은 정신과 신체의 건강에 영향을 미치는 음악의 힘을 믿었으며, 고대사회에서는 음악이 원시부족 문화의 한 부분으로 질병치료에 중요한 역할을 담당하였다. 음악치료가 오늘과 같은 전문적인 음악치료로 발달한 것은

20세기 후반부터이다. 음악의 효능적인 적용에 대한 지식의 증가와 함께 음악치료는 많은 병원에서 치료양식의 하나로서 받아들여지기 시작함과 더불어 음악에 대한 다소 주술적인 믿음은 사라지고 병원과 클리닉에서 점차 음악치료의 과학적 연구를 지원하기 시작했다.

건강을 유지, 회복, 향상시키는 음악의 잠재적 가치가 음악치료라는 가시적인 형태로 시작하면서 음악은 개인이 충분히 기능할 수 있도록 돕는 방법 중의 하나로 주목받고 있는데 개인은 물론 사회문화와 환경을 넘어 모든 사람에게 적용될 수 있는 효과적인 도구가 될 수 있다는 것이다.

2. 음악치료의 개념

1) 음악의 의미와 가치

음악치료의 도구가 되는 음악은 세계적으로 널리 펴져 있다는 특성이 있다. 즉, 모든 문화권, 모든 연령의 사람에게 보편적으로 널리 펴져 있다. 인간은 음악을 좋아하고, 듣고, 연주하고, 즐긴다. 더구나 음악은 융통성이 있어서 다양한 개체나 환경, 사회적 계층이나 상황에서 적절히 사용될 수 있다는 특성이 있다. 더 나아가 음악은 인간의 생리적, 신체적 반응을 조장하므로 심리치료의 도구로 사용하기에 적절하다.

음악은 가락, 장단, 화음 등의 요소들이 합쳐져서 하나의 의미를 가진 체계화된 형태로서 이념과 감정을 표현하는 시간적인 소리의 예술이다(김군자, 1998). 음은 생리적으로나 심리적으로 인간의 마음을 조용하게 안정시키기도 하고, 어떤 경우에는 혼란시키기도 한다. 갑작스러운 큰 소리는 공포와 불안을, 잘 다듬어진 음악적인 공명은 즐거움을, 경쾌한 음은 운동적인 활동을 자극하여 긴장을 줄이고, 불협화음과 날카로운 소리는 긴장을 조장시키고 고통을 느끼게 할 수 있다. 생생한 리듬감을 주는 화성적인 음은 정서적인 느낌을 일으키고, 행복을 조장하며, 감정을 흥분시키거나 슬프게 하기도 한다. 또한 음악은 인간의 일상생활에서 즐거울 때 노래를 흥얼거리게 하며 사람들과 어울려 노래를 부르게 하기도 하고, 슬플 때 음악으로 위로를 받기도 하는 등 인간생활을 윤택하게 해 주거나 도움을 준다.

2) 음악치료의 개념

일반적으로 상담이나 심리치료가 언어라는 매개체를 사용하여 내담자의 행동의 변화를 꾀하는 것이라면, 음악치료는 음악이라는 매개체를 사용한다는 특징이 있다. 또한 이러한 치료의 과정에서 음악을 도구적으로 적절하게 사용하여 최적의 효과를 가져오기 위해서는 적절한 교육과 훈련을 받은 전문가로서의 음악치료사가 그 역할을 수행한다. 다양한 음악을 적절한 방식으로 사용할 수 있는 기술과 지식을 갖추고 치료활동을 전개한다.

음악치료란 무엇인가?를 묻는 사람들에게 음악치료를 설명하는 것은 간단한 문제가 아니다. 이에 대해 Bruscia(1989)는 '음악'과 '치료'라는 두 단어가 다양한 내용을 함축하기 때문이라고 하였다. 그는 음악치료를 다음과 같이 정의하고 있다. "음악치료는 치료사가 환자를 도와 건강을 회복시키기 위해 음악적 경험과 관계들을 통해 역동적인 변화를 이끌어내는 체계적인 치료의 과정이다".

Bruscia(1989)는 음악치료의 '체계적인 과정'이라는 점을 강조하고 있다. 즉, 음악치료는 한두 번에 그치는 치료의 형태라기보다는 구체적인 목표를 세우고 단계적으로 치료를 시행해 가는 과정이라는 것이다. 또한 음악치료는 음악적 경험을 통해 내담자의 행동을 변화시키는 데 초점을 두고 있다. 여기서 행동의 변화란 자신감, 사회성, 대인관계능력, 운동능력, 학습능력, 정서적 발달 등 다양한 행동을 말한다.

음악적 경험은 인간의 본능적, 사회적, 정의적, 문화적, 정신적 생활에 매우 중요한 역할을 해 왔다. 음악에는 지적 저항을 느끼게 하는 요소가 거의 없으며 행동을 일으키는 데 어떤 논리의 요소가 없으므로 언어를 이용하는 상담보다 더 큰 치료효과가 있다.

미국음악치료협회에서는 음악치료를 다음과 같이 정의하고 있다.

> "음악치료는 치료적인 목적, 즉 정신과 신체건강을 복원 및 유지시키며 향상시키기 위해 음악을 사용하는 것이다. 이것은 치료환경 속에서 내담자의 행동을 바람직한 방향으로 변화시키기 위한 목적으로 음악치료사가 음악을 단계적으로 사용하는 것이다."

한국음악치료협회에서는 음악치료를 다음과 같이 정의하고 있다.

> "음악치료는 음악활동을 체계적으로 사용하여 사람의 신체와 정신 기능을 향상시켜 개인의 삶의 질을 추구하고 보다 나은 행동의 변화를 가져오게 하는 음악의 전문분야이다."

여러 정의 중에서 공통적인 부분은 음악치료가 음악적 경험 내에서 일어난다는 것과 체계적인 과정이라는 것, 그리고 치료적 접근은 중재와 변화를 목적으로 해야 한다는 점이다. 다시 말해 음악치료는 음악을 이용하여 내담자의 역동적인 변화를 유도함으로써 목표된 신체적 · 정신적 건강을 성취할 수 있도록 도와주는 체계적인 과정인 것이다.

음악치료가 실시되는 영역은 정신질환부터 발달장애, 노인질환 등 다양하며 내담자의 연령층도 어린아이에서 노인에 이르기까지 다양하다. 다양한 질병과 다양한 대상에 따라 음악에 대한 반응이 각각 다르게 나타나므로 음악 자체도 간단히 설명하기 어려울 정도로 복잡하다. 또한 음악의 기능도 다양하므로 음악치료를 정의하는 것은 쉽지 않은 일이다.

그러나 음악치료가 갖추어야 할 조건은 치료적인 목적을 가지고 음악활동을 통하여 역동적인 변화를 이끌어 정신과 신체건강을 유지해야 하며 체계적인 과정을 거쳐서 구체적인 목적과 목표를 설정하는 것이라 할 수 있다.

3) 기본 전제

음악치료에 있어서 기본적인 전제를 살펴보면 다음과 같다.

- **음악성은 선천적으로 내재되어 있다.**
인간은 태내에서부터 엄마의 언어적 특성에 적응해 간다. 엄마가 사용하는 언어의 음색, 높낮이, 강도, 빠르기 등을 통해 정서 상태에 대한 메시지를 받는다. Orff는 인간에게 내재된 음악성인 '기초적 음악'이 있어 선천적으로 율동, 동작, 소리, 노래 등을 이용해 즉흥적으로 음악을 만들어 낼 수 있는 내재된 능력과 음악에 대한 자율적인 표현방법을 가지고 있다고 하였다. 따라서 음악치료의 목적 중 하나는 내재된 음악적 재능을 일깨워서 타고난 잠재력을 개발시켜 주고 음악적 경험 내에서 성장하도록 돕는 일이다.
- **음악적 환경에서 보인 행동은 음악 외적 환경에 전이된다.**
음악적 환경에서 보여주는 행동은 외부세계 즉, 사회적 상호작용에서 볼 수 있는 행동이며, 반대로 그 사람의 사회적 행동성향은 음악적 환경에 노출되었을 때 보이는 행동양상과 많은 부분에서 일치한다는 점이다.
- **음악은 기본적 욕구들을 다루는 힘이 있다.**
사람은 누구나 음악을 감상하고 음악을 통해 자신을 표현하는 기본 소양을 갖추고 있다. 이러한 소양은 성장 발달의 과정 속에서 체험하는 전반적인 학습과 관련된 활동의 기본이 된다고 한다.
- **음악적 활동은 인간의 모든 측면이 관련된다.**
음악적 활동은 인간의 신체 · 운동, 언어와 의사소통, 사회 · 정서, 생리화학적 등 모든 측면과 연결된다. 즉 음악은 일종의 총체적 체험이라 할 수 있다. 따라서 음악적 환경은 아동들의 발달과정에서 중요한 요소가 될 수 있다.
- **음악적 경험은 내재된 동기를 바탕으로 한 인식의 연속성을 유도한다.**

3. 음악치료의 특성

1) 음악치료의 원리

음악이란 감각적인 호소력을 지녔을 뿐 아니라 비언어적인 의사소통 매체이기 때문에 어떤 문화나 사회 속에서도 인간에게 가장 만족을 주는 집단활동의 하나이다. 음악의 적극적이며 부드러운 정서는 사람들을 한데 어우러져 응집시키는 힘을 주며, 음악의 가장 강한 잠재력은 집단 상황에서 발휘된다. Gaston(1968)은 음악의 치료적 기능을 다음과 같이 설명하였다.

- 사회적 승인의 기능이다. 사회적으로 용인받을 수 있는 표현의 수단으로서의 음악, 집단 소속감의 원천으로서의 음악, 상호 협동과 이해의 매개체로서의 음악 등 음악의 이러한 기능이 인간을 치료한다는 것이다.
- 자존감 함양의 기능이다. 음악을 통해 다른 사람과의 좋은 관계를 형성하고 사회적으로 적절한 사람이 되면서 자기만족과 성취감, 자존감, 자아실현 등을 발전시키고 형성하는 수단으로 음악이 사용될 가능성이 매우 높은 치료방법이다.
- 질서회복의 기능이다. 음악의 요소 중 하나인 리듬은 가장 잠재력이 강하고 역동적인 요소로 주기성과 질서가 있어 이를 통해 질서회복의 치료적인 효과를 줄 수 있다. 리듬의 역할은 조직력과 에너지에 있다고 말할 수 있다.

2) 음악치료에 영향을 주는 음악적 요소

음악치료에 영향을 주는 음악적 요소들은 크게 리듬, 음정, 화성, 음색, 강도로 구별할 수 있다. 이 요소들은 상징적이거나 지적인 의미를 가지고 있지 않음에도 음악이라는 정서적 감동의 힘으로 막강한 영향력을 행사한다.

(1) 리듬

리듬 없이는 음악이 존재하기 어렵다고 할 만큼 리듬은 음악에 있어 중요한 요소이다. 리듬의 주요 기능은 순서와 질서를 주는 것이다. 인간은 생리적으로 호흡과 맥박이라는 일정한 리듬의 바탕 위에 생체리듬을 형성하고 있다. 아이는 태내에서부터 엄마의 심장박동 소리를 들으며 발달해 왔으므로 박자에 대한 의식을 가지고 태어났다고 할 수 있다. 따라서 음악의 기본 요소인 리듬에 대해 자연스럽고 태생적인 반응을 보인다. 리듬이 치료적 요소로 사용되는 경우 개인의 리듬적 기능을 향상시키는 역할을 주로 하게 되는데, 대근육과 소근육의 움직임, 걸음걸이의 훈련, 긴장의 이완을 효과적으로 할 수 있다.

(2) 음정

음의 높낮이는 멜로디의 기본이 되는 세부 요소의 하나이다. 음의 높낮이를 정확히 이해하는 능력은 자신의 음성으로 음을 정확히 내는 능력과 음을 정확히 구별하는 능력을 말한다. 음의 높낮이 차이가 큰 폭으로 나타날 경우 자극적인 효과를 가져오며 낮은 차이는 편안하여 이완적인 효과가 있다. 신경질적인 사람에게 높은 음정이 계속되거나, 에너지 충전이 필요한 사람에게 낮은 음정을 계속 듣게 될 경우 부정적인 영향을 준다.

(3) 화성

화성이란 두 가지 이상의 음이 동시에 소리가 날 때 맺어지는 관계를 말한다. 화성의 진행에 따라 사람들은 여러 가지의 느낌으로 음악을 받아들이게 된다. 화성의 변화는 음악이 추구하는 의미를 전달하며, 곡의 시작부터 끝까지의 시간적 진행을 담당한다. 조화로운 화성은 아동에게 정서적인 만족감을 준다.

(4) 음색

음색이란 소리의 독특한 음질에 의한 소리의 차이점을 말한다. 모든 종류의 악기는 서로 다른 음색을 가지고 있으며, 사람들의 목소리도 모두 다른 음색을 가지고 있다. 음색은 악기들의 특성을 구별시켜 주는 음악의 요소이다. 동일한 악기일 경우에도 각각의 악기가 내는 소리도 듣는 사람에 의해서 음색의 차이를 느끼므로 다르게 들릴 수 있다. 굵고 저음의 소리, 가늘고 높은 소리, 거칠고 강한 소리, 맑은 소리 등 다양한 음색의 소리가 있다. 음색은 사람들의 주관적 설명에 따라 묘사되는 특성을 가지고 있다.

(5) 강도(세기)

강도는 진동의 폭에 의존하며 진폭이 크면 음량이 불어나고 소리의 전달력이 확대된다. 음악의 역동성 중에서 가장 먼저 발달시키는 것이 음악의 강도이다. 소리의 강도는 음악의 효과를 내는 데 있어서의 역할이 크다고 할 수 있다. 강한 음은 허약하고 소극적인 사람들에게 적극성을 도모할 수 있게 해주며, 부드러운 음향은 친밀감과 안전한 분위기를 느끼게 해 주어 사람들이 편안함을 갖도록 한다.

3) 음악의 치료적 요소

① 음악은 인간의 생리적 변화를 이끌어냄으로써 신체에 영향을 준다.

- 생리적 변화를 가져온다(최병철, 2006).
  우리가 듣게 되는 수많은 음악은 청각과 시각에 자극을 주며 자율신경계의 반응을 유발한다. 이러한 신체 · 생리적인 반응은 신체적인 활동을 발생시킨다. 예를 들면, 음악은 맥박과 호흡, 혈압 등에 영향을 주어 단조의 곡이나 반복적인 멜로디가 제시되면 신체는 이완되고 맥박과 심장박동이 느려지고 차분해진다.
- 청각과 촉각적인 자극을 줌으로써 주의를 집중시키며 학습을 증진시킨다. 아름답고, 새롭고, 흥미로운 청각적 자극은 주의집중이 더 잘 이루어진다.

- 리듬은 근육 조절을 촉진시킨다.
  정기적인 리듬의 신호를 통해 근육 조절을 촉진시켜 신체적인 움직임을 조절한다.
- 음악은 심리생리학적 요인들에게도 영향을 미친다.
  악기연주와 같은 활동은 신체적 움직임을 자극하는 등 높은 동기유발의 요소가 된다.

② 음악은 정서에 영향을 준다.

- 음악은 정서적 변화를 가져오며 기분을 형성시킨다.
  음악은 인간에게 즐거움과 만족을 주기도 하고 반면에 우울하고 불안한 마음을 조장하는 등의 기분을 형성한다.
- 음악은 자기표현의 도구가 되기도 한다.
  음악은 대화를 통해 표현할 수 없는 감정이나 생각들을 표현해 주는 매개체가 되어 감정의 전달수단이 된다.
- 음악은 정서와 접촉하고 통합되도록 돕는다. 따라서 음악은 감정표현의 출구이자 감정적으로 혼란스러운 사람들을 위한 치료적 도구로서 잠재력을 가지고 있다.

③ 음악은 사회적인 상징으로서 집단과 개인에게 영향을 준다.

- 인간은 음악을 통해 사회문화적인 현상을 표현한다.
  음악은 사회문화적인 현상에 대한 상징적인 의미를 전달하는 수단이 된다. 음악의 관념적인 상징으로서의 사용은 같은 문화적 배경을 가진 사람들이 공유할 수 있는 의미를 내포하고, 충분한 정보의 전달자로서의 역할을 한다. 각 문화는 느낌, 문화적 가치 또는 추상적인 이념들을 자신들의 음악적 상징을 통해 표현할 수 있다. 따라서 음악을 치료적인 목적으로 사용할 때는 내담자가 속한 문화적 배경을 이해하고 고려하는 것이 필요하다.
- 음악은 사회기관과 종교의식을 확인시키는 역할을 한다.

- 음악은 문화의 전달에 기여한다.
- 음악은 사회의 통합에 기여한다.
  합창단이나 밴드, 오케스트라 등의 음악적 활동들은 협동과 조화를 위한 단결력을 요구한다. 따라서 사회적 관계가 제한적이고 어려운 사람들을 대상으로 음악치료는 사회적 관계를 형성하게 해주고 그들 간의 사회적 통합의 계기를 마련해 준다.

④ 음악은 심미적인 즐거움을 제공해 준다.

- 아름다운 음악을 감상함으로써 즐거움을 경험한다.
  내적으로 아름답고 가치있는 음악을 통해 개인의 정서가 풍요로워지고, 문화가 풍부하게 형성된다. 음악에 대한 지식, 예술적인 기능과 능력을 소유하지 못한 사람에게조차도 즐거움과 재미를 가져다준다. 음악은 인간의 기본적인 욕구인 즐거움의 욕구를 채워 주는 활동이며 성공적인 심미적 경험을 함으로써 자아실현을 통한 자기존중감의 향상을 가져올 수 있다.
- 정신건강을 향상시키고 스트레스를 감소시킨다.
  정서적인 장애를 가진 아동들이 심미적인 음악활동에 참여함으로써, 스트레스의 감소, 자아실현 등의 필요를 채울 수 있다. 음악은 다양한 방식으로 인간 삶의 질에 공헌하는 미적인 예술 형태이다.

4) 음악치료의 과정

음악치료의 과정은 내담자의 문제 확인 및 정확한 진단과 평가, 내담자가 지닌 문제해결을 위한 치료목적과 목표설정, 목표달성을 위한 음악활동 계획, 치료활동 적용 및 평가를 하는 것이다.

(1) 진단과 평가

음악치료를 시행하기 전에 반드시 내담자의 현재 상태와 무엇을 필요로 하는지를 알아야 한다. 내담자가 지닌 특정한 문제점, 장점, 약점 등을 알기 위해 내담자의 성장과 발달과정, 가족의 구성, 개인적 병력, 교육 수준 등을 검토한다. 내담자에게 필요한 영역에 대한 정보수집을 한다. 음악활동을 통해 나타나는 내담자의 발달, 사회성, 운동력, 청력 그리고 의사소통 수준 등을 관찰한다.

더 적극적이고 구체적인 방법으로는 내담자가 살아온 환경 속의 소리와 음악을 깊이 있고 자세하게 알아보는 방법이다. 예를 들면 태아기 때의 소리 경험, 생후 초기 며칠간의 소리 경험, 엄마의 신체운동과 자장가, 아동기의 소리환경, 소리와 소음에 대한 부모와 아동의 반응, 가정 내의 일반적 소리 등에 관한 것이다. 이는 음악에 대한 친밀감 내지는 거부감을 알아볼 수 있다.

(2) 치료목적과 목표설정

음악치료의 목적은 청각개념의 발달, 시각개념의 발달, 소근육 · 대근육 운동기술의 발달, 언어발달, 사회성 기술의 발달 등이며, 다른 각도에서는 사회심리, 운동심리, 생리학 분야까지 음악치료가 적용된다. 내담자의 상태에 따라 대표적인 목적 한 가지를 설정하는 것이 좋다.

음악치료의 행동목표에는 치료조건, 대상 내담자, 기대되는 행동, 기준의 네 요소가 필요하다

- 치료조건 : 음악치료를 위해 제공되는 치료행위를 말한다.
- 대상 내담자 : 치료받을 내담자(집단별, 개인별)를 말한다.
- 기대되는 행동 : 주어진 치료적인 조건에 대한 반응을 말한다.
- 기준 : 기대되는 행동의 반응을 측정하는 기준을 말한다.

(3) 음악활동 계획

음악활동 계획은 설정된 목표달성을 위한 음악활동 계획과 음악 외적 목표달성을 위한 음악활동 계획으로 구분하여 세운다. 다양한 음악경험, 즉 노래하기, 악기연주, 음악 만들기, 음악에 따라 움직이기, 음악에 관해 토의하는 활동들을

치료목적에 맞게 사용한다. 활동계획을 작성할 때는 다양한 활동을 조화 있게 작성하며 다음의 세 가지 요소를 유의하여 계획한다.

- **일관성**(routine) : 매주 같은 집단으로 고정할 경우 같은 노래와 같은 양식으로 시작하고 끝맺어야 안정감을 갖게 되고 당혹감, 불안감에서 벗어난다.
- **반복**(repetion) : 자신감을 주고 부담 없이 치료자를 따를 수 있도록 반복적인 음악 형식을 이용한다. 론도 형식을 반복하면 긴장이완을 하게 하여 마음이 열리게 된다. 몸과 마음이 이완되고 맺힌 부분이 풀려야 마음을 열고 변화를 수용하게 된다.
- **해결**(resolution) : 성공적인 종결을 의미한다.

(4) 치료활동의 적용과 내담자의 반응 평가

문서상으로 잘 짜여진 활동계획이라도 실제 내담자에게 혜택을 주지 못하면 계획을 수정하여야 한다. 음악치료의 평가는 전반적인 면에서 진전이 있고 성취되었다는 성공의 정도를 측정하는 것으로서, 각 회기별 기록을 평가하거나 회기별 비디오 테이프나 오디오 테이프를 분석하는 방법 또는 표준화된 심리검사로 사용하는 등의 다양한 방법이 있다.

5) 음악치료의 효과

음악의 치료적 효과를 열거하면 다음과 같다.

① 또래관계 발달을 통한 사회성 증진

음악치료가 주로 집단활동의 형태로 진행되는 것은 아동들로 하여금 다른 아동과의 관계를 형성하면서 집단의 한 구성원으로서의 역할수행을 경험하게 하기 위한 것이다. 치료를 요하는 아동들이 대부분 사회성 부족을 겪고 있으므로 집단활동은 아동들의 또래관계를 형성시키는 데 효과적이다.

② 비언어적 교류수단으로서의 효과

아동은 음악을 통해 자유롭게 자신을 표현할 수 있다. 따라서 언어발달에 제한이 있는 정신지체아나 자폐아 등의 언어문제를 가진 아동에게 유용한 치료방법이다. 특히 자신이 표현한 내용을 다른 사람에게 직접적인 판단을 받지 않을 수 있는 환경이 아동에게 편안함을 제공한다.

③ 성취감을 통한 자긍심의 증진

음악치료 집단활동에 참여하는 아동은 자신의 음악적 기술에 구애받지 않고 누구나 쉽게 연주할 수 있는 악기들을 다루게 된다. 이러한 활동은 아동으로 하여금 다른 아동과 동등한 역할을 하고 있다는 인식을 하게 하여 성취감과 더불어 스스로에 대한 신뢰와 만족감을 느끼게 한다.

④ 자신의 감정을 조절하는 경험 제공

아동은 음악을 통해 슬픈 감정이나 기쁜 감정, 언어로 표현할 수 없는 미묘한 감정까지도 표현할 수 있다. 이러한 활동을 통해 자신의 현재 감정을 확인하고, 자신이 원하는 행동변화를 위한 감정으로 수정할 수 있다. 이런 정서 수정의 과정을 통해 자신의 감정도 자신이 통제할 수 있다는 인식을 갖게 한다.

⑤ 자신과 타인에 대한 책임감 증대

핸드벨이나 즉흥연주 활동에서는 자신의 역할이 전체 활동에 중요하게 작용한다는 것을 느끼게 된다. 주어진 역할을 제대로 하지 않았을 때는 연주가 중단되기 때문에 자신의 행위에 대한 책임감을 인식함과 더불어 주어진 역할을 잘 수행하는 것이 얼마나 중요한지 알게 된다.

⑥ 사회적으로 허용되는 형태의 협동과 경쟁의 경험

일반적으로 경쟁은 다른 사람을 희생시키면서 승리를 하는 것으로 인식되지만, 음악에서의 경쟁은 다양한 음악적 양식(합창, 돌림노래 등)을 통해 모두 함께 협동하면서도 경쟁하는 경험을 제공한다.

⑦ 주의집중력과 기억력의 향상

음악치료는 치료자의 지시에 따라 진행되므로 치료자의 지시내용에 주의를 기울여야 한다. 또한 음악감상 후에 이루어지는 활동에서 악기 알아맞히기, 음색의 구별 등에서는 주의집중과 더불어 기억을 잘 해야 하므로 산만한 아동에게 음악활동은 주의집중과 기억력을 높이는 데 효과적이다.

⑧ 치료적 환경에 필요한 즐거움과 오락 제공

음악활동은 아동들에게 즐거운 마음을 갖게 하므로 우울하고 위축된 아동들도 쉽게 두려움을 떨쳐내고 치료에 임하게 하여 치료실의 분위기를 부드럽게 만들어 준다. 재미있는 음악활동으로 진행되는 치료과정에서 아동이 경험하는 기쁘고 즐거운 마음은 일상생활에까지 영향을 줄 수 있다.

4. 음악치료의 실제

1) 음악치료실 환경

음악치료실은 가능한 외부 소음의 영향을 받지 않도록 방음시설이 되어 있어서 치료를 받는 아동들이 음악을 경청하는 데 지장을 받지 않게 해야 한다.

방의 크기는 너무 크거나 작지 않게 하여 아동이 편안한 자세로 치료에 임하도록 해야 한다. 일반적으로 피아노 등의 악기를 들여놓고 편안히 앉을 수 있는 크기의 방이면 적당하다. 조명도 따뜻한 분위기로 조성하며 피아노는 방 한가운데 있어서 내담자의 치료실에서의 활동이 자유롭고 넓어야 한다. 피아노의 높이는 치료자가 내담자의 활동을 볼 수 있도록 아주 낮은 것이 좋다. 산만한 내담자나 집중력이 부족한 내담자를 위해서는 특별히 제작된 의자를 사용한다. 악기방은 치료실 옆방에 있어서 순간적으로 악기를 바꾸어야 할 때 쉽게 교체할 수 있는 것이 좋다(김군자, 1998).

2) 음악치료 도구

음악치료에 사용되는 악기는 음악적인 또는 소리를 내는 모든 악기가 포함된다. 정영조(2002)는 효과적인 음악치료를 위해 사용되는 악기는 다음과 같은 특징을 갖고 있어야 한다.

- **다루기 쉬워야 한다.**
  음악치료의 현장에서 내담자들이 저항 없이 선택하려면 다루기 쉽고 편안해야 한다.
- **움직이기 쉬워야 한다.**
  일반적으로 치료실에서 세션이 진행되지만 외부의 적절한 장소에서도 사용할 수 있어야 하고, 치료의 장에서 움직이기 쉬워야 한다.
- **소리가 멀리 퍼져야 한다.**
  소리가 안으로 향하지 않고 밖으로 확산되어야 한다. 악기의 치료적 가치는 악기의 울려 퍼짐의 정도와 관련된다.
- **모양과 재료가 원시적일수록 이상적이다.**
  원시적 악기는 주로 타악기, 예를 들면, 실로폰, 마림바, 시스트라 등이다. 반면 플룻, 바이올린, 기타 등은 그에 비해 더 복잡한 멜로디 악기에 속하고 특별히 배워야 한다. 따라서 치료가 시작되고 시간이 얼마간 지난 후에 점차적으로 포함시키는 것이 좋다. 피아노, 오르간 등은 더 복잡한 악기로서 언어적 의사소통에 버금가는 기간이 필요하다.
- **소리가 날 가능성이 확실하고 리듬과 멜로디의 구조를 이해할 수 있어야 한다.**
  일반적으로 아동에게 사용되는 악기는 리듬악기들이 좋고, 장구, 징, 북, 꽹과리, 목탁 등 우리나라 악기들도 사용할 수 있다. 음악치료에는 타악기, 목관악기, 피아노, 현악기 등 다양히게 사용되며, 일상생활에서 쉽게 구할 수 있는 물건을 악기로 만들어 쓰는 것은 더욱 창조적인 방법이라 하겠다. 예를 들어, 깡통에 모래를 넣어 사용하거나 라면봉지를 부스럭거리는 것 등이 이에 해당한다.

3) 음악치료사의 역할

음악치료사는 심리치료사로서 인간적 자질과 전문적 자질을 갖고 있어야 한다. 인간적 자질은 상담자의 자질에 대한 부분을 참고로 하며, 여기서는 전문적 자질에 대한 부분만 중점적으로 살펴보고자 한다.

음악치료사는 어느 정도 기본적인 음악적 능력을 갖추고 있어야 한다. 음악을 도구로 사용하기 위해서는 소리와 음악, 그리고 움직임에 대한 이론적 배경과 실제적 지식이 풍부해야 한다. 또한 자신을 음악으로 표현할 수 있어야 하며, 음악을 통해 의사소통을 할 수 있는 능력이 있어야 한다.

4) 음악치료 활동

음악치료는 치료자가 치료적 목적을 달성하기 위해 내담자와의 관계 속에서 음악을 도구로 사용하는 것이다. 치료의 목표는 내담자의 행동변화와 관련된 것으로 음악치료사는 치료하기 전에 반드시 내담자의 증상을 정확히 파악한 후 이에 맞는 치료적 중재를 계획하며 이후 음악치료활동을 실행한다.

음악치료활동은 표현활동을 중심으로 한 치료활동과 감상활동을 중심으로 한 치료활동, 그 외 음악을 도구로 하는 활동으로 구분할 수 있다. 표현중심 치료활동은 연주 형태로서 음악집단활동, 즉흥연주활동, 창작 · 작곡 · 노래 만들기 활동 등이다. 감상중심 치료활동은 적극적인 음악감상과 인식활동, 음악감상과 상상활동, 그리고 음악감상과 말하기 유도활동, 배경음악을 사용한 다른 활동이 있다. 마지막으로 그 외 음악을 도구로 하는 활동에는 삶을 위한 리듬활동이 있다(정현주, 2005; 최병철, 2006).

(1) 음악 연주

가장 일반적으로 행해지는 음악활동으로 미리 작곡된 성악곡이나 기악곡을 특정 악기나 목소리로 재창조해 가는 과정을 의미한다. 또한 계획되어진 음악활동이나 음악게임도 여기에 포함될 수 있다. 내담자가 자신이 좋아하는 가요나 동요를 부른다거나 기악합주에 집단의 일원으로 참여하는 등의 활동이 대표적인 음악연주 활동이다.

악기를 배우고 가르치는 활동과 연주활동, 그리고 함께 노래 부르기, 합창, 합주하기 등의 음악활동으로 음악치료사가 음악활동을 통해 내담자의 행동변화를 갖게 하는 것이다.

① 노래 부르기

노래 부르기는 아동으로 하여금 노래의 속성(음역, 높낮이, 음의 크기, 악절 나누기, 표현)에 주의를 기울이면서 동시에 다른 아동과 상호작용할 수 있도록 만든다.

집단으로 노래 부르기는 공동의 목표, 심미적 경험을 서로 나누어 가지게 하므로 집단구성원에게 연대감을 주고 동료애를 증진시킨다. 집단노래활동은 치료의 시작으로 매우 좋은 방법이다. 노래활동이 치료적이려면 노래 선택이 매우 중요하다. 어느 누구에게나 저항감을 주지 않는 노래를 선택해야 한다.

② 악기 연주하기

악기 연주는 적극적인 참여를 유도하는 음악경험 중 하나로서 기존의 음악을 다양한 악기로 연주하는 활동과 새로운 음악을 창작하여 연주하는 활동을 모두 포함한다. 악기 연주하기의 목표는 연주활동을 통해 과제수행력과 문제해결능력과 같이 참여과정에서 나타날 수 있는 변화를 중심으로 한다.

악기를 치료에 사용하는 본질적인 측면은 그것이 정서 상태에 영향을 줄 수 있을 뿐만 아니라 감정표현의 배출구로서 기여할 수 있다는 데 있다.

(2) 음악감상

내담자가 음악을 듣고 그 음악적 경험에 무언으로 혹은 언어로, 아니면 그 외 방법으로 반응하는 것을 뜻한다. 이때 사용되는 음악은 생음악이거나 미리 녹음되어 시중에 판매되는 음악 작품들, 혹은 내담자가 미리 연주해 녹음된 즉흥곡 등 그 종류가 다양하다. 음악의 스타일로 말하자면 클래식에서부터 재즈, 종교적 음악, 뉴에이지 음악 등 다양한 종류의 음악이 음악감상에 이용될 수 있다. 모든 사람이 감상활동을 이용한 음악치료를 받을 수 있는 것은 아니며 집중력이 있어 음악을 끝까지 들을 수 있는 내담자만이 음악감상을 통한 음악치료에 참여할 수 있다.

(3) 즉흥연주

즉흥연주는 치료자가 내담자에게 규칙, 체계, 주제 없이 자신이 원하는 대로 즉흥적으로 연주하도록 하면서, 내담자에게 절대적인 자유를 주는 것이다. 즉, 내담자가 선율이나 리듬, 노래 혹은 기악곡을 사전에 작곡된 악보 없이 즉흥적으로 연주하는 방법을 의미한다. 즉흥연주는 음악치료적 접근의 한 부분으로 사용되며, 감상, 연주, 기록, 동작이 포함된다. 여기서 악기는 치료자와 내담자 관계에 중요한 역동적 기능을 제공하기 때문에 악기의 사용이 매우 중요하다.

즉흥연주활동의 효과는 내담자 개개인의 감정적 경험을 즉각적으로 표현하도록 도우며, 이러한 감정표현과정을 통해 내담자는 감각의 세련화, 현실에의 적응, 창조력, 질서와 협동심 등을 받아들이게 된다.

(4) 창작활동(작사 · 작곡)

아동은 치료자나 동료의 지도 없이도 자연스럽게 음악활동을 수정한다. 독특한 음악활동을 개발하는 방법에는 노래가사를 만들어 보거나 새로운 멜로디를 만들어 보고, 새로운 화음을 선택하거나 독특한 소리를 내어 보며, 다른 사람과 음악으로 서로 의사소통하는 상징 등을 만드는 것을 생각해 볼 수 있다. 즉, 치료사의 도움을 받아 노래를 작사/작곡하거나 기악곡을 작곡하는 음악치료 방법을 의미하며, 뮤직 비디오나 테이프를 만드는 작업도 여기에 포함된다.

전형적인 음악치료 집단에서는 간단한 노래를 만들어 노래를 통해 질문하고 내담자의 답을 듣는 방법을 사용한다. 이는 언어로 의사소통하는 것보다 훨씬 효율적으로 내담자와 유대관계를 형성하면서 자연스럽게 학습을 진행하도록 해준다. 그 외 간단한 노래에 자신의 느낌을 넣어 노래하기도 한다. 이때 사용하는 노래곡은 내담자에게 익숙한 곡으로 해서 오랫동안 기억하고 비슷한 어려움을 당할 때마다 이 노래를 통해 어려움을 극복하게 하는 경우도 있다.

음악치료 체험의 예를 들면 다음과 같다.

프로그램명	아동을 위한 음악활동
목 적	• 긍정적인 정서함양, 자긍심, 사회교류 기술, 집중력 향상 • 대 · 소근육 운동력, 자기표현 기술 향상, 언어 유발 등
방 법	악기 연주, 노래 부르기, 감상, 창작, 동작활동, 음악과 동화
준 비 물	기타/키보드, 다양한 올프악기, 대형 · 소형 컬러 스카프, 배경음악 등

1. 환영의 노래

- 작곡된 익숙한 노래로 인사 나누기를 유도한다.
- 치료사, 동료 간의 사회교류 기술 향상
- 몸 조절 향상, 대 · 소근육 운동 향상
- 주먹 쥐고, 손가락 인사

2. 치료사의 즉흥 노래 지시에 따라 동작하기

- 노래 지시에 따라 언어 유발(올바른 호흡에 따른 발성과 발음교정), 시각 추적 및 협응을 통해 집중력, 몸 조절 향상, 대 · 소근육 운동 향상을 시켜 준다.
- 아에이오우, 바나나, 코코아, 우유, 꼬부랑 할머니

3. 구조적인 악기 연주

- 노래지시에 따르는 언어 유발(올바른 호흡에 따른 발성과 발음 교정) 향상, 사회교류 기술(집중을 통한 순서 지키기) 향상 등

〈표 계속〉

- 계절에 따른 익숙한 노래를 부르며 치료사의 시범 동작에 따라 동작을 한다.
- 노래 지시에 따라 앞으로 나와서 지시한 악기를 연주한다.
- 노래를 부르며 자신의 순서에 동작 또는 악기를 연주한다.

4. 음악과 활동

- 그림동화를 통한 음악활동은 정보를 전달하는 매개체로 즉각적이고 지속적으로 동기부여를 해주어 자신의 생각을 말과 동작, 그림과 악기 연주로 표현을 하여 얻은 음악적 경험은 즐거움을 유발시켜 주고 이에 따라 집중력, 상상력, 창의력을 길러주고 신체적으로는 몸조절 향상, 대 · 소근육 운동을 향상시켜 준다.

5. Listening .... 적극적인 음악감상

- 음악을 들으며 변화되는 음악의 요소에 따라 자신의 악기, 스카프 또는 신체를 통해 표현을 한다. 예) 브람스 헝가리 무곡

6. Good-Bye Song을 부르면서 활동을 마친다.

- 오늘의 활동에 대해 자신의 느낌을 말한다.

제2절 치료놀이

당신의 아이들은 당신의 소유가 아닙니다.
그들은 당신을 거쳐 태어났지만 당신으로부터 온 것이 아닙니다.
당신과 함께 있지만 당신에게 속해 있는 것은 아닙니다.

– 칼릴 지브란 –

치료놀이는 생애 초기의 엄마와 아이의 건강한 상호작용을 기본적인 모델로 하고 있으며 말을 배우기 이전 단계에 눈맞춤, 신체접촉, 얼굴표정 등의 전언어적 의사소통을 활용하여 건강한 관계맺기, 자아존중감과 신뢰감을 증진시킬 수 있는 아동상담의 한 방법이다.

이 장에서는 부모와의 애착에 어려움이 있어 힘들어하는 아동을 위한 치료방

법인 치료놀이의 개념 및 원리와 적용대상, 적용방법에 대해 알아보고자 한다.

1. 치료놀이의 역사

1960년대 후반, 미국 헤드스타트(Head Start) 운동의 일환으로 시작된 치료놀이는 아동의 건강한 심리적 발달을 위해 고안된 심리치료 접근법이다. 빈곤층 아동들의 학습능력 향상을 위해 시작된 헤드스타트 운동은 이들의 문제가 학습부진뿐만 아니라 심리적 문제가 심각함을 깨달아 이들을 돕기 위한 효과적이면서도 직접적인 치료법을 개발하게 되는데 이것이 바로 Jernberg(1979) 박사가 건강한 부모-자녀관계를 기초로 고안해 낸 치료놀이다. 치료놀이는 아동발달 초기 단계의 놀이로서 부모와 아동이 함께 관계를 형성하는 놀이를 통해 신체적 · 구체적 · 지금-여기의 경험을 강조한다.

Jernberg(1979)는 아동이 자기를 확신하고 부모가 자녀를 이해하도록 돕고자 했다. 그래서 부모가 아동들과 좀 더 원활한 상호작용을 하여 좋은 관계를 형성할 수 있도록 하였고 그러기 위해 부모에게 아동의 발달, 부모의 역할, 구체적인 제언 등을 제공하고자 치료놀이 접근을 만들었다. 치료놀이는 성인과 아동의 신체접촉과 눈맞춤을 강조하고 안고 흔들기, 노래 부르기, 껴안기 등의 양육적인 관계에 초점을 두고 있다. 재미있고 직접적인 방법으로 아동의 신체적 자아와 심리적 자아의 성장을 도모하고 정서적 어려움을 해결하게 한다. 또한 단기적이고 직접적인 놀이를 통한 심리치료 방법으로서 주요 목적은 건강한 애착과 자존감을 증진시키고 다른 사람에 대한 신뢰를 갖게 하는 것이다. 치료놀이의 기법을 훈련시켜 다양한 상황에 적용하여 프로그램의 효과를 입증하면서 치료놀이가 세계 각지에 퍼지게 되었다. 치료놀이는 영아의 삶을 가치있게 하며, 영아의 건강한 발달과 부모와의 관계의 중요성과 성인의 책임을 강조하는 특성이 있다.

2. 치료놀이의 개념

치료놀이는 건강한 부모-영아관계를 기반으로 하고 있으며, 생의 초기 애착 형성방법인 신체적 접촉을 강조하여 구체적이고 직접적인 상호작용 방법을 재경험시키기 위한 놀이활동을 이용하여 치료를 하고자 한다. 놀이 상황 속에서 자연스럽게 상호작용하면서 구조 및 규칙을 통해 아동 스스로 통제할 수 있게 하는 기법이다.

1) 생존을 위한 신체접촉

영아의 울음은 어머니의 주의를 집중시키는 고통 신호로 여겨진다. 영아는 울거나 미소짓기, 옹알이하기, 붙잡기, 매달리기 등 자신의 생존에 필요한 부모의 보살핌과 보호를 이끌어 낼 수 있는 여러 가지 유발 자극을 생득적으로 가지고 있다. 이런 행동은 주 양육자로 하여금 아기에게 접근해서 보살피고, 상호작용하도록 격려할 뿐만 아니라 아기를 먹이고 위험으로부터 보호하고, 건강한 성장에 필요한 자극과 애정을 기울이게 한다. 이를 통해 영아는 자신의 욕구가 충족되고 심리적 안정을 얻게 되어 세상에 대한 안심과 자신감을 얻는다. 영아의 생존을 위한 신체적 접촉은 건강한 발달을 위한 애착형성으로 연결되어진다.

2) 건강한 발달을 위한 애착형성

애착이란 영아와 양육자 간에 형성되는 친밀한 정서적 유대감을 말한다. 애착은 주위 환경에 적응하는 데 필요한 요소로서, 애정이나 사랑과 같은 긍정적 정서의 의미를 지닌다. 영아가 특정 인물에게 애착을 형성하게 되면 그 사람과 있을 때 기쁨을 느끼고, 불안한 상황에서 그의 존재로 인해 위안을 받는다.

안정된 애착형성은 영아의 건강한 발달의 전제조건이 되는데, 인지 · 정서 · 사회성 발달에 중요한 영향을 미친다. 일반적으로 안정된 애착관계를 형성한 영아는 상징적인 상상놀이를 더 많이 하고, 문제해결 상황에서도 과제에 호기심을 보이며 집중한다는 연구결과도 있다. 또한 유아기에 자신감, 호기심, 타인과의 관계에서 긍정적인 성향을 보이는 것으로 나타났다. 아동기에 접어들어서는 도전적인 과제를 잘 해결하고, 좌절을 잘 참아내며, 문제행동을 덜 보이는 것으로 나타났다. 뿐만 아니라 영아기에 형성된 애착은 이후 주변 세계에 대한 신뢰감으로 확대되기도 한다. 따라서 양육자의 역할을 보완하는 교사는 영아로 하여금 양육자에 대한 좋은 감정을 갖도록 하는 친밀한 관계의 모델을 만들어 가야 한다.

3) 관계형성을 위한 놀이 경험

놀이는 재미있고 다양한 신체접촉을 할 수 있는 활동으로 이루어져야 하며, 발달에 적합한 놀이 경험이 제공되어야 하고, 다른 사람과 자연스럽게 어울릴 수 있게 한다.

즐거운 놀이 경험은 안정된 애착을 형성하도록 도우며, 나아가 타인과의 바람직한 관계를 증진시키는 사회화의 기초를 이루게 된다. 치료놀이를 통해 영아와 긴밀한 관계를 맺음으로써 영아들을 정확하게 평가할 수 있으며 영아들이 다른 사람과의 관계를 형성할 수 있도록 돕는다.

3. 치료놀이의 특징

치료놀이는 건강한 부모와 자녀의 자연스러운 관계를 기반으로 형성되었다. Jernberg와 Both(1999)는 치료놀이가 효과적인 이유를 다음과 같이 설명하고 있다.

- **관계의 발달**

  치료놀이는 치료자와 함께하는 놀이를 통해 아동이 부모와 건전한 관계를 형성하도록 도움으로써 관계를 발달시킬 수 있다. 치료놀이는 놀이 그 자체로 인간발달 초기 단계의 놀이를 통해 구체적이면서도 신체적인 그리고 지금-여기의 경험을 강조한다.

- **성인의 책임**

치료놀이에서는 성인이 아동과 함께 함으로써 그 상황을 책임지면서 상호작용을 유도해 간다. 성인과 함께 하는 치료놀이 활동의 즐거움은 아동이 타인과 관계를 맺는 것을 도와줄 뿐만 아니라 성인이 주도함으로써 안전한 환경을 경험하는 데 있다. 치료놀이의 초기 발달적 접촉놀이는 아동의 퇴행욕구를 충족시킨다. 치료놀이는 아동의 퇴행욕구를 인정하고 반응하는데 이는 건강한 상호작용을 다시 시작하는데 퇴행은 반드시 필요한 단계라고 보기 때문이다.

- **감정이입적 조율의 발달**

치료놀이는 타인과의 상호작용에서 감정이입적 조율을 발달시킨다. 발달 초기에 어머니와 영아의 감정 조율은 영아가 자신 및 다른 사람의 감정에 대해 인식하게 하고, 더 나아가 타인에게 감정이입을 할 수 있는 능력을 갖게 한다. 따라서 발달 초기에 충분한 감정이입적 조율을 경험하지 못한 아동은 타인의 감정을 잘 공감하지 못한다. 치료놀이는 감정이입적 조율을 통해 자신과 타인의 감정을 이해하고 긍정적으로 상호작용하는 데 도움을 준다.

- **접촉의 강조**

치료놀이는 접촉을 강조한다. 접촉은 자아의 감각을 발달시키며 타인과 관계 맺는 능력을 활성화시킨다. 이를 통해 환경을 파악할 수 있는 감각이 발달하고 자신의 가치에 대한 믿음도 생긴다. 접촉은 이렇게 신체의 감각을 자극해 아동의 자아감이나 정서감에 대한 능력개발을 촉진한다.

- **자기조절력 향상**

치료놀이는 아동이 스스로를 조절할 수 있도록 돕는다. 아동이 자신의 활동수준을 조절하도록 도와주기 위해서 아동에게 필요한 규칙을 제공한다.

아동은 치료놀이 과정에서 성인이 제공하는 규칙과 놀이를 따름으로써 자신의 신체와 감정을 조절할 수 있게 된다.

치료놀이의 특성을 정리하면 다음과 같다.

- 치료놀이는 부모와 자녀 사이의 상호작용적인 관계를 기반으로 한다.
- 치료놀이는 직접적, 지금-여기를 강조한다.
  치료놀이는 영아가 생의 초기에 경험한 것과 동일한 직접적이고 실제적인 방식으로 부모-자녀관계를 지금-여기에서 재경험하도록 한다. 회복적인 경험을 갖도록 어린 시기에 아동과 부모 사이에 일어나는 실제적인 내용에 초점을 둔다.
- 치료놀이는 성인 주도적이다.
  치료자는 아동이 잘 성장할 수 있도록 아동의 요구에 반응적이고 신뢰로운 양육적인 환경을 제공하여야 한다.
- 치료놀이는 접촉의 경험을 제공한다.
  치료자는 아동과의 상호작용을 통해 신체적 접촉의 경험을 하게 하며 이를 통해 애착형성 기회를 갖게 하고 아동의 자기인식이 증진될 수 있게 한다.
- 치료놀이는 즐겁다.
  아동은 치료자와 함께 흥미롭고 즐거운 놀이를 많이 경험할수록 다른 아동과의 관계에서도 정서적으로 긍정적인 자극을 더 많이 경험하게 된다. 이러한 관계형성의 결과로 기쁨을 갖게 된다.

4. 치료놀이의 구성요소

치료놀이는 아동과 상담자의 관계를 촉진시킬 수 있도록 구조화되어 있다.

1) 치료실 환경

치료놀이는 아동과 성인 간의 관계에 초점을 두기 때문에 치료실의 물리적 환경구성은 매우 단순하다. 이상적인 공간은 가로, 세로 약 3~4m 정도의 크기가 적당하며 단순하고 깨끗하며 청소하기 쉬운 마룻바닥으로 되어 있거나 매트가 깔린 공간이 좋다. 담요나 기댈 수 있는 쿠션 등이 있으면 적절하며 물놀이나 씻기가 가능한 싱크대가 가까이 있으면 도움이 된다. 아동의 주의를 끌 만한 장난감이나 물건은 멀리 두어야 한다. 치료놀이 활동에 필요한 물건 등은 보이지 않는 곳에 두어야 하지만, 손쉽게 사용할 수 있는 위치에 둔다.

부모가 아동을 관찰할 수 있는 일방경을 설치하거나 치료놀이 회기의 녹화를 위해 비디오 카메라를 설치하는 것도 필요하다. 치료과정의 녹화는 치료과정에 대한 정확한 기록으로 사용할 수 있으며 치료과정 중 일어난 일에 대한 정확한 이해와 다음 치료계획을 위해 이용할 수 있으며, 부모에게 보여줌으로써 아동의 치료과정에 대해 설명해 줄 수 있다. 또한 치료의 전문성 향상을 위해 치료자의 상담에 대한 수퍼비전을 받는 데 사용될 수 있다.

2) 상담자

치료놀이에서는 두 명의 상담자가 참여하는 것이 이상적이다. 한 상담자는 아동과 함께 활동하며 다른 상담자는 부모와 함께 일방경이나 모니터를 통해 치료활동을 관찰하면서 해석해 준다. 내담자 또한 아동만이 아닌 아동양육에 책임이 있는 사람들 즉, 부모, 형제, 조부모, 돌보미, 교사 등을 참여시킬 수 있다.

3) 치료기간과 치료시간

기본적인 치료놀이는 3~4회기 정도의 평가기간을 포함하여 전체 18~24회기로 계획된다. 치료시간은 30~45분이며 1주일에 1회 실시하는데, 가족이 시간을 낼 수 있다면 필요한 경우 주 2~3회 실시하기도 한다.

5. 치료과정

치료놀이의 전체적인 과정은 6단계의 치료절차로 구성되며 본 치료는 매 회기마다 3단계의 과정이 반복된다.

1) 도입 단계

상담자는 먼저 아동에게 다가가면서 "안녕 ○○"라고 인사한다. 미소를 지으면서 접근하는 치료자의 메시지는 '너는 기본적으로 강한 사람이고 재미있는 것을 좋아하며 너와 함께 있으면 즐겁게 될 것을 나는 안다. 내가 너에게 가장 매력적인 모습을 바로 보여줄게.'이다.

"나는 ○○○ 선생님이란다"라고 자기소개를 한 다음 "자 여기 타렴. 이 의자는 너를 얼마나 기다렸는지 몰라. 너를 위해서 특별한 의자를 준비했거든. 자, 내 어깨에 팔을 두르면 의자에 앉을 수 있단다." 등의 말을 하며 함께 대기실을 나서서 치료실로 들어간다. 행동은 빠르고 기분은 고조되어 있어서 아이를 의식하거나 미룰 틈이 없다. 물론 즐겁게 치료실로 가는 것이 항상 쉬운 일은 아니다. 엄마를 떨어지지 않으려고 하고 울거나 반항할 수도 있다.

2) 탐색 단계

탐색 단계에서는 아동과 상담자가 활발하게 서로을 알아가는 단계로서 누구 손 이 더 큰지, 누구 머리카락이 더 검은지, 누구 근육이 더 탄탄한지, 누구 발톱이 더 긴지, 이런 탐색활동 과정에서 아이는 자신을 새롭게 바라본다. 아이는 의자 위에서 우아하게 뛰어내릴 수 있다든지, 뛰어서 천장에 닿을 수 있는 자신에 대해 몰랐을 수도 있다. 아이가 눈을 맞추지 않으려고 고개를 돌릴 때 '그래나를 절대 보지 말아라.'라는 역설적인 말을 들어본 적도 없을지도 모른다. 아이가 '싫어'라고 하면서 입을 꼭 다물 때, 상담자가 아이의 아랫입술과 윗입술을 살짝 잡아당기면서 다시 한번 말해보게 할 때 재미나는 소리 '시-ㄹ ㅎ-어'로 바뀔 수 있다.

그러나 무엇보다 중요한 것은 아이가 가진 예쁜 눈과 부드러운 목소리, 특이하게 다리를 구부리는 모습과 손을 꼬는 모습까지, 자신의 반항적인 모습까지 사랑스럽다는 것을 지금 이 순간까지 몰랐을 수 있다는 점이다. 아이가 사랑스럽다는 것은 예절이 바르고 어른 말을 잘 듣고 동생을 괴롭히지 않는다거나 블록을 똑바로 잘 쌓고 자기 이름을 정확하게 쓰고 말하는 것 등의 바른 행동에 의해서만 좌우되는 것이 아니다.

탐색 단계가 끝나갈 무렵, 아이는 상담자의 성격, 얼굴생김, 목소리 등에 대해 파악하게 된다. 아동이 상담자가 자신과는 전혀 다르면서도 동시에 재미있는 사람이라는 사실을 깨닫는다면 이 단계는 성공적이다.

3) 불확실한 수용 단계

불확실한 수용 단계에서 아이는 '놀이를 한다'라고 가정하거나 실제로 놀이를 하려고 한다. 그러나 이것은 거짓된 참여인데 확실하게 진정으로 원해서 하는 것이 아닐 수 있고 기저에는 불확실함이나 불안이 깔려 있다. 이 기간 동안 상담자는 계속해서 적극적으로 개입하고 인내심을 가지고 도전적으로 몰입하면서 즐거운 태도를 유지한다. 아이는 당황스럽고 유보적이면서도 관심을 보일 것이다. 흥분하거나 친근함을 표시한다 하더라도 완전히 긴장을 푼 것으로 보기에는 아직 이르다. 이것은 강하게 개입해 오는 상담자를 묶어두기 위한 방어적이고 불안해하는 행동으로 볼 수 있다.

4) 부정적인 반응 단계(저항)

부정적인 반응 단계에서는 아동과 친해지려는 상담자의 어떤 노력에도 아이는 분명하게 저항을 나타낼 것이다. 분명한 참여의 단계와 이어지게 될 이런 행동은 지금까지 아이가 얼마나 분명하게 참여했는가를 보여주는 확실한 증거가 된다. 즉 전 단계에서 아주 협조적이고 열정적이었으며, 전적인 참여는 아니지만 상당히 의욕적이고 수용적이었던 아이가 갑자기 부정적이고 저항적이며 지친 것처럼 입을 다물어 버리는 것이다.

상담자는 말을 하진 않지만 계속해서 끈기를 보여야 하며 함께 하려는 활동이 어떤 아동에게라도 즐거움을 줄 것이라는 메시지를 아이에게 전달해야 한다. 아이가 운다거나 짜증을 내고 참여를 거부하더라도 그만두어서는 안 된다. 계속되는 다양하고 재미있는 회기 동안에 아동의 반항은 강도가 약해지고 결국 사라질 것이다. 반항이 약해졌다는 표시는 아이가 은밀하게 눈을 맞춘다거나 비의도적으로 침착한 행동을 보인다거나 자기도 모르는 사이에 슬쩍 미소를 짓는 것이다.

5) 성장과 신뢰의 단계

성장과 신뢰의 단계에서 아이는 다른 사람과 정상적으로 상호작용하는 경험에서 오는 즐거움을 맛본다.

친절하지만 단호하며 항상 함께 존재하는 상담자의 도움으로 아동은 부정적인 단계를 경험했고 이제는 성장과 신뢰의 단계로 이행할 준비가 되어 있다. 치료를 통해 자신과 세상에 대한 믿음을 키울 준비가 되었다. 이런 신뢰의 단계는 치료의 대부분을 차지하는데 상담자와 아동은 친근한 파트너가 되어 오래된 놀이 주제를 새롭게 변형하면서 즐긴다. 오랫동안 친밀감을 즐기다가 궁극적으로 순수하게 서로 같이 있는 것을 좋아하게 되는 것이다. 처음에 웃는 쪽은 주로 상담자였지만 회기가 진행될수록 둘 다 웃고 서로 숨바꼭질 같은 놀이도 하면서 아주 가까이 앉아서 동요를 부르며 서로의 눈을 부드럽게 바라보게 된다. 상담자와 아동이 이렇게 아주 가까워지면 부모나 주 양육자를 치료 단계에 참여하게 하고 형제나 친구를 초청할 준비가 된 것이다.

6) 종결 단계

① 준비

아동의 증상이 감소되거나 없어졌다는 부모와 교사의 보고가 있고 아동이 자기 자신과 세상에 대하여 존중하는 태도를 갖게 됨에 따라 치료에 도움이 되는 주위 사람들을 회기에 참여시킨다. 또 아동의 정서체계가 보편적 수준으로 확장 양상을 나타내면 종결 준비가 되었다고 간주한다.

② 통보

상담자는 아동이 이루어낸 성과 내에서 마무리 단계를 계획한다. 예를 들어 '○○아 너 요즘 웃을 때면 정말 눈이 반짝인단다.'라든지, '이제는 친구 사귈 때 나의 도움이 없어도 되겠구나.', '너는 친구들과 좋은 놀이 상대가 되었고 ○○이와 ○○이가 너와 노는 것을 무척 좋아하니까 이제는 내가 더 이상 여기와서 너랑 놀아줄 필요가 없겠구나.' 등의 언급을 통해 아동의 마음을 준비시킨다. 가능한 남은 치료 기간과 마지막 회기에 한두 명의 아이들이 함께 참여하는 것이 좋은데 이는 중심축을 아동의 환경으로 돌리기 위해서이다. 종결 단계의 각 세션이 끝날 때마다 치료 기간이 몇 번 남았는지를 환기시킨다. 아동이 이별에 대한 자신의 숨은 반응을 생각나지 않도록 하되 만약 뚜렷한 분노나 슬픔, 무기력이나 당혹감을 보이면 이러한 감정들은 인정해 주어야 한다.

③ 헤어짐

종결 파티시간이 되면 아동과 치료놀이 회기 안에서 현실세계(부모, 친구 등)와의 접촉이 시도된다. 이 파티의 관심사는 아이의 주체성과 능력을 미래지향적으로 재확인하는 것이다. 치료실 안의 모든 사람은 파티 모자를 쓰고 음식을 나누며 아동의 특성에 맞는 노래를 부른다. 참석자 모두에게 특별한 노래를 가르칠 수 있고 손자국, 발자국을 찍은 그림 등을 기념품으로 전달할 수 있다. 아동 자신에게는 '나도 할 수 있어'라고 찍힌 무언가를 줄 수도 있다. 마지막 회기가 끝날 무렵에는 꼭 안아준다거나 이렇게 특별한 사람과 만나서 얼마나 즐거웠는지 말해주고 아동에게 이제 친구들과 어울려서 재미있게 놀 수 있을 것이라고 말해준다. 상담자는 아동을 부모에게 데려다준다.

6. 치료놀이의 원리

Jernberg는 일상적이고 건강한 부모와 아이를 관찰하면서 구조, 개입, 도전, 양육, 즐거움이라는 원리를 개발하였고, 이러한 원리들은 영아의 일상적인 생활 속에서 형성되는 애착을 기반으로 한 애착놀이를 통해 전개되고 있다.

치료놀이는 놀이에 필요한 장난감이 없으며 아동과 성인이 재미있고 즐거운 활동을 통해 인간적인 상호작용을 하는 데 초점을 두고 있다. 매 치료놀이 회기마다 아동과 상담자가 상호작용하면서 재미있게 경험할 수 있는 활동으로 이루어진다.

Jernberg가 개발한 이후로 현재까지 적용되고 있는 치료놀이의 원리인 구조(structure), 도전(challenge), 개입(engagement), 양육(nurture), 즐거움(playfulness)을 좀 더 자세히 살펴보면 다음과 같다.

1) 구조(Structure)

구조는 영유아의 일상생활은 규칙적인 수유와 수면과 같은 질서와 리듬으로 구성된다는 데 착안하여 생성된 개념이다. 안전하고 건강하게 성장하기 위해서는 이러한 일상생활에 구조화가 필요하며 그 속에서 예측과 안전에 대한 감각을 갖게 된다. 치료놀이에서 상담자는 활동내용을 계획하고 주도하며 치료활동에 대한 책임을 진다. 구조화된 치료놀이 활동은 아동에게 치료놀이 회기 동안 보호받고 있으며 안전하다는 느낌을 갖게 해준다. 매 회기마다 명확한 시작과 끝이 있으며 회기 동안 "다른 사람에게 상처를 주어서는 안 된다"는 것과 같은 규칙들이 있다.

구조활동이 아동에게 주는 메시지는 '내가 너를 잘 돌보고 있기 때문에 넌 나와 함께 있어 안전해'이며, 내적 조절능력이 부족하여 충동적으로 행동하는 아동이나 주의집중이 안 되고 과잉행동을 보이는 아동, 무엇이든 자기 마음대로 하려는 아동에게 적합한 활동이다.

2) 도전(Challenge)

도전은 생의 초기부터 시작된다. 새로운 것을 배우려 하고 새로운 경험을 하고 여러 가지 시도를 하면서 끊임없이 도전을 한다. 위험을 무릅쓰고 기술을 숙달시키는 것은 새로운 것에 대한 도전을 통해 호기심에 대한 만족감과 자신의 능력에 대한 유능감과 자신에 대한 확신을 길러준다. 그러나 새로운 도전은 아동의 능력 범위 안에서 시작되어야 하는 것이 중요하다. 이는 아동에게 실패의 경험보다는 성취감을 맛보게 함으로써 자존감을 향상시키기 위함이다. 때로 아동이 제대로 수행을 잘하지 못할 경우 어른이 아동을 잡고 도와주어 자연스럽게 성취감을 맛보게 할 수도 있다.

치료놀이에서는 아동에게 자신의 연령에서 약간은 위험성을 내포한 놀이를 통해 도전의 경험을 하도록 한다. 이는 긴장감이 생기는 경험들을 극복하고 유능감을 높이기 위한 기회를 제공한다. 도전활동은 재미있어야 하며, 활동하는 가운데 긴장감이 많이 해소되어야 한다.

도전활동이 아동에게 주는 메시지는 "넌 할 수 있어"와 같은 자신감이며 과보호로 인해 소심하고 겁 많고 위축된 아동과 부끄러움을 많이 타는 아동, 공격적 아동들에게 유익하다.

3) 개입(Engagement)

안정적인 애착을 형성하는 부모들은 다양한 상호작용 반응을 보인다. 새로운 자극을 제공하여 뜻밖의 재미있고 즐거운 경험이 될 수 있다는 것을 알게 해준다. 부모들은 간지럼 태우기나 아기의 배에 입 맞추기도 하고, 아기의 귀에 대고 부드럽게 귓속말을 하기도 한다. 이러한 활동을 통해 아동은 흥분, 재미, 예상치 않았던 기대를 통해 세상은 안전하고 살 만한 곳이라고 느낀다. 이런 즐겁고 감각적인 놀라운 활동은 건전한 자아를 발전시키기 위해 필요한 초기 활동을 재창조한 것이다. 이러한 개입활동은 치료놀이 초반에 필수적으로 제공된다.

개입활동이 아동에게 주는 메시지는 "나랑 노는 것은 재미있지! 다른 사람과 노는 것도 재미있어!"이다. 개입은 매우 위축되고 경직된 아동 또는 자폐아와 같이 보호막을 높이 치고 있는 회피적인 아동들에게 매우 유용하게 적용된다. 개입활동을 통해 자신을 인식하고 서로에 대한 관심을 표현함으로써 신뢰감과 자아감을 증진시키며 자신의 긍정적인 모습을 발견하여 자존감을 증진시킬 수 있다.

4) 양육(Nurture)

양육은 모든 아동들에게 필수적이며 부모들은 여러 가지 방법으로 아동에 대한 사랑과 돌봄을 표현한다. 즉 부모가 아이에게 먹여 주고, 목욕시키고, 흔들어 주고, 얼굴을 비비기도 하고, 쓰다듬고 껴안고 눈을 맞추고, 자장가를 불러주는 등 다양한 방법을 통해 이루어지는 양육활동은 아이가 스스로 가치있고, 사랑받고, 부모가 자기를 좋아하여 안정적이라는 느낌을 배우게 된다.

아동들이 잘 자라기 위해서는 질 높은 양육을 받아야 한다. 아동은 양육활동을 통해 안도감, 안정감, 편안함을 느끼게 되며 돌봄의 포근함과 정서적 충족감을 경험하게 된다. 이러한 이유로 치료놀이에서는 아동들에게 매 회기마다 양육을 제공한다. 아동에게 로션 발라주기, 요람 흔들어 주기, 안아 흔들어 주기, 스낵 먹이기 등의 활동을 제공하여 충족되지 못한 사랑과 의존욕구를 채워주고 정서적 충족함의 느낌을 줄 수 있다.

양육활동이 아동에게 주는 메시지는 "너는 사랑스럽다. 사랑받고 인정받고 싶지? 사랑과 보살핌과 칭찬이 필요할 땐 얼마든지 내게 의지해도 돼!"이다. 양육은 보살핌을 받지 못해 공격적이고 과잉행동을 보이는 아동들 또는 어린 시절이 없어 조숙한 척하는 아동이나 애어른과 같은 아동에게 특히 유용하다.

5) 즐거움(Playfulness, Fun)

구조, 개입, 도전, 양육의 원리가 포함된 상호작용을 통해 아이들은 재미있는 순간들을 경험하게 된다. 재미와 즐거움은 치료놀이를 하는 매 순간 중요하다. 재미의 원리는 아동이 어린 시절에 부모와 경험했던 따뜻하고 반응적이며 즐거웠던 부모-자녀관계로 아동의 정서 상태를 되돌리는 것이다. 치료놀이 활동은 놀이를 원하는 아동의 욕구에 반응해 주고, 아동의 정서발달 수준에 따른 즐겁고 흥미로운 재미로 가득 차 있다.

7. 치료놀이의 실제

치료놀이의 실제 프로그램은 개별 TP활동과 집단 TP활동으로 나누어 다음과 같은 활동으로 실시되어진다(성영혜 외, 2002, 2004 인용). 치료놀이 원리에 입각한 활동들은 한 가지 경험을 위한 것과 두 가지 이상의 경험을 위한 활동들로 구성되어 있다.

〈구조활동〉

구조활동을 할 때 치료자는 성인이 제공하는 범위를 아동이 안전하게 받아들이도록 함으로써 성인은 믿을 만하고 자신을 안전하게 하며 예측할 수 있어 불안하지 않게 해 준다는 느낌을 받도록 해야 한다.

- **구체적인 활동** : 솜공 불기, 손탑 쌓기, 신문지 얼음 땡, 무궁화꽃이 피었습니다.

◆ 개별 TP : 묵찌빠

활동목표	아동과 성인의 사회적 상호작용을 촉진하며 상호 간의 친밀감을 증진시킨다
준비물	담요
활동방법	1. 담요를 깔고 치료자와 아이가 함께 앉는다 2. 치료자와 아이가 묵찌빠 놀이를 한다: "감자에 싹이 나서 잎이나서 묵찌빠. 가위, 바위, 보!" 3. 가위, 바위, 보에서 진 사람이 이긴 사람 안아주거나, 맛있는 과자를 입안에 넣어 주는 것으로 보상해 준다
유의점 및 기대효과	• 가위, 바위, 보에서 이기고 지는 것에 너무 집중하지 않도록 한다. 아이는 활동에서 계속해서 진다면 실패감을 느낄 수도 있다. 진 아동이 이긴 치료자를 안아줬을 때에는 꼭 안아줘서 너무 기쁘다고 말하거나, 다음에는 내가 너를 안아주고 싶다고 말하는 등 진 아동이 너무 승부에 집착하거나 놀이에 흥미를 잃어버리는 일이 없도록 주의를 기울인다. • 활동을 통해 상호 간의 친밀감을 증진하며 성인과의 사회적 상호작용을 촉진하는 효과가 있다.

◆ 집단 TP : 수건 줄다리기

활동목표	자신감과 성취감을 키워주며 협동심을 기를 수 있다.
준비물	두툼하고 긴 수건(여러 장), 매트
활동방법	1. 바닥에 매트를 깐다 2. 먼저 아동을 둘씩 짝을 짓게 한다 3. 처음에는 두 명씩 나와서 수건 줄다리기를 하게 한다 4. 이긴 사람이 진 사람을 안아주거나 볼에 뽀뽀를 해주는 등의 규칙을 정한다 5. 위 활동이 끝난 다음에는 다시 전체를 두 팀으로 나누어 전체 줄다리기를 한다
유의점 및 기대효과	• 상담자는 아동이 서로 이기고 지는 승부에 집착을 하기보다는 수건을 놓쳐 모두 뒤로 '벌렁' 넘어지는 데에서 즐거움을 크게 느낄 수 있도록 활동을 진행한다 • 전체 줄다리기할 때 같은 팀은 앞의 사람 허리를 꼭 붙잡도록 하여 한 몸과 같이 느끼도록 한다 • 아동이 자신감과 성취감을 맛볼 수 있는 효과가 있으며, 다른 아동들과 협동하는 방법을 배울 수 있는 기회가 된다.

◆ 집단 TP : 파우더 찍기

활동목표	• 즐거운 활동을 통해 타인에 대한 친밀감을 증진시킨다 • 파우더를 찍고 피하는 과정에서 협동심과 순발력을 증진시킨다
준비물	담요, 파우더, 퍼프
활동방법	1. 4~5명씩 팀을 만든다. 각 팀의 아동 수만큼 파우더 찍기용 퍼프를 나누어 준다 2. 두 팀씩 짝을 이루게 한 후 담요 한 장과 파우더 한 통씩을 나누어 준다 3. 담요는 접어 적당한 크기의 활동판을 만든다 4. 한 팀은 담요 위로 올라가고 나머지 팀은 파우더 퍼프로 담요 위의 팀원들에게 파우더 찍기를 한다 5. 상담자가 활동 종료를 알리면 몇 개의 파우더 자국이 있는지 다 함께 세어 보고 서로의 옷을 털어 주도록 한다 6. 팀이 서로 역할을 바꾸어 같은 활동을 해보도록 한다
유의점 및 기대효과	• 파우더 찍기를 할 때 상대의 얼굴이나 기타 민감한 신체부위(성기 혹은 흉터)에는 하지 않도록 지도한다 • 파우더 찍기를 너무 세게 하여 상대를 아프게 하지 않는다는 약속을 정한다 • 활동을 통해 재미와 즐거움을 느낌으로써 서로에 대한 깊은 친밀감을 형성할 수 있다 • 팀활동을 통해 서로 협동하는 방법을 익히게 되고 쌓였던 스트레스를 해소할 수 있다

〈 도전활동 〉

도전활동을 할 때 치료자는 아동에게 자신감을 심어주도록 반응해야 한다

- **구체적인 활동 :** 신문지 펀치, 솜공 던지기, 두팔 농구, 축구, 페트병 쓰러뜨리기, 강건너기, 휴지 미라

◆ 개별 TP : 두 팔 농구

활동목표	• 자신의 신체를 조절하고 집중시킬 수 있는 능력을 기른다 • 쉬운 활동에 도전하여 자신감을 회복시키며, 아동과 상담자 간의 친밀감을 형성한다.
준비물	공(종이나 휴지를 구겨 만든 공 또는 풍선)
활동방법	1. 상담자는 두 팔을 벌려 원을 만든다 2. 아동은 팔로 만든 원 안에 준비한 공을 넣는다.
유의점 및 기대효과	• 상담자는 아동의 키에 맞추어 골대의 높이를 알맞게 조절한다 • 아동이 골대를 벗어나게 던질 경우 따라가 받아주어 성공의 기쁨을 경험하게 돕는다. • 아동이 골대에 공을 넣었을 경우 잘했다는 칭찬과 기쁜 표정으로 축하해 주어 성취감을 경험하게 해준다 • 비교적 쉬운 활동을 통해 자신감을 회복하게 하며 불안감과 좌절감을 해소하는 효과가 있다.

◆ 집단 TP : 수박씨, 포도씨 뱉기

활동목표	자신의 신체를 조절하고 집중시킬 수 있는 능력을 기른다.
준비물	수박(포도), 신문지, 스카치테이프
활동방법	1. 바닥에 신문지를 깐다 2. 신문지의 긴 쪽에 모두 서서, 입에 수박(포도)를 베어물고 씨를 발려 내서 종이 위에 멀리 뱉어 본다 3. 한번에 한 명씩 씨 뱉기를 한다 4. 자신이 뱉은 씨가 얼마나 멀리까지 갔는지 확인해 본다 5. 다른 아동들이 뱉은 것과 얼마나 차이가 있는지 확인해 본다 6. 이제 다시, 자신의 목표를 세우고 수박(포도)씨를 발려 멀리 뱉어보도록 한다.
유의점 및 기대효과	• 5~6명의 소그룹 활동으로 적합하다 • 수박(포도)씨는 종이가 깔려 있는 곳에만 뱉도록 한다 • 아동이 자신의 신체나 행동을 구조화시킬 수 있는 경험을 통해 자신의 신체를 스스로 조절할 수 있는 효과와 집중력을 향상시킬 수 있는 효과가 있다.

〈 개입활동 〉

개입활동을 할 때 상담자는 아동이 함께 하는 것이 즐겁다고 느낄 수 있도록 해야 한다.

- **구체적인 활동 :** 비눗방울 놀이, 몸그리기, 소리나는 신체, 까꿍놀이, 비행기 놀이

◆ 개별 TP : 손발 셈하기

활동목표	신체적인 접촉을 통해 상호간의 친밀감을 증진시키며, 긴장감을 완화시키고, 자신의 신체를 인식할 수 있다.
준비물	큰 양말
활동방법	1. 아이의 손이나 발을 큰 양말로 감싸고 그 위로 손가락 또는 발가락이 몇 개인지 세어 본다 2. 손가락 혹은 발가락에 팝콘, 사탕, 포도 등 이름을 붙여가며 셀 수도 있다: "사탕 한 개, 사탕 두 개, 사탕 세 개, 사탕 네 개, 음? 나머지 하나는 어디 있지? 다시...." 3. 셈을 한 후 다섯 개의 손가락 또는 발가락이 모두 잘 있는지 양말을 벗겨 확인해 보는 활동을 한다
유의점 및 기대효과	• 치료 초기에 활용될 수 있는 개입활동으로 아이의 반응을 살펴가며 조심스레 진행하도록 한다 • 아동과 치료자 간의 상호작용을 촉진시켜서 상호 간의 친밀감을 증진시킬 수 있으며, 신체적 접촉을 통해 정서적 안정감을 가질 수 있는 효과가 있다.

◆ 집단 TP : 전기게임

활동목표	아동 상호 간의 접촉경험을 통해 서로 간의 친밀감을 증진시킬 수 있으며, 주의력과 집중력을 향상시킨다.
준비물	얇은 이불(8~9명에 1장)

〈표 계속〉

활동방법	1. 8~9명씩 조를 짜서 각 조에 한 장씩의 이불을 나누어 준다 2. 이불을 넓게 펴고, 이불을 중심으로 모두 모여 앉아 옆사람과 손을 잡는다 3. 가위 바위 보나 제비뽑기로 술래를 정한다 4. 술래를 제외한 나머지 조원들은 이불 안에 손을 넣고 몰래 전기신호를 전달한다 5. 마침내 전기신호가 술래에게 전달되면 술래는 처음 전기를 보낸 사람이 누구인지 알아맞혀 본다 6. 전기를 보낸 사람을 술래가 알아맞히면 걸린 사람이 다음 술래를 맞는다
유의점 및 기대효과	• 전기신호를 너무 과격하고 폭력적으로 하지 않도록 미리 조심시킨다 "주위 사람이 아무도 모르게 조용히 전달하도록 해야 한다"고 미리 말해 주는 방법도 좋다 • 신체적인 접촉을 통해 상호 간의 친밀감을 증진시키는 효과가 있다 • 주의를 기울이고 집중하는 경험을 통해 주의력과 집중력을 향상할 수 있는 기회가 된다

◆ 집단 TP : 밴드(스티커) 붙여주기

활동목표	• 친구의 몸에 상처가 있는지 살펴본다 • 서로의 아픈 부분을 찾아 위로한다. • 서로에 대한 관심과 친밀감을 가질 수 있는 기회를 제공한다
준비물	상처에 붙이는 밴드, 약병(로션)
활동방법	1. 둘씩 짝을 지어 앉는다. 2. 서로서로 짝에 상처가 있는지 살피도록 한다. 3. 얼굴, 손, 팔, 다리, 발 등 몸의 구석구석을 살펴 상처가 있거나 흉터를 발견하면 그곳에 조심스럽게 밴드를 붙여주도록 한다. 4. 밴드를 붙이면서 상처가 났을 때의 기억이나 기분을 공유하는 말을 할 수 있도록 격려한다 – 그때 너무 아팠겠다 – 우리 ㅇㅇ가 잘 참았구나 – 우리 모두 상처 안 나게 조심하자 5. 밴드 붙이기에 익숙해지면 약병에 로션을 담아 상처에 발라준다

〈표 계속〉

유의점 및 기대효과	• 아동이 서로 밴드를 붙여주도록 격려한다 • 스티커를 이용해서 활동을 대신할 수 있다 • 화가 났던 경험이나 속상했던 일을 이야기할 수 있도록 상담자가 모델링을 제시한다

〈 양육활동 〉

양육활동을 할 때 상담자는 아동이 사랑스러운 존재라는 느낌을 받을 수 있도록 노력해야 한다

- **구체적인 활동 :** 로션놀이, 김밥말기, 요람 태우기, 담요 끌어주기, 먹이기, 머리 빗기기

◆ 개별 TP : 재미있는 소리내기

활동목표	• 재미있고 즐거운 경험을 통해 긴장감이나 부정적인 감정을 해소할 수 있다 • 자신의 신체를 스스로 조절할 수 있는 능력을 기른다
준비물	투명 컵, 긴 빨대, 스포츠 음료, 마른 수건
활동방법	1. 두 개의 투명 컵에 음료수를 1/3 정도 담고, 빨대를 꽂는다 2. 아동과 상담자는 컵에 담긴 빨대를 물고 바람을 불어 재미있는 소리를 낸다 3. 다양한 박자를 가진 버블버블 소리를 만들고 서로 상대의 소리를 똑같이 따라 해 보는 놀이를 한다 4. 음료수를 재미난 소리를 내며 마셔보도록 한다
유의점 및 기대효과	• 투명컵에 너무 음료수를 많이 담으면 활동 중 넘치기 쉽다 • 아동이 다양한 소리를 만드는 경험을 통해 즐거움과 자신감을 기를 수 있는 효과가 있다 • 서로 상대의 소리를 모방함으로써 상호 간의 상호작용을 촉진할 수 있는 효과가 있다.

◆ 집단 TP : 요람 태우기

활동목표	신체접촉을 통해 양육에 대한 욕구를 다루어 주고 친밀감을 증진시킨다.
준비물	담요(각 팀에 한 장씩)
활동방법	1. 6~7명씩 팀을 이루도록 한다. 2. 팀마다 큰 담요를 한 장씩 나누어 준다 3. 활동순서를 정하여 한 명씩 펼친 담요 위에 눕힌다. 4. 상담자와 아동들은 담요의 가장자리를 둘러 잡는다 5. 담요를 위로 들어올려 자장가를 부르며 흔들어 준다 6. 자장가가 끝나면 천천히 담요를 내려놓고 아동을 깨워 천천히 내려 놓는다. 7. 정해진 순서대로 돌아가며 해 본다.
유의점 및 기대효과	• 노래에 맞추어 담요를 천천히 부드럽게 흔들도록 안내한다. • 담요를 들어올리고 내리는 과정에 다치지 않도록 주의한다. • 따뜻하고 안전한 환경에서 긍정적인 경험과 양육받는 느낌을 경험할 수 있다.

제3절 부모놀이치료

가정에서의 놀이치료는 아동이 자신을 중요한 존재임을 재발견하고, 자신이 가치있고 사랑스럽다는 점을 알며, 남이 대신할 수 없는 가족구성원임을 알아가는 기회이다. 이러한 기회를 통하여 아동은 자신을 개방하고 감정을 표현함으로써 억제된 감정과 긴장을 표출하게 된다. 부모는 자녀에게 무엇을 하라고 지시하진 않지만, 자녀 곁에서 지켜보고 관심과 존중을 보여준다. 이때 자녀는 부모가 자신을 진실로 돌봐주고 이해해 주고 있는 그대로 수용하고 있음을 체험을 통해 알게 된다

– Moustakas (1959)–

1. 부모놀이치료의 정의

부모가 놀이치료사의 역할과 태도를 습득하고 가정에서 자녀와의 놀이치료 회기를 정기적으로 가짐으로써 부모-자녀관계를 개선하고 애착을 증진하도록 돕는 치료이다.

부모놀이치료 즉, Filial therapy의 Filial이란 그리스 · 라틴언어로 혈연관계를 뜻하는 것으로서 부모-자녀관계를 이야기한다. 부모놀이치료(Filial therapy)는 부모-자녀 간의 직접적인 관계 향상에 중점을 두기 때문에 '부모-자녀관계증진치료'라고 부른다(김양순, 2002).

2. 부모놀이치료의 발전배경

Rogers와 Axline의 접근방법을 지지하던 Bernard Guerney(1964)는 Axline에 의해 창시된 아동중심놀이치료가 매우 효과적이며, 부모들이 지지적일 때는 훨씬 더 효과적이라는 것에 착안하여 이 접근방법에 입각하여 부모가 직접 놀이치료를 하는 부모놀이치료를 창안하였다. 그 후 그는 아내인 Louise Guerney와 다른 학자들과 함께 부모놀이치료를 실용화시키기 위해 더욱 발전시켰다. 그는 때때로 부모들은 아동의 문제와 자신의 자녀를 치료자에게 맡기는 데 방어적인 면이 있다는 것을 발견하였다. 부모-아동 사이에는 문제가 있을지라도 관계가 계속 지속될 정도로 그 유대가 강력하다는 것을 감안해서 부모들이 그들의 아동들과 보다 긍정적으로, 적절한 관계를 맺을 수 있게 하고, 동시에 치료자가 되어 아이들에게 효과적인 치료를 제공하는 이상적인 방법이 될 거라 기대하며 부모놀이치료를 개발하게 되었다.

부모놀이치료는 처음에는 12세 미만의 아이들을 대상으로 만들어졌다. 학교 장면에서 부모놀이치료를 연구하였는데, 아이들의 일상생활 적응이 향상된 것을 확인할 수 있었다. 또한 특정 아동들의 가정에도 적용 가능하게 하려는 노력이 있었는데, 말 더듬이 아동, 경계선적 정신병을 가진 아동, 발달적으로 지체된 아동, 자폐아동을 변화시키는 일차적인 대행인으로서 부모가 역할을 할 수 있도록 노력하였다. 또한 1980년대에서 1990년 초에는 추가적으로 지체아동, 입양아동, 만성적인 병이 있는 아동, 이혼한 가정의 아동, 성적으로 학대당하거나 학대당하고 유기당한 아동 등 다양한 경우의 아동에게도 FT의 사용이 성공적이었다는 보고들이 있었다. Landreth와 박사과정생들이 이룬 연구에서는 10주간의 수정판 집단 FT 프로그램이 사용되었는데, 많은 연구와 프로그램들이 이 프로그램을 기초로 조금씩 변환을 하며 이루어졌다.

3. 부모놀이치료의 대상

아동 및 부모놀이의 종류와 가장 적합한 연령의 아동은 3~10세의 아동이나, 정신분열증을 지닌 아동과 자폐성 행동을 가진 아동은 주의가 요구된다. 그러나 비자폐적인 전반적 발달장애는 포함시킬 수 있다.

부모의 경우, 부모의 심리정신적인 문제, 즉 우울, 조울, 정신분열증인 경우, 약속을 지키는 데 어려움이 있거나, 가족들의 과도한 요구가 있거나, 정기적인 참여와 책임을 수행하는 데 어려움이 있는 부모인 경우 제한이 있을 수 있다.

4. 놀이치료

회기 부모놀이치료의 대상 부모는 주로 집단으로 이루어진다. 20~24주(회기) 정도가 소요된다. 집단의 이점은 구성원이 서로의 지지와 자조적 모임의 효과로 치료자가 제공할 수 없는 긍정적 영향들이 발생하기도 한다. 개별 혹은 부부 단위로 이루어질 경우 보통 10~20회기가 이루어지며, 5회 집중 단기모델도 있다.

5. 성격이론

① 인간중심

부모는 Rogers 학파의 기본 전제인 안전하고 존중, 수용, 공감적인 환경을 만드는 것을 배운다. 이를 통해 아동은 자신을 더 잘 받아들이며 건강한 방향으로 전진하게 된다.

② 정신역동

정신역동에서의 무의식 욕구, 방어기제, 통찰, 정화, 자기이해 등이 사용된다. 아동의 놀이에는 불안, 소망이 포함된 내면세계가 표현된다. 아동 자신의 사고와 감정, 주변 환경에 관한 놀이주제는 오히려 부모가 치료자보다 더 잘 이해할 수 있다고 본다.

③ 인지행동주의

부모놀이치료에서는 행동적인 방식을 적용함으로써 행동의 변화와 더불어 관계가 변화될 수 있다는 관점이다. 조작적 조건화, 사회학습이론, 모델링, 행동연습, 격려, 강화, 구조화, 체계적인 제한설정 등이 사용된다.

인지치료접인 접근방식에서도 아동과 부모가 자신들의 관점의 변화를 강구해서 그들의 행동과 감정에 영향을 미치는 신념과 사고를 재구조화시킬 수 있다는 것이다. 이는 자녀의 행동과 놀이를 해석하는 방식과 부모 자신의 역할을 재구조화할 수 있도록 돕는다.

④ 발달놀이치료

부모놀이치료자는 아동의 놀이주제를 놀이 맥락 내에서 해석하는 것을 배운다. 부모는 치료자보다 아동발달사에 관한 정보가 많고, 보다 생생하게 기억할 수 있기 때문에 발달적인 측면에서의 지연이나 애착의 결핍을 자극하고 성장시키는 데 비교적 용이하게 도움을 줄 수 있다고 본다. 그러므로 치료자는 부모훈련 시 아동의 발달적 특성과 애착 정도를 고려하여야 한다. 가족의 건강한 애착은 가족뿐만 아닌 사회적 관계 속에서 건강하고 행복한 사회적응을 돕기 때문에 애착관계의 증진과 향상을 위해서 도움이 된다.

6. 정신병리모델

부모놀이치료는 의료적 모델보다는 심리교육모델에 기초하고 있으며, 이 접근은 개인과 대인관계의 문제를 선천적이고 기능적인 질병 혹은 장애라기보다 지식과 기술이 부족하여 생긴 결과라고 본다.

7. 치료의 목표

아동중심적이고 아동이 주도하는 놀이를 가정생활 속으로 복귀시키고, 부모에게 그 가치의 중요성에 대해 교육한다. 이는 부모-자녀관계를 개선하여 건강하고 강한 가정을 형성하고 나아가서 심리사회적 적응을 개선하는 것이다.

- 아동의 문제행동을 감소시킨다.
- 부모-자녀관계를 향상시킨다.
- 아동의 적응을 최적화시키고 아동의 유능감, 자기신뢰감을 증가시킨다.
- 부모의 양육기술을 향상시킨다.

미국의 건강하고 유대관계가 강한(strong) 가족들을 대상으로 한 연구에서 다음과 같은 6개의 공통적인 특징이 발견되었다. 관여(committment), 감사(appreciation), 의사소통(communication), 함께하는 시간(time together), 정신적 건강(spiritual wellness), 대처능력(coping ability)이며, 부모놀이치료는 가족이 이러한 특징을 구축하거나 강화시키도록 돕는다(Stinnett & DeFrain, 1985).

부모놀이치료는 다음과 같은 구체적인 치료목표를 갖는다(VanFleet, 2005).

① 아동

- 자신의 감정을 더 정확하고 건설적으로 인식, 표현
- 문제해결 기술과 전략을 개발
- 자기확신과 긍정적 자기개념을 증가
- 부적응적인 행동을 소거
- 친사회적 행동을 발달
- 부모에 대한 신뢰감 증가

② 부모

- 자녀의 발달을 더 잘 이해, 현실적 기대
- 자녀의 감정, 생각, 행동에 대한 부모의 이해 증가
- 건강한 발달과 관계에서 놀이가 차지하는 중요성을 인식
- 자녀양육의 확신 증가
- 더 친근하고 안정적인 애착관계 발달
- 자녀에 대한 부모의 신뢰 증진
- 부모가 함께 양육을 바람직하게 개선
- 공감과 수용을 보여주는 부모의 능력 개발
- 공평하고 일관적으로 경계를 설정하는 기술 습득
- 자녀와의 더 나은 의사소통
- 자녀와 더 자주 놀아주기

③ 모든 가족구성원

- 서로 더 즐기기
- 문제를 원인 수준에서 해결하기
- 긍정적인 상호작용 패턴 증가
- 의사소통과 문제해결 기술 개선
- 보다 독립적이고 만족스럽게 기능

8. 치료자의 역할

교육자, 감독자, 지지자이자 부모 서비스의 공동 제공자의 범위까지 확장된다. 부모를 가능한 가장 효과적인 놀이치료자로 만드는 것이 치료자의 결정적 역할이다.

치료자는 경청, 수용, 코치, 안내, 교육, 촉진하기를 통해 부모를 지도한다. 부모놀이치료에서 치료자의 진단은 필수적인 부분은 아니다. 가족이 문제를 극복하고 적응을 개선하도록 돕기 위해 필요한 정보와 기술이 무엇인지 확인하는데 초점을 둔다. 부모놀이치료자들은 부모를 파트너로 여기며 자녀 변화의 기본적인 조력자라고 생각한다.

9. 치료과정

1) 접수면접

부모놀이치료자가 부모에게 부모놀이치료에 대해 설명한다. 부모와 아동이 30분 정도 자유로운 놀이를 가지면서 적절성을 평가한다. 평가는 '부모문제 체크리스트(Filial Problem Checklist: FPL)'를 이용하는데 139문항(Guerney & Stover, 1971) 또는 개정판 108 문항(Horner, 1974)이 사용된다.

① 적합성

접수면접 단계에서 대상 아동과 부모의 적합성을 탐색해야 한다. 즉, 아동이 나타내고 있는 문제들이 아동중심접근법에 적합한가? 부모들이 기본적인 변화의 대행인으로 참여할 수 있는가? 등이다.

② 관찰

부모-아동과의 30분 미만의 회기 그리고 치료자-아동과의 30분 미만의 회기를 통해 알게 된 것들에 대해서 치료자와 부모가 나눈다. 두 상황에서 아동이 달랐던 점들을 이야기할 때 의의가 커진다.

③ 훈련

놀이 회기 기술을 훈련한다. 부모훈련은 방법을 가르친다는 점에서 행동주의 원리 특히 강화의 원리를 사용한다. 시범과 관찰을 통해 놀이 회기를 수행하는 데 필요한 기술(구조화, 공감적 경청, 반영, 제한설정 등)을 가르친다.

④ 모방

기술을 배우고 마지막 단계에서 놀이 회기를 모방하는 모의 회기를 갖는다. 치료자가 아동 역할을 하고 부모가 치료자의 역할을 한다. 마친 후 치료자가 몇 가지를 수정해 주고 가정에서 실시하게 되는데, 부모가 치료자로서 너무 힘들어 한다면 전 단계로 돌아가 더 기술을 습득한다. 치료자는 부모가 아동과 함께 첫 번째 회기를 다룰 수 있도록 격려하고 확신을 주도록 한다. 물론 역할 수행 시 어려운 점들이 있게 되므로 이런 부분을 기록해 두었다가 실습이나 토론시간에 함께 논의하도록 한다.

⑤ 강화와 격려

성공할 수 있는 부모의 잠재력을 강화하고 이 부분에 중점을 두어야 한다. 부모들이 자신의 아동과 처음으로 시도하는 놀이 회기를 치료자가 관찰하는 가운데 실습한다. 치료자는 칭찬, 격려, 인정, 필요하다면 체계적인 피드백을 제공한다.

⑥ 가정에서의 놀이 회기

부모 모두가 참여한다면, 대상 아동은 각 부모와 함께 일주일에 한 번 회기를 가진다. 가정에서는 특별한 시간에 사용할 수 있는 놀이감과 놀이방을 구비하는 것이 효과적이며, 그 시간에는 어떠한 방해도 받지 않는 것이 중요하다. 온전히 아동에게 몰입할 수 있어야만이 아동과 부모의 질적인 관계 개선이 이루어진다. 부모는 가정 회기에서의 놀이 장면을 녹화하거나 녹취하여 치료자에게 피드백을 받도록 한다. 치료자와는 정기적인 만남을 가져야 한다.

⑦ **전이 및 일반화**

여기에서의 전이는 정신분석의 방어기제 중 하나인 '전이'가 아닌, 부모놀이치료가 가정환경으로 확장되는 것을 뜻한다. 부모놀이치료를 통해 얻은 원리와 기술들을 평상적인 가정생활로의 일반화를 시켜 가는 단계이다.

⑧ **평가 및 추후 회기**

시간이 충분하지 않으면 생략되기도 한다. 아동의 적응이 향상되고 치료의 목적들이 충족되었다고 판단되는 시점에서 주 1회에서 격주에 1회로 감소시키는데, 마지막 2~3주 정도에 진행된다. 점차적으로 줄여가는 것이 중요하며, 아동이 종결에 대해서 잘 인지할 수 있도록 해야 한다. 다시 놀이치료를 시작해야 한다고 생각되는 경우가 생기면 부모놀이치료자의 전문적인 의견을 묻는 것이 좋다.

10. 부모에게 가르치는 기술

Van Fleet(2006)는 네 가지 기본 기술 즉 구조화하기, 공감적 경청하기, 아동중심적 심상놀이, 제한설정하기를 부모가 익혀서 자녀에게 적용해야 한다고 하였다.

① **구조화하기**(Structuring)

놀이 회기가 일상생활과 다르다는 것을 아동이 이해하도록 돕는 방식으로 부모가 놀이 회기를 구조화하여 도입하고 종료하도록 돕는다.

② **공감적 경청하기**(Empathic listening)

부모는 자녀의 감정을 읽고 자녀를 수용하고 이해하고 있다는 것을 보여주는 반영 기술을 익히도록 돕는다.

③ **아동중심적 심상놀이**(Child-centered imaginary play)

놀이에서 아동이 부모에게 부여하는 역할을 할 수 있도록 돕는다.

④ **제한설정하기**(Limit-setting)

처음에는 아동이 스스로 자신의 행동을 교정할 수 있는 기회를 주어야 하지만, 그렇게 되지 않을 때 부모는 명확한 한계를 통해 부모의 권위를 보여주어야 한다

TIP 제한설정 3단계

- 부모는 아동에게 규칙에 대해 말을 하고 놀이의 방향을 전환하도록 한다.
  (장난감을 엄마에게 던져서는 안돼. 하지만 공은 던질 수 있어)
- 부모는 아동이 규칙을 두 번 어기게 되면 주의(warning)를 준다.
  (장난감을 엄마게 던져서 안 되는 걸 알고 있지. 또 던지게 되면 엄마와 너랑 노는 특별한 시간은 이제 끝나게 되는거야.)
- 부모는 아동이 규칙을 세 번 어기게 되면 놀이 회기를 종료하게 되는데, 이때 부모는 아동이 결과를 수용하도록 잘 설득해야 한다.

⑤ **놀이주제 해석**(Interpreting play theme)

부모는 아동의 놀이 패턴의 깊은 의미나 암시를 인식하고 이해하는 것을 배우는 것이다. 부모는 놀이에서 바로 해석을 하진 않지만, 아동의 행동을 이해하고 부모 반응을 개선시킬 수 있으며 이는 자녀를 양육할 때 효과적으로 적용할 수 있다.

TIP CPRT(child parent relationship therapy)

Garry L. Landreth와 Sue C. Bratton 외(2006)이 개발한 부모를 훈련하고 교육하기 위한 filial therapy 모델을 적용한 10회기 단기 프로그램이다.
CPRT는 부모 자녀 간을 강화하기 위한(강력한 관계형성)을 위한 특별한 10회기 훈련프로그램이며 1주일에 한 번 30분 동안 부모 아동이 가정에서 놀이시간을 갖는 것으로 구성된다.
부모와 아동의 정서에 초점을 맞춘 공감 반응을 위한 정서 반응 연습, 반영기술, 제한 설정, 구조화, 책임감, 의사결정, 자존감 향상 기술 등을 원리와 방법, 역할연습을 공유하고 경험하게 된다. 이런 연습을 토대로 가정에서 부모는 자녀와의 특별한 놀이시간에 적용해 보고 이를 녹화한 후 참여자와 상담자와 경험을 공유하고 피드백을 주고받는 형식으로 이루어진다.

제4절 게임놀이치료

게임은 우선적으로 즐거움이라는 속성을 지니고 있기 때문에 아동이 손쉽게 접근할 수 있는 놀이방법이다. 또한 아동의 정서, 인지, 신체, 사회성의 전반적인 발달을 도모할 수 있다는 장점이 있다.

게임을 통해서 아동의 무의식적인 갈등과 저항도 표현하도록 도와주고(Loomis, 1957), 투사적 도구로 활용(Beiser, 1979)할 뿐만 아니라, 충동적이고 자기조절력이 부족하며 대인관계의 어려움을 갖고 있는 아동에게 효과적이다(Avedon & Sutton-Smith, 1971; Schaefer & Reid, 1986).

1. 게임놀이치료의 이론적 배경

게임놀이는 즐거움 요소와 더불어 인간의 전반적인 발달 즉, 신체, 인지, 언어, 사회, 정서발달에 효과적인 영향을 주고 있다. 그리스의 철학자 Aristotle

과 Plato도 아동의 학습과 발달에 있어 게임의 중요성을 강조하였다. 놀이치료 분야에 게임을 치료적 개입으로 활용한 Axline(1947)은 지나치게 수줍음을 타는 아동을 편하게 접근하기 위해서 체커게임을 활용하였다. 게임이 치료적 가치가 있음을 언급한 Loomis(1957)도 체커게임을 치료에 활용하면서 아동의 저항을 다루고 무의식적 갈등을 표현하도록 도왔다. Meeks(1970)는 게임에서 속임수의 의미에 대하여 언급하면서, 속임수는 아동의 경쟁적인 욕구와 통제하기 어려운 아동의 소망 간의 갈등으로 인하여 발생하는 행동으로서 치료적으로 활용할 수 있다고 하였다. Beiser(1979)는 정신분석 입장에서 아동치료를 할 때, 게임은 경기 참여자들의 특성, 능력, 내재된 문제들 간의 관련성을 투사하는 매체로서 가치가 있다고 하였다. Schelling(1960)은 갈등해결 연구에서 순수한 협동상황을 추구하는 게임들을 고안하면서 경쟁을 없애고 협동과 상호 이익을 강조하였다. 그러나 경쟁이 제거되자 참여자들은 게임에 흥미를 잃어버리고 참여 정도가 저조해짐을 발견하게 되었다. 이러한 점을 보완하여 게임을 상호 수용적 원칙 안에서 경쟁하도록 고안되었다. 즉, 경쟁적 측면이 우정과 협동을 공존하는 형태로 바뀌게 되었다.

많은 놀이치료사들이 인지행동적인 입장에서 아동의 친구 사귀는 방법을 배우도록 돕고 문제해결능력을 키우는 데 게임을 활용하는 것이 보다 효과적이라는 것을 인식하고 있다. 일반적으로 집단으로 구성되고 있는 사회적 기술 훈련 프로그램에서도 다양한 게임들을 사회적 기술을 향상을 위해 활용하고 있다.

2. 게임의 정의와 특성

게임은 서로가 동의하는 규칙을 준수하고 정당한 방법으로 경쟁 상대와 겨루는 건전한 관계를 맺는 즐거운 활동이다.

대개 어린아이들은 자유로운 방식으로 게임놀이를 즐기지만, 학령기 아동으로 들어서게 되면 규칙 있는 게임을 선호하게 된다. 잠복기에 들어가는 아동들은 좀 더 사회화되고 경쟁적이며, 공정한 놀이에 대해 많은 관심을 갖게 된다(Peller, 1954). 즉 규칙지향적인 놀이가 증가되기 시작한다. 아동 후기와 청소년기에는 점차 전략적인 놀이활동을 즐기게 된다. Piaget(1962)는 아동이 사건의 원인을 논리적으로 설명할 수 있을 때 규칙 있는 게임이 시작된다고 하였다. Ross(1982)의 경우 걸음마 시기 아동도 협동적이고 규칙 있는 게임에 관심을 보이며 게임놀이하는 능력이 있다고 하였다. 또한 게임은 감정적인 표현, 관계 속에서 표출되는 전이, 저항, 무의식적 통로가 될 수 있다(Bellinson, 2000).

Schaefer와 Reid(1986)은 게임의 특성을 다음과 같이 정의하고 있다.

- 게임은 즐거운 활동으로 인간의 삶 속에서 자연스럽게 발생한다.
- 게임은 실제와는 다른 '만일 ~이라면'이라는 가상의 특성을 지닌다. 대화게임의 경우 카드에서 주어지는 질문이나 상황이 주로 타인의 경험을 대신 대답하는 형식으로 구성되는데, 아동은 자신의 이야기를 빗대어 대답할지라도 비교적 방어 없이 편안하게 대답할 수 있으며, 소망이나 문제해결 방식에 대한 부분이 탐색 가능하기에 아동의 현재 상태에 대한 탐색이 가능하다.
- 게임에는 규칙의 요소가 있다. 게임을 하려면 정해져 있는 일련의 규칙들을 이해하고 준수해야 한다. 규칙은 게임에 임하는 방법, 게임에서 맡은 역할, 제한행동에 대한 기대 등의 정보를 제공한다. 그러므로 자유놀이보다 게임놀이는 훨씬 제한적이고 구조화되어 있다.
- 게임에는 경쟁적인 요소가 있다. 게임의 과정에 상관없이 결과는 승패로 판정되어지기 때문에 마치 결과가 참여자의 모든 것을 결정짓는 것 같은 착각을 일으키게 한다. 놀이치료사는 게임의 결과에만 강조하는 것이 아니라 임하는 태도와 과정을 격려할 필요가 있다.
- 게임은 자아능력을 필요로 한다. 그 게임에 임하면서 아동의 충동, 좌절, 자기 행동에 대한 조절, 인내, 제한을 수용하고 게임의 규칙들을 현실적으

로 따를 수 있어야 한다. 또한 과제에 대한 지속적인 주의집중력, 인지적 전략 세우기, 대처능력 등의 기술이 필요하다.

- 게임은 대인관계과정이다. 게임은 대체로 2인 이상으로 구성되기 때문에 인간관계의 상호작용을 피할 수 없다. 물론 요즘은 인터넷을 통해 대화나 표정이 필요없는, 노출되지 않는 유선상의 게임을 할 수 있긴 하지만, 일반적으로 게임은 직접 대면해서 상호작용하는 작업활동이다. Mead(1934)는 사회화 과정에서 게임의 중요성을 제시하고 있다. 게임에 참여함으로써 자타를 구분하고 기본적인 의사소통 기술을 획득하게 된다. 게임맥락 내에서 조성되는 '미니어처 인생'의 상황은 새로운 정보, 새로운 역할과 행동에 대한 경험, 게임에서 요구되는 것들을 준수하는 적응력, 선택적인 규준을 획득하는 기회를 접하게 된다. 또한 게임은 아동이 사회가 수용하는 방법으로 비교적 안전하고 합리적으로 공격성과 경쟁심을 다루는 기회를 제공해 주기도 한다.

3. 게임놀이치료의 치료적 효과 및 필요성

1970년대 초반 이후 게임의 치료적 효과가 극적으로 대두되면서 현재에도 게임은 특별한 치료적 목적으로 치료에 활용하고 있다. Schaefer와 Reid(1986)은 게임의 치료적 효과에 대해 치료동맹, 즐거움, 자기표현 및 의사소통, 진단, 통찰, 승화, 자아강화, 현실검증, 합리적 사고, 사회화를 언급하였다.

- 게임은 치료적 동맹을 맺도록 해준다. 대개 아동은 자신의 심리적 문제를 인정하지도 않고 상담소에 오는 이유도 잊어버리는 경우가 많다. 치료자들은 게임 참여자가 된다. 즉 게임에서는 치료자-내담자의 경계가 희미해지므로 내담자에게 보다 쉽게 접근할 수 있다. 자신의 문제를 노출하기를 꺼리거나 낯선 사람과의 관계맺기를 두려워하는 아동에게 치료에 대한 저항

을 줄이고 안전하게 느끼면서 치료에 참여하도록 도와준다.

- 게임은 즐거운 분위기를 조성한다. 즐거움이란 심리적인 불안을 예방하고 완화시키는 힘이 있다. 게임을 통해 성인과 즐거움을 나누는 아동의 경험은 치료적 관계를 증진시키고 아동에게 필요하고 유용한 감정을 느끼도록 돕는다.
- 게임은 자기표현과 의사소통을 도와준다. 게임은 실제 세계가 아니라 게임이라는 가상현실이기 때문에 게임을 하면서 아동은 자신의 감정, 사고, 욕구를 보다 안전하게 표현하도록 기회를 제공받는다. 게임을 하는 동안 스스로 이완하고 몰입함으로써 종종 그들 자신에게 중요한 감정이나 생각에 대해 이야기한다.
- 게임은 진단적 가치가 있다. 게임을 하는 아동의 태도와 방법을 관찰함으로써 가치있는 진단적 정보를 얻을 수 있다. 또한 게임이 자아과정을 불러일으키기 때문에 무의식적 갈등을 노출하기보다는 아동의 자아 기능을 검증하는 데 보다 유용하다. 불안하거나 의존적인 아동들은 게임을 선택함에 있어서도 머뭇거리거나 주저하며 게임의 방법을 설명했고 숙지했음에도 불구하고 치료자에게 계속해서 확인하거나 눈치를 보는 행동들을 보인다. 그래서 치료자에게 도움과 조언을 구한다. 충동적이고 산만한 아동들은 게임규칙을 잘 들으려고 하지 않고 순서를 기다리지 못하거나 부주의해서 자꾸 실수를 하거나 게임이 조금만 복잡하고 자신이 질 것 같으면 마무리하지 못하고 중도에 포기해 버린다.

  강박적인 아동은 승패보다는 규칙 준수에 얽매여서 게임판과 말들을 정리하거나 규칙에 온 신경을 집중하고 있어서 게임이 즐거워 보이지 않는다. 환상과 공상이 많은 아이들은 게임을 이야기놀이로 전환하여 환상놀이를 위한 도구로 사용하기도 한다.
- 게임은 통찰을 가져온다. 게임놀이는 방해받는 행동양상을 노출시키기도 할 뿐 아니라 행동양상을 관찰하고 이해할 수 있는 통로를 제공하기도 한다.

- 게임은 승화를 도와준다. 게임놀이는 본능적이고 금지된 무의식적 충동에 대해 역할 정의와 구조의 보다 높은 수준에 기인된 승화의 기회를 보다 많이 제공한다.
- 게임은 자아강화에 도움을 준다. 게임에서 경험하는 경쟁적인 상황은 아동에게 긴장과 불안을 경험하게 할 수 있다. 게임을 통해 아동은 치열한 경쟁자의 관계를 형성하는 것이 아니라, 정당함, 타협, 양보, 배려 등을 경험하게 된다. 치료자의 격려, 지도, 긍정적 강화에 힘입어 자신의 감정을 살피고 다룰 수 있는 경험을 하게 된다. 이는 자신의 감정과 욕구, 태도를 조절하고 자신감을 회복하게 된다.

  자기강화게임은 서로 보다 기량을 발휘하도록 도전하며 주요 초점은 경쟁과 전략에 있다. 큰 아이들은 동료들 간에 자아상을 형성하도록 돕거나 특별한 기술을 향상시키도록 하는 등 청소년 자아정체성 발달과 관련된 많은 이슈들을 반영하기 때문에 자아강화게임에 대해 특히 강하게 끌리는 경향이 있다.
- 게임은 현실검증에 도움이 된다. 게임은 아이의 상상이나 의지로 불변의 규칙이 포함된 현실적 놀이 형태이므로 어느 정도 현실적인 목표에 대한 인식이 필요하다.
- 게임은 합리적 사고와 인지발달에 도움을 준다. 게임은 실생활 현상을 반영하고 구조화된 게임 안에서 현실적으로 평가되는 상황이기 때문에 합리적 사고과정을 연습하도록 도와준다. 게임을 통하여 아동은 집중력, 기억, 행동에 대한 결과를 예측하는 능력, 창의적인 문제해결과 같은 인지적 능력을 발달시키게 된다.
- 게임은 사회성발달에 도움을 준다. 게임에는 사회적 기술을 모방하고 타인과 관계맺는 방법을 배우게 된다. 게임을 하면서 상대방의 압력과 권위에 대응하는 방법, 서로에게 손해를 주지 않고 조화롭게 적응하는 능력도 발달시키게 된다. 행동문제나 비행행동이 있는 아동들은 게임놀이치료가 유

용하다. 게임은 잠복기 아동기에 지배적인 놀이활동이다. 이 시기의 발달 과업은 친구들과 사회적 관계를 발달시키는 것으로 게임놀이는 참가자들 간의 협동과 의사소통을 요구하는 사회적 활동이다.

일반적으로 게임놀이는 집단치료에 사용되며, 친사회적 상호작용을 실습하도록 방향을 잡고, 사회노출의 기초가 되는 역동성에 대한 민감성을 증가시킨다.

그 외에 인지적 전략/ 피드백에 대한 반응/ 충동의 통제/ 언어적 능력에 대한 감각/ 자기통제/ 주의집중시간/ 좌절에 대한 인내/ 경쟁의 욕구/ 규칙에 대한 자발적 참여/ 압력과 타협하는 능력/ 성공에 실패에 대한 반응/ 환경에 대한 통제력 등에 도움을 줄 수 있다.

4. 게임놀이치료자의 역할 및 태도

게임은 즐거움의 요소를 활용하여 치료자와 아동 간의 친밀감 형성을 위한 매개체이며, 방어를 줄일 수 있는 수단으로 활용하며 아동의 승패에 대한 정서적 경험을 모두 적절하게 표현하고 조절할 수 있는 모델이 되어야 한다. 궁극적으로는 게임을 통해 아동과의 치료적 의사소통으로 활용해야 한다. 다른 상징적인 놀이도구들과 마찬가지로 아동의 갈등요소, 무의식적 내용(전이와 방어기제 등)을 이해하고 아동의 역동을 탐색해야 한다.

그러므로 치료자는 의사소통의 촉진자이며, 갈등적 행동과 어려움 해결을 도와주는 자가 되어야 한다. 놀이치료실에서 보이는 아동의 방어는 치료자의 눈을 안 마주치거나 말을 안하거나 아무런 행동도 하지 않으려는 것이다. 마치 아무 일도 없는 것처럼 치료자의 질문에 '그냥요, 괜찮아요, 그럭저럭, 평범해요, 몰라요' 등으로 일관하는 경우가 있다. 이런 경우에는 치료의 기본 요소인 관계 형성에 어려움을 주게 된다. 게임은 아동이 표현하지 않고 있는 생활상의 사건이나 아동의 무의식적 갈등을 탐색하는 데 도움을 준다. 아동이 게임에 지는 것을 끔직하게 여기는 경우, 아동은 좌절과 실패에 대한 두려움, 이런 좌절은 아동의 자존감에 큰 상처를 주기 때문에 치료자는 이러한 아동의 태도로 아동의 문제를 탐색할 수 있게 된다.

치료자는 아동과 게임놀이의 게임참여자 즉, 경쟁상대가 된다. 대부분의 게임은 승패가 결정나기 때문에 치료자는 게임을 통해 경쟁적인 요소를 부추겨 자신의 권위적 존재를 보상받으려는 경우가 있다. 어린 아동과 게임하면서 아동이 치료자를 만만한 대상으로 보고 무시하거나 핀잔을 주게 되면 치료자는 모욕감과 더불어 경쟁심이 유발되는 역전이를 경험하게 된다. 치료자 자신도 모르게 내담아동과 경쟁을 하게 되어 치료자로서의 역할을 망각하고 자존심을 겨루는 일종의 경쟁갈등이 시작되는 것이다. 그러므로 치료자는 자신이 갖고 있는 성격특성과 태도가 치료에 영향을 미칠 수 있음을 늘 인식하고 있어야 한다.

(1) 규칙 다루기

게임은 규칙을 준수하면서 승부수를 두는 것이다. 규칙은 항상 모든 참여자에게 똑같은 경기방식을 요구한다. 이러한 규칙을 지키도록 교사나 부모들은 아동들에게 요구하게 되고 규칙을 지키지 않는 아동들과 늘 다투게 된다. 그러나 규칙에 얽매인 경직된 태도는 때로는 강박적이거나 불안한 아동들에게는 규칙을 지켜야 한다는 부담감으로 게임을 즐기거나 전략을 짜는 데 융통성을 발휘할 여유를 누리질 못한다. 치료의 목적이라는 관점에서 규칙을 다룰 때는 좀 더 아동이 자신을 표현할 수 있게 하는 것이 치료에서 유용하다.

(2) 속임수 다루기

속임수의 찬반론에 대해 학자들마다 의견이 분분하다(Beiser, 1970; Bellinson, 2000; Herman, 2000). 그러나 아동의 속임수가 치료에서 어떻게 다루어져야 하는지는 아동의 문제에 접근해 가는 또 다른 중요한 방법이다. Meeks(1970)는 게임의 패배를 수용하려면 자존감에 심한 상처를 받기 때문에 아동이 자존감을 지키며 실패를 인정하지 않기 위해 속임수를 쓴다고 설명하였다. 치료자는 속임수를 쓰는 아동의 내면 상태와 아동의 발달수준에 따라 속임수를 허용하거나 제한하는 등의 태도를 취해야 한다.

5. 게임놀이치료의 유의점

게임은 아동의 방어를 줄일 수 있는 있지만, 치료기간 내내 경쟁게임과 같은 게임만을 선택하여 자칫 아동의 불편한 정서적 문제들을 회피하는 수단으로 게임을 이용할 수 있다. 게임의 다양한 종류를 치료목적에 맞게 적절하게 선택·활용할 수 있어야 하며, 자칫 시간 때우기나 내면적 갈등을 다루지 못하고 지나칠 수 있음을 명심해야 한다.

또한 컴퓨터게임이나 그 외 전자게임은 피하는 것이 좋은데, 아동의 관심을 끄는 데 있어서는 매력적인 게임이긴 하나 이런 게임을 통해서는 치료적 작업이 진행되지 않는다. 아동의 역동을 탐색하기 위한 적절한 투사적 자료로 사용하기보다는 승부결과에만 집착하게 되고 치료자와 상호관계를 맺기에 한계가 있다. 아동이 실패 시 좌절을 극복하기 어렵고 아동은 규칙이나 지시에 무조건 순종해야 하는 수동적인 자세로만 임하기가 쉽다(이영미, 2001).

6. 게임놀이의 유형

게임의 종류는 크게 두 가지로 나누어 살펴볼 수 있다(Schaefer & Reid, 1986).

1) 승리의 결정요인에 따른 분류

(1) 신체기술게임(Physical game)

- **대근육 운동게임** : 몸 전체를 적극적으로 움직이게 하는 대근육 운동 게임은 게임놀이 동안 운동의 체계화와 구조화를 통해 과잉행동과 충동적인 아동들이 보다 자기통제를 잘하도록 도울 수 있다.

- **소근육 운동게임** : 소근육 운동게임은 규칙 익히기가 용이하면서 상당히 경쟁적이며, 특히 아동의 적응성과 충동성을 평가하는 데 유용하다.

대근육을 이용하는 게임은 실내의 작은 공간에서 수행하기가 어렵다는 단점이 있다. 신체적 기술을 요하는 게임에는 농구게임, 다트게임, 합 스카치, 점핑멍키 등이 있다(그림 6-1, 그림 6-2).

그림 6-1 합 스카치

그림 6-2 점핑멍키

(2) 우연게임(Chance game)

그림 6-3 캔디랜드

승패 확률이 우연에 의한 것으로 단순한 수준이며 그래서 게임놀이의 도입 부분에 사용된다. 우연게임은 인지, 경험, 기술 면에서 어른의 우월성을 무력화시키기 때문에 치료에서 가치 있게 활용된다.

아동들이 쉽게 게임방법을 익힐 수 있기 때문에 비교적 부담없이 선택이 가능하다. 우연게임에는 주사위놀이, 윷놀이, 캔디랜드 등이 있다(그림 6-3).

(3) 전략게임(Stratege game)

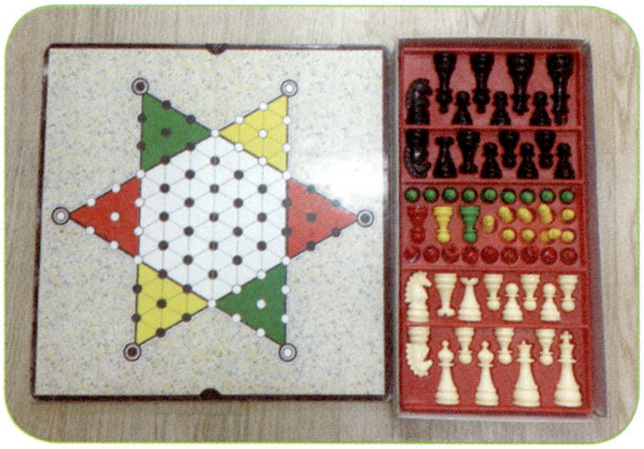

그림 6-4 다이아몬드 게임

아동의 인지적 기술을 요구하며, 아동의 지적인 강점과 약점을 관찰할 수 있다. 전략게임은 지적 노력과 집중력, 자기통제를 포함한 자아과정을 활성화시킨다. 이런 자아과정은 치료과정을 강화시킨다. 전략게임의 장점은 다음과 같다.

- 아동의 지적 감정과 약점을 관찰할 수 있다.
- 신체적 게임과 연관된 심리적 자극 없이 상징적으로 공격성을 표현할 것이 허용된다.

너무 복잡한 전략게임은 시간이나 에너지를 낭비하기 때문에 선택하지 않는 편이 좋다. 전략게임에는 막부사, 오델로, 다이아몬드 게임, 체스 등이 있다(그림 6-4).

2) 게임의 치료적 목적이나 강조점에 따른 분류

(1) 대화게임

그림 6-5 말하고 느끼고 행동하기 게임

치료자와 아동 간의 대화를 통해 심리치료를 행하는 게임이다. 놀이의 기본 요소인 즐거움을 포함시키는 것은 물론이고, 아동의 당면과제의 내용을 불안과 방어를 감소시키면서 자신의 감정과 사고를 표현할 수 있도록 격려하는 허용적인 분위기를 만드는 것이 목표이다. 또한 아동의 특수문제 즉, 부모의 이혼, 학대, 아동의 과잉행동, 사회적 기술 부족을 다루는 문제해결게임도 있다. 대화게임에는 말하고 느끼고 행동하기 게임(Talking Feeling Doing Game), 이야기 만들기 게임(Story Telling Game), 무슨 일이 일어날까(Could This Happen Game), 우리 가족이 변하고 있어요(Changing Family Game) 등이 있다(그림 6-5).

(2) 자아향상게임

그림 6-6 햄버거 게임

아동의 자아를 향상시키는 게임으로 경쟁과 도전의 측면을 강조한다. 게임을 통해 자아의 적응과정을 평가하고 진단할 수 있으며 적응능력을 증진시키는 데 도움이 된다. 자아향상게임에는 피자게임, 트러블게임, 햄버거 게임 등이 있다(그림 6-6).

(3) 사회화 게임

그림 6-7 나눔을 배워요

아동과 청소년의 사회적 행동을 수정하고 집단에 적응할 수 있는 능력을 개발하기 위한 게임이다. 사회화 게임에는 사회적 기술을 배우고 협동심을 키울 수 있는 게임 등이 있다. 사회화 게임에는 나눔을 배워요(Helping Sharing and Caring Game), 친해져요(Closeness), 당신에 대해 알고 싶어요(Knowing about Others) 등이 있다(그림 6-7).

> **TIP 놀이와 게임의 차이**
>
> 재미와 가정(as if)이 가능하다는 면에서는 공통점이 있으나, 게임은 보다 사회적 상호작용이 필요하며, 인지능력이 더 많이 요구된다. 또한 경쟁, 제한, 규칙의 요소가 가미된다.

제5절 기타 치료

인간과 반려동물과의 교감을 그린 영화 〈미안해, 고마워〉는 네 명의 감독이 '동물과 함께 사는 세상'이란 주제 아래 뭉쳐 만든 옴니버스 영화이다. 이 영화는 각각 개 혹은 고양이와 인간과의 관계에 초점을 맞춰 고된 일상에 지친 사람들에게 순수한 마음을 다시 불러일으킨다. 이 중 박흥식 감독이 제작한 '내 동생'에서는 한 아이가 친동생으로 생각한 강아지와 헤어지는 아픔을 아이의 시각으로 담았는데, 아이가 강아지를 생각하는 마음이 얼마나 컸는지 우리 마음속에 아직까지 전해진다. 이 외의 세 편에서도 반려동물을 통해 가족 간의 화해가 가능해지고 가족의 소중함을 느끼게 되거나 삶의 의지가 없었던 사람이 설 수 있게 되는 장면들을 볼 수 있었다. 이처럼 반려동물은 오랫동안 우리와 함께 했고 사람들의 정서적인 안정과 치유의 효과를 주기도 하였다. 이 장에서는 앞서 언급한 동물을 매개로 하는 치료가 어떻게 이루어지고 있는지, 어떠한 치료적 효과가 있는지 살펴보고 이 외에 최근 각광받고 있는 요리치료, 원예치료, 독서치료도 함께 살펴보고자 한다.

1. 동물매개치료

우리 인간은 오랜 세월 동안 동물과 함께 생활해 왔다. 인간과 동물의 긍정적인 관계에 대한 최근의 연구들은 반려동물들과 사람이 함께 생활하는 것이 사람들의 건강을 증진시킨다는 결과를 보여주고 있다. 구미 각국에서는 1970년대 초부터 HAB(Human Animal Bond)의 효과를 인식하고 인간과 동물 모두의 복지를 아우르는 이념을 기본으로 해서 많은 조사와 연구활동이 진행되어 왔다. 인간과 동물의 유대(human and animal bond; HAB)는 동물과 사람 간에 끈끈한 감정을 말하는데, 사람과 동물과의 상호작용에서 생기는 쌍방에 정신적, 신체적으로 생기는 좋은 효과를 인식해 사람과 동물 쌍방의 행복을 증진시키고 양자의 복지를 증진시킬 수 있다(김옥진, 임세라, 2013). 이러한 동물매개치료의 개념 및 특징, 그리고 치료적 효과 등을 대략적으로 살펴보고자 한다.

1) 동물매개치료의 개념 및 특징

과거 우리는 우리가 키우는 동물을 펫(pet)이라고 불러왔다. 그러나 최근에는 인간과 함께 가깝게 생활하는 동물을 반려동물(companion animal)이라고 부름으로써 동물에 대한 인식이나 가치를 다시 조명할 수 있게 되었다. 그 이유는 핵가족화, 가족중심주의, 물질만능, 인간과 인간의 상호작용 결여 등으로 인한 심리적 문제와 고립 등이 사회문제화됨으로써 인간과 함께 생활하는 동물과의 상호작용에서 얻어지는 효과에 대한 재인식이 이루어졌기 때문이다. 이러한 이유로 최근 동물매개활동(Animal Assisted Activity; AAA)과 동물매개교육(Animal Assited Education; AAE), 동물매개치료(Animal Assisted Therapy; AAT) 등이 실시되고 있다. 동물매개치료(Animal-Assisted Therapy; AAT)는 동물매개활동 또는 동물매개방문활동(Animal-assisted visitation)과 차이점이 있다. 먼저 동물매개활동(Animal-Assisted Activity; AAA) 또는 동물매개방문활동은 자격을 갖춘 활동 동물을 데리고 환자와 가족들을 방문하여 만나는 것을 말한다. 이 활동의 목적은 걱정을 감소시키거나 접촉에 의한 자극을 증가시키고 자기존중감을 증가시키는 것이다. 또한 동물의 방문이 내담자의 걱정이나 불안을 감소시킴으로써 내담자의 활동성을 증가시키기도 하고 내담자 자신의 치료에 대한 낙관적인 태도를 가질 수 있도록 도와준다. 반면, 동물매개치료는 훈련된 전문가들에 의해 1대 1로 이루어지는 치료방법이다. 즉, 치료도우미 동물이 중재되어 대상자의 심리상담 또는 재활치료 효과를 얻기 위해 전문가인 동물매개심리상담사가 프로그램을 계획하고 운영하며 효과를 평가하는 전문적인 보완 대체 의학적 치료행위이다(김옥진 외, 2013). 동물매개치료의 목적은 내담자의 활동성이나 기억력, 언어구사력 등을 증가시키는 것이다.

동물매개치료는 다음과 같은 특징을 가지고 있다(김옥진, 임세라, 2013). 첫째, 살아 있는 생명체를 매개로 한다. 이 치료방법은 살아 있는 생명체를 활용하여 내담자를 치료하기 때문에 매개동물의 행동이나 심리에 대한 깊은 이해와 응용기술이 필요하다. 둘째, 감정을 갖고 있어 상호역동적인 작용을 한다. 셋째, 동물은 대상자를 차별하지 않는다. 넷째, 다학제적인 전문분야이다. 동물매개치료는 심리상담의 한 분야이기 때문에 심리학, 상담학, 사회복지학, 재활의학, 정신병리학 등의 심리상담에 대한 전반적인 이해뿐 아니라 이에 대한 전문적인 지식과 응용기술을 필요로 하고 내담자의 심리적, 인지적, 정서적, 사회적, 교육적, 신체적인 발달과 적응을 향상시키는 다학제적인 전문분야인 것이다.

2) 한국의 동물매개치료 현황

우리나라에서 최초의 치료도우미견 활동은 1994년 삼성화재 안내견 학교가 설립되면서 1995년 이리보육원에서 실시되었으며, 이후 공주 치료감호소에서 정신질환자를 대상으로 동물매개치료를 한 결과를 1998년 국제 인간과 동물 상호작용 연구협회(International Association of Human-Animal Interaction Organizations; IAHAIO)에서 발표하게 되었다. 이 협회는 인간과 동물의 상호작용에 관한 세계적인 정보센터인 미국 델타협회를 모체로 1990년 설립된 국제학술협회로, 런던에서 최초로 학회가 개최된 이후 3년에 한 번씩 '인간과 동물과의 유대'에 관한 국제 심포지엄을 개최하고 있는 곳이다. 2002년에는 삼성치료도우미견센터가 발족함으로써 치료도우미견 양성과 자원봉사자 교육을 시작으로 동물매개활동과 치료를 하는 여러 단체와 연구를 하는 한국동물매개치료복지협회(경기도 평택시)와 창파동물매개치료연구센터(경북 영광학교 부설) 등이 본격적인 동물매개치료를 진행하고 있다. 말을 활용한 재활승마치료 또한 1960년대 미국에서 공식적인 치료방법이 되었으며 한국 또한 2001년 재활승마단이 발족함으로써 신체발달장애가 있는 아동들을 대상으로 재활승마를 시작하였고 최근 몇몇 단체에서도 재활승마치료를 도입하여 활동하고 있다.

실제적으로, 동물매개치료사 양성이 무엇보다 시급한 실정인데, 다행히도 한국동물매개치료협회와 HAB(인간과 동물의 유대)위원회 등에서 동물매개치료의 이론적 연구와 치료사 양성 프로그램을 실시하고 있다. 또한 일부 고등학교의 동물자원과나 전문대학이나 사범대학 등에서 동물매개치료학을 개설하기도 하고 일부 대학교에서도 추진하고 있는 것으로 알려져 있다.

3) 동물매개치료의 실제

(1) 치료도우미 동물 조건과 선택

사람과 함께 하는 동물 중에서 우리가 흔히 보는 것은 바로 개나 고양이일 것이다. 마찬가지로, 동물매개치료에서도 가장 많이 사용되는 동물이 개와 고양이기도 하다. 물론 토끼, 말, 햄스터, 새, 닭, 파충류 등도 치료에 사용되고 있다. 동물마다 특성이 있어서 내담자의 선호도와 안전성 등을 고려하여 동물매개치료에 사용되는 동물을 선정해야 할 것이다. 동물 크기나 이용 장소뿐만 아니라 내담자 특성 또한 고려해야 할 중요한 요인이다. 이것은 내담자에 의해 선택되는 것이 아니라 동물매개치료사에 의해 이루어지는 것으로, 치료사가 다양한 동물에 대한 사전지식과 기술을 가지고 있어야 한다.

치료도우미 동물이 되기 위해서는 몇 가지 조건을 충족시켜야 하는데, 미국과 한국의 매개동물치료관련 협회 등에서 제안하는 조건들을 요약 정리하면 다음과 같다.

- 복종훈련을 통과할 것
- 수의학적인 검사를 마쳐야 할 것
- 치료도우미 동물 기술 과정을 마친 후 시험에 통과할 것
- 치료도우미 동물 성격검사를 통과할 것
- 낯선 사람을 만나도 경계하지 않거나 공격성이 없는 등 사회성 조건을 충족할 것
- 자극적인 상황에서도 안정적인 특성을 보일 것

이러한 조건들은 내담자의 안전과 연결되어 있기 때문에 동물매개치료를 시작하기 전에 꼭 점검되어야 한다. 왜냐하면, 동물매개치료에 사용되는 동물들은 각 내담자와 일할 때마다 매우 스트레스적인 상황에 있게 되는데, 동물들이 안전하고 예측 가능한 방법에서 본능적으로 반응하도록 하는 것은 내담자의 안전에 있어서 필수적이기 때문이다.

(2) 동물매개치료 방법

동물매개치료는 상담자의 역량과 내담자의 상태에 따라 적용되는데, 대략적으로 방문형, 사육형, 활동형으로 나눠 이루어질 수 있다.

① 방문형 치료

방문형은 동물매개치료사나 자원봉사자가 치료도우미 동물을 데리고 내담자의 집이나 내담자가 거주하는 시설 또는 병원 등을 방문하여 프로그램을 진행하는 방법이다.

② 사육형 치료

사육형은 동물매개치료실이나 시설 등에서 치료도우미 동물을 직접 기르면서 내담자의 치료에 활용하는 방법이다.

③ 활동형 치료

활동형은 승마치료와 같이 일정한 시설을 갖추고 있는 곳에 가서 치료사와 내담자가 그 동물을 직접 접촉하는 방법이다.

(3) 동물매개치료 효과

동물매개치료의 효과는 도우미 효과, 신체 효과, 인지 효과, 사회 효과, 정서 효과 등으로 나눌 수 있다(한국동물매개치료복지협회 홈페이지 자료).

① 도우미 효과

장애인도우미개(시각, 지체, 청각, 어르신도우미개 등)가 길 안내하기, 물건 가져다주기, 소리 듣고 소리의 근원지로 안내하기, 어르신 시중 들어주기 등을 통하여 장애인들의 일상생활상의 불편함을 해소하고 독립적일 수 있도록 하여 자존감을 갖도록 하며 소외되고 외로운 장애인들의 친구로서 인생의 동반자로서의 역할과 장애인과 비장애인 간의 교류를 도와주는 가교 역할을 한다.

② 신체 효과

동물과의 놀이, 관리 등을 통하여 노약자의 소·대근육의 운동과 발달을 촉진할 수 있고 운동량이 부족한 사람들에게 놀이와 산책 등으로 규칙적인 생활을 할 수 있도록 하여 건강증진에 도움을 주며 어르신들의 심장질환이나 고혈압 등에도 효과가 있다는 연구결과가 있다.

③ 인지 효과

동물과의 상호작용을 통하여 어르신들의 인지능력을 향상시켜 치매 예방에 효과적이고, 동물과 관련된 정보교환 등으로 다른 사람들과의 사회적 접촉이 증가하며 아동들의 자아존중감과 자기효능감을 향상시키는 데 도움을 주며, 지적 호기심과 관찰력, 언어발달과 기억력 향상에 효과적이다.

④ 사회 효과

동물과의 상호작용은 비판적이지 않고 비밀이 보장되며 무조건적인 수용이 이루어지므로 자기개방과 대인관계에 어려움, 사회성이 부족한 사람들에게 의사소통이나 사회기술을 연습할 수 있는 좋은 상담 기회가 될 수 있다. 동물매개치료는 특히 대인관계 향상에 지대한 영향을 미치며(김옥진, 마영남, 2013), 또한 조건 없는 사랑과 친화력의 습득, 공동체의식의 향상, 긴장 완화와 사회적 접촉의 확대를 기대할 수 있다.

⑤ 정서 효과

많은 연구에서 동물과 함께 했을 때 심리적으로 안정되고 심박수와 혈압이 안정되었다는 연구결과가 보고되고 있다. 특히 충동적인 성향이 있는 아동들의 경우 동물매개치료를 통해 충동성이 줄어드는 효과가 있으며(서강오, 김옥진, 2013), ADHD 성향 아동의 문제행동 개선에 효과가 있는 것으로 나타났다(이형구, 2013). 또한 동물과의 상호작용을 통하여 기분 개선과 흥미를 유발시켜 생활의 활력을 얻도록 할 수 있으며 동물에게서 항상성과 안정감을 유지할 수 있을 때 스트레스 유발을 최소화할 수 있다고 하였다.

이러한 동물매개치료의 효과들은 여러 연구의 과학적 증거들로 검증되고 있으며, 이는 동물매개치료가 치료동물로 사용되는 동물과 상담자의 잘 짜인 종합적인 활동에 의해 내담자의 삶의 질과 건강을 향상시키는 치료적 방법으로서 받아들여지고 있음을 보여주고 있다.

2. 요리치료

1) 요리치료의 개념 및 특징

요리치료는 요리라는 매체를 통해 사람들에게 보다 쉽고 친근하게 다가갈 수 있는 치료기법이다. 다양한 식재료와 조리기구를 활용해서 요리하는 과정을 통해 심리적 치유 및 사회성 향상과 적응이 이루어지도록 도와주는 방법이다. 요리치료는 가족이 서로 연결되고 한 장소에 함께 오게 하는 방법이며, 가족 내에 의사소통을 개선시키는 중요한 방법이다(Carver, 2013). 이러한 요리활동의 치료적 가치는 다음과 같다(권명숙, 2010).

- 요리활동은 손으로 직접 식재료와 조리도구를 다루고 변화를 관찰하는 의미있는 활동이므로 전반적인 인지학습을 증진시킬 수 있는 구체적인 개념에서 추상적인 개념활동까지 이루어지는 기초가 된다.
- 대상자들은 활동의 구체적인 조작을 통해 문제를 해결함으로써 기본적인 수학 개념의 기초를 형성한다.
- 요리활동은 활동하는 과정의 각 단계에서 재료의 크기, 모양, 형태, 촉감 등의 열에 의한 재료의 변화, 시간의 흐름에 따른 변화, 물리적 · 화학적 작용에 따른 변화 등의 과학적 개념을 학습하게 된다.
- 활동순서도와 다양한 활동자료는 언어표현능력과 기억력을 도우며 활동과정을 탐색하고 관찰하고 결과를 예측하고 상상 · 추측할 수 있으며, 맛과 모양, 형태, 촉감, 느낌 등 체험을 통해 구체적이고 사실적으로 표현할 수

있도록 한다.

- 프로그램 활동 과정에서 다듬고, 썰고, 다지고, 찢고, 끼우고, 나누고, 휘젓고, 주무르고, 굴리고, 운반하는 동작은 근육의 발달을 돕는다.
- 다문화사회가 되어감에 따라 다른 문화에 대한 이해를 증진시키고 다양한 민족의 요리는 다문화적 경험을 형성하는 데 이용할 수 있다.
- 요리활동을 통해 창의적인 조형활동으로 확장될 수 있다.
- 식재료는 다양한 종류가 있으며 균형있는 식사는 영양에 대한 개념을 발달시키고 편식과 비만예방을 함께 할 수 있다.
- 학교와 기관은 물론 가족들과의 연계활동으로 쉽게 접근할 수 있으며 가족프로그램으로 활용 효과도 높다.

2) 요리치료 실제

요리치료는 아이들에게 재미뿐 아니라 근육과 운동기능 강화를 목표로 하는 미술, 음악, 인지학습, 사회성 훈련 등 다른 영역과 자연스럽게 통합적인 접근을 할 수 있는 방법이다. 요리치료를 시작하기 전에 상담자는 먼저 내담자의 연령과 발달수준을 고려하여 그에 맞는 프로그램을 계획해야 한다. 실제적으로 조리기구의 쓰임에 따른 사용, 그리고 식재료의 형태와 활동의 난이도에 따른 작업의 기술은 아동의 발달수준에 따라 차이가 있을 수 있기 때문에 내담자의 발달수준과 연령을 고려해야 한다. 예를 들면, 4세 유아에게 열사용을 위한 활동을 계획하는 것은 부적절하다. 아이들이 좋아하는 핫케이크를 만들 경우 핫플레이트나 전기 프라이팬과 같은 열기구를 사용해야 하는데, 유아가 화상을 당할 위험이 있으므로 이 활동프로그램을 계획하기에는 바람직하지 않다. 좀 더 연령이 높은 유아나 아동들에게 더 적합한 치료프로그램이라고 볼 수 있다. 특히 요리활동은 내담자의 안전과 위생을 고려할 필요가 있다. 조리도구를 사용할 경우 위생적인 관리소독을 철저히 할 필요가 있으며, 식재료도 식중독이나 감염병에 걸리지 않도록 주의하여 골라야 한다. 특히 계절적인 특성을 고려한 요리활동은 신선한 식재료를 구입해야 하며 내담자의 건강과 영양을 고려해야 한다. 요리치료는 요리를 시작하기 전에 재료를 준비하는 것도 중요한 과정이므로, 상담자는 내담자와 함께 장을 같이 보러 가서 재료 구입을 하거나 손질을 함께 함으로써 내담자가 식재료에 대한 긍정적인 감정을 갖고 적극적이고 능동적인 참여가 이루어지도록 해야 한다.

요리치료는 다양한 연령을 대상으로 자신의 감정을 말로 표현하기 어렵거나 공격적인 행동을 표현하는 내담자들에게 실시할 수 있는 오감각을 활용한 통합적인 접근방법이다. 예를 들면, 장난감을 집어던지고 다른 친구들을 때리는 공격적인 행동을 보이는 영유아에게 식빵을 뜯게 한다거나 밀가루 반죽을 만들어서 그릇에 집어넣는 것을 해보게 하는 등의 활동을 계획해 볼 수 있다. 또는 사회성이 부족하여 다른 사람과의 관계를 형성하는 데 어려움을 보이는 영유아인 경우에는 식빵 위에 표정 그림 그리기 등을 통해 자신의 감정과 다른 사람의 감정을 느껴볼 수 있는 기회를 제공해 줌으로써 자신의 감정과 다른 사람의 감정에 대한 인식을 할 수 있게 한다. 또한 상담자는 내담자가 영양에 대해 배울 수 있게 하고 음식과의 건강한 관계를 발달시킬 수 있도록 도와주어야 한다.

요리치료는 개인뿐만 아니라 집단활동으로 계획할 경우 좀 더 치료적인 효과를 기대해 볼 수 있다. 사회성이 부족하여 소외감이나 외로움을 느끼는 유아들의 경우 함께 요리활동을 함으로써 협동심을 키우고 집단 안에서 자기 감정을 조율하고 타인과 타협하는 방법을 터득할 수 있게 된다. 특히 요리활동을 제안하였을 때 어떤 유아들은 상담자나 같은 또래집단과의 라포가 형성되기 전이기 때문에 요리에 참여하기를 꺼려하고 저항하는 경우가 있다. 이때 상담자는 계속 권하기보다 다른 유아들과 함께 요리하는 모습을 보여줌으로써 자발적으로 참여할 수 있는 시간적 공간을 그 유아들에게 제공해야 할 것이다. 상담자는 절대 참여를 강요하지 말아야 한다. 이러한 요리치료는 스트레스 완화, 사회적 기술 향상, 균형과 협동, 감각인식, 신체적 건강 향상, 시간 관리 기술, 기억과 주의집중 향상, 자아존중감과 성취감 향상과 같은 치료적 효과를 가지고 있다. 또한 요리치료는 섭식장애, 학습장애와 자폐증, 우울, 불안증을 겪는 내담자들에게 효과적일 뿐 아니라 ADHD 아동들에게도 주의력 증진과 충동성 감소에 효과적이다(강미경, 2009).

3. 원예치료

1) 원예치료의 개념과 특징

인간은 많은 꽃들과 나무들로 둘러싸여 지내면서 많은 즐거움과 기쁨을 얻기도 한다. 이러한 환경 속에서 식물을 이용하여 인간과 서로 관계를 맺고 엮어가는 활동을 원예라고 하는데, 이를 통해 여러 효과를 볼 수 있다. 이러한 효과를 이용하여 사람에게 적용을 하고 인간의 재활과 정신적 치유를 목적으로 하는 것이 원예치료(horticultural therapy)이다. 즉 원예치료란 식물을 대상으로 하는 인간의 다양한 원예활동을 통하여 심리적, 사회적, 교육적, 신체적 적응력을 기를 수 있도록 하는 전반적인 활동을 의미한다. 원예치료에서의 '치료'는 기존의 현대 의학적 치료와는 다르게 식물을 이용하는 원예활동을 통한 심리치료적 측면의 치료와 운동치료적 측면의 치료가 동시에 가능한 전인적 '치료'를 의미하는 것이다(주은연, 2010). 한국원예치료협회(Korean Horticultural Therapy Association; KHTA)에서는 '식물을 통한 원예활동에 의해서 사회적, 교육적, 심리적 혹은 신체적 적응력을 기르고 이로 말미암아 육체적 재활과 정신적 회복을 추구하는 전반적인 활동'으로 정의하였으며, 원예치료를 재활 및 사회복귀를 위한 목적뿐만 아닌 광의의 원예치료로서 삶의 질을 높이기 위한 방편으로도 다루고 있다. 이와 비슷하게 미국원예치료협회(American Horticultural Therapy Association; AHTA)에서는 여러 원예치료에 대한 정의를 통합하여 '식물과 원예활동을 이용하여 인간의 사회, 심리 및 신체적 적응력을 개선시키고 이를 통하여 인간의 신체 및 정신적 치유를 도모하는 과정'이라고 정의하였으며 이를 통하여 원예치료의 광범위한 치유 및 치료적 역할에 관해 언급하였다.

이러한 정의를 바탕으로 원예치료의 특성을 정리하면 다음과 같다.

- 생명을 지닌 식물을 매개체로 한다는 점이다.
  동물매개치료와 마찬가지로 생명체를 매개로 한다는 점은 비슷하다. 동물보다는 다루기에 좀 더 쉽고 정서적인 안정을 가질 수 있는 수단이다.
- 대상자와 식물 간의 상호 역동적인 특성을 가지고 있다.
  식물이라는 생명체는 인간과 마찬가지로 관심을 가지고 잘 관리를 하면 잘 자라지만 무관심하게 방치해 두면 식물은 제대로 자라지 못하거나 죽게 된다. 따라서 대상자가 얼마만큼 관심을 가지고 관리를 해주느냐에 따라 식물의 상태는 달라지며 이에 따라 대상자도 생명의 존엄성을 느낄 수 있는 전인적인 치유 경험을 가질 수 있게 된다.
- 다양한 감각을 통해 이루어지는 치료방법이다.
  원예치료는 다른 대체치료 방법과는 달리 눈으로 보고 손으로 만지고 코로 냄새를 맡으며, 입으로 맛을 보는 등 여러 감각기관을 통해 이루어진다.
- 창조적 활동이 가능하다.
  원예치료는 미술치료와 마찬가지로 식물을 이용해 장식품을 만들 수 있으며 이러한 과정에서 식물을 자르고 꽃을 말리거나 열매를 따는 등의 활동을 통해 꽃꽂이를 하거나 꽃을 활용해 액자를 만들거나 콜라주 등을 만듦으로써 예술적인 표현을 할 수 있게 된다.
- 생명을 직접 돌보는 양육 체험이 가능하다.
  앞서 언급한 대로 원예치료는 식물이라는 생명체를 대상으로 인간을 돌보는 것처럼 식물을 돌보면서 생명의 소중함을 느낄 수 있는 경험을 하게 되고 이것이 전인적인 치유 역할을 하게 한다.

2) 한국의 원예치료 현황

원예치료는 실제적으로 그 역사가 매우 오래되었고 현재에도 사용되고 있는데, 대부분 기록을 통해 전해 내려오고 있다. 예를 들면, 고대 이집트에서는 의사가 환자를 정원에서 일하게 하거나 산책하게 함으로써 치료효과를 증진시켰다는 기록이라든가 정신병 치유의 효과에 대한 연구들을 통해 그 효과가 증명되고 있는 실정이다. 주로 미국과 유럽을 중심으로 연구가 이루어졌으며, 우리나라 또한 최근에 원예치료가 도입되면서 많은 연구가 이루어지고 있는 실정이다.

처음 우리나라에 원예치료가 소개된 것은 1980년대 초에 이루어졌지만, 1988년 장애인 올림픽 이후 장애인 시설과 특수학교 등에서 원예를 직업교육의 목적으로 실시한 것을 계기로 1990년대에 들어와서야 병원 등에서 치료와 재활 목적으로 이용되기 시작하였다. 1997년에 '한국원예치료연구회'가 발족되어 원예치료를 보급하며 교육 · 연구를 하였으며, 1999년에는 건국대학교 사회교육원에 국내 최초로 '원예치료과정'이 개설되어 전문가를 양성하고 있다. 2000년에 한국원예치료연구회와 한국식물인간환경학회가 통합하여 한국원예치료협회로 발족하였고 이후 고려대학교 사회교육원(평생교육원)에 원예치료과정을 개설하거나 여러 대학과 장애인관련기관, 병원, 교육기관 등 100여 곳 이상에서 원예치료 프로그램을 운영하고 있다. 특히 2000년에 단국대학교 대학원 석 · 박사과정에 원예치료학과를 개설하였으며, 한국원예치료협회에서 대학원 석사과정 또는 각 대학의 평생교육원 수료자 중 시험을 거친 합격자에 한하여 자격증을 발급하고 있다.

3) 원예치료의 실제

(1) 원예치료의 대상

과거 원예치료는 정신질환을 앓고 있는 사람들이나 지적장애인들을 대상으로 이루어졌으나, 현대에 와서는 유아, 아동, 청소년, 성인, 노인 등 다양한 연령의 사람들뿐 아니라 시각장애인, 청각장애인, 약물중독자, 감옥에 있는 사람들 등 신체적 또는 정서적 어려움을 겪는 사람들에 이르기까지 이용대상 범위가 광범위하게 확대되고 있다. 특히 현대사회에서 어린 아동에서 노인에 이르기까지 많은 스트레스와 우울 등 심리적 어려움을 겪는 경우 원예치료가 매우 효과적인 것으로 보고되고 있어 이에 대한 다양한 원예치료 프로그램 개발이 이루어지고 있다.

(2) 원예치료의 과정

원예치료 프로그램 형태는 현재까지 우리나라에서 연구된 원예치료 관련 논문이나 학회 발표사례를 중심으로 볼 때 개인보다는 대부분 그룹 형태이지만 병원이나 치료 현장에서는 점차 개인치료 형태의 빈도가 늘어나는 추세이다(주은연, 2010). 원예치료를 개인이나 집단 또는 이 둘의 병행으로 진행할지에 대해서는 내담자에 대한 치료목적, 특성, 수준, 환경 등을 고려하여 결정하며 횟수나 지속기간 등의 치료 일정 또한 대상자 치료목표 등을 고려하여 결정해야 한다.

내담자에 대한 원예치료 목표를 설정하기 위해서는 먼저 내담자에 대한 면담이나 행동관찰, 심리를 알아볼 수 있는 진단검사 등을 통해 정확한 진단이 먼저 이루어져야 한다. 이러한 과정은 대부분의 치료방법에서 이루어지는 것과 비슷하므로 여기서는 생략하기로 한다.

원예치료 단계는 크게 초기, 중기, 후기 단계로 나누어 살펴볼 수 있는데, 초기는 진단 및 준비 단계로서 주로 내담자에 대한 사전진단과 면담을 통해 대상자의 목표를 설정하는 단계이다. 다른 상담치료와 같이 초기에는 치료계획서를 작성하고 내담자와 상담자의 라포 형성에 중점을 두어야 한다. 내담자와 상담자의 라포 형성은 원예치료의 긍정적인 효과에 중요한 요인이므로, 내담자와 상담자 간의 긍정적인 관계 정립을 위해 노력해야 한다. 중기는 실제적으로 원예치료 프로그램이 실시되는 실행 단계이다. 초기 단계에 내담자와 상담자가 정한 원예치료 목표가 이루어질 수 있도록 내담자의 긍정적인 변화를 이끄는 중요한 단계이다. 상담자는 내담자에 대한 이해와 수용을 바탕으로 적극적으로 내담자를 지지하여 내담자가 주도적으로 치료에 임할 수 있게 해야 한다. 후기는 치료과정의 마지막 단계로서 평가 단계에 해당된다. 초기에 정한 원예치료 목표가 잘 달성되었는지 전반적인 평가를 하게 되는데, 이러한 평가는 치료를 더 지속할 것인지 종결할 것인지를 결정하는 데 중요하다. 만약 치료를 더 지속할 경우, 치료목표를 수정하거나 다시 정해야 하며, 치료를 종결할 경우 어느 시기에 종결할 것인지를 결정해야 한다. 치료종결에 대해서는 내담자가 종결을 거부감 없이 받아들일 수 있도록 이에 대한 준비를 해야 한다. 특히 어린 아동일수록 치료 종결에 대한 마음의 준비를 할 수 있는 시간을 주어야 한다.

원예치료의 중기에 해당되는 실행 단계에서 실시되는 치료방법은 참여방법에 따라 식물을 재배하는 프로그램과 식물의 이용 프로그램으로 나눈다. 식물을 재배하는 프로그램은 수경재배나 화분에 꽃심기 등 직접 재배하거나 화단 가꾸기 등을 들 수 있으며, 식물의 이용 프로그램은 꽃을 활용한 장식품 꾸미기라든가 관찰방법을 통한 원예치료 등을 말한다. 관찰방법에 의한 원예치료는 특별히 어려운 작업이 아닌 주거환경 내에 실내식물을 놓고 함께 생활하는 것인데, 이는 누구나 쉽게 접할 수 있는 방법이라고 할 수 있다. 여러 연구나 대중매체에서 보여주는 실내 식물이 인간에게 미치는 긍정적인 영향을 통해 치료효과를 알 수 있는데, 예를 들면, 벤자민이나 파키라 같은 식물들은 우리가 그 식물들을 보면 알파 뇌파의 증가로 편안함을 느낄 수 있고 사고력과 집중력을 높이는 효과가 있다. 또한 식물체가 주거환경에 영향을 미치기 때문에 이러한 식물들을 실내에 배치하면 그거 자체가 치료효과를 보여주기도 한다.

(3) 원예치료 효과

앞서 언급한 것처럼 원예치료는 인간에게 심리적인 편안함과 집중력을 높이는 등의 긍정적인 치료효과가 있는데, 이에 대해 좀 더 자세히 살펴보고자 한다.

먼저 인지적인 측면에서의 치료효과는 원예활동을 통해 직업과 연계되는 기술훈련 습득의 기회를 제공하고, 자연 재료를 통한 호기심을 유발하고 관찰력을 증진시킬 수 있으며, 감수성이 예민해지면서 판단력과 대처능력이 길러지게 한다. 특히 원예활동은 반복적인 활동을 할 기회가 많으므로 이를 통해 지식과 기술이 습득될 수 있으므로 지적장애인들의 자립적인 생활이 가능할 수 있도록 해주며 이를 통해 자기 자신에 대한 긍정적인 인식을 할 수 있게 된다.

사회적인 측면에서는 다른 사람과 함께 하는 집단원예치료를 통해 다른 사람들과 상호작용할 수 있는 기회를 가지게 됨으로써 집단에서의 자신의 역할과 임무를 경험하게 되고 자립정신을 키울 수 있으며 대인관계가 향상될 수 있다.

정서적인 측면에서는 원예활동을 통해 자신의 존재의식을 갖게 되고 삶에 있어서 자신감을 가질 수 있게 된다. 특히 자신에 대한 무력감과 사회적인 소외감으로 인한 우울을 경험하고 있는 내담자인 경우 집단 원예치료를 통해 자신의 역할과 책임을 가지게 됨으로써 자신의 존재의식을 깨닫게 되고 자아존중감을 향상시킬 뿐 아니라 우울을 극복할 수 있게 된다. 또한 식물이라는 생명체의 성장을 지켜봄으로써 미래에 대한 희망을 가질 수 있게 되고 여기에 대한 자신의 능력을 발휘할 수 있는 창의적인 사고와 자아표현을 할 수 있게 된다. 또한 분노나 공격성을 가지고 있는 내담자의 경우 식물을 자르거나 잡초를 제거하는 활동을 통해 자신의 분노나 공격성을 표출할 기회를 가짐으로써 부정적인 감정을 완화시킬 수 있게 된다.

신체적인 측면에서는 원예치료가 손이나 다른 신체 근육을 이용해서 이루어지는 작업이기 때문에 소근육과 대근육 발달이 이루어지게 된다. 특히 어린 아동이나 손을 사용하는 데 불편함을 느끼는 내담자의 경우 식물을 파종하거나 심을 때 쥐는 연습과 이완을 반복하기 때문에 대뇌를 자극하고 소근육 발달을 증가시킨다.

이처럼 원예치료는 정신적으로나 신체적으로 어려움을 느끼는 사람들뿐 아니라 어린 아동들의 정서적 성장을 도와줄 수 있는 효과적인 심리치료 방법이라고 할 수 있다. 이와 더불어 건강한 사람들에게도 원예활동을 통해 교육적인 효과 및 문제를 예방할 수 있는 기회를 주기 때문에 다양한 사람에게 적용할 수 있는 긍정적인 치료방법이라고 할 수 있다.

4. 독서치료

1) 독서치료의 개념과 특징

우리는 많은 책을 통해 자신을 들여다보기도 하고 다른 세계를 경험하기도 한다. 책을 통해 마음의 치유 경험을 갖기도 하고 새로운 힘을 얻기도 한다. 특히 영유아 자녀를 둔 부모들은 자녀들에게 책을 준비하여 옆에서 그림을 함께 보고 책을 같이 읽어주기도 하는데, 독서는 유아가 겪을 수 있는 다양한 변화와 관련된 두려움, 죄책감, 부끄러운 감정과 접촉할 수 있도록 도와준다(Kramer & Smith, 1998). 따라서 독서치료(bibliography therapy)는 독서의 힘을 통해서 사람의 심리, 정서, 부적응 문제 해결을 돕고 정신적 건강을 위해 사용하는 치료기법을 말한다. 독서치료의 어원을 살펴보면 그 개념을 좀 더 정확히 파악할 수 있다. 독서치료(Bibliotherapy)라는 말의 어원은 biblion(책, 문학)과 therapeia(도움이 되다, 의학적으로 돕다, 병을 고쳐주다)란 그리스어의 두 단어가 결합된 복합어로서 적응과 성장, 정신적 건강을 위해 책을 사용하여 치료적 효과를 줄 수 있다는 개념이다.

이처럼 독서는 교육적 의미뿐 아니라 치료적 의미 또한 주는데, 치료적 의미의 독서는 상담자의 개입을 통해 이루어진다. 문화작품이 치료적으로 잘 활용되기 위해서는 상담자의 역할이 무엇보다 중요한데, 내담자가 어떤 책을 읽고 어떻게 이에 반응하여 내담자의 문제를 해결하는지를 도와주는 역할을 하는 것이다. 즉 상담자는 내담자에게 효과적인 책을 골라 질문을 하고 내담자가 자신의 마음을 표현할 수 있도록 상호작용을 촉진시키며 궁극적으로 내담자가 자신이 지닌 문제를 해결할 수 있도록 도와주는 역할을 한다. 이와 관련하여 독서치료를 하는 데 필수적으로 요구되는 기술(Gumaer, 1984)을 정리하면 다음과 같다. 첫째, 적절한 유형의 도서를 선정하여 적절한 시기에 읽도록 만들어야 한다. 둘째, 책에서의 경험과 관련지어 아동과 상담자 사이의 치료과정이나 상호작용을 해야 한다. 셋째, 그러한 상호작용을 자극하기 위해 상담자가 개입해야 한다.

2) 독서치료의 실제

(1) 독서치료 대상

독서치료의 대상은 어린 아동에서부터 성인, 노인에 이르기까지 전 연령에 걸쳐 이루어질 수 있다. 또한 독서치료가 장애인들에게도 좋은 치료방법이라고 볼 수 있는데, 장애인들의 발달이나 흥미도, 집중시간 등을 고려하여 책을 선정하고 이에 대한 활동을 준비하면서 장애인들의 감정을 치유할 수 있는 기회를 제공하기도 한다. 글을 읽지 못하는 아주 어린 아동들이라도 책을 좋아하거나 흥미를 보이면 그 발달수준에 맞게 치료를 계획해 볼 수 있다. 또한 최근 각박한 사회의 경쟁 속에서 살아남아야 하는 사람들의 지친 몸과 마음을 치유하는 중요한 방법으로 독서가 활용됨으로써 이 또한 현대인의 삶을 더 풍요롭고 행복하게 만드는 적합한 치료방법이라고 볼 수 있다.

(2) 독서치료를 위한 매체

독서치료라고 해서 반드시 도서의 형태나 문학 형식만을 의미하지는 않는다. 영화나 일기, 잡지, 사진 등 다양한 매체의 사용이 가능하고 내담자와 이야기를 나눌 수 있는 자료라면 언제든지 독서치료에 사용될 수 있다. 우리는 책을 통해서 감동을 받고 즐거움이나 교훈을 얻기도 하는데, 치료 상황에서는 책을 통해 내담자가 마음의 문을 열게 되고 상담자는 내담자를 이해할 수 있는 결정적 단서들을 발견하게 되기도 한다.

독서치료에서 책을 선정하는 것은 그리 간단한 것은 아니다. 왜냐하면 치료적으로 접근할 때는 같은 책이라도 보는 관점이나 사용하는 시점 등이 고려되어야 하기 때문이다. 특히 독서치료에서는 책이 절대적인 상담수단이라기보다는 상담을 촉진시키는 매체이기 때문에 더욱 신중하게 선택해야 한다. 먼저 내담자의 수준이나 흥미도, 상황 등을 고려하여 책을 선택해야 한다. 상담자가 내담자를 제대로 파악하지 못하면 책을 선정하기가 어려우므로 상담자는 내담자의 개인적 특성을 잘 고려해야 한다. 다른 사람들이 좋다는 책을 무조건 선정하기보다는 상담자가 먼저 그 책을 읽어본 후 내담자에게 적합한지 분석하고 선정해야 한다.

(3) 독서치료 과정

독서치료에서는 내담자와 같이 책을 읽고 난 후에 이에 대한 느낌을 말해보고 이를 표현해 보도록 한다. 이는 반드시 글쓰기로만 이루어지는 것이 아니라 미술이나 음악, 놀이 등 다양한 활동으로 이루어질 수 있다. 상담자는 이러한 활동 중에 내담자로부터의 질문들을 예상하고 간단하고 정직한 설명을 할 수 있도록 준비해야 한다. 독서치료의 과정은 앞서 기술한 다른 치료방법들과 같이 창의적이기 때문에 다양한 기법을 적용해 통합해 보는 것이 좋다.

Dreyer(1985)는 독서치료의 3단계 과정에 대해 언급하였는데, 첫째, 보편성 단계로, 내담자가 그런 환경에 처한 것이 본인만이 아니라는 생각을 갖게 되는 것이다. 둘째, 카타르시스 단계로, 내담자가 책 속에 있는 인물과 인물이 그 문제를 어떻게 해결하였는지에 대해 동일시를 하는 것이다. 셋째, 통찰 단계로, 내담자가 자신의 문제들에 대해 지식을 더 효과적으로 구조화할 수 있는 것이다. 이처럼 독서치료에서는 이러한 세 가지 요소, 즉 읽기 단계에서의 동일시, 카타르시스와 읽기 후 단계에서의 통찰을 경험해야 치료의 목적에 도달할 수 있다 (Cornett & Coenett, 1980).

독서치료는 책이 내담자에 의해 경험되고 통합되는 과정을 활성화시키는 것이 주요 과제라고 볼 수 있다. 이 단계를 활성화시키기 위해 독서 이외에 몇 가지 독서치료에서 사용되는 기법들을 소개하면 다음과 같다.

① 대화하기

가장 많이 사용되는 기법 중의 하나로, 다른 상담에서와 마찬가지로 가장 기본이 되는 중요한 기법이라고 할 수 있다. 독서치료에서는 보통 독서클럽에서처럼 책을 읽고 그 내용을 이해하고 분석한 점을 얘기하는 것이 아니라 내담자 자신에게 가장 의미있는 부분이 무엇이었으며 자신의 느낌이 어떠했는지를 물어보면서 대화를 이끌어 가는 것이다. 상담자는 내담자와의 대화를 통해 내담자가 스스로 자신의 과거와 현재를 점검해 보고 자연스럽게 미래로 나아갈 수 있도록 도와주어야 한다.

② 메일, 편지 또는 일기쓰기

메일이나 편지, 또는 일기는 일상생활에서 다양하게 활용되는데 특히 일기는 유치원이나 초등학교에서 많이 활용되는 글쓰기 형태라고 볼 수 있다. 일기 활동은 아이들의 자신의 속마음을 표현할 수 있는 공간을 제공하기 때문에 상담자가 내담 아동의 감정을 파악할 수 있는 방법이기도 하다. 내담 아동이 다음 상담에 그동안 쓴 일기를 가져와서 함께 이야기를 나누거나 상담자가 아동이 쓴 일기장 여백에 상담자의 느낌을 적어 일종의 글쓰기 대화법 형태로 아동이 좀 더 자신의 감정을 표현할 수 있도록 격려할 필요가 있다. 어린 아동의 경우 글쓰기가 쉽지 않다면 그림일기를 쓰게 하여 그것에 대한 이야기를 나눠 보는 시간을 갖도록 한다. 일기 외에 메일이나 편지 등 다양한 형태를 활용하여 상담자와 내담자가 상담시간 이외에도 소통함으로써 내담자가 좀 더 자신의 감정을 표현할 수 있고 상담자와 긴밀한 상호작용을 할 수 있는 치료적 효과를 기대해 볼 수 있다.

③ 이야기 완성하기

글쓰기는 내담자가 자신의 생각을 정리하여 표현하는 활동이기 때문에 좀 더 구체적이고 객관적으로 내담자가 가진 문제에 접근할 수 있는 방법이라고 볼 수 있다. 아동이 상담 중에 아동의 경험과 관련하여 상담자가 먼저 몇 줄 정도 길이의 이야기를 쓰고 나면 내담 아동이 그것을 읽고 그 다음 부분을 이어서 쓰도록 한다. 상담자와 내담자가 서로 주고받으며 이야기를 완성해 나감으로써 상담자와 내담자와의 상호작용 치료적 효과를 기대해 볼 수 있다. 그러나 간혹 저항이 심한 내담 아동의 경우, 얼마 쓰지도 않고 '끝'이라고 써버리는 경우가 있는데, 상담자는 내담자가 직면하는 것을 두려워한다면, '만약 ○○라면…'이라는 주제를 주고 이야기를 우회적으로 풀어나가야 한다.

④ 아동과 함께 책 만들기

독서치료가 단순히 글쓰기를 통해서 이루어지는 것만은 아니다. 다른 치료방법과 마찬가지로 다른 매체가 함께 활용되기도 하는데, 책 만들기와 같은 미술활동은 어린 아동들에게 보다 흥미를 끌 수 있고 좀 더 적극적으로 활동에 참여할 수 있는 방법이기도 하다. 대체적으로 아동들은 책을 만드는 과정을 통해 자신의 이야기를 쓰거나 책을 꾸미는 등 활동적인 역할을 하고 싶어 하기 때문에 상담자는 그러한 환경을 제공하여 아동이 책을 만드는 데에 적극적으로 참여할 수 있도록 도와주어야 한다.

(4) 독서치료 효과

독서치료는 독서를 통해 치유를 할 수 있는 임상 영역이다. 독서치료를 위해서는 상담자나 내담자뿐 아니라 텍스트 즉 문학작품, 이 세 가지 요소가 필요한데, 이 세 가지 요소 중 어느 요소를 더 강조하는지와 읽기, 생각하기, 표현하기 중 어떤 부분을 더 강조하는지에 따라 지향하는 효과 또한 달라질 수 있다.

① 정보 제공 효과

이는 책을 통해 자신의 문제에 대해 접근할 수 있고 성찰과 통찰로 나가는 길을 찾을 수 있다. 즉 텍스트와 내담자의 상호작용을 강조하는 유형으로, 우리가 흔히 자아성장에 좋은 책 목록이라든가, 사회성이 부족한 아동이 어떻게 친구들하고 잘 지낼 수 있는지 방법을 책을 통해 배우게 되는 것을 말한다. 따라서 내담자에게 맞는 적절한 독서치료용 도서목록 개발이 이루어져야 한다.

② 상호작용 촉진 효과

이는 상담자와 내담자의 촉진적 관계를 강조하기 위해 독서치료의 텍스트가 사용된다. 상담자는 적극적으로 내담자에게 적합한 책을 선정하고 상담자가 좀 더 적극적인 역할을 함으로써 내담자와 책, 내담자와 상담자 간의 상호작용을 더 촉진시킬 수 있다.

③ 감정정화 효과

문학작품 자체를 통해 치료적 효과를 갖는 경우가 있다. 예를 들면, 시치료에서는 시가 가진 독특한 치료적 요소가 있기 때문에 시 창작으로 자기 자신을 표현하고 그러는 중에 감정적인 카타르시스가 일어남으로써 문제를 좀 더 객관화시킬 수 있다는 것이다.

④ 자기조력(self-help) 효과

이것은 책과 독자의 자발적 상호작용을 통하여 치료가 일어나는 것이다. 상담자의 개입이 직접적으로 이루어졌다기보다는 책을 통해 자기를 치유할 수 있다.

⑤ 사고의 성장 효과

읽기나 생각하기, 그리고 표현하기와 같은 독서행위 중 표현을 강조하는 글쓰기는 사람의 생각을 성장하게 만든다. 이러한 글쓰기 활동은 자신의 과거의 경험들을 통합하고 미래를 계획할 수 있게 만드는 긍정적인 치료효과가 있다.

학습과제

1. 음악의 치료적 힘에 대해 생활상 경험을 이야기해 보자.
2. 음악치료의 적용 대상(연령)에 따른 차이에 대해 토의해 보자.
3. 음악치료의 적용 가능한 질병과 적용하기 어려운 경우에 대해 논의해 보자.
4. 놀이치료와 치료놀이의 차이점에 대해 토론해 보자.
5. 치료놀이의 원리에 대해 토론해 보자.
6. 치료놀이에서 성인의 역할에 대해 이야기해 보자.
7. 치료놀이의 적용대상에 대해 이야기해 보자.
8. 부모놀이치료란 무엇인지 알아보자.
9. 부모놀이치료과정에 대해서 알아보자.
10. 게임놀이치료의 종류가 무엇인지 살펴보자.
11. 게임놀이치료의 효과는 무엇인지 살펴보자.
12. 부모의 이혼으로 버려진 6세 남자아이가 어린이집에서 다른 친구들과 같이 놀지 않고 물건을 마구 집어던지는 행동을 보이고 있다. 이 아이에게 동물매개치료를 한다면 어떻게 초기 도입을 하는 것이 좋은지 논의해 보자.
13. 독서치료 방법의 하나로 상담자와 내담자가 1주일에 한번씩 이메일을 주고받기 시작한 초등학교 1학년 여자 아동이 상담자와 좀 더 자주 이메일을 주고받았으면 좋겠으며 이메일보다는 전화를 걸고 싶다고 상담자의 개인연락처를 알려달라고 할 경우 상담자는 이에 대해 어떻게 대처해야 하는지 논의해 보자.

관련문헌 · 영상물

- KBS 네트워크 특선, 가정의 달 특집 프로그램. “마법의 송”. 2009.5.16.
- 대프니 셸드릭(2014). 오숙은 옮김 아프리칸 러브 스토리: 고아 코끼리들의 엄마 그 경이로운 날들의 기록. 문학동네.
- 영화 〈기적의 오케스트라-엘 시스테마〉(2008)
- 영화 〈레드 독(Red Dog)〉(2011)

- 영화 〈미안해, 고마워〉(2011)
- 영화 〈비밀의 화원(The Secret Gardan)〉(1993)
- 영화 〈카모메 식당〉(2007)
- 영화 〈토스트(Toast)〉(2010)
- 영화 〈프리 윌리(Free Willy)〉(1993)

관련 웹사이트

- 국립원예특작과학원 http://www.nhri.go.kr
- 권은희 치료놀이아동상담센터 http://www.kwontp.kr
- 김미자 음악치료사 http://www.cyworld.com/kj1322
- 대한음악치료학회 http://www.kamt.com
- 독서치료 홈페이지 http://www.bibliotherapy.pe.kr/
- 미국 델타협회 http://www.deltasociety.org/
- 미국치료동물협회 http://www.therapet.org/
- 삼성치료도우미견센터 http://mydog.samsung.com/
- 시치료협회 http://www.poetrytherapy.org
- 양천아동상담센터 http://www.
- 요리치료사협회 요리치료연구소 http://cafe.daum.net/cooktherapy
- 원예치료의 구체적인 사례와 효과–원예치료와 어린이 http://blog.daum.net/rosa1996/15939716
- 윤치료놀이상담센터 http://www.yountp.kr
- 창파동물매개치료연구센터 http://www.cpanimal.com/
- 최영애 원예치료연구소 http://www.choiyoungae.com
- 치료놀이학회 http://www.theraplay.or.kr
- 한국독서치료학회 http://www.bibliotherapy.or.kr/
- 한국독서치료협회 http://www.kabt.or.kr/

- 한국동물매개심리치료학회 http://www.kaaap.org/
- 한국동물매개치료복지협회 http://www.kaatwa.org/
- 한국동물매개치료연맹 http://www.kfaat.org/
- 한국식물인간환경학회 http://www.ppekorea.or.kr
- 한국애견연맹 http://www.thekcc.or.kr/
- 한국애견협회 http://www.kkc.or.kr/
- 한국요리심리치료협회 https://twitter.com/cooktherapy
- 한국요리지도자협회 http://cookingkids.co.kr/
- 한국원예치료복지협회 http://www.khta.or.kr
- 한국원예치료연합회 http://www.khtc.or.kr
- 한국음악치료교육학회 http://www.komtea.org
- 한국음악치료학회 http://www.musictherapy.or.kr
- 한국재활음악치료학회 http://www.krmta.com
- 한국치료놀이학회 http://www.koreatheraplay.or.kr
- 한국치료놀이협회 http://www.theraplay.kr
- 홍정애치료놀이상담센터 http://www.hongtp.kr

참고문헌

강문희, 손승아, 안경숙, 김승경(2008). **아동상담.** 교문사.

강미경(2009). 주의력결핍 과잉행동 아동을 위한 요리치료 프로그램. 서울신학대학교 상담대학원 석사학위논문.

고인숙, 이숙희(2010). **아동상담.** 동문사.

권명숙(2010). **요리치료 활용 프로그램.** 교육과학사.

김군자(1998). **음악치료의 이론과 실제.** 양서원.

김순혜(2004). **현대 아동상담.** 학지사.

김양순(2002). 부모-자녀관계 증진을 위한 부모-자녀 놀이치료 사례연구: 발달장애 아동과 형제자매를 중심으로. **놀이치료연구**, 3-13.
김옥진, 마영남(2013). 동물매개치료가 초등학교 아동의 대인관계에 미치는 영향. **한국동물매개심리치료학회지, 1**(1), 41-49
김옥진, 임세라(2013). **동물매개치료와 심리상담.** 동일출판사.
김춘경(2013). **아동상담 -이론과 실제-.** 학지사.
김태련, 박랑규, 윤진영 공역(2005). **테라플레이 놀이치료.** 학지사.
김현희, 명창순, 이동희, 이리아, 이승연(2010). **상호 작용 독서 치료 사례집.** 학지사.
명창순(2008). **독서 치료의 첫걸음.** 푸른책들.
서강오, 김옥진(2013). 치료도우미견을 활용한 동물매개치료 프로그램이 ADHD 아동의 충동성에 미치는 효과. **한국동물매개심리치료학회지, 1**(2), 9-13.
성영혜(2000). **치료놀이(I).** 형설출판사.
성영혜, 김현자(2005). **교사를 위한 영아보육과 치료놀이 프로그램.** 형설출판사.
성영혜, 오지현, 홍정희, 김송아(2009). **엄마 아빠와 함께하는 치료놀이.** 시그마프레스.
성영혜, 유한규, 이상희, 김수정(2004). **치료놀이 II: 집단TP 활동집.** 형설출판사.
성영혜, 유한규, 이상희, 김수정(2004). **치료놀이 III: 개별TP의 이론과 실제.** 형설출판사.
성영혜, 윤미원, 이주연(2005). **집단치료놀이의 실제(아동편).** 한국치료놀이연구소.
신현정(2009). **치료놀이의 이해와 적용.** 학지사.
이상희(2006). **행복한 엄마와 자녀관계 증진 프로그램.** 태영출판사.
이숙, 정미자, 최진아, 유우영, 김미란(2004). **아동상담.** 양서원.
이영미(2001). 게임놀이치료의 이론적 고찰과 적용사례. **놀이치료연구, 4**(1), 71-82.
이형구(2013). 말(馬)을 이용한 동물매개치료가 ADHD 성향 아동의 문제행동개선에 미치는 효과성. 평택대학교 대학원 박사학위논문.
정영조(2002). **음악치료.** 하나의학사.
정현주(2005). **음악치료학의 이해와 적용.** 이화여자대학교 출판부.
주은연(2010). **아동의 창의성 발달을 위한 긍정적 원예치료.** 한국학술정보(주).
최병철(2006). **음악치료학.** 학지사.
최병철(2013). **음악치료학.** 학지사.

Avedon, E. M., & Sutton-Smith, B.(1971). *The study of games*. NY: Wiley.

Axline, V.(1947). *Play therapy.* Boston: Houghton Mifflin.

Beiser, H. R.(1970). Children who cheat at games. *Journal of the American Academy of Child Psychiatry, 9*, 171-175.

Beiser, H. R.(1979). Formal games in diagnosis and therapy. *Jounral of Child Psychiatry, 18*, 480-490.

Bellinson, J.(2000). Shut up and move: The uses of board games in child psychotherapy. *Journal of Infant, Child, and Adolescent Psychotherapy, 1*(2), 23-41.

Brusia(1989). *Defining music therapy.* Spring City, PA: Spring House Books.

Carver, A.(2013). *Cooking therapy.* ASD Publishing, LLC.

Cornett, C. E. & Cornett, C. F.(1980). *Bibliotherapy: The right book at the right time*. Indiana: Bloomington.

Dreyer, S. S.(1985). *The bookfinder: A guide to children's literature about the needs and problems of youth age 2 and up*. Circle pines, MN: American Guidance.

Gaston, E.(1968). *Music in therapy.* NY: MacMillan.

Guerney, B. G., Jr.(1964). Filial therapy: Description and rational. *Journal of Consuting Psychology, 28*, 303-310.

Gumaer, J.(1984). *Counseling and therapy for children*(이재연, 서영숙, 이명조 공역(1997). **아동상담과 치료**. 양서원).

Herman, J. L.(2000). Treating the cheater: An ego and self psychological approach to working through of the cheating syndrome in the treatment of latency children. *Journal of Infant, Child, and Adolescent Psychotherapy, 1*(2), 59-70.

Jernberg, A. M.(1979). *Theraplay*. San Francisco: Jossey-Bass Inc.

Jernberg, A. M., & Both, P. B.(1999). *Therapy: Helping parents and children build better relationship through attachment-based play*. San Francisco: Jossey-Bass.

Kramer, P. A., & Smith, G. G.(1998). Easing the pain of divorce through children's literature. *Early Childhood Education Journal, 26*(2), 89–95.

Loomis, E. A.(1957). The use of checkers in handling certain resistances in child therapy and child analysis. *Journal of the American Psychoanalytical Association, 5*, 130–135.

Mead, G. H.(1934). *Mind, self, and society*. Chicago: University of Chicago Press.

Meeks, J.(1970). Children who cheat at games. *Journal of Child Psychiatry, 9*, 157–174.

O'Connor, Kevin J., & Braverman, Lisa D.(2009). *Play therapy theory and practice: Comparing theories and techniques*. John Wiley & Sons, Inc.

Peller, L. E.(1954). Libidinal phases, ego development, and play. *Psychoanalytic Study of the Child, 9*, 178–198.

Piaget, J.(1962). *Play, dreams, and imitaion in childhood*. NY: Norton.

Ross, H. S.(1982). Toddler peer relations: Differentiation of games and conflicts. *Canadian Journal of Behavioral Science, 14*, 364–379. (b)

Schaefer, C. E., & Reid, S. E.(1986). *Game Play: Therapeutic use of childhood games*. John Wiley & Sons.

Schelling, T. C.(1960). *The strategy of conflict*. NY: Oxford University Press.

Stinnett, N., & DeFrain, J.(1985). *Secrets of Strong Families*. New York: Berkley Books(Penguin).

Sue C. Bratton, Garry L. Landreth, Theresa Kellam, Sandra R. Blackard(2006). Child Parent Relationship Therapy(CPRT). Routledge.

VanFleet, R.(2005). *Filial therapy: Strengthening parent-child relationships through play*(2nd ed.). Sarasota, FL: Professional Resource Press.

http://blog.naver.com/tcrmusic?Redirect=Log&logNo=130082453407

http://www.athealth.com/consumer/disorders/filialtherapy.html

http://www.youtube.com/watch?v=FdqKlimn-8

http://www.youtube.com/watch?v=uaL73NeGMow

PART 03

교육 및 상담기관에서의 상담의 실제

7장 상담의 실제

8장 부모상담

Chapter 07

상담의 실제

인지, 의사소통, 사회적 상호 능력이 부족해 살아가는 데 큰 어려움을 겪게 되는 발달장애는 적절한 시기에 다양한 상담 및 프로그램을 통한 지원이 꼭 필요하다. 또한 가족구성원 간의 문제로 인해 성장발달단계에 있는 아동이 받게 되는 영향은 매우 크므로 아동과 그 가족을 대상으로 문제의 원인을 파악하여 원래의 가족기능을 할 수 있도록 지원할 필요가 있다. 본 장에서는 영유아상담의 실제 부분인 아동발달 관련 문제와 가족 관련 문제들의 특성과 상담 개입방안에 대해 살펴보고자 한다.

제1절 발달관련 문제

신경발달장애는 중추신경계, 즉 뇌의 발달지연 또는 뇌손상과 관련된 것으로 알려진 정신장애를 포함하고 있다. 신경발달장애에는 지적장애(지적발달장애), 의사소통장애, 자폐스펙트럼장애, 주의력결핍과잉행동장애, 특정 학습장애, 운동장애 등 6가지 장애를 포함한다. 이와 같은 장애는 보통 발달단계 초기, 흔히 아동이 초등학교에 들어가기 전에 나타나며, 개인적 · 사회적 · 학업적 · 직업적 기능에 손상을 초래하는 발달적 장애의 특징을 가진다. 발달적 손상의 범위는 학업의 매우 명확한 한계 또는 집행기능의 통제부터 사회적 기술이나 지능의 전반적 손상까지 다양한다. 여기서는 지적장애, 의사소통장애, 자폐스펙트럼장애를 살펴본다.

1. 지적장애

1) 지적장애에 대한 이해

지적장애는 발달 시기에 개념적 · 사회적 · 실용적 분야에서 지적 · 적응적 기능의 결함이 나타나는 장애를 말한다. 지적장애의 유병률은 약 1%로 추정되며, 남자 대 여자의 비율이 약 1.5:1로, 남자에게서 더 흔하게 나타난다. 다운증후군과 같이 원인이 확실하고 심한 지적장애일수록 빨리 발견되지만, 가벼운 지적장애의 경우는 학령기가 되어서야 발견되는 경우가 많다. 지적장애를 가진 아동도 비장애 아동과 똑같은 기본 생리적 · 사회적 · 정서적 요구를 가진다. 다만, 단기기억력 및 주의력의 결함을 보이고 집중하는 시간이 짧으며, 정신을 산만하게 하는 자극을 억제하는데 어려움이 있다. 지적장애를 가진 아동은 부적절한 얼굴표정이나 신체접촉을 하거나, 상황과 대상에 맞지 않는 대화를 하기도 하며, 언어발달 속도가 늦다. 앞뒤로 몸을 흔들거나, 머리를 부딪치거나, 눈앞에서 손가락을 조작하거나, 생각에 잠기기도 한다. 지적장애는 학습장애나 의사소통장애를 동반하며, 자폐스펙트럼장애와 같은 전반적 발달장애가 지적장애와 같이 나타날 수 있다.

지적장애의 원인은 알 수 없는 경우가 더 많지만 다음과 같은 다양한 원인에 의해 정도가 다른 지적장애가 발생할 수 있다.

- 염색체 이상(다운증후군, X염색체 결함 증후군)
- 선천성 대사 이상
- 두뇌의 손상(출생 시 뇌손상, 풍진이나 매독 등의 질병을 산모가 앓았을 때, 소아기에 뇌막염이나 뇌염, 소아 AIDS 등에 걸려 뇌손상)
- 태내에서 유해 물질 및 약물에 노출(산모가 코카인, 헤로인, 마약, 담배, 술, 카페인 등 복용)
- 교통사고나 아동학대에 의한 외상 등
- 심리사회적으로 불리한 환경(영양결핍, 질병, 의료적 보호의 부족, 부모의 낮은 사회 · 경제적 수준, 사회적 · 언어적 자극의 결핍 등의 복합적 요인)

• DSM-5의 지적장애 진단기준

A. 임상적 평가와 개별화, 표준화된 지능검사로 확인된 추론, 문제해결, 계획, 추상적 사고, 판단, 학업적 학습, 경험적 학습과 같은 지적 기능의 결함

B. 개인적 독립과 사회적 의무에 대한 발달적 · 사회문화적 기준을 맞추기 어려운 결과를 낳게 하는 적응 기능의 결함. 지속적 지지없이는 적응적 결함이 집, 학교, 직장 그리고 커뮤니티와 같은 다양한 환경에서의 의사소통, 사회참여, 그리고 독립적 생활, 일상생활의 한 가지 이상의 활동의 기능을 제한함

C. 지적 및 적응적 결함이 발달 시기에 시작됨

2) 지적장애 아동의 지도

지적장애는 지적 기능과 적응행동(일상적인 사회적 기능과 수행기술 등을 포함) 모두에 심각한 제약을 보이는 장애를 말한다. 지적 기능은 학습, 추론, 문제해결 등의 전반적인 지적 능력을 말하며, 적응행동은 일상생활에서 배우고 행하는 개념적(돈, 시간, 수 개념), 사회적(대인관계 기술, 사회적 역할 수행, 자존감, 규칙을 따르고 법을 지키기, 이용당하지 않기), 실행 기술(일상적인 자기관리, 작업 기술, 건강 관리, 계획 세우기, 전화 사용) 등을 말한다.

지적장애를 가진 아동을 위한 치료는 지적장애의 수준에 따라 일상생활에 필요한 다양한 적응기술을 학습시키고 유지시키는 것을 목적으로 한다. 되도록 빨리 지적장애를 확인하여 조기에 개입하는 것이 바람직하며, 경미한 지적장애를 가진 경우 체계적이고 집중적인 교육을 통해 적응 수준이 향상될 수 있다.

① **정신치료적 접근**: 응용행동분석(Applied Behavior Analysis) 등 행동치료를 통하여 공격, 자해, 과제회피 행동 등의 문제행동을 감소시킬 수 있다. 부족한 기능을 가르치는 것과 환경을 조절하는 것을 목표로 삼아 행동치료적 접근을 진행할 때 효과적이다.

② **약물치료**: 지적장애의 증상에 따라 항정신병 약물, 항경련제, 항우울제, 정신자극제, 교감신경자극제, 오피오이드길항제 등을 선택적으로 사용할 수 있다.

③ **교육과 지역사회의 지원**: 학령전기 아동의 경우, 의사소통, 자조, 사회성, 인지발달 등을 목표로 가정이나 치료센터에서 발달촉진 프로그램을 시행할 수 있다. 학령기 이후에는 학교나 지역사회에서 지적장애 아동에 맞춘 개별화 교육 계획을 세우는 것이 도움이 되며, 학문적인 것 외에 자립에 필요한 기술, 사회기술 향상 및 직업훈련 등을 시행할 수 있다.

지적장애인은 사회적응과 관련하여 가정생활, 지역사회생활, 평생학습, 고용, 건강과 안전, 사회적 활동 등의 영역에서 다음과 같은 지원 욕구를 가진다.

- **가정생활**: 가정에서의 신변보호나 가정의 유지 및 생활을 위해 기본적으로 화장실 사용하기, 의복 관리하기, 음식 준비하기, 식사하기, 옷 입고 벗기, 목욕하기와 개인 위생 및 몸 단정하기, 가전제품 조작하기 등과 같은 활동이 필요함
- **지역사회생활**: 지역사회생활을 익히고 참여하기 위해 지역사회에서 장소 이동하기, 지역사회에서 공공서비스 이용하기, 친구나 가족 방문하기, 좋아하는 지역사회 활동에 참여하기, 쇼핑하고 물건 구입하기, 공공건물이나 장소 이용하기와 같은 활동이 필요함
- **평생학습**: 학습활동에서 타인과 상호작용하기, 훈련 · 교육 장면에 접근하기, 문제해결 전략의 학습과 적용하기, 기능적 교과 학습하기(신호 읽기, 거스름돈 계산 등), 건강 · 체육 기술 익히기, 자기관리 전략 익히기 등의 활동이 필요함
- **고용**: 특정 직무 기술 익히고 사용하기, 일과 관련된 과업을 수용 가능한 속도로 완성하기, 감독관이나 코치와 상호작용하기 등의 활동이 필요함
- **건강과 안전**: 약물 복용하기, 건강을 유지하고 안전사고 피하기, 의료서비스 받기, 보행하기와 이동하기, 영양 있는 음식물 섭취하기, 신체건강과 체력 유지하기, 정서적 행복 유지하기 등의 활동이 필요함
- **사회적 활동**: 집 안에서 활동하기, 타인과의 여가활동에 참여하기, 집 밖

에서 사회 활동하기, 친구를 사귀고 관계 유지하기, 개인적 욕구에 대해 타인과 의사소통하기, 적절한 사회적 기술 이용하기, 자원봉사 참여하기 등의 활동이 필요함

지적장애인의 사회적 적응을 위해서는 기능적 접근에서 지원이 이루어져야 하며, 사회에서 성공적으로 기능하는데 필요한 과제 수행에 중점을 두어야 한다. 지적장애인이 갖고 있는 상대적 강점과 제한점을 분석하고, 가정생활 활동, 지역사회생활 활동, 평생학습 활동, 고용 활동, 건강과 안전 활동, 사회적 활동 등의 영역에서 보이는 적응행동에 대해 사정하는 것이 필요하다. 지원의 사정, 계획, 관찰 및 평가의 과정을 거쳐서, 지적장애인의 사회적응을 위한 개인적 요구를 평가하고, 개인 기능 향상이라는 바람직한 성과를 얻기 위한 지원의 정도를 조율하는 것이 바람직하다.

2. 자폐스펙트럼장애

1) 자폐스펙트럼장애에 대한 이해

자폐스펙트럼장애는 사회적 상호작용과 의사소통 기술에 지속적 결함이 나타나는 장애를 말한다. 일반적으로 초기 발달기에 증상이 나타나며, 흔히 지적장애와 연관된다. 사회적 상호작용에서의 질적 장애, 질적인 의사소통장애, 제한적이고 반복적이며 상동증적 행동이나 관심 등의 특징을 다음과 같이 보인다.

- 사회적 상호작용의 결함
  - 유아기부터 부모를 알아보거나 눈맞춤이 없음
  - 사회적 미소가 없음
  - 사람이나 사회적 상호작용 대신 사물에 높은 집착을 보임
  - 타인을 시각 · 공간적으로는 지각하나, 마음을 읽지 못함

– 다른 사람의 행복감에 대해 기뻐하는 능력이 현저히 떨어짐
– 부모와의 상호작용이 결여됨

- 의사소통의 장애
  – 구어의 발달지연(옹알이가 없거나 적음)이 있거나, 옹알이나 말할 때 음색, 음률, 리듬이 비정상적임
  – 이상한 단어나 구절을 사용하거나, 반향언어나 대명사 사용의 혼란이 있음
  – 몸짓이나 동작과 같은 비언어적 의사소통을 적게 사용하고, 이해하는 데 문제가 있음
  – 상대방과 함께 동일 대상에 주의를 기울이고, 상호작용하는 능력이 부족함
  – 다른 사람에게 말을 걸거나 지속하는 능력에 현저한 장애가 있음
  – 불필요한 내용을 담거나 엉뚱한 주제로 옮겨 가기도 함
- 행동과 관심의 제한과 반복성
  – 몸을 앞으로 계속 흔들기, 발끝으로 걷기, 빙글빙글 돌기, 팔이나 손을 흔들기 등과 같은 고집스럽고 강박적이며 반복적인 행동을 지속함
  – 반복적인 동작성 습관 또는 버릇(손이나 손가락으로 딱딱거림)을 보이기도 함
  – 특정 장난감, 진공청소기, 특정 숫자나 노래 집착과 같은 제한된 관심을 가짐
  – 가구 배치나 계획된 일정을 바꾸는 것에 분노하는 등 동일한 방식의 행동에 병적인 집착을 보임

DSM-5의 자페스펙트럼장애는 DSM-IV-TR의 자페장애가 속해 있던 광범위성 발달장애와는 조금의 차이가 있다. DSM-5에서는 자폐장애가 자페스펙트럼장애로 명칭이 변경되었고, 자페장애 진단기준에 다음과 같은 여러 변화가 일어났다. 첫째로 차원적 접근을 시도하면서 아스퍼거장애와 달리 분류되지 않는 광

범위성 발달장애는 자폐스펙트럼장애로 통합되었다. 둘째, 자폐장애의 3세 이전 발병 기준이 자폐스펙트럼장애에서는 초기 아동기로 완화되었다. 셋째, 자폐스펙트럼장애의 심각도 수준을 추가적으로 명시하였다. 넷째, 지적 손상의 유무, 언어적 손상의 유무, 알려진 의학적이거나 유전적 상태 또는 환경적 요인과 관련성, 기타 신경발달장애, 정신장애 또는 행동장애와의 관련성 그리고 긴장병 유무를 명시하였다. 다섯째, 레트장애와 아동기 붕괴성 장애는 삭제되었다. 여섯째, 사회적 의사소통에 뚜렷한 결함들을 가졌으나 증상들이 자폐스펙트럼장애의 기준에 맞지 않는 개인은 사회적 의사소통장애로 진단될 수 있다.

- DSM-5의 자폐스펙트럼장애 진단 기준

A. 다양한 상황에 걸쳐 사회적 의사소통과 사회적 상호작용의 지속적 결함

1. 사회적-감정적 상호관계에서의 결함.
   예시: 비정상적 사회적 접근과 왔다 갔다 오가는 평범한 대화의 실패부터 흥미 · 감정 · 애착의 감소된 공유, 그리고 사회적 상호작용을 시작하거나 반응을 보이지 않는 것까지 포함됨
2. 사회적 상호작용에서 사용되는 비언어적 의사소통들에서의 결함
   예시: 서투르게 융합된 언어적 · 비언어적 의사소통부터 눈맞춤과 신체언어의 이상함 또는 몸짓을 사용하고 이해하는데 결함, 얼굴 표정들과 비언어적 의사소통의 전반적 결핍까지 포함됨
3. 관계를 발전, 유지 및 이해하는 데에서의 결함
   예시: 여러 가지 사회적 상황에 맞춰서 행동을 조절하기 어려움부터 가상놀이를 공유하거나 친구를 사귀는데 어려움, 또래에 대한 관심의 부재까지 포함됨

B. 제한적이고 반복적인 행동, 흥미 또는 활동패턴들

1. 상동적이거나 반복적인 운동 움직임, 물체의 사용, 언어
   예시: 단순한 운동 상동증, 장난감을 정렬시키거나 물건을 홱 뒤집

기, 반향언어, 기이한 용어

2. 똑같은 것에 대한 고집, 완강한 틀에 박힌 일과에 대한 고수, 또는 언어적 · 비언어적 행동의 의식화된 패턴들

   예시: 작은 변화에도 극심한 고통, 과도기에의 어려움, 융통성 없는 사고패턴, 인사 의식 절차, 똑같은 길로 가야 하거나 같은 음식을 매일 먹기도 함

3. 강도나 초점이 비정상적인, 매우 제한되고 고정된 흥미들

   예시: 특이한 물건에 강한 애착이나 몰두, 과도하게 국한되거나 집요하게 반복하는 흥미

4. 감각적 자극에 과도하거나 저조한 반응, 또는 환경의 감각적인 면에 비정상적 관심

   예시: 고통 · 온도에 대한 명백한 무관심, 특정 소리 또는 감촉에 대한 부정적인 반응, 물건에 대한 과도한 냄새 맡기 또는 만지기, 불빛이나 움직임에 시각적으로 매료됨

C. 증상은 초기 발달기에 존재하여야 함

D. 증상은 사회적 · 직업적 혹은 다른 중요한 분야의 현재 기능에서 임상적으로 중요한 손상을 초래함

2) 자폐스펙트럼장애 아동에 대한 지도

자폐스펙트럼장애를 가진 아동은 머리 흔들기, 손가락 튕기기, 손 흔들기, 몸을 리듬있게 흔들기, 무의미한 소리를 반복적으로 내기, 자신의 신체나 사물을 깨물기와 같은 형태의 상동행동을 보인다. 이러한 상동행동을 중재하는 방법으로는 약물치료와 감각통합치료, 응용행동분석 등의 다양한 치료적 접근들이 적용되고 있다.

약물치료는 세로토닌 작용을 억제하거나, 도파민의 작용을 억제하는 약물 또

는 오피오이드의 작용을 억제하는 약물들이 상동행동 감소를 위해 사용되고 있으나 약물치료에만 의존하기보다는 감각통합이나 응용행동분석과 같은 비약물적 치료법과 병행하는 것을 효과적으로 보고 있다.

감각통합치료란 주변 환경의 다양한 감각을 받아들여 신경계에서 통합하여 적절한 행동으로 수행하도록 돕는 치료방법이다. 감각조절능력의 어려움이 자폐스펙트럼장애 아동의 감각자극에 대한 비정상적 반응, 즉 상동행동을 유발한다고 보는 것이다. 감각통합의 발달은 7세나 8세가 되면 거의 성인 수준에 이르게 되므로 그 이전에 감각통합치료를 시작하게 되면 감각통합 및 발달을 촉진하는데 도움이 된다.

응용행동분석은 자폐스펙트럼 아동의 상동행동을 주변 환경과의 상호작용에 의해 강화되거나 유지된 결과로 보고, 정적 강화나 부적 강화 등의 치료방법을 쓴다. 응용행동분석의 치료방법 중에서도 조건부 운동은 문제행동이 나타나는 즉시 문제행동과 유사한 움직임을 강제로 실시하게 함으로써 벌칙 없이 문제행동을 감소시키는 방법이다. 조건부 운동방법은 바람직한 행동을 비교적 빠른 시일 안에 학습시킬 수 있다는 장점을 가진다.

그 밖에 정신분석적 이론에 따른 치료교육 방법에서는 놀이를 통해 자폐스펙트럼 아동의 사회적 대인관계를 변화시켜 주는 능력, 주의집중, 기억항진, 개념적 사고를 길러서 인지구조 기능의 부족을 재생성하고 인지 조절을 재구조화해야 한다고 본다. 그러기 위해서는 복잡한 정보에 대해 호기심 및 즐거움을 갖도록 인지와 정보 관계에서 야기되는 긴장상태를 감소시키는 인지조절 요법이 효과적이다.

적절한 사회적 행동지도는 사회적 행동의 양과 적절성을 증가시키고 사회적 단서에 대한 인식을 증가시킨다.

상동행동만이 아닌 발달의 여러 영역에서의 결함을 갖는 복합적 장애인 자폐스펙트럼 아동을 위한 치료개입은 조기교육개입으로 인지치료, 언어치료가 포함된다. 치료목표는 아동의 구체적인 사회적 상호작용과 의사소통, 인지적 및 행동적 결함을 보완하는 데 있다. 감각통합치료는 자폐스펙트럼 아동에게 중요한 치료적 접근으로 아동의 오감을 활용할 수 있도록 감각을 계발시키고 협응력을 향상시켜 통합적으로 활용하는 데 목적이 있고 교육적 중재의 기본이 된다. 또한 적절한 사회적 행동지도는 사회적 행동의 양과 적절성을 증가시키고 사회적 단서에 대한 인식을 증가시킨다.

주된 특성에 따른 자폐스펙트럼 아동에 대한 대응법을 제시하면 다음과 같다 (현정환, 2009).

(1) 대인관계의 어려움에 대한 대응

어른과의 교류는 훈련에 의해 어느 정도 가능하다. 자폐스펙트럼 아동은 일반적으로 타인과의 신체적 접촉을 싫어하는데 이 문제를 해결하기 위해서는 그 아동이 좋아하는 활동을 하면서 신체적 접촉을 자연스럽게 조금씩 시도하는 것이 효과적이다. 자폐스펙트럼 아동은 또래와의 일반적 교류가 곤란하기 때문에 특히 심각한 지적장애를 동시에 갖고 있는 경우, 또래와 함께 있는 상황에는 지켜보면서 필요에 따라 적절한 개입을 한다.

(2) 의사소통장애에 대한 대응

자폐스펙트럼 아동은 타인과의 의사소통에 대한 의욕이 기본적으로 약하기 때문에 가능한 풍부하고 다양한 경험을 통하여 타인과 이야기하고 싶다는 기분이 생성되도록 하는 것이 필요하다. 쇼핑이나 산책 등의 일상적 경험이나 행사 참여, 여행 등의 특별한 활동이 있을 수 있다. 이런 경험을 함께 되돌아보면서 아동이 느낀 점을 언어화하는 기회를 제공하는 것이다. 가능하다면 사진이나 비디오도 함께 활용하는 것이 좋다. 이러한 접근을 통해 자폐스펙트럼 아동은 자신의 경험을 언어로 표현하는 것을 배우고, 이를 통해 타인과 경험을 공유하는 것이 얼마나 유익한지를 알게 된다. 이런 경험의 축적은 자폐스펙트럼 아동의 의사소통능력 향상에 도움이 된다.

(3) 동일성 유지, 반복행동에 대한 대응

자폐스펙트럼 아동은 특정 행동의 반복과 특정 사물에 대한 집착을 통해 즐거움이나 심리적 안정을 얻고자 하는 경향이 강하다. 다른 사람에게 피해를 주는 경우 아동의 주의를 분산시켜서 그 행동을 하기 전에 개입을 하거나 반복행동을 한 후에는 다른 자극을 주어서 그 행동이 계속되지 않도록 해야 한다. 흥미를 분산시키거나 하면 안 되는 행위라는 것을 반복적으로 일깨워 주어야 한다. 두 가지 방법 모두 처음에는 저항이나 짜증을 부리는 등 문제행동을 보이게 되지만 어디까지나 일시적 반응이므로 중단하지 않는 것이 중요하다. 부드럽게 대하면서도 확고하게 접근해 나가면 아이의 특정 행동의 반복과 집착행동이 약화된다.

자폐스펙트럼장애 아동의 지도

상담자는 기본적인 사회적 행동과 적절한 의사소통 기술을 가르치는 것이 핵심과정이다. 또한 가정에서 아동에게 자조기술을 가르칠 수 있도록 부모훈련 등의 가족개입이 반드시 필요하다.

- **수용적 태도**
  대인관계의 욕구와 사회적 의사소통의 언어를 사용하는 것이 어려운 자폐스펙트럼 아동을 대하는 것은 많은 어려움이 있다. 먼저 아동과 친밀한 관계를 맺기까지 인내와 수용적 태도가 필요하다.

- **사회적 기술 습득**
  아동이 모방과 관찰학습을 통해 적절한 사회적 기술을 배우도록 한다. 대인관계를 형성하기 위해 필요한 행동이나 언어, 상대방에 대한 감정표현도 가르쳐 준다. 또래들과 함께 할 수 있는 사회적 놀이도 직접 가르친다.

- **언어지도**
  언어를 의사소통의 수단으로 사용하도록 지도한다. 대부분의 자폐스펙트럼 아동은 상대방의 손을 이끌고 가는 등의 비언어적 방법으로 자신의 욕구와 요구를 표현한다. 교사는 아동이 자신의 욕구나 요구를 표현하고 다른 사람과의 관계를 형성하는 데 필요한 간단한 말을 직접 가르친다.

3. 의사소통장애

1) 의사소통장애에 대한 이해

의사소통장애는 표현, 말투, 그리고 의사소통의 결함들을 포함한다. 말투(speech)는 소리의 표현 산출로 개인의 조음, 유창성, 음성 및 울림의 특성이 포함된다. 표현(language)은 상징들(예시: 구어 수화, 문자언어, 그림)의 관습적 체계의 방식, 기능 및 사용을 말한다. 의사소통(communication)은 다른 개인의 행동, 생각, 또는 태도에 영향을 미치는 언어적, 비언어적 행동을 포함한다. 말투, 표현 및 의사소통 능력에 대한 평가는 개인의 문화적 · 언어적 맥락, 특히 이중언어 환경에서 자라는 개인의 경우를 고려해야 한다.

DSM-5에서는 언어장애와 사회적(실용적) 의사소통장애가 추가되었으며, 음운장애가 언어음장애로, 그리고 말더듬증이 아동기 발병 유창성장애로 명칭이 변경되었다.

① **언어장애**(language disorder)

단어, 문장구조 및 담화의 이해나 산출에서의 손상 때문에 언어의 습득이나 사용에 어려움을 겪는 장애다. 언어의 메시지를 수용하고 이해하는 과정을 수용성 능력이라 하는 반면, 음성 · 몸짓 · 언어 신호를 생성하는 것을 표현적 능력이라 한다. 언어장애를 가진 아동은 어휘가 제한되어 있거나 짧고 단순한 구조의 말을 주로 사용하며 어순이나 시제가 잘못된 언어적 표현을 사용한다. 어휘가 부족하고 문법규칙에 따라 문장을 구성하기 위해 단어를 조합하는 능력이 부족하기 때문에 단어나 어휘를 부적절하게 사용하고, 문장의 주요 부분을 생략하며, 길고 복잡한 문장을 만들지 못한다. 또한 어떤 주제나 사건을 설명하거나 대화를 하기 위해서 어휘를 사용하고 문장을 연결하는 능력이 손상되어 있어 대화능력에 장애가 있을 수 있다. 이러한 언어장애는 학업적 · 직업적 성취나 사회적 적응에 어려움을 초래한다.

② **사회적 의사소통장애**(social communication disdoder)

화용론적 또는 언어와 의사소통의 사회적 사용에 대한 주요 어려움이 특징이다. 자연스러운 상황에서 언어적 · 비언어적 의사소통의 사회적 법칙을 이해하거나 따르는 것, 듣는 사람의 욕구와 상황에 따라 언어를 바꾸는 것, 대화나 이야기를 할 때 법칙을 따르는 데 결함이 있어 효과적인 의사소통이나 사회적 참여, 사회적 관계의 발달, 학업적 성취에서의 기능적 제한을 초래한다. 예를 들면, 인사하기와 같은 사회적 맥락에 적절한 방식으로 의사소통 사용의 결함과 놀이터와 교실에서 다르게 말하기, 성인과 아동에 따라 다르게 말하기, 대화에서 교대로 말하기, 문맥에 따라 해석이 다양한 의미를 이해하기 어려움 등이 있다.

③ **아동기 발병 유창성장애**(childhood-onset fluency disorder)

개인의 연령에 부적절한 언어능력의 평균 유창성과 시간 패턴에서의 장애가 주요 특징이다. 이 장애를 갖는 아동은 소리나 음절의 빈번한 반복이나 연장, 그리고 언어의 유창성 곤란의 다른 유형들(단어 내에서의 머뭇거림, 문제가 되는 단어들을 피하기 위해 단어 대체, 과도한 신체적 긴장과 함께 단어를 말함, 단음절로 된 단어 단위 반복)의 증상을 가진다. 아동기 발병 유창성장애는 학업적이나 직업적 성취 또는 사회적 의사소통을 방해한다.

아동기 발병 유창성장애(말더듬증)는 말의 유창성에 문제가 있는 경우를 말하며, 말을 해야 하는 특별한 압력이 있는 경우 말더듬증이 더 심해지지만 노래하거나 무생물 대상이나 애완동물과 이야기할 때는 나타나지 않기도 한다. 단어의 첫음절이나 구절의 첫 단어를 반복하면서 점진적으로 시작하고 악화와 호전을 반복하면서 더듬는 단어가 점점 확대된다. 말더듬는 현상은 4~5세까지 자연스러운 현상이기도 하고 말더듬는 아동의 60% 정도는 자연적으로 회복된다.

말더듬증의 양상은 가장 흔히 볼 수 있듯이 첫소리를 반복하는 것으로 이것이 말더듬의 초기 증상이다. 이러한 반복이 심해지면 이를 피하려고 특정소리에서 입만 벌리고 아무 소리도 내지 못하게 되거나 아예 말을 하지 않으려고 하게 되는데, 이것이 좀 더 악화된 말더듬증의 증상이다. 그리고 주변 사람들이 자신이 더듬는 것에 주의를 주게 되면 말을 하는 상황이 극도로 공포스럽게 되면서 말을 더듬음과 동시에 여러 가지 신체행동이 수반되기도 한다. 가볍게 입술을 떨거나 얼굴 근육이 일그러지기도 하고 머리를 젖히거나 발을 구르기도 한다. 또 다른 경우는 말을 더듬지 않으려는 부단한 노력으로 '응', '어', '음' 등의 간투사를 쓰기도 하고 자신 없는 말을 할 때는 거기, 그것 등으로 대용해서 다른 사람들이 이해할 수 없는 말을 하기도 한다.

말더듬증의 경우 신체적 장애가 문제의 원인이 되는 예는 극히 드물다. 신체적 원인으로는 뇌손상이나 간질을 들 수 있지만 말을 느리게 더듬는 말더듬증(stuttering)이든 정상적인 속도보다 빨리 하면서 더듬는 말더듬증(cluttering)이든 간에 심리적인 것에서 원인을 찾을 수 있는 경우가 대부분이다. 충격적인 사건이나 심한 긴장이나 불안을 유발시키는 사건을 경험했을 때 말을 더듬게 되는 경우가 있다. 매를 심하게 맞거나 꾸중을 들었을 때, 엄마와 떨어지는 것에 두려움이 많은 아이들은 유치원 입학이나 엄마와 떨어지는 캠프 등이 말더듬증을 가져오는 촉발사건이 될 수 있다.

내면의 정서적 갈등이 있을 때 특히 누군가를 대상으로 하는 공격적 욕구와 반대로 자신이 공격을 받을 것 같은 두려움 간의 갈등이 있을 때 아동은 말을 더듬게 된다. 이러한 정서적 갈등은 대부분 인간관계에서 생긴다고 할 수 있다. 부모들이 자신의 말에 귀를 기울여 주지 않고, 말할 기회도 주지 않게 되면 이로 인해 사랑받고 싶고 관심받고 싶은 욕구의 좌절과 가족에 대한 증오심 때문에 말을 더듬게 된다. 이때는 적개심을 표출할 수 있는 입에 담을 수 없는 말을 하려는 의도와 점잖은 말을 하려는 의도가 충돌되기 때문에 말을 더듬게 된다.

가정환경이 극도로 불안정하거나, 어린이집 등의 집단생활에서의 어려움 등 말더듬을 유발하는 원인은 다양하지만 공통된 특징은 마음속에 자리잡은 두려움과 공포이다. 또한 다른 사람의 말더듬증을 흉내 내면서 배우게 되는 경우도 있다. 모방의 경우 오래 지속되지는 않는다.

한편 어린 아동의 말더듬증은 언어발달이 이루어지는 과정에서 생길 수 있다. 주로 2~4세경에 가장 많이 시작되며 이것은 발달과정에서 자연스럽게 생길 수 있기 때문에 발달적 말더듬증이라고 한다. 말을 배우는 과정에서 생기는 실수로 정상적인 현상이다. 이때 부모나 교사가 야단을 치거나 똑바로 하길 강요하면 자신의 말이 크게 잘못한 것으로 받아들여 말하기를 두려워하게 되고 말을 더듬게 된다.

2) 의사소통장애의 지도

의사소통장애를 가진 아동은 언어의 의미적 · 구문적 · 화용적 기능에 결함을 가지고 있어 언어적 · 비언어적으로 자신의 의사나 감정을 전달하고 타인의 의사를 이해하는데 어려움을 가지며, 의사소통의 어려움으로 타인에게서 무시, 거부, 제재 등의 부정적 반응을 경험하게 된다. 다른 사람과 정보를 교환하고 대화를 하고 사회적 기능을 수행하기 위한 다양한 언어적 사용의 결함은 언어장애 아동에게 사회생활에서의 정서적 부적응, 낮은 자아존중감, 낮은 자신감과 자립심을 야기하기도 한다. 언어장애 아동의 화용적 · 사회적 상호작용의 문제는 또래 아동과의 관계를 형성하는데 장애가 되어 부정적 자아인식이나 또래 아동으로부터의 부정적 평가를 갖게 되며, 궁극적으로 학교와 사회생활에까지 영향을 주게 된다. 또한, 의사소통에 의한 어려움을 반복하여 경험하게 되면서 두려움과 공포, 좌절, 죄의식 및 저항감 등의 심리적 부담 및 부정적 감정이 생겨나게 된다.

의사소통장애를 보이는 아동은 우선 이비인후과, 소아과, 치과 등에서 감각적 또는 신체적 문제가 있는지를 점검하고, 정서적 문제나 부모-자녀 관계의 문제를 탐색하고 해결해 주는 것이 중요하다. 의사소통장애를 가진 아동은 부모, 유치원 교사 또는 소아과 의사, 심리치료사, 언어치료사 등 전문가의 직접적 치료를 받아야 하며, 아동의 언어 및 지적 발달수준을 먼저 진단한 후에 적절한 교육 및 치료 방안이 강구되어야 한다.

아동기 발병 유창성장애(말더듬증)를 가진 아동에 대해서는 신체적 혹은 정신적 스트레스에 대해 치료사가 말을 더듬는 방식을 변화시키도록 돕는 것이 효과적이다. 즉, 치료는 심리적 수준에서 부정적 정서를 없애는 것뿐만 아니라 행동적 수준에서 말하는 동안 유창성장애 아동의 정서 및 행동 경향을 다루는 것이 필요하다. 아동기 발병 유창성장애를 가진 아동은 말을 더듬기 직전의 공포감, 말을 더듬는 동안의 당황스러움, 말을 더듬은 뒤의 수치심에 대해 다루고, 이를 극복할 수 있도록 돕는 것이 필요하다. 말더듬증을 치료하기 위해서는 구어속도를 늦추고, 특정한 방식으로 호흡하고, 한 음에서 다른 음으로 천천히 조심스럽게 이동하며, 말을 길게 늘이도록 하는 방식을 통해 훈련하는 것이 효과적이다.

말더듬증 아동의 언어치료는 아동의 연령과 언어장애 유형에 따라 어휘습득, 조음, 화용언어 증가를 돕는 개입을 실시한다. 말더듬증 아동은 가능한 느리게 말하고 더 짧고 덜 복잡한 문장으로 말하는 방법을 익히고, 아동이 말할 때 느낄 수 있는 압력을 제거한다. 이러한 방법은 가정에서 적용하여 아동의 말더듬증 현상이 줄어들도록 부모가 협조하여야 하며, 아동이 정서적인 압력을 경험할 때 부모가 지지자로서 아동의 정서적인 어려움을 극복하도록 도와주어야 한다.

말더듬증 아동에 대한 지도

말더듬증 현상은 유아기 때부터 나타나기 시작하여 초등학교 입학 시기에 많이 보였다가 성인이 되어서는 사라지는 것이 일반적이다. 유아기 때의 말더듬증 현상은 그 증상이 경미한 경우가 많으며, 특별히 악화시키는 외부자극이 없는 한 대부분 사라지는 것이 일반적이다. 말더듬증 현상에 대한 어른들의 이해부족과 잘못된 대응으로 인해 오히려 악화되는 경우가 많다. 유아기의 말더듬증에 대한 지도는 아동을 둘러싼 언어적 환경과 심리적 안정을 위한 환경조성에 초점을 맞추는 것이 일반적이다.

- **말더듬 현상에 대해 주의를 주지 않는다**
  "다시 천천히 말해봐" 등의 지도는 교사의 태도가 아무리 부드럽다 하여도 대부분 역효과를 가져온다. 부모나 주변 사람들이 말더듬는 것에 관심을 보이지 않는 것 이상의 방법은 없다. 지나친 주의와 관심은 아동으로 하여금 자기표현을 중단시키고 표현의 즐거움을 상실하게 만든다.

- **무리하게 말을 시키지 않는다**
  훈련을 통해 말을 잘하게 하기 위해 여러 가지 질문을 하여 집요하게 말을 시키는 경우 대답하는 것에 대한 부담과 함께 긴장을 하게 만들어 언어의 리듬이 깨지게 한다. 말을 더듬는 아동도 혼자 무언가 중얼거리는 경우 더듬지 않고 잘 표현하는 것을 볼 수 있어 방해하지 말고 충분히 허용적인 분위기를 만들어 주는 것이 좋다. 아이의 말을 끝까지 들어주고 절대로 중간에 끼어들지 말아야 하며 아이가 말이 막혀서 이어 가지 못할 때에도 도와주기 위해 나머지 말을 대신해 주지 말아야 한다. 아이가 말하는 것을 편하게 받아들이게 되면 말더듬증은 줄어들게 된다.

- **꾸중을 줄인다**
  말더듬증 현상에 대해 지나치게 예민한 반응을 보여 꾸중을 하고 매번 간섭하는 경우, 아동은 욕구불만과 심리적 불안감을 갖게 되어 말더듬은 더욱 악화되는 경우가 많다. 따라서 부모와 교사는 심리적으로 긴장감을 느끼지 않게 애정과 사려깊은 대응이 필요하다.

- **즐겁게 말한다**
  말더듬증 현상은 동생의 출생이나 어린이집 · 초등학교 입학 시기에 시작되거나 부모의 엄격한 양육태도와 관련성이 높은 것으로 보고 있다. 따라서 아동이 자기표현을 할 수 있도록 배려하고 지나치게 예민한 반응보다는 서로 즐겁게 이야기를 나눌 수 있는 기회를 가지는 것이 중요하다.

• **과제를 줄여 준다**

말더듬증은 불안정한 심리상태에서 오는 경우가 많으므로 부담되는 과제를 줄여 주는 것이 필요하다. 과도하게 많은 학습지나 여러 가지 학원을 다니는 것은 아이가 심리적 편안함을 되찾을 때까지 줄여주는 것이 좋으며 부모와 떨어지는 것을 두려워하거나 소심한 성격의 아이를 강하게 만들고자 하는 욕심으로 무리하게 떼어놓는 것도 금물이다.

제2절 가족관련 문제

아동이 경험하게 되는 일상에서의 스트레스나 부정적 경험 이외에도 역기능적인 가족체계로 인해 겪게 되는 특정한 사건들은 아동에게 큰 상처를 남기게 되고 그 치유를 위해서는 세심한 주의가 필요하다. 가족구성원 간의 문제로 인해 아동이 받게 되는 어려움은 이후의 아동의 사회 · 정서적 발달에 중대한 영향을 미친다. 현대의 다양한 가족의 문제로 발생될 수 있는 아동문제의 특성과 상담의 개입 방안에 대해 살펴보자.

1. 조손가정

조손가정은 이혼, 가출, 사망, 실직 등으로 아이를 양육할 능력이 없어진 자녀를 대신해서 조부모가 손자녀를 양육하는 가족을 이른다. 손자녀들은 가족 안에서 발생하는 다양한 사회적 문제 때문에 조부모와 함께 살게 되었고, 이러한 사회적 문제들로 인해 심리사회적 문제와 적응상의 문제에 노출된 채 조부모와 함께 살고 있다. 아동이 조부모와 동거를 하게 되는 이유로는 부모의 사망과 같은 어쩔 수 없는 상황보다 부모의 이혼, 가출, 재혼과 같은 부모로서 책임을 다해야 함에도 불구하고 자신의 자녀양육을 조부모에게 떠맡기는 상황에서 이루어진 경우가 훨씬 많다. 특히 조손가정의 아동들은 부모를 상실함으로써 동일시의 대상과 사회적 지지자를 상실하게 되며, 이로 인해 정서적 혼란과 심리적으로 불안정한 상태에 놓이게 된다. 가족의 해체를 경험하면서 악화된 가족의 정서적 유대관계는 조손가정 아동의 사회 부적응 문제나 가족구성원 간의 심리적, 관계적 갈등의 문제 등과 결부되어, 가족의 제 기능을 발휘하기 어렵게 한다. 따라서 정서적 안정과 회복을 위해 개별상담, 집단상담, 가족상담 등의 심리정서적 지지를 제공하는 치료적 접근이 필요하다(최현화, 2018).

조손가정의 경우 고령의 조부모 대부분 질병을 수반하고 있는데다 근로능력은 상실하고 생활능력도 감퇴하다 보니 양육부담에 따른 우울증도 발생하고 있으며 손자녀 세대와의 소통 부재도 큰 문제로 부각되고 있다. 우리나라의 경우 가족해체가 급속하게 진행되고 가족 안정성 약화, 노령인구의 증가 등을 감안하면 향후 조손가정의 수는 더욱 증가할 것으로 예상된다.

1) 조손가정 아동의 특성

① 우울, 불안

부모의 사망, 가출, 행방불명, 이혼 및 재혼, 복역 등의 가족해체 과정에서 보통의 아이들이 경험할 수 없는 극한적 위기상황을 경험하게 되고 발생 원인이 부모의 사망보다는 부모로부터 버림받은 경우가 더 많아 배신감, 미움, 원망, 우울 등 부모에 대한 그리움을 왜곡되게 표현하는 경향이 있다(문선화, 2001).

② 낮은 자아존중감

내적 갈등이나 불안 등으로 자아존중감이 낮으며 때로는 일탈과 반사회적 행동을 보이기도 하며 이로 인해 학업부진을 초래하기도 한다. 이러한 부적응 행동은 결국 스스로도 남들과 다르다고 생각하게 되어 소외감이나 낮은 자아존중감을 형성하게 된다.

③ 낮은 사회적 대인관계 기술

가족해체에 따른 거주지의 이동으로 인해 새로운 환경에 적응해야 하는 심리적 스트레스에 직면하고 사회적 상호작용의 단절과 감소로 인하여 친구가 적을 수 있다.

④ 성인아이 성향

원가족 해체로 인해 조부모의 건강 악화, 경제적 어려움 등의 위기상황을 겪으며 오히려 아동이 조부모를 부양하고 책임져야 하는 가장의 역할 부담감이 생기기도 한다. 이런 아동의 역할은 성인 보호자의 부재, 무능력 등으로 아동임에도 불구하고 성인 역할을 해야 하는 여건과 조기성숙 압력을 받는 경우도 있다.

2) 조손가정 아동을 위한 프로그램

① 정서적 지원

조부모의 양육스트레스를 경감하고 조부모와 손자녀 간에 유대감과 가족기능을 회복하기 위한 프로그램으로, 조부모의 심리불안 해소와 양육지도 교육을 위한 원예집단프로그램, 조부모와 손자녀가 함께 하는 세대통합프로그램(문화체험 및 나들이), 그리고 집중적인 상담이 필요한 가정을 대상으로 진행하는 가족상담 프로그램으로 구성하여 조손가정의 정서적 서비스를 지원

② 학습 지원

조손가정의 사회적 지지를 통한 역량강화사업 “행복하모니”, 조손가정 아동의 학업성적 향상과 건강한 성인으로의 성장을 돕기 위한 학습멘토링 프로그램을 실시

③ 가족 건강성 증진

조손가족의 가정생활 전반에 대한 문제에 대하여 상담을 실시하여 세대 간 의사소통 및 역할갈등으로 인한 심리적 압박감에서 벗어나 정서적 안정을 도모

할 수 있도록 한다. 조손가족의 건강성 증진과 세대 간의 연령차 극복 및 정서적 유대관계를 형성하기 위한 프로그램으로 가족상담, 가족교육을 통해 의사소통 유형과 올바른 자기감정을 표현할 수 있도록 지원

④ 문화체험 지원

가족이 함께하는 문화체험을 통하여 조손가족의 문화적 소외감과 조부모 양육스트레스 경감을 도모하고 가족 간의 유대감 강화 및 삶에 대한 긍정적 인식을 통해 심리 · 정서적 안정을 도모

3) 조손가정 아동의 적응유연성

조손가정 아동들은 원가정의 불안정성으로 부모와의 관계에서 이미 많은 고통을 경험한 후 조부모에게 오기 때문에 일반가정 아동에 비해 심리사회적 측면과 적응과 관련한 어려움을 더 많이 겪고 있다. 그러나 이처럼 어려운 환경에도 불구하고 심각한 발달상의 문제를 보이지 않고 잘 적응하는 개인의 특성을 '적응유연성(resilience)'이라고 한다. 조손가정 아동들이 자신이 처한 역경에 적응해 나가기 위해 적응유연성을 어떻게 활용하고 있는지 알아본 연구결과는 다음과 같다(천미영, 김희정, 2011).

- 부모가 부재하더라도 조부모의 안정적인 보살핌이 제공되면 아동은 안정감을 느끼며 적응에 큰 문제를 느끼지 않음
- 주변 어른들의 관심과 통제에 따라 부정적인 행동을 멀리함
- 아동 스스로 할 수 없는 것보다 할 수 있는 것을 발견하고 노력하고 놀이를 통해 스트레스를 줄이려고 하며 조부모를 도움으로써 보람을 느낌
- 지금보다 더 나은 미래에 대한 희망을 가짐

조손가정 아동에게 조력하기 위해서는 이들을 둘러싼 위험요인이나 문제점에 초점을 맞추기보다는 긍정적인 적응요소들에 초점을 두는 상담과 교육적 지

원을 확충할 필요가 있다. 또한 학교에서 진행하는 정서행동특성검사나 민간 치료기관에서 진행하는 심리상담 프로그램을 강화할 필요도 있다.

2. 가정폭력

가정폭력은 다른 폭력 유형과는 다르게 가족을 포함한 친밀한 관계에서 지속적으로 반복되는 특성을 지니고 있으며, 시간이 지남에 따라 그 정도는 더욱 심해진다. 가족구성원 중 한 사람이 다른 가족에게 의도적으로 물리적인 힘을 사용하여 가족구성원의 건강과 복지를 해치거나 정상적 발달을 저해하는 것으로, 아동이 이러한 가정폭력에 노출되는 것만으로도 아동에게는 씻을 수 없는 상처를 남기게 된다. 영국과 미국의 판례를 보면 가정 내 폭력에 노출되거나 부부싸움에 자녀가 직접 목격했는지가 중요한 게 아니라 그러한 상황에서 부모가 자녀를 보호하려고 했는지가 중요하다고 보고 정서학대 여부를 판단한 경우가 있다(황옥경 외 3인, 2021).

가정폭력의 유형에는 폭행뿐만 아니라 학대, 유기, 모욕, 감금 등 여러 유형이 있으며 그 피해자의 경우 대부분이 여성, 노약자, 아동이며, 심리적 · 정서적 · 신체적으로 많은 폭력의 후유증을 겪게 된다. 가정폭력 가해자의 성장 배경을 조사한 Wisdom(2000)은 폭력을 행사하는 성인의 70% 이상이 아동기에 가정폭력을 경험했거나 목격한 경험이 있다고 했다. 가정폭력 목격 경험의 심리사회적 적응 요인 중 행동부적응, 비행 등 외현화 문제가 더 크게 나타난 연구 결과가 있듯이(하숙정, 2021), 가정폭력은 다음세대의 가정폭력의 온상이 될 수 있으며 학교폭력과 사회폭력의 온상이 될 수 있다는 측면에서 볼 때, 가정폭력 악순환의 고리를 끊기 위해서는 다각적인 연구와 아울러 가정폭력 노출 아동을 위한 예방적 · 지지적 프로그램 개발이 시급한 실정이다.

1) 가정폭력 경험한 아동의 특성

CBCL(Child Behavior Checklist)을 이용한 많은 연구는 가정폭력에 노출된 아동은 일반가정 아동에 비해 심각한 정서적, 행동적, 사회적 문제를 보이는 것으로 보고하고 있다(O'Keefe, 1994).

- 가정폭력을 목격한 대부분의 아동은 주로 양육자와의 상실을 경험하게 되며, 이로 인해 죄책감, 수면장애, 섭식장애, 분노, 불안, 우울 수준이 높아진다.
- 낮은 자존감, 고립감, 무력감 등의 부적응적 행동성향을 나타낸다.
- 지속적이고 직접적인 폭력에 노출되면 공포와 두려움에 의해 외상후 스트레스장애를 겪는다.
- 문제해결능력과 사회적 능력이 저하되고 등교거부 등 학업에도 많은 영향을 미친다. 또래들과의 친밀감이 낮고 갈등적이며 놀이과정에서 부정적인 상호작용을 하고 주도적인 사회적 기술이 부족하다.
- 감정을 표현하는 것에 어려움을 느끼고 독립성이 결여되고 타인을 원망하는 경향이 있다.

2) 가정폭력 경험한 아동을 위한 개입

통계적으로 가정폭력을 보거나 당한 아이들의 50% 이상이 또 다른 가정폭력의 가해자나 피해자로 자라난다는 점은 결국 가정폭력이 대물림될 가능성이 높다는 것을 시사한다. 폭력에 노출된 아동들은 성장과정에서 폭력적인 행동을 관찰할 기회가 많으므로 모방과 학습과정을 통해 폭력을 사용할 가능성이 높아진다. 폭력적인 가정에서 자라난 아동은 스트레스 상황에 직면했을 때 폭력을 사용하는 경향이 나타났으며 성인이 되었을 때 자신의 배우자에게 폭력을 행사할 가능성이 높다. 즉 아이들이 인격을 형성하는 과정에서 폭언이나 윽박지르는 듯한 말투에 반복적으로 노출되면 무의식중에 폭력성이 자리 잡을 수 있다는 것이다. 가정폭력을 목격한 아동을 대상으로 상담을 진행할 때 다른 건강한 형제관계가 있다면 이들의 관계는 든든한 정서적 보호요인이 될 수도 있다. 그런 의미에서 형제를 함께 집단으로 치료하여 상호 지지체계로 발전할 수 있도록 지원하는 것도 중요하다.

김재엽 외(2003)의 가정폭력에 노출된 아동의 개입 프로그램은 정서문제 완화, 사회기술 향상, 가정폭력에 대한 올바른 인식 및 대처전략 습득 등을 목표로 하였으며 사례분석 결과, 대다수의 사례에서 프로그램이 진행되어 감에 따라 초기의 위축되고 소극적인 행동에서 벗어나 점차 자기표현이 증가하고 다른 구성원들을 적극적으로 지지하고 격려하는 등의 긍정적인 행동이 나타났다.

현재 우리 사회의 가정폭력에 대한 대처는 주로 피해여성에 대한 보호와 가해자에 대한 교정 중심으로 이루어지고 있으며 그 가운데 가정폭력에 노출된 아동은 간혹 쉼터 서비스와 초기 상담 정도로 진행되고 있어 이들에 대한 개입 노력이 더 실질적이고 즉시적으로 이루어져야 할 필요가 있다.

3. 학대가정

아동복지법에 따르면 '아동학대란 보호자를 포함하는 성인이 아동의 건강 또는 복지를 해치거나 정상적 발달을 저해할 수 있는 신체적, 정신적, 성적 폭력이나 가혹행위를 하는 것과 아동의 보호자가 아동을 유기하거나 방임하는 것'을 말한다(아동복지법 제3조 제7항; 보건복지부, 2021). 여기에는 적극적인 가해행위뿐만 아니라 소극적 의미의 방임행위까지 아동학대의 정의에 명확히 포함하고 있다. 즉 아동의 복지나 잠정적 발달을 위협하는 보다 넓은 범위의 행동으로 확대하며 신체적 학대뿐 아니라 정서적 학대나 방임, 아동의 발달을 저해하는 행위나 환경, 더 나아가 아동의 권리보호에 이르는 매우 포괄적인 경우를 규정하고 있다.

최근 아동보호 서비스 조사 인력이 방문조사를 진행하였는데도 불구하고 학대를 발견하지 못하여 아동이 사망하게 되는 일련의 사건이 발생하면서 아동학대 예방과 사례관리 등 아동학대가 사회적으로 큰 이슈가 되고 있다(황옥경 외 3인, 2020).

친권자의 징계권을 규정한 민법 제915조 조항이 63년 만에 삭제됐지만 부모와 아동 상당수는 징계권을 인지조차 하지 못한 것으로 나타났으며, 훈육을 위해 체벌을 사용하는 것에 대해서 여전히 부모의 과반수 이상 동의하는 것으로 조사된 결과(중앙일보, 2021. 4. 19)는 지속적인 부모교육의 중요성이 절실히 필요함을 나타내고 있다.

유년기에 학대를 경험한 아동은 피해 후유증으로 인해 공격성을 나타내고, 비행이나 범죄 등 또 다른 사회문제를 양산하게 되는 경우가 있다. 이와 같이 학대받은 아동은 신체적 · 정신적인 후유증으로 인해 자기 자신뿐만 아니라 사회적으로도 장단기적인 문제를 일으킬 수 있으므로 사회적 문제로 보고 정책적 개입을 강화해야 한다. 아동학대의 사회경제적 비용 추계연구결과에 의하면(김수정, 정익중, 2016) 직접비용에 비해 간접비용이 훨씬 큰 것으로 나타났으며 궁극적으로 아동보호 예산을 늘리고 학대경험 아동의 조기치료에 힘쓰는 것이 중요하다고 강조했다.

1) 학대를 경험한 아동의 특성

아동학대는 후유증이 매우 심각하며 아동에게 있어 이후 많은 정신건강 문제를 야기시킬 수 있는 위험요인이다. 학대의 정도와 지속기간, 아동의 성과 연령, 발달단계 등에 따라 학대 경험의 후유증은 차이가 있다. 무엇보다 자신을 보호하고 보살펴 줄 것이라고 믿고 기대했던 부모 및 성인으로부터 의도적이고 지속적인 학대를 경험한 아동의 경우에는 자신의 기대와 상반되는 현실을 받아들이는 것이 매우 어렵기 때문에 자기비난을 발달시키고 지속시키기 쉽다(장현아, 2008).

① 신체적 학대

어른과의 접촉 회피, 공격적이거나 위축적인 극단적 행동, 부모에 대한 두려움, 집에 가는 것을 두려워하고, 위험에 대한 지속적인 경계를 보인다.

아동의 애착형성을 방해하며 발달과업을 성공적으로 해결하지 못하게 하고 발달상의 지체, 일탈, 역기능을 초래한다(송영혜, 김경선, 이경하, 2001). 대인관계에서의 어려움과 위축 양상을 유발하고 아동의 정서나 행동상의 후유증을 초래하고 대인관계 형성에 중요한 감정이입능력을 저하시킨다.

② 정서적 학대

특정 물건을 계속 빨고 있거나 물어뜯으며, 반사회적 행동장애, 수면장애, 강박, 공포, 과잉행동, 발달지연을 보인다.

부모로부터 구타를 경험한 아동이 구타를 경험하지 않은 아동보다 친구와 싸우거나 물건을 부수는 행동 특성을 보이거나 공격성도 높다. 즉 부모로부터의 학대 경험이 아동의 공격성을 발달시킨다는 것을 알 수 있다. 불안과 공포, 우울, 슬픔, 분노와 같은 감정을 느끼며 학대 상황을 연상시키는 비슷한 자극에 대해 자동적으로 불안반응을 일으키는 경우가 많다. 이런 불안반응 패턴은 학대와 관련된 사람, 장소, 사물, 상황 등에 일반화되어 위험이 없는데도 높은 수준의 불안을 일으킬 수 있다(장현아, 2008).

③ 방임

음식을 구걸하거나 훔침, 장기간에 걸친 감독 소홀, 비행, 학교에 일찍 등교하고 집에 늦게 하교하는 행동을 보인다.

주로 부모의 무관심에서부터 발생되는 방임은 아동의 건강, 영양, 교육, 정서생활, 사회화 교육, 심리발달에 어려움을 가져오며 이로 인해 아동은 낮은 자존감과 타인과의 긍정적인 상호작용에 어려움이 있다.

④ **성학대**

수면장애, 유뇨증, 유분증, 충동성, 우울, 섭식장애, 특정 유형의 사람들 또는 성에 대한 두려움을 보인다.

2) 학대아동을 위한 개입

홍강의(2004)는 아동학대에 대한 개입과 치료에 대해 다음과 같이 제시하고 있다.

- **의학적 개입** : 아동의 학대 후유증을 치료하고 지원한다.
- **아동과 부모를 위한 정신과적 개입** : 아동의 경우 개인상담과 집단상담을 실시한다. 부모의 경우 부부치료, 집단치료를 통해 결혼문제, 정신병리적 문제를 완화한다. 비폭력적인 자녀양육과 부모의 분노감정을 조절하는 방법을 안내한다.
- **사회적 개입** : 폭력에 대한 사회적 통념을 개선하고 아동권리에 대한 인식을 증진시킨다. 사회 전체의 여론 조성과 변화를 꾀하는 거시적 정책을 유도하고 결혼 전이나 출산 전에 예비부모교육을 실시하고 유아교육기관에서 부모교육을 실시한다.

아래의 내용은 미국 내에서 진행하고 있는 피학대아동에 대한 상담 프로그램들이다(장현아, 2008).

- **인지처리 치료과정**(Cognitive Processing Therapy; CPT) : 외상적 기억에 대한 노출, 인지적 재구성 훈련, 외상에 의해 가장 크게 영향을 받는 부분에 대한 주제를 다루는 것. 학대받은 아동으로 하여금 어떻게 사고와 정서가 서로 연관되는지를 이해하도록 교육하고, 외상 경험을 무시하거나 없애버릴 수 없는 실제 일어났던 사건으로써 받아들이고 통합하도록 돕는다.

- **외상 중심 인지행동치료**(Trauma Focused Cognitive Behavioral Therapy; TF-CBT) : 학습이론과 인지이론에 기초한 것으로서 아동의 부정적인 정서와 행동반응을 감소시키고 외상 경험과 관련된 부적응적인 믿음과 귀인양식을 수정하는 것을 목표로 한다. 부모와 협력해 부모 자신이 겪는 정서적 고통을 효과적으로 다루고 아동에게 긍정적 지지를 제공할 수 있는 기술을 지원한다.
- **외상 중심 통합적 절충 치료**(Trauma Focused Integrative Eclectic Therapy; IET) : 아동학대가 일어나는 가정은 이미 가정 내에 다양한 문제를 가지고 있거나 전 세대에 학대의 역사를 가지고 있을 가능성이 높다고 가정하며 가정 내의 바운더리 확립, 안전 확보, 가족구성원의 역량 키우기 등을 강조한다.
- **학대 중심 인지행동치료**(Abuse Focused Cognitive Behavioral Therapy; AF-CBT) : 피학대 아동과 학대한 부모를 모두 대상으로 하여 학대가 일어난 가족환경과 부모의 개별적 특성을 고려한 개입방법이다. 학대 및 폭력에 대한 신념체계를 다루고 자기통제능력을 증진시키고 폭력행동을 감소시키는 것에 중점을 둔다.

이러한 다양한 상담 프로그램은 학대 경험을 회기 내에서 직접적으로 다루는 것이 강조되며, 부모의 개입이 상담 성과에 매우 중요한 예측 요인인 것으로 나타났으며 구조화된 단기상담을 지향한다는 것을 알 수 있다.

학대 후유증의 심각성을 고려할 때 다양한 문화와 문제를 가진 피해아동을 지원할 수 있는 전문인력의 확보와 배치가 중요하며 무엇보다 아동학대 개입은 원가족의 분리나 해체보다는 건강한 가족 유지와 가족 기능을 강화하는 방향으로 이루어져야 할 것이다.

아동학대 대응체계, 예방 및 회복지원까지 촘촘히 보완한다

❶ 위기아동 발굴 및 조기개입 강화 ❷ 아동 관점의 대응체계 보완 ❸ 아동학대 인식 개선
❹ 아동학대 대응 인프라 강화 등 총 4개 분야

▲위기아동 발굴체계 내실화 ▲영유아 특화 발굴로 신고 전(前) 위기포착 강화

* '생애 초기 건강관리 시범사업' 확대(~만 2세), 건강검진 · 예방접종 미실시 아동 안전 확인 강화(~만 6세)

▲일시보호 중 전학 지원 ▲심리치료 확대(2,000→4,800명 수준) ▲방문형 가족회복 프로그램('22~)

▲아동수당 신청과 부모교육 연계 ▲긍정양육가이드라인 배포로 체벌금지 인식 확산

▲아동보호전문기관, 학대피해아동쉼터 확충 ▲전담공무원, 아동보호전문요원, 학대예방경찰관(APO) 보강 등 예산 투자 확대

* (시설) 아동보호전문기관 120개소, 학대피해아동쉼터 240개소 목표(~'25), 위기아동가정보호 대상 만 6세까지 확대(인력), 아동보호전담요원 700명 이상(~'22), APO 260명 경력채용(~'23)

보건복지부 보도자료 2021. 8. 19

제3절 심리 · 사회 · 정서관련 문제

1. 불안

아침마다 유치원에 가기 싫은 가은이와 엄마는 전쟁을 한다. '배가 아프다, 재미없다, 엄마가 보고 싶다' 등의 아이의 호소는 엄마와 가은이를 괴롭히는 해결하기 어려운 과제이다. 매번 등원길에 가은이는 닭똥같은 눈물을 흘리고 심지어 괴성을 지른다. 겨우겨우 유치원에 도착한 가은이는 마지못해 교실로 들어가고 한동안 문을 바라보고 멍하니 있거나, 활동에 집중하지 못하고 안절부절못한다.

1) 불안의 정의

모든 아이는 불안을 경험하면서 성장하게 된다. 발달의 특정 시기에 나타나는 유아의 불안은 정상적인 반응이다. 낯가림이 시작되는 생후 약 6개월부터 학령 전기에 걸쳐 건강한 아이들도 부모, 친밀하게 지냈던 사람과 헤어질 때 강한 불안을 나타낸다. 어둠을 무서워하거나 동물에 대한 공포나, 천둥, 번개, 낯선 사람에 대한 일시적인 공포심을 가질 수 있다. 그러나 부모나 친밀한 타인이 함께 있어 줄 때 유아의 공포는 감소된다. 학령기가 되어 학교와 관련된 불안, 학업수행, 학습태도, 교사나 또래관계의 어려움 등 역시 일시적인 부적응에서 나타나는 불안일 수 있다. 이렇듯 불안은 여러 가지 이유로 발생하지만 아동의 일상생활을 방해할 정도로 나타나고 지속되면 치료가 필요하다.

불안장애는 발달과정에서 경험하는 정상적인 공포나 불안과는 다르다. 대부분 6개월 이상 지속된다는 점에서 종종 스트레스에 의해 유발되는 일시적인 공포나 불안과도 다르다.

아동에서는 분리불안장애나 선택적 함구증 같은 경우 좀 더 짧은 기간이 기준이 되기도 한다.

특히 아동이 엄마 혹은 주 양육자와의 분리에서 오는 분리불안(separation anxiety)이 극심한 경우를 분리불안장애라고 한다. 애착대상과 떨어지는 데에 심한 불안을 나타내는 정서적 장애를 말한다.

2) 특성

불안한 아이들은 조용하고 순종적이며 칭찬받으려고 노력하기 때문에, 어른들이 아이의 어려움을 알아채지 못할 수도 있다. 어떤 일이 일어나기도 전에 지나친 걱정, 학업 성적, 친구관계, 또는 활동에 관한 끊임없는 걱정과 근심, 반복적인 생각 또는 반복적인 행동(강박증), 어색함 또는 실수에 대한 두려움(과도한 부끄럼), 낮은 자존심 등은 불안한 아이들로 보일 수 있다.

예전에는 엄마가 방을 비워도 별로 동요하지 않던 아기가 엄마에게서 떨어지지 않으려고 발버둥치고, 낯선 사람에게는 두려움과 공포심을 느끼며 낯가림이 심하다.

3) 유병률

보건복지부의 정신질환 역학조사에 따르면 2011년 기준 불안장애 평생 유병률(전체 인구 중 병을 앓고 있는 사람의 비율)은 8.7%로, 남자 5.3%, 여자 12.0%로 나타났다.

불안장애의 경우, 소아와 어린 청소년에서 평균 4%의 빈도로 발생하고, 남녀 성별에서는 여아가 빈도가 높거나 성차가 없음을 보고하고 있다. 약 80% 아동이 범불안장애가 33% 차지하고 우울증도 빈번하게 나타난다. 불안장애는 공황장애와 광장공포증에 선행되기도 하며, 대부분 회복되나 이후 장애를 나타내기도 하는데 우울이 가장 빈번하다.

4) 진단

불안장애는 증상에 따라 크게 5가지로 나뉜다. 이유 없이 계속 불안한 '범불안장애', 갑작스러운 불안감 때문에 죽을 것 같은 느낌의 '공황장애', 특정 상황이나 대상에 대해 극도로 두려워하는 '공포증', 선택적 함구증, 공황장애 등이 있다(DSM-5). 이 중 다른 4가지 증상보다 진단이 어려운 '범불안장애' 환자가 가장 많다.

(1) DSM-5에 의한 불안장애의 분류

① **분리불안장애** : 유아기 초기, 양육자나 집으로부터 분리될 때 나타나는 과도한 불안 증상을 보인다.

② **선택적 함구증** : 다른 상황에서는 말을 할 수 있지만, 학교처럼 말을 해야만 하는 사회적 상황에서는 지속적으로 말을 하지 못하는 것이 특징인 질

환이다. 학업상황에서 성취에 중대한 영향을 끼치거나 정상적인 사회적 소통을 방해한다.

③ **특정공포증** : 특정 대상이나 상황에 대해서 극심한 공포나 불안이 유발된다(예: 비행기타기, 고공, 동물, 주사맞기, 피를 봄).

④ **사회불안장애**(사회공포증) : 청소년기에 주로 나타나며 한 가지 혹은 그 이상의 사회적 상황에 노출되는 것을 두려워하거나 불안해한다. 성취 수행 상황에서 거절이나 어려움에 대해 뚜렷하고 지속적인 불안을 보인다.

⑤ **공황장애** : 예기치 않은 공황발작과 공황발작이 다시 올 것에 대한 지속적인 걱정, 반복적으로 예상하지 못한 공황발작이 있다.

⑥ **광장공포증** : 다양한 상황에 실제로 노출되거나 노출이 기대되는 상황에서 유발되는 현저한, 극도의 공포와 불안이다. 대중교통을 이용하는 상황, 열린 공간이나 밀폐된 공간, 군중 속에 있거나 집 밖에 혼자 나와 있는 상황 등을 들 수 있다.

⑦ **범불안장애** : 과잉불안장애라고도 하며 최소 6개월 이상 지속되며 다양한 일에 대한 지나치고 제어 불가능한 걱정을 보인다.

⑧ **기타** : 학교 거부, 신체 불편감도 다양한 불안장애와 관련, 물질/약물치료로 유발된 불안장애, 다른 의학적 상태로 인한 불안장애.

12세 미만 아동의 경우에는 분리불안장애의 증상이 많이 나타나며 분리불안장애에 관한 진단은 다음과 같다.

(2) 분리불안장애(Separation Anxiety Disorder) 진단기준

A. 애착대상과의 분리에 대한 공포나 불안이 발달수준에 부적절하게 지나친 정도로 나타나며 다음 3가지(또는 그 이상) 상황에서 나타나야 한다.

(1) 집 또는 주된 애착 대상과 분리되거나 분리가 예상될 때 반복적으로 심한 불안을 느낀다.

(2) 주된 애착 대상을 잃거나 그에게 해로운 일이 일어날 거라고 계속적으로 심하게 걱정한다.

(3) 곤란한 일이 생겨 주된 애착 대상과 분리될 거라는 지속적으로 과도하게 걱정을 한다(예: 길을 잃거나 납치되는 것).

(4) 분리에 대한 불안 때문에 학교나 그 외의 장소에 지속적으로 가기 싫어하거나 거부한다.

(5) 혼자 있거나 주된 애착 대상 없이 지내는 데 대해 지속적이고 과도하게 두려움을 느끼거나 거부한다.

(6) 주된 애착 대상이 가까이 있지 않은 상황이나 집을 떠나는 상황에서는 잠자기를 지속적으로 싫어하거나 거부한다.

(7) 분리의 주제와 연관되는 반복적인 악몽을 꾼다.

(8) 주된 애착 대상과의 분리가 예상될 때 반복적인 신체 증상을 호소한다(두통, 복통, 오심, 구토).

B. 장애 기간이 적어도 4주 이상이어야 한다.

C. 사회적, 학업적(직업적), 또는 다른 중요한 기능 영역에서 임상적으로 심각한 고통이나 장애를 일으킨다.

D. 광범위성 발달장애, 정신분열증, 다른 정신증적 장애 기간 중에만 증상이 나타나는 것이 아니어야 하고, 청소년과 성인에서는 광장공포증이 있는 공황장애로 잘 설명되지 않아야 한다.

—DSM-5(APA, 2013)—

5) 원인

불안의 원인은 다양하여 유전적 요인과 심리적 요인을 들 수 있다. 정신건강의학과 교수는 "진단이 어렵다 보니 환자의 3분의 1만 발병한 해에 치료를 받고, 나머지는 10년 이상 지난 후에 병원을 찾는다는 조사결과가 있다고 하고, 경쟁 · 경제불안 · 범죄 등 불안 요소가 늘수록 불안장애의 위험이 높아진다"고

하였다. 생리학적으로는 대뇌의 기능 이상, 노르아드레날린 · 세로토닌 등의 신경전달물질 불균형 때문에 발병하는 것으로 본다(헬스조선, 2014). 특히 분리불안의 경우, 정신역동적 관점에서 아동이 엄마에 대한 강한 애착이 아동으로 하여금 분리되어 있는 동안 자신이나 엄마에게 무슨 일이 일어날지 모른다는 불안을 갖도록 만든다. 엄마에게 어떤 일이 일어날지도 모른다는 불안을 갖고 있는 경우에 아동은 부모를 향한 공격적 소망을 갖고 있는 것이며 이 소망이 이루어질까 봐 불안해 한다는 것이다. 불안의 보상으로 애착 경험을 하게 되면 더욱 강화되는 경우가 있다.

6) 평가

평가는 부모면담, 행동평가척도, 행동관찰, 부모관찰기록지, 아동놀이평가를 포함한다(Knell & Dasari, 2006).

놀이를 통한 면담은 특히 취학 전 아동의 불안을 이해하는 데 도움을 준다.

(1) 임상적 면담

어린 아동의 경우에는 구조적 면담 사용 시 연령 및 시간적 제한으로 인해 반구조적 방식이 추천되며 부모를 대상으로 행해진다.

세부적 정보를 얻기 위한 질문은 다음과 같다.

- 아동과 가족은 두려운 대상/사건을 어떻게 다루는가?
- 불안과 두려움이 아동과 가족의 생활을 어떻게 침해하는가?
- 아동과 가족의 일상에 두려움이 어떤 나쁜 영향을 미치는가?
- 그 외에 두려움을 조절하기 위한 노력들, 두려움의 정도, 환경의 변화(이사, 부모의 별거, 이혼, 학대, 애착 대상과의 이별, 죽음, 질환 등), 외상을 받을 만한 사건들을 알아보는 것이 아동의 두려움을 이해하는 데 도움이 된다.

(2) 행동관찰

아동의 자세, 얼굴표정, 다양한 세팅(치료실, 학교, 집 등)에서 다른 사람에 대한 반응을 기록한다.

(3) 행동평가척도

아동행동 정도를 점수에 따라 평가하고 자기보고식 평가방법은 불안장애와 관련된 행동을 이해하는 데 가장 정보를 많이 주는 방법으로 여겨진다. 아동행동평가척도(Child Behavior Checklist; CBCL)는 아동의 위축, 신체 증상, 우울/불안, 사회적 미성숙, 사고의 문제, 주의집중 문제, 비행, 공격성 등을 부모가 평정하도록 구성되어 있다.

(4) 부모 관찰기록지

상황 안에서의 두려움, 불안을 이해하는 데 도움을 주는 보충적 평가방법이다. 어린 아동들의 경우 부모에 의해 작성되며 불안을 야기하는 상황, 인지적 · 신체적인 흥분, 행동 등을 기록한다. 이러한 '두려움 측정계'는 부모가 자녀의 두려움 정도를 0~10까지 단계로 기록할 수 있도록 되어 있다(Velting et al., 2004).

7) 치료

(1) 심리치료

불안장애는 아동기, 청소년기에 흔히 나타나는 질환이지만 적절한 치료가 이루어지지 않는 경우 그 증상이 지속, 악화되어 성인기로 이어질 수 있다. 치료를 받지 않은 불안장애 아동은 우울증으로 발전될 수 있는 위험이 크다고 보고되었다. 주로 불안한 아동들은 아동중심놀이치료와 인지행동놀이치료를 통합적으로 적용하게 되는데, 인지행동치료 모델은 특히 불안장애에 효과적인데 이것은 상황, 사고, 감정, 행동 간의 관계를 다룬다. 인지이론에서는 개인의 비합리적인 사고가 불안한 감정과 행동으로 이끈다고 보았다. 인지적 개입(지각과 사고의 변화)과 행동적 개입(체계적 둔감화와 긍정적 강화 등의 기법 등)의 방법을 적절히 통합하여 치료에 적용한다.

(2) 인지행동치료

조기 행동개입에는 공포 감소를 위한 기법, 체계적 둔감화, 유관성 관리, 모델링과 인지행동기법을 포함한다. 불안장애를 위한 인지행동치료는 다음의 5가지 본질적 요소를 포함한다(Albano & Kendall, 2002).

① 심리교육

아동만이 갖고 있는 개별적인 불안 증상을 인식하게 하며 취학 전 아동의 경우 부모에게 대신한다. 이것은 진단에 대한 이해를 돕고 치료로 불안, 두려움의 증상을 어떻게 경감시킬지가 목적(손인형(퍼펫)이나 놀이감을 이용한 모델링 시범, 인형을 통해 문제에 대한 어떠한 생각, 감정이 행동에 영향을 주는지를 보여준다)이 된다.

② 이완

아동에게 이완훈련을 통해 신체 반응과 자동적 각성을 줄이기 위한 심호흡, 근육이완법 등을 가르친다.

③ 긍정적 자아상(인지적 재구성)

어린 아동에게는 긍정적 자아 진술을 가르치도록 한다. '나는 할 수 있다', '나는 씩씩하다' 등의 긍정적 자아 진술은 언제든지 내가 통제할 수 있다는 대처 방법을 배우게 한다.

④ 노출

두려운 상황이나 자극에 대해 점진적이고 체계적으로 자기노출을 하는데 이때 조절 가능한 것으로 시작하여 점차 강도를 높이도록 한다.

노출치료(exposure therapy)

① **실제적 노출법**((in vivo exposure) : 실제로 공포 자극에 노출하는 법
② **심상적 노출법**(imaginal exposure) : 공포 자극을 상상하게 하여 노출
③ **점진적 노출**(graded exposure) : 공포 자극의 수위를 낮은 것에서부터 높은 쪽으로 점차 강도를 높임
④ **홍수법**(flooding) : 단번에 강항 공포 자극에 직면시킴

⑤ 재발 방지

치료 효과를 일반화시키기 위해 불안의 원인을 인식하고 대처방법을 가르친다. 불안과 두려움이 있는 아동의 치료에서 중요한 목표는 치료가 끝난 후에도 적응적인 행동이 유지되고 이러한 행동이 자연스러운 환경으로 일반화되도록 하는 것이다.

그 외에 사용되는 치료적 개입에는 다음과 같다.

- **독서치료** : 아동을 위한 치료적인 책은 아동의 당면한 문제와 유사한 상황에 대처하는 아동의 이야기를 제공하며 아동의 반응 모델이 된다. 치료자는 아동이 경험한 이야기를 비슷하게 책으로 엮어 단기치료에 활용하게 된다(Knell, 1993a).

  취학 전 아동의 경우 치료 회기 동안 아이와 함께 책을 만드는 것이 유용할 수 있다. 종종 치료사가 문제해결 모델이 되어 이야기 내용을 제공하고 긍정적인 자기진술을 제공할 수도 있다. 아동과 함께 책을 만들 때 협력관계가 되어 아동은 자발적으로 참여하게 된다. 또한 아동은 책의 제작과정에서 인지적인 변화 전략에 참여할 수 있다.
- 자기통제(통제감을 높이는 새로운 행동과 사고방식의 사용을 개인에게 가르치는 방법), 모델링(불안을 자극하는 상황에서 두려워하지 않는 행동을 보게 되며 모델링으로 아동에게 두려운 자극들에 대처하는 적절한 반응을 보여줌) 등이 있다.

(3) 부모참여

① 부모 심리교육

부모가 아동의 불안 증상들을 이해하도록 도우며 아동의 불안에 대한 반응에 부모가 적절히 대응하는 방법들을 배운다.

② 반응기술 형성

아동이 불안을 독립적으로 관리하도록 돕는 목표와 함께 양육기술을 향상시키는 부모 참여의 단계이다.

이러한 목표를 이루기 위한 5단계가 있다(Rapee et al., 2000).

- 부모는 그들의 공감을 효과적으로 소통하는 것을 배운다(예: 유치원 발표회에 앞에 나가 얘기하는 것이 떨리지. 그렇게 하는 것이 너무 힘들지).
- 대처나 용감한 행동에 대해 보상하는 것을 가르친다(예: 언어적 칭찬이나 스티커 등).
- 두 번째 방법과 더불어 부모가 자녀의 불안행동에 대한 관심쏟기를 줄이는 것이 중요한 것임을 설명한다(예: 불평, 눈물, 짜증 무시하기).
- 부모는 자녀가 문제해결 기술을 사용하도록 격려하는 것을 배운다(예: "민경이가 심장이 두근거리지 않도록 혼자서 해 볼 수 있는 방법은 어떤 게 있을까?"와 같은 질문을 사용하여 자녀가 문제에 대한 해결방법을 스스로 생각나도록 도와준다)
- 아동이 성인으로부터 행동을 배우는 데 도움이 되도록 부모의 용기 있는 행동이 자녀의 대처 행동 모델이 되도록 격려한다.

TIP 두려움과 불안의 비교

두려움(fear)

실재적인 위험이 있을 때 일어나는 생물학적인 반응(길을 건널 때 갑자기 다가오는 차를 볼 때 나타나는 생리적인 반응(심장박동 증가)을 보이며 뒤로 물러서는 반응을 보이는 것)

불안(anxiety)

실재적 위험 없이 나타나는 학습화된 반응 혹은 예상되는 위험에 대한 반응(천둥이 치면 위협적인 것이 실제 존재하지 않는데도 몸을 떠는 것과 같은 생리적인 반응)

TIP 모델링의 종류

대처모델
이상적인 행동보다 그것에 좀 못 미치는 행동을 나타내 보이며 점차 능숙하게 되는 것을 보여준다. 아동에게 더 적절한 기술을 배우기 위한 노력과 과정에 대한 관찰 기회를 제공한다.

통제모델
처음부터 완벽한 수행을 보여준다.

2. 선택적 함구증(Selective mutism)

유치원 다닐 때 목소리가 이상하다는 친구들의 놀림으로 말문을 닫아버린 초등학생 A양은 '선택적 함구증'이라는 마음 아픈 질병에 시달렸다. 학급 친구들과 선생님 등 누구의 말에도 반응을 보이지 않으며, 어둠 속으로 자신을 더욱 빠뜨렸다. 집에서는 정상적인 대화를 나누는 A양은 유독 학교에만 오면 입을 열지 않았다(경인일보, 2012.8.16).

1) 정의

선택적 함구증은 정상적으로 말을 할 수 있음에도 불구하고 말을 해야 하는 특정한 사회적 상황에서 말을 하지 못하고 불안 상태를 보이는 것을 말한다(김옥경, 2004). 선택적 함구증은 다른 증상과 함께 나타나는 경우가 많은데 부수적으로 나타날 수 있는 행동문제들은 심한 부끄러움과 두려움, 사회적 위축이나 고립, 유뇨증, 강박적 특성, 거절, 반항행동 등이다(양명희, 김정희, 2003). 의사표현은 말 대신 주로 소리나 몸짓, 고개 움직임 등으로 나타낸다. 이는 언어적 표현이 이루어지지 않기 때문에 자기의 생각과 감정을 표현하는 데 어려움을 겪고 이로 인해 또래관계 형성에 어려움을 갖게 된다. 사회 · 정서발달에 큰 영향을 주고 있는 선택적 함구증은 타인이 자신의 말을 주목하면 완전히 침묵하고, 말을 강요하면 머리와 손을 떨면서 타인의 접근을 막기도 하고, 어머니에게 지나치게 의존하는 경향이 있어서 어머니가 없을 때에는 불안감과 상실감을 느끼기도 한다. 많은 경우 아동이 성장하면서 자연스럽게 없어질 수도 있다. 즉 연령이 증가하면서 없어질 수도 있는 증상이지만 전문가를 찾아 치료를 하는 가장 큰 이유 중 하나는 장기간의 증상이 이어질 경우 학교 적응이나 학습에 장애가 올 수 있기 때문이다.

2) 특성

선택적 함구증 아동들은 언어 대신에 짤막하고 단조로운 발화 또는 음성을 바꾸어서 사용하기도 한다(송영혜, 1996). 선택적 함구증의 특성은 다음과 같다(황현주 외, 2013).

- 특정 상황에 대해 두려움과 불안을 보인다.
- 지나친 부끄러움과 사회적으로 위축된 모습을 보인다.
- 강박적인 행동을 한다.
- 나이에 맞지 않는 철없는 행동을 하기도 한다.
- 지나치게 의존적이고 매달리는 행동을 한다.
- 집에서는 통제에 반항하는 행동이나 부정적인 모습으로 일관하다가 낯선 환경에서는 수줍어하고, 두려워하는 이중적인 모습을 보이기도 한다.
- 말을 하지 않는 대신 몸짓으로 표현하거나 고개를 끄덕이거나 가로젓는 모습을 보인다.

3) 원인

함구증 원인에 대해서는 다양한 학문적 견해가 있다. 정신분석적 측면에서 언어가 발달하는 시기에 발생한 심리적 충격이나 심리적 고착 현상으로 보기도 하며(Colligan, Colligan, & Dilliard, 1977), 가족불화나 강한 스트레스 상황을 원인으로 보기도 한다(Herbert, 1991). 또한 새로운 환경에 적응하는 데서 발생하는 분리불안의 한 형태로 보기도 한다(Lyman & Hembrdd-Kigin, 1995).

- **심리적 요인** : 영아기의 지나친 억압의 경험에 의해 생긴 공포심과 의존성과 관련된 것으로 심리적 상처와 정신적인 충격에 의해 말을 하지 않을 수가 있다. 이런 상황에서 부모나 주변 사람들이 말을 하지 않는다고 아이에게 말을 하도록 강요하거나 재촉한다면 심리적 부담감을 느껴 말을 더 하지 않게 된다. 또한 어머니와의 애착과 정서적 유대가 강하게 형성되어 있는 상황에서 갑자기 분리되었을 때도 함구증을 보일 수 있다.
- **유전적 요인** : 부모나 친인척들의 언어발달에 병적 증상이 있는 경우, 유전적으로 말이 늦어 발생하는 경우도 있다. 또한 가정 내에서 언어적 상호작용 경험이 적어 언어발달이 늦어지고 이로 인해 또래관계에 어려움이 유발되어 의사소통에 문제가 발생하기도 한다.
- **기질적 요인** : 성격특성상 지나치게 수줍음이 많거나 두려움을 많이 느끼는 기질을 가진 경우 말을 하지 않는 행동을 보이기도 한다.
- **환경적 요인** : 가족 내의 문제나 아동의 주변 환경의 변화 등으로 인해 증상이 나타날 수 있다. 예를 들어 갑작스런 거주환경의 변화, 이민아동들의 적응과정, 부부폭력, 어머니의 우울증 등 일상의 안정적인 생활에 변화가 생길 때 함구증이 나타날 수도 있다.

4) 유병률

유병률은 1% 미만으로 낮은 편이다. 발병하는 나이는 보통 3~6세경이며, 발병시기의 평균연령은 3.6세로 알려져 있으나 진단과 치료는 유아교육기관이나 초등학교를 다니면서 문제가 가시화되면서 시작하게 되는 경우가 많다. 유병률의 경우 실제로는 이보다 높은 빈도를 보일 것으로 추정되는데, 그 이유는 선택적 함구증이 대부분 임상적인 주목을 받지 못하고 또 연령이 증가함에 따라 사라지는 경우가 많기 때문이다(정선주, 홍강의, 1995).

5) 진단기준

- 다른 상황에서는 말을 할 수 있지만 특정한 사회적 상황(말하기가 요구되는 상황이나 학교)에서는 지속적으로 말을 하지 못한다.
- 장애가 학업적, 직업적 성취나 사회적 의사소통을 저해한다.
- 장애의 기간이 적어도 1개월은 지속되어야 한다(입학 후 처음 1개월은 포함되지 않는다).
- 말을 하지 못하는 이유가 사회생활에서 요구되는 언어에 대한 지식이 없거나 그 언어에 대한 불편과 관계가 없는 것이어야 한다.
- 장애가 의사소통장애로 설명되지 않아야 하고, 광범위한 발달장애, 정신분열증, 다른 정신병적 장애의 기간 중에만 발생되는 것은 아니어야 한다.

출처 : DSM-5에 따른 선택적 함구증 진단기준 미국정신의학회).

6) 치료

치료방법은 모래놀이치료, 행동치료, 놀이치료, 약물치료 등의 비언어적 치료수단을 사용하거나 정신역동적 접근을 하기도 하고, 함구아와 어머니의 관계 개선을 통하여 함구를 치료하기도 한다. 몇 가지 방법을 병행하는 치료가 가장 효과적이지만 약물치료는 항우울제나 안정제 등을 이용해 내면의 우울증과 불안증 등을 치료할 수 있지만 흔히 올 수 있는 부작용 때문에 필요한 경우가 아니면 권하지 않는다. 증상이 10세까지 회복되지 않을 경우 예후가 점점 나빠지고 건강한 정신발달의 저해요인으로 작용하게 되므로(양명희, 2003) 선택적 함구증의 치료는 발견되자마자 이루어질수록 더 효과적이다.

- 초기에는 몸짓이나 표정 등 비언어적인 대화를 시도하고, 일상생활에서 자연스런 놀이를 통해 간단한 단어부터 점차 긴 문장으로 대화할 수 있도록

도와준다.

- 일대일 상황에서 제스처 등을 통한 비구어적 방법으로 반응을 이끌어내고 아동의 어려움을 이해하는 모습을 보이며, 점진적인 발전을 이룰 수 있도록 쉬운 숙제로 자신감을 불어넣어 주고 녹음기와 전화 등을 통한 간접적인 대화를 통해 상대와의 대화가 익숙해지도록 한다.
- 놀이치료를 통한 다양한 간접적 대화 패턴으로 점점 규칙적이고 반복적인 노력을 할 수 있도록 유도하는 것이 필요하다.
- 가정에서는 편안한 환경을 조성해 주고 이런 환경에서 소리내어 책 읽기, 번갈아 가며 이야기를 만드는 게임 등의 자연스러운 대화 증가를 통해 변화를 꾀할 수 있으며 부모나 친숙한 사람들과의 대화가 자주 있을 수 있도록 기회를 주며 스트레스가 적은 점차적인 변화를 유도하는 것이 바람직하다.
- 점차 정기적이고 규칙적인 집단활동에 참여시키는 것이 도움이 된다.
- 모래상자 치료를 통해 보호된 공간에서 온전히 치료자와 내담자가 일치되는 경험을 하면서 내담자 스스로 자기치유 능력을 발휘하면서 정서적 불안감 감소와 대인관계에서 자기표현능력 향상을 가져올 수 있다(주현주, 2010).

3. ADHD

'선생님 말에 주의를 기울이지 않아요. 이야기 시간에 갑자기 불쑥 불쑥 끼어들거나 뜬금없는 이야기를 해요. 차례를 지키지 못해요. 아이를 갑자기 밀치거나 때리려고 해요. 가만 있지 못하고 계속 돌아다녀요. 제지를 못하겠어요..' ADHD 아동이 유치원이나 어린이집 현장에서 나타나는 특징들이다. 선생님들은 산만한 아동들을 어떻게 통제해야 하는지 몰라 곤란을 겪는 경우가 태반사이다. 부모들은 '아이가 호기심이 많은 건지, 싫증을 내는 건지, 이것저것 관심은 많은데 진득하지 못해요. 말도 많고 사사건건 참견하랴, 학습지 한 장도 제대로 못 풀고 문제도 대충 읽는 것 같아요. 큰소리로 불러도 듣는 둥 마는 둥, 책상정리, 옷정리, 정리가 안 돼요. 아무

데나 던져 놓고 찾지를 못해요. 엄마말을 건성으로 듣고 실천을 안 해요. 이젠 반항하고 말을 안 들어요.' ADHD 자녀를 둔 부모들은 자녀 훈육은커녕, 일상생활 습관조차 제대로 알려주고 다루지 못해 답답하고 난감해 한다.

1) 정의

주의력결핍 과잉행동장애(Attention-Deficit/Hyperactivity Disorder; ADHD)는 만성적인 조건이고 보통 아동, 청소년기에 진단되는 행동기 장애이다(Wender, 1987; Barkley, 1990).

① 아동기 인지행동적 문제

- **주의력 :** 짧은 집중시간(거의 또래의 1/3)(Barkley, 1990)
- **충동성 :** 생각하기 전에 행동하기, 빈약한 계획능력, 좌절에 대한 참을성이 낮은 성향(low frustration tolerance)
- **과잉행동으로 분류 :** 들떠 있고(restlessness), 꼼지락거리고(fidgeting), 앉아 있는 것이 어려운 특성 등

② 문제의 유형 : 부주의, 과잉행동, 충동성, 과잉 자극, 짜증(irritability), 만족지연 능력의 부재

이러한 조건들은 아동기 복합적인 질병 중 하나인 ADHD 진단에 부합하는 것이다(APA, 1994).

2) 특성

ADHD 아동은 전형적으로 집, 학교, 그 외의 공동체에서 행동적인 어려움을 갖는다. 또래관계, 학업 성취, 조절의 어려움 등을 보이고 있고, 부모나 선생님으로부터 매우 활발하다고 보고된다. ADHD 증상들은 전형적으로 아동의 일상적인 환경에서의 상호관계에 대해 주요하고 일반적인 장애를 야기시킨다. 그러나 초등학교 연령 이전에 진단을 내리는 것은 신중해야 한다.

ADHD는 아동의 성격과 인지 기술에 지대한 영향을 미친다. 이러한 기술은 다양한 환경적인 요소로부터 부정적인 피드백이라는 결과를 얻는다.

ex) 아동은 그들이 그 무엇도 제대로 하고 있다고 느끼지 못하고, 가족들을 기쁘게 하지 않고 걱정만 끼친다. 가족, 친구, 선생님의 요구를 설명하거나, 수행, 알아차리는 능력도 부족하여 늘 부정적 피드백을 받게 된다. 이러한 행동들은 아동이 가족, 집, 친구와의 관계에서 진짜 문제(real problem)를 갖도록 한다.

⇨ 결과적으로 많은 ADHD 아동들은 불안하다고 느끼고 그들 스스로에 대한 확신이 없으며, 우울하다. 이러한 증상은 ADHD만의 증상은 아니지만, 그들이 학교나 사회상황에서 문제를 계속해서 유발시키는 문제가 될 수 있다.

3) 현황

학령 전기 아동에 있어서 ADHD는 가장 흔하게 진단되는 소아정신과 질환 중 하나이며(Gadow et al., 2001), 학령 전기 아동에 대한 연구에서 그 빈도가 2% 정도라고 보고되고 있다(Bauermeister et al., 1994). 우리나라 학령기 아동의 약 2~9%가 ADHD 증상을 나타내는 것으로 보고하고 있고(Kim et al., 1998), 이는 평균적으로 한 학급당 최소한 한두 명 정도에 해당하는 숫자이다. 그러나 치료를 받고 있는 아동은 10%에도 못 미치는 상황이다. 외국의 경우 Brown 외(Brown et al., 2001)는 학령기 아동에게 가장 흔한 정신과적 질환으로 유병률은 4~12% 정도인 것으로 나타났다. 이런 유병률은 소아정신과 질환 중 가장 높은 비율이다(Scahill & Schwab-Stone, 2000).

미국 소아과학회의 통계에 따르면 평균 학령기 소아에서의 ADHD 유병률은 약 3~8%라고 한다. 성별에 따른 유병률은 남아가 여아에 비해 약 3~9배 정도 더 흔히 발병하며 약 50% 정도는 만 4세 이전에 발병되는 것으로 보고되어 있으나 대개는 유치원이나 학교 입학과 함께 행동상의 문제가 뚜렷이 드러나는 경우가 많다(Cho, 2001).

우리나라 국민건강보험공단의 조사(2017)에 의하면, 의료기관을 방문한 ADHD 환자 52,994명 중 10대 환자는 30,174명으로 절반을 넘는 56.9%에 달했다. 5~9세는 14,284명이었다.

4) ADHD의 원인

(1) 신경 · 화학적 요인

최근 주의력결핍 과잉행동장애의 원인적 요인으로 유전적 요소가 중요한 역할을 한다는 증거가 많아지고 있다. ADHD 대뇌구조 및 기능에 관한 연구들은 전두엽-기저핵 체계에 구조적(McAlonan et al., 2007; 박필상 외, 2008), 기능적 이상(김붕년 외, 2000)이 있음을 보고하였다.

(2) 신경심리학적인 문제

많은 연구에서 전두엽 기능장애로 인한 정보처리의 결함, 실행기능(executive function)의 장애를 시사하고 있다(Berlin, Bohlin, & Rydell, 2003; 안동현 외, 2007; 신민섭 외, 2006; 정은정, 2003).

(3) 유전적 요인

ADHD가 유전자에 의해 야기되는지에 대해서 수많은 연구가 이루어졌고, 쌍생아 연구에서 ADHD 증상의 우전 가능성이 60~94%까지 보고된다(Willcutt et al., 2000). 또한, ADHD로 진단된 아동의 부모나 형제 중에도 주의력결핍 문제가 있는 경우가 30% 정도로 나타난다(Biederman & Faraone, 2005).

(4) 환경적 요인

임신 시 임산부의 영양 부족, 흡연, 과도한 스트레스, 감염 등이 영향을 줄 수 있으며, 조산이나 난산으로 인한 두부손상이 아동의 주의력결핍과 관련이 있다는 보고도 있다.

또한 아동의 과다한 TV 시청, 납중독, 고압 전류 지역 노출, 형광등 노출, 비디오 게임, 알레르기 등으로 인해 ADHD가 발생할 수 있다는 과거의 주장들은 근거가 없는 것으로 보고 있다. 그 외에 비타민 결핍, 식품첨가물이나 소금에 절인 식품, 많은 양의 정제설탕 섭취 등 식품첨가물의 알레르기성 반응이 과잉 행동의 원인이 될 수 있다는 주장도 있으나 역시 과학적 근거가 미약하다.

(5) ADHD 증상의 강화 요인

부적절한 부모-자녀관계는 아동의 행동 통제에 악영향을 줄 수 있다. 자녀의 행동을 비난하고 억압하거나 지나치게 통제하는 경우, 그와 반대로 지나치게 허용하고 과잉보호하는 경우 아동은 자신의 행동을 조절하기 어려워 더욱 산만해지거나 충동적으로 행동할 수 있다. 또한 타인과의 관계형성에 어려움을 유발시켜 아동은 협력, 양보, 배려를 배우기 어렵고 공감형성을 하는 데 방해요소가 된다.

놀이치료는 아동이 자신의 인생을 관리하는 기술에 대해 배우는 과정을 포함하기 때문에 성공적인 기술을 익히는 치료방법이라 할 수 있다.

5) 발달 특징

(1) 유아기

자주 칭얼대며 젖을 자주 빨고 잠을 적게 자고 자주 깨고(수면문제) 떼를 많이 쓰고 안절부절못하고 끊임없이 헤집고 다니고, 몸을 자주 흔들어대고, 전반적으로 활동적, 배변훈련이 쉽지 않다.

(2) 학령 전기

유아기까지는 아동은 활동적이어서 남아의 경우 씩씩하고 적극적이고, 여아의 경우는 활달하고 명랑하다고 여겨진다. 점차 아동의 문제행동들이 눈에 띄기 시작하는데, 유치원 시기가 되면 순서 지키기, 규칙 준수가 어렵고 또래들과 자주 부딪치고 때리기도 하는 등의 어려움이 나타나기 시작한다. 충동적인 특성과 과잉행동이 나타나서 심하게 떼를 쓰기도 하고 화를 내는 행동도 나타난다. 유치원의 작업활동에서는 산만하거나 느려서 활동을 끝까지 완수하지 못하고, 구슬 꿰기, 가위질, 그림 그리기, 글쓰기 등의 소근육 운동기술 및 미세운동 협응력에 어려움을 보이게 된다. 이야기 시간에는 경청하거나 자리에 앉아 있기가 힘들어서 돌아다니거나 다른 활동에 관심을 보이는 등 주의가 산만하다.

6) 진단 및 평가

(1) 진단

놀이치료자는 ADHD 평가를 위해 소아정신과의사, 정신건강전문가에게 아동을 의뢰하게 된다. 치료자는 가족역동과 환경적 요인에 관한 정보와 증상, 행동이 나타나는 방식을 알기 때문에 아동과 관련된 평가를 하는 데 있어서 치료자의 진단과 의견은 매우 중요하다.

놀이치료사는 이 장애의 핵심증상(core symptom)과 아동들과 연관된 가족구성원에 대한 이차적인 영향 모두를 고려해야 하며, 의료진, 교육자, 사회복지사, 언어병리학자, 놀이치료사 등의 다각적인 치료가 요구된다는 사실을 인지하고 있어야 한다. 그러므로 가장 좋은 결과는 부모, 아동, 선생님의 중재가 동시다발적으로 이루어지는 것이다(APA, 1994).

ADHD는 DSM-5 기준뿐만 아니라 행동관찰도 기본으로 이루어져야 한다.

DSM-Ⅳ에서는 발병연령이 7세였지만, DSM-5에서는 12세로 늦춰졌다. 즉 몇 가지 증상이 12세 이전에 나타나야 한다는 요건은 아동기 동안 상당한 임상적 증상이 나타나는 것에 대한 중요성을 말하는 것이다. 충동성, 욕구불만, 주의산만과 같은 ADHD 증상들뿐만 아니라 다른 증상들도 나타날 수 있다. ADHD를 평가할 때는 의학적 상태, 학습능력, 정서적 · 환경적 원인의 세 가지 영역이 고려된다. 평가자는 행동을 설명할 수 있는 다양한 이상행동에 대해 신중히 검토해야 하며, 미리 ADHD라는 전제하에 평가를 시작해서는 안 된다.

TIP ADHD 진단기준

미국정신의학회(APA, 2013)에서 정한 정신장애의 진단 및 통계편람인 DSM-5(Diagnostic and Statistical Manual of Mental Disorder-5).

다음과 같은 증상이 12세 이전에 발병해야 하고, 적어도 2곳 즉 학교와 가정에서 이러한 증상이 존재하여야 한다.

ADHD 진단기준(DSM-5, Diagnostic Criteria for ADHD).

A. 아래의 두 가지 진단기준(부주의 또는 과잉행동/충동성)에서, 증상 9가지 중 6가지 이상의 증상이 6개월 이상 지속되는 경우

구분	부주의 (Inattentive)	과잉행동/충동성 (Hyperactive-Impulsive)
1	부주의로 실수를 잘 함	손발을 가만히 두지 못하고 앉은 자리에서 계속 꼼지락거림
2	집중을 오래 유지하지 못함	제자리에 있어야 할 때 마음대로 자리를 뜸
3	다른 사람 말을 경청을 못함	안절부절 못하거나 가만히 있지 못함
4	과제나 시킨 일을 끝까지 완수 못함	집중을 하지 못하거나 활동에 조용히 참여하지 못함
5	계획을 세워 체계적으로 하는 데 어려움	끊임없이 움직임, 마치 모터가 달린 것처럼 행동
6	지속적 정신집중으로 필요로 하는 공부, 숙제 등을 싫어하거나 회피하려 함	지나치게 수다스럽게 말함
7	필요한 물건을 자주 잃어버림	질문이 끝나기 전에 불쑥 대답함
8	외부 자극에 의해 쉽게 정신을 빼앗김	차례를 기다리지 못함
9	일상적으로 해야 할 일을 자주 잊어버림	다른 사람의 활동을 방해하거나 침해함
	이상 9개 중 최소 6개 이상이어야 함	**이상 9개 중 최소 6개 이상이어야 함**

(2) 면담

아동의 생육사, 발달특징, 현재 행동, 가족 상황, 학교환경, 또래관계, 놀이 행동 등에 관한 정보를 얻기 위해 부모와 아동을 번갈아가며 만나서 관찰한다.

(3) 심리평가 및 행동평가

면담만으로 얻을 수 없는 정보를 보다 객관적이고 일반화된 평가자료를 통해 구체적인 아동의 특성을 평가하고 진단하게 된다.

심리검사는 개인의 성격, 정서, 인지적 특성을 살펴볼 뿐 아니라 정신병리적 측면도 평가할 수 있다. 뿐만 아니라 적성, 학습능력, 집중력 검사 및 학습 유형 선호도 검사 등을 통하여 개개인의 통합적 및 특별한 재능을 측정함으로써 가족들이 자신 및 자녀의 통합적 특성을 이해하는 데에 반드시 필요한 검사이다.

아동의 행동특성을 알아보는 코너스 부모평정척도(Conners' Parent Rating Scale), 아켄바흐 아동행동체크리스트(Achenbach Child Behavior Checklist), 바클리 가정상황 질문지(Barkley Home Situations Questionnaire), 아동과 가족에 관한 면담질문지(아동의 발달사와 가족의 문제에 대한 구체적 정보 제공), ATA(Advanced Test of Attention) 등이 있다.

아동의 인지특성을 알아보기 위해서는 K-WISC-V, KEDI-WISC, K-ABC 등이 있다. 아동의 산만도를 평가하기 위해서는 ATA, ADS(ADHD Diagnostic System, 주의력장애진단시스템), CPT(Continuous Performance Test, 지속수행검사), MFFT(Matching Familiar Figure Test, 같은 그림찾기), WCST((Wisconsin Card Sorting Test, 위스콘신 카드분류검사), SWCAT(Stroop Word-Color Association Test, 스트룹단어 색조합검사), 활동수준 측정법, 억제 및 조절능력 검사(Stop Signal Test) 등이 있다.

7) 치료 및 교육

(1) 약물치료

ADHD 아동의 70~80%가 약물치료를 필요로 한다. 이를 위해서는 적극적인 아동 치료에 대한 부모의 참여와 수용이 필요하다. ADHD로 진단되고 가족의 동의가 있다면, 약물치료가 시도되어야 한다. 약물치료는 ADHD 소아정신과 전문의에게 효과와 부작용(식욕 저하, 성장지연, 수면 방해, 두통, 오심 등)에 관한 충분한 정보를 얻은 후 처방을 받아야 하고 임의로 약을 중단하거나 증감하지 않도록 한다. 정기적으로 전문의에게 점검을 받아야 한다. 약물치료에는 중추신경흥분제와 비중추신경흥분제가 있는데 국내에서는 사용 가능한 중추신경흥분제에는 메칠페니데이트, 미국에서는 복합염기 암페타민을 함께 사용한다. 중추신경흥분제가 가장 많이 사용되고 있으며 효과 면에서도 탁월하다(반건호, 2007).

(2) 심리치료

① 통합놀이치료

놀이치료의 가장 기본적인 이론이라고 할 수 있는 아동중심 놀이치료, 정신분석 놀이치료, 대상관계 놀이치료, 인지행동 놀이치료를 바탕으로 아동의 감정, 사고, 행동의 세 영역을 동시에 변화, 성숙시켜 기존의 치료방법보다 단기간에 정상적인 인격형성을 이루도록 한 새로운 개념의 놀이치료를 체계화한 것이 통합놀이치료이다(이영미, 2003).

통합놀이치료를 ADHD 아동에게 적용한 결과, 기존의 치료방법보다 단기간에 아동의 세 영역을 다룰 수 있었다. 그리고 단계별 치료 접근방법이 다르므로 치료자는 아동의 세 영역에 대해 충분히 탐색하고 이해하여 치료계획을 세우기 때문에 더 큰 치료 효과를 얻을 수 있다(이영미, 2003)고 보고한다.

또한 통합놀이치료에서는 부모의 역할이 중요하기 때문에 각 단계별 부모 역할에 대한 교육이 체계적으로 이루어지도록 하여 ADHD 자녀 양육방법과 대처기술 및 부모의 성격적 특성에 대한 성찰이라는 복합적인 측면을 통해 아동에 대한 이해와 긍정적 상호작용을 맺는 데 다각적으로 도움을 주어야 한다(이영미, 2003)고 하였다.

이영미(2003)의 연구에서는 약물치료를 받고 있지 않는 ADHD 아동 두 명에게 통합놀이치료를 적용하여 통합놀이치료만으로도 ADHD 아동의 주의산만, 과잉 행동과 충동성을 감소시킬 수 있다는 결과를 보여주었다. 통합놀이치료 과정에서는 부모교육, 아동의 습관화된 행동문제를 감소시키고 바람직한 행동, 자기조절능력도 향상되도록 도와주기 때문에 다각적인 측면에서 효과적이라고 하였다.

② 사회기술훈련(집단치료)

사회적 행동과 적응양상에 어려움을 보이는 아동들에게 개별이 아닌 또래 아동들과의 집단치료를 통해 도움을 줄 수 있다. 적절한 사회기술훈련의 제공을 통해 보다 긍정적인 사회적 관계형성을 도와주고 자신에 대한 긍정적인 신념을 가질 수 있도록 도와주는 치료적 개입이 매우 필요하다(오혜선 외, 2007).

③ 분노조절프로그램

산만하고 충동적인 아동은 자기 감정을 잘 조절하기 어려워서 갑자기 화를 내거나 공격적인 행동이 나타날 수 있다. 이런 아동을 위해 감정을 조절할 수 있는 프로그램을 실시한다. 우선, 자신의 화의 원인을 알고 화를 조절하는 방법을 습득하면 감정 조절이 훨씬 용이해진다. 화를 진정시키는 방법에는 호흡 조절법, 생각의 전환, 상황에서 한 발짝 물러나기, 주문 외우기, 눈을 감고 생각하기, 멈추고 생각하기, 숫자 순서대로 점선 잇기, 거울에 내 얼굴 비춰보기(이영미, 2007) 등이 있다.

④ 공감능력 향상 프로그램

아동들에게 흔히 볼 수 있는 특징이 자기중심적인 사고인데, 다른 사람의 생각과 감정을 배려하고 함께 나누려는 능력의 부족으로 친구 사귀기가 어려운 경우가 있다. 다른 사람의 감정을 파악하고 수용하는 것, 나의 감정을 바로 알고 행동하는 것, 바로 이것이 '공감능력'이다(이영미, 2007). 대인관계기술을 향상시키는 방법 중에서 공감능력은 필수요소이다. 공감게임, 팬터마임, 대화하기, 감정 알기 등의 공감능력 훈련프로그램이 있다.

⑤ 부모와 교사의 이해와 협조

아동의 행동 증상에 대한 이해를 돕기 위해 부모에게 ADHD 증상과 관련된 다양한 정보와 정확한 이해는 치료에 도움이 된다. 아동의 행동을 이해하고 감정을 수용하면 부모-자녀관계는 좋아지면서 아동의 과격하고 충동적인 행동도 감소된다(이영미, 2007). Robert Jergen 교수(2005)는 ADHD의 질환을 겪으면서 자신과 가족의 고통과 질환의 특성, 다양한 치료방법을 자서전을 통해 소개하였는데, 이 책에서 그는 ADHD 아동의 부모와 교사들의 도움의 중요성을 다음과 같이 강조하였다.

첫째, 가장 중요한 것은 아동들의 자존감을 키워주는 것인데, 이는 학습능력을 향상시키는 것보다 훨씬 중요하다. 아동의 자존감을 키워주는 것이 부모와 교사들의 가장 중요한 책임이다. 둘째, 여러분이 말하는 부정적인 말들이 아이들의 뇌리에 오랫동안 남는다는 것이다. 셋째, 자녀들이 한 좋은 일들에 대해 이야기해 주는 시간을 갖는다. 넷째, 아이들에게 편의를 제공해 준다. 한 시간 이상 얌전히 앉아 있을 거라고 기대하지 말자. 다섯째, 해야 할 일들을 자주 알려주고 일관적으로 해라. 숙제를 마쳤는지보다는 지식을 습득했는지에 관심을 두자. 여섯째, 에너지가 풍부하고 창의적인 아이들의 긍정적인 측면에 초점을 두자. 일곱째, ADHD의 잠재적인 자원을 최대화시키자. 그 밖에, ADHD를 갖고 있는 사람들, 주치의와 상의해서 개인에게 가장 적당한 약물을 찾기, 지지그룹과 전문가협회에 참여하여 정보 공유하기, 주변 환경과 학습전략 실험하기를 제안하고 있다(조아라 외 역, 2005).

(3) 부모 및 아동의 행동구조화

ADHD 아동을 위한 비의료적 치료 중의 하나가 구조화다(Rief, 1997). ADHD 아동은 자신의 기능을 최대화시키고 좌절은 최소화시키기 위한 실질적인 구조화가 필요하다. 치료자는 ADHD 아동의 부모와 밀접하게 작업하는 것이 중요하며 부모에게 아동의 행동을 구조화시키는 방법을 알려줄 필요가 있다. 이는 아동과 부모의 협의하에 이루어져야 하며 전적으로 그들을 도와주기 위한 최선의 방법임을 인식시켜야 한다.

① 아동

- **아동 자신의 행동을 모니터링하도록 도와주기** : 아동은 선택과 결과에 대해 배우는 것을 통해 자신의 행동을 모니터링하는 데 큰 도움이 되는 가치, 규칙, 제한, 행동체크리스트들을 내재화한다. 아동은 체크리스트를 구조화하는 과정에 함께 참여해야 한다(Rief, 1997).
- **구조화**(순차적인 처리기술을 가지도록 돕기) : 순차적인 처리는 일련의 일들에 대해 논리적(원인과 결과)으로 생각하고 미래에 대한 적응을 발달시키는 능력이다. 변화에 대한 대처를 배우는 것은 순차적인 처리기술을 습득하는 데 도움이 된다.
- **조절능력을 가지도록 하기** : 조절이 불가능해 보이는 아동에게 문제를 조절하도록 하는 것은 종종 도움이 된다. 아이에게 목표를 정해주긴 하지만 그 목표를 위해 노력하는 것은 아동의 자유와 선택이다(Jacobs, 1998). 문제행동과 행동개선을 아동의 탓으로 귀인시키지 않고, 아동 자신과 목표 추구에 도움이 되는 것들을 제공해 줌으로써 행동을 향상시킨다.
- **충동성을 조절하도록 돕기** : ADHD 아동은 종종 해야 하는 것과 하지 말아야 하는 것을 알고 있다. 문제는 알고 있는 것을 실천하지 못한다는 것이다. 행동관리는 우선 아동이 그것을 잊지 않도록 돕고, 그 다음에는 알고 있는 것을 수행하는 기술을 길러주는 데 초점을 맞추어야 한다.
- **제한, 선택, 결과의 일관성** : ADHD 아동이 결과와 관련된 선택을 할 때는, 보상과 같은 긍정적인 결과든 부정적인 결과든 그것은 즉시, 자주, 구체적으로 일관성 있게 제공되어야 한다. 부모가 결과에 대해 얘기할 때는 감정을 싣거나 길게 설명하거나 정당화시키지 말아야 한다.

② 부모 및 양육자

- **부모의 역할** : 아동은 양육의 일관성이 유지되어서 심리적 안정감을 갖는

것이 필요하다. 부모는 권위자이자 보호자의 역할을 해야 하며, 아버지와 어머니가 함께 그 역할을 담당해야 한다.

- **갈등 줄이기** : 논쟁하고 싸우고 말다툼하는 것은 ADHD 아동 가족에게서 종종 볼 수 있는 특징이다. 부모와 치료자는 단순히 논쟁의 내용을 보기보다는 과정을 살펴봐야 한다. 부모는 자녀 또는 배우자와 서로를 통제하기 위한 힘겨루기를 시작하고 유지하고 있지는 않는지 자신을 돌아봐야 한다.
- **자녀와의 특별 놀이시간** : ADHD 아동과 부모가 특별한 놀이시간을 함께 가지는 것이 중요하다. 놀이시간은 10~15분 정도의 짧은 시간 동안 지속적

TIP 용서하기

① 하루를 마무리하는 시간에, 부모는 그날 하루를 돌이켜보는 시간을 가지고 나서 아동이 위반한 것을 용서해 주어야 한다.
② 부모는 아동의 부적절한 행동을 잘못 이해하고 공격적으로 반응한 사람들을 용서하는 데도 주의를 기울여야 한다.
③ ADHD 아동과 관련된 실수에 대해서 용서하는 것은 그날 그날 하는 것이 중요하다.

TIP ADHD의 디지털 치료제 개발 임박

디지털 치료제는 화학 약물의 보조 치료제 역할을 하면서 환자 빅데이터 분석을 위한 AI 기반 디지털 맞춤형 치료법도 제시하고 있다. 현재 중독치료, 주의력결핍 과잉행동장애(ADHD), 외상후 스트레스장애(PTSD) 등 치료에 적극적으로 활용되고 있다.
미국 식품의약국(FDA)은 한 모바일 게임을 '치료제'로 승인해 화제가 됐다. 이 게임은 미국 아킬리 인터랙티브랩이 만든 '인데버RX'다. 공중에 뜨는 하버보드를 타고 악당들을 물리치는 게임이다. 하지만 이 게임은 엄연한 '디지털 치료제'다. 게임을 하면 특정 신경회로가 자극되면서 주의력결핍 과잉행동장애(ADHD)가 치료된다. 이 게임을 하려면 의사의 처방을 받아야 한다(2020.9.15. 중앙일보).
중앙대병원 정신의학과는 디지털 치료제 연구조사 결과 발표회 및 토론회에서 "감각통합기능장애(SPD)와 ADHD를 동시에 가진 소아 환자에게 4주 동안 일주일에 5일 30분씩 에보를 플레이하게 한 결과, 환아의 주의력이 향상되는 결과를 얻었다"며 "또 다른 연구에 따르면 아무런 부작용 없이 환아들이 주의력과 작업 기억력, 억제 능력이 향상된 것이 관찰됐다(중앙대병원 정신건강의학과, 2021.3)"고 소개했다.

으로 이루어져야 하며, 놀이활동은 아이가 선택하고 가능한 제한은 적게 사용해야 한다(Barkley, 2005).

4. 우울

7세 나이에 암으로 아빠를 잃은 영국 소녀가 비슷한 아픔을 겪는 아이들을 위로할 목적으로 책을 써내 화제가 되고 있다. 밀리 벨은 아빠의 투병생활을 지켜보며 큰 상실과 슬픔을 느낄 수밖에 없었는데, 스스로 슬픔을 견디는 방법을 찾으려 했고 그 방법을 책으로 담았다.

『아빠가 세상을 떠나세요』라는 책에는 상실감을 극복하는 놀이, 상상하는 법, 죽음에 대해 어떻게 이해하기 되었는지 그림과 함께 표현되어 있다. 밀리는 자신처럼 큰 슬픔을 겪는 아이들에게 도움을 줄 뿐만 아니라 어른들에게도 큰 통찰의 메시지를 전해준다.

아동은 발달 초기에 애착 대상을 내면화하거나 동일시함으로써 타인을 자신의 일부로 받아들이면서 자기를 발달시키게 된다. 태어나 생후 몇 년간 주 양육자와의 애착관계를 형성한 후에 학령기가 되면 아동은 애착의 대상을 또래와 타인으로 확장시켜 나가게 된다. 생애 초기의 부적절한 애착형성은 타인과의 애착에 어려움을 갖게 되고 이는 행동의 부적응 상태로 보여지게 된다.

'2010 한국 어린이 · 청소년 행복지수'를 조사한 결과(초등학교 4학년~고등학교 3학년 5,437명), 우리나라는 OECD 26개국 중 최하위를 기록했다(연세대사회발전연구소, 2010). 아동 · 청소년기에는 과도한 입시열에 따른 경쟁심과 그에 따른 스트레스뿐 아니라 부모 환경에 따라 아동의 우울 상태도 심각하게 나타나게 된다. 즉 부모의 양육태도는 우울, 불안, 위축 등의 내재화 문제와 공격성, 비행 등과 같은 외현화 문제와도 관계가 있으며, 자녀의 우울과 불안에 위험요인이 된다(Rey Plapp, 1990). 아동기 우울은 아동기에 그치는 것이 아니라 청소년기와 성인기에까지 이어질 수 있기 때문에 일생 전체에 걸쳐 심리사회적 손상을 동반할 가능성이 크다(Kovacs et al., 1988). 그러므로 우울 아동의 예방적 차원에서 영유아기 때부터 아동의 정서 상태를 간과해서는 안 된다.

사실 아동기에 보이는 공격적이고 산만한 행동에 관심의 초점이 맞추어져 있어서 우울과 불안 등의 내면화된 행동들은 조용하고 특별한 문제를 일으키지 않는 아동으로 인식되어져서 크게 주목을 받지 않은 것은 사실이다.

그러나 아동의 우울과 불안은 청소년기에 자살이나 우발적인 행동으로 발생할 수도 있기 때문에(Anthony & Scott, 1960) 간과해서는 안 되는 아동기 부적응 행동이다.

1) 정의 및 특성

오늘날 아동에게도 우울은 찾아와 '소아기(아동기) 우울'이라는 진단이 내려지게 되었다. 그러나 어린아이들에게서 나타나는 우울은 생소한 질환이라 어른들이 조기에 발견하지 못하고 그냥 지나쳐 버리는 경우가 많다. 아동기에 해결되지 않은 우울 증상은 청소년기, 성인기에 만성우울이나 다른 질환과 복합적으로 나타날 수 있기 때문에 세심한 주의가 필요하다. 어른들은 자신의 감정 상태를 알아차리고 표현할 수 있지만, 아동은 자신의 상태를 파악하기가 어렵다.

유아기 우울에 대해 기술한 Spitz(1946)는 생후 6개월 이후 엄마와의 분리로 인해 애착형성에 어려움을 보이는 유아에게서 잦은 울음, 무표정, 느린 동작, 행동반응의 둔화 등을 발견하고 수면, 식사의 어려움, 정서적 · 신체적 발달지연 등을 보고하였다(Spitz & Wolf, 1946).

아동기 우울은 성인의 증상과는 차이가 있는데, 이는 언어, 인지, 사회, 정서적 능력이 발달상으로 다르기 때문이다(Cicchetti & Schneider-Rosen, 1986). 아동의 우울 증상은 슬픔, 불행감, 무력감 등의 정서적 증상과 이로 인한 집중력 부족, 두통, 복통, 이유를 알 수 없는 신체적 고통 등의 신체 증상을 동반한다(Kashani et al., 1989). 우울 증상을 보이는 아동의 특성은 따지기 좋아하고, 집중력 저하 및 기억장애 활동 및 친구관계에 대한 관심의 상실, 수면 형태 및 체중의 변화, 생기 부족, 자기비판의 증가, 죽음에 대한 언급의 증가가 보이기도 한다(최영, 1999). 특히 부모 중 한 명과의 사별을 경험한 청소년에게서는 성인과 비슷한 우울, 식이, 수면의 문제가 나타났고(Stoppelbein & Greening, 2000), 여자 아동들이 수면문제, 유뇨증, 우울 증상이 나타났고 남자 아동들은 과잉행동과 공격적인 행동이 증가한다(Brown & Goldman, 2005). 또한 타인과의 상호작용에 어려움을 보이고 사회적 참여가 어려워 소극적 행동이나 사회적 기술에 문제가 있다(Kim, 2007).

2) 원인

아동기 우울은 단 한 가지 요인에 의하여 나타나는 것이 아니라, 여러 가지 요인이 복합적으로 작용하여 그 증상이 발생하고 악화될 수 있다.

(1) 심리적 원인

정신분석학적 이론에 따르면 우울의 기저에는 내부의 적개심이 상대방을 향하지 못하고 자기를 향하게 되면 자신을 비난하고 스스로를 비하시키며 죄책감, 무력감, 절망감, 자신감 저하 등의 상태로 이어져 우울 상태가 지속되게 된다고 한다. 이의 원인을 사랑의 상실에 두는데 사랑하는 이의 물리적, 정신적 부재인 경우를 말한다. 사랑하는 연인과의 이별, 아이들에게는 주 양육자, 특히 엄마의 부재를 들 수 있다. 그 외의 친밀한 관계를 형성하였던 사람과의 분리, 사별, 이사, 전학 등은 아이들에게 심리적 스트레스를 유발하게 된다. 상처를 극복할 수 있는 여건이 부재하게 되면 회복력을 잃게 되고 심각한 우울 증상이 나타날 수 있다.

(2) 유전적 소인

쌍생아 연구에 의하면, 일란성 쌍생아가 함께 우울증에 걸린 경우가 76%인데 반해 이란성 쌍생아는 19%에 불과했다. 부모가 우울증이 있는 경우 그 자녀에게 우울증이 많이 생기는 것은 이미 널리 알려져 있으나 이는 단지 환경적으로 집안 분위기가 우울해서만이 아니라 선천적으로 유전인자를 타고나기 때문이라는 가계연구가 활발하다.

(3) 신경생물학적 원인

우울한 경우 우울에 대한 취약성을 증가시키는 스트레스에 대해 과잉반응을 보인다고 한다. 이는 신경생리적인 영향의 중요성을 나타내는 것인데, 기분과 정서를 조절하는 결정적 역할을 하는 뇌의 전두엽의 활동성이 낮고(Dawson et al., 1997), 신경내분비계의 이상, 신경생리학적 소견, 유전적 소인 등이 있다. 신경생화학적 연구들에서는 우울증 환자들의 경우 뇌 신경전달물질(노르에피네프린, 세로토닌, 아세틸콜린 등)이 불균형 상태에 있음이 증명되고 있으며, 특히 세로토닌의 중요성이 부각되고 있다. 또한 인생 중의 어떤 사건이 우울증의 원인 또는 유발인자임이 인정되는 반응성 우울의 경우, 첫 번 우울증 때의 스트레스가 뇌의 상태에 영구적인 변화를 야기하고, 이 변화가 결국 신경전달물질 체계나 신경세포 내 신호체계를 변화시켜 이후에는 특별한 스트레스가 없어도 우울증이 쉽게 재발한다는 주장이 있다(조선일보, 2007).

(4) 부모의 영향

우울을 형성하는 원인에 대한 사회 · 환경적 관점은 사람을 둘러싼 사회적 환경이나 상황이 우울의 중요한 원인이라고 보는 것으로(Brown & Harris, 1978), 이 중 아동의 발달에 중요한 영향을 미치는 요인으로 부모와의 관계를 살펴볼 수 있다. 부모의 양육태도는 자녀의 성격이나 행동, 정서, 인지, 자아발달에 중요한 영향을 미친다(Becker, 1964). 특히 부모와의 사별, 부모의 이혼, 경제적 어려움,

학교에서 경험하는 또래와의 갈등, 교사와의 관계 등 부정적인 정서와 환경의 경험 등으로 인해 무기력함을 경험하게 된다.

부모의 양육태도와 아동의 우울이 유의미한 관계를 갖고 있음을 보고한 연구가 있는 것처럼(조수철, 이영식, 1990; 이정호 외, 1995) 부모-자녀관계, 어머니의 양육태도가 아동 우울에 영향을 미친다. 부모의 양육환경과 아동(7세에서 14세까지)의 우울 간의 관계에 관한 연구에서(Amanat & Butler, 1984), 우울증이 있는 아동의 가족환경은 부모가 지배적이고 통제적인 위치를 차지한다고 하였다. 아동의 우울증에 대한 연구에서 Horowitz와 Garber(2006)는 아동의 우울증을 예방하는 데는 부모행동의 역할을 고려하는 것이 효과적이며, 부모의 양육행동 즉 비판, 거부, 포기, 과잉간섭 등의 행동을 개선해야 한다고 하였다.

(5) 감정 조절

청소년 개개인은 자신의 감정을 조절하는 데 다양한 차이가 있다. 긍정적, 부정적 기분 상태를 관리하는 것이 개인마다 차이가 있긴 하지만, 정서적인 고통과 슬픔에 장기간 노출된 아동의 경우, 부정적 감정 상태를 조절하는 데 어려움을 가지고 있어 짜증이 쉽게 나거나 신경질적이고 예민하게 반응하기도 하고 갑자기 흥분된 상태로 되기도 하는 등 과잉반응을 보이기도 한다. 이런 아동은 우울이 발달하기 쉽다(Kovacs, 1991). 감정 조절은 부모나 주 양육자와의 관계에서 조율을 통해 발달하게 되는데, 이의 부재는 아동의 감정 조절에 어려움을 가져와 감정 기복이 심한 사람으로 성장할 수 있다.

3) 유병률

Brockless(1997)는 우울 기분은 아동과 청소년을 대상으로 한 연구에서 14~20% 사이에서 보고되고 있음을 발견하게 되었다. 심각한 우울장애의 범주보다는 낮은 비율이긴 한데, 아동의 1~3%, 청소년의 2~8%가 심각한 우울장애에 해당하였다. 과거 20여 년간 어린 유아에게서도 발병되고, 초기 청소년기에 증가되고 있음이 나타났다. 자기보고측정을 활용하여, 35% 이상의 비율과 심각한 증상에는 5~7.4% 정도로 나타났다(DSM-IV, 1994). 미국에서 주요우울장애의 1년 유병률은 약 7%이며 연령에 따라 큰 차이를 보이는데 초기 청소년기부터 여성이 남성보다 유병률이 1.5~3배 정도 높아진다(APA, 2013).

소아청소년 정신보건센터에서 시행한 역학 조사에 따르면, 부모를 통해 진단한 아동청소년기의 우울증은 0.86%였으나, 아동청소년이 스스로 보고한 우울증은 7.37%이었다. 두 수치 간에는 10배 가량의 차이가 나타났다(서울시 소아청소년 정신보건센터, 2005). 이는 우리나라 부모들은 아동청소년의 우울 증상을 정확히 모르고 있을 가능성이 크다는 것을 의미한다.

4) 평가척도

아동기 우울성향척도는 아동기 우울성향을 측정하기 위해 Beck의 우울척도(Beck's Depression Inventory; BDI, 1967)를 Kavacs(1988)가 만 8~13세 아동을 대상으로 구성한 아동용 수정판을 조수철과 이영식(1990)이 번안한 '한국형 소아우울척도'이다(부록 참조).

5) 치료과정

(1) 약물치료

① 항우울제

중독성, 흥분성은 없으나, 개인에 따라 일정 시간 경과 후에 효과가 나타날 수 있다. 항우울제는 뇌 화학 성분에 영향을 주므로 전문가와의 상담 후 처방과 약물용량을 결정하게 된다. 습관성은 없으며 부작용은 적으나 부작용이 나타나는 경우에는 의사와 상의해야 한다.

② 기분안정제

신경안정제가 아니며 보통 리튬이라는 약물로서 기분의 굴곡을 정상화시켜 주는 작용을 한다. 이 약들은 양극성 우울증 환자가 기분 변화가 있을 때 이를 안정시키기 위해서 사용하며, 항우울제 단독으로 반응이 없을 때, 항우울제와 같이 사용될 수 있다.

③ 항불안제

신경안정제에 해당되는 것이다. 불안이 빈번하게 우울 증상과 동반되기 때문에 항우울제와 같이 사용한다.

④ 기타

항정신병 약물, 갑상선 제제 등이 포함된다.

(2) 아동상담(심리치료)

우울한 아동과 청소년을 위한 정신건강 서비스에는 다양한 심리적, 심리사회적 치료방법이 적용되어 왔다. 이런 접근들 가운데 좀 더 이용되는 방법은 개인 및 집단 인지행동치료, 정신역동치료, 놀이치료, 가족치료, 사회기술훈련이다.

① 인지행동치료

우울증 환자가 자기나 세상에 대한 비현실적인 태도로 인해 사고의 왜곡을 갖는다는 것에 초점을 맞추어 개인이 새로운 대응전략을 갖고 부정적인 사고를 교정하여 인지적 왜곡을 수정하게 된다. 이 치료는 일반적으로 단기간 내에 계획적이고 체계적으로 목표를 세워서 목표에 도달하는 것에 초점을 맞춘다. 이러한 목적을 설정하고 달성하는 데 있어서 치료자와 환자 간의 긴밀하고 적극적인 협조가 요구된다. 그리하여 개인의 사고는 개인의 행동과 감정에도 영향을 주어 상호 변화되는 것이 목표이다(최영, 1999).

② 정신역동치료

좀 더 장시간의 치료를 요하는데, 인간의 어린 시절의 해결되지 못한 갈등이나 고통스러운 경험이 성인에 이르러서도 지속되어 개인의 일상생활의 적응에 어려움을 준다는 전제하에 치료적 접근을 하게 된다. 어린 시절의 갈등을 이해하고 해결하는 것이 스스로 반복된 형태에서 벗어나게 하여 개인이 삶의 욕구를 좀 더 성공적으로 이룰 수 있도록 도울 수 있다고 본다(최영, 1999).

③ 놀이치료

기본적으로 애착에 어려움을 갖는 사람에게 신뢰로운 치료자와의 관계에서 형성되는 친밀감을 바탕으로 새로운 애착형성을 도와주고 자신의 잠재능력을 충분히 발휘하여 사회에 적응할 수 있는 사람으로 성장하게 도와주는 방법이

아빠가 세상을 떠나세요

7세 나이에 암으로 아빠를 잃은 영국 소녀 밀리 벨은 스스로 슬픔을 견디는 방법을 찾으려 했고 자신이 지은 책을 통해 아빠를 애도하고 아빠와의 소중한 추억들을 마음속에 잘 담는 방법을 알아냈다.

다음은 밀리가 권하는 슬픔 줄이기 방법이다.

① 슬퍼서 잠을 자기 어려울 때 : 소녀가 꽃 위를 날아가는 그림을 상상하며 걱정을 잠시 덜게 된다. 그림을 옆에 붙이고 눈을 감은 후 행복한 그림을 상상해 보기.

② 해피 케이크 상상하기 : 케이크를 그리는 동안 그 안에는 행복한 모든 것이 들어간다고 상상을 해야 한다. 설탕은 가족과 친구들이 주는 기쁨, 부드러운 밀가루는 귀여운 강아지가 선물하는 미소라고 상상하기. 맛있게 먹으면 기운이 샘솟는다.

③ 생명의 사이클 이해하기 : 식물과 동물의 생명 사이클을 그리면서, 식물은 물론 살아 있는 모든 존재가 살다 사라지는 것을 깨닫게 된다.

④ 추억의 페이지 만들기 : 돌아가신 분이 기억나지 않으면 사진을 붙이고 그에 대해서 상세히 써보면 기분이 좋아진다.

⑤ 감정 차트 만들기 : 하루의 기분을 색으로 표현하기. 어린아이들은 감정을 말로 표현하기 힘든데 이렇게 감정의 차트를 만들어 놓으면, 슬픔을 이기고 점점 나아지고 있다는 자신을 발견하게 된다.

다. 이때 활용되는 치료도구가 놀이이고 놀이의 치료적 힘을 체계적으로 치료에 적용시키는 것이다. 주 양육자와의 애착의 결함은 낮은 자존감과 불안, 무력감, 우울감을 유발시킬 수 있기 때문에 근본적인 어려움을 해결하면서 부정적인 정서를 교정하고 대인관계에서 새롭게 관계맺는 과정을 배우면서 자아의 강점을 개발시키고 자신감을 되찾게 되는 것이다.

5. 외상후 스트레스장애(PTSD)

본 아동은 대형버스 추락사고로 신체적 외상과 가족의 상실이라는 복합적인 외상을 입고 대학병원에서 정형외과, 정신과 치료를 받게 되었고, 이후 외상후 스트레스를 다루기 위하여 의뢰된 사례이다. 내원 당시 사고 경험 자체가 주는 강력한 충격으로 외상을 떠오르게 하는 자극(트럭, 자동차 소리, 구급차 소리)에 불안을 보였고, 야뇨, 과다각성 등의 PTSD 주된 증상이 높은 강도로 나타났다. 사고 자체가 주는 외상적 충격 이외에 사고로 인하여 가족 모두를 상실하게 된 사실을 받아들이고 애도과정에 이르기까지 아동에게는 다각적인 치료접근이 요구되는 상태였다. – 영유아아동정신건강연구(2012) 5권 1호 중에서 –

1) 정의

외상후 스트레스장애란 충격적인 사건을 경험하고 난 후 불안 상태가 지속되는 경우를 말하는 불안장애의 일종으로 강력한 스트레스 사건 경험을 계기로 극심한 두려움, 절망감 등의 감정을 유발하는 장애이다. 이러한 PTSD라는 용어는 원래 자연재해에서의 생존과 전쟁을 겪은 사람, 그리고 그러한 경험을 심리적 · 행동적 증상으로 나타내는 자에게 적용된다(American Psychiatric Association, 1994). 그러나 최근에는 생명을 위협하는 전쟁과 같은 외상뿐 아니라 급변하는 사회상황 속에서 씨랜드 화재사고, 삼풍백화점 붕괴, 대구 지하철 참사, 세월호

사건과 같은 각종 대형 사건들이 잇따르면서 자동차, 기차, 선박, 비행기 등 교통수단으로 인한 사고와 산업현장에서의 여러 가지 사건사고, 이 외에도 개인적인 피해를 주는 폭행, 학대, 주요한 사람과의 이별, 병력 등에 의해서도 외상에 상응하는 일종의 스트레스가 경험되면서 PTSD를 유발하는 사건은 더욱 다양화되고 있다.

특히 외상사건에 대처할 자원이 많고 효율적인 방어기제를 사용할수록 외상 후 스트레스에 성공적으로 대처할 수 있는데 아동은 이런 점에서 성인보다 취약할 수 있다. 성인들은 현실을 회피하거나 부인할 수 있고 외상을 모두 잊어버릴 수도 있지만, 아동은 성인과는 달리 외상을 모두 잊어버릴 수도 없다. 즉 아동과 성인은 인지적, 정서적 차이가 존재하기 때문에 이러한 외상에 반응하는 양상도 다를 수 있다.

2) 특성

- 지속적으로 공포를 경험하기도 하고 수면장애나 집중력 저하가 일어날 수 있다.
- 학교에서나 가정에서 비행행동을 보일 수도 있으며 주변 친구들과 가족과의 관계에 아예 무관심해지는 등 대인관계 문제를 겪을 수도 있다. 만약 그 상태로 성장하게 되면 뇌와 호르몬에도 변화가 일어나 학습, 기억, 분노 조절과 같은 정서 조절에 어려움을 겪기도 한다.
- 스트레스 증상들에 대한 중재가 지연될 경우 일반적으로 야뇨증, 도벽, 야경증, 악몽, 퇴행이나 식욕 저하, 공격행동 등의 부적응 행동 증상이 나타날 수 있다.
- 발달 초기의 외상적 경험은 언어적 표현보다는 주로 꿈, 신체적인 반응들, 두려움, 놀이나 재현적인 행동의 형태로 나타난다(신의진 외, 2004).

3) 원인

PTSD 진단이 가장 흔하게 적용되는 것 중 하나가 교통사고 환자이다. 우리나라에서도 교통사고의 PTSD 적용 빈도가 다양하나 아동의 자료는 그중 일부 포함되어 있을 뿐이다. 보건복지부 조사에 따르면 아동의 PTSD에서 가장 큰 비중을 차지하는 것은 학대이며 이는 2006년 이후 계속 증가 추세를 보이고 있다(김선현, 2013).

4) 진단기준

미국 정신의학회(American Psychiatric Association)의 정신장애 진단 통계편람(DSM-5)에 따르면, 다음 기준을 만족하면 외상후 스트레스장애로 진단한다.

A. 외상성 사건을 경험했던 개인에게 다음 2가지 증상이 모두 나타난다.

1) 개인이 자신이나 타인의 실제적이거나 위협적인 죽음이나 심각한 상해, 또는 신체적 안녕에 위협을 가져다 주는 사건(들)을 경험하거나 목격하거나 직면하였을 때
2) 개인의 반응에 극심한 공포, 무력감, 고통이 동반될 때
   ※ 주의 : 소아에서는 이런 반응 대신 지리멸렬하거나 초조한 행동을 보인다.

B. 외상성 사건을 다음과 같은 방식 가운데 1가지(또는 그 이상) 방식으로 지속적으로 재경험할 때

1) 사건에 대한 반복적이고 집요하게 떠오르는 고통스런 회상(영상이나 생각, 지각을 포함)
   ※ 주의 : 소아에서는 사고의 주제나 특징이 표현되는 반복적 놀이를 한다.
2) 사건에 대한 반복적이고 괴로운 꿈
   ※ 주의 : 소아에서는 내용이 인지되지 않는 무서운 꿈
3) 마치 외상성 사건이 재발하고 있는 것 같은 행동이나 느낌(사건을 다시 경험하는 듯한 지각, 착각, 환각, 해리적인 환각 재현의 삽화들, 이런 경험은 잠에서 깨어날 때 혹은 중독 상태에서의 경험을 포함)
   ※ 주의 : 소아에서는 외상의 특유한 재연(놀이를 통한 재경험)이 일어난다.
4) 외상적 사건과 유사하거나 상징적인 내적 또는 외적 단서에 노출되었을 때 심각한 심리적 고통

〈계속〉

C. 외상과 연관되는 자극을 지속적으로 회피하려 하거나, 전에는 없었던 일반적인 반응의 마비가 다음 중 3가지 이상일 때

1) 외상과 관련되는 생각, 느낌, 대화를 피한다.
2) 외상이 회상되는 행동, 장소, 사람들을 피한다.
3) 외상의 중요한 부분을 회상할 수 없다.
4) 중요한 활동에 흥미나 참여가 매우 저하되어 있다.
5) 다른 사람들로부터의 소외감
6) 정서의 범위가 제한되어 있다(예: 사랑의 감정을 느낄 수 없다).
7) 미래가 단축된 느낌(예: 직업, 결혼, 자녀, 정상적 삶을 기대하지 않는다).

D. 외상 전에는 존재하지 않았던 증가된 각성 반응의 증상이 2가지 이상 있을 때

1) 잠들기 어려움 또는 잠을 계속 자기 어려움
2) 자극에 과민한 상태 또는 분노의 폭발
3) 집중의 어려움
4) 지나친 경계
5) 악화된 놀람 반응

E. 장애(진단 기준 B, C, D)의 기간이 1개월 이상

F. 증상이 임상적으로 심각한 고통이나 사회적, 직업적, 다른 중요한 기능 영역에서 장애를 초래한다.

외상후 스트레스장애를 진단 받은 후에는 다음과 같이 급성, 만성, 지연성으로 세분화 할 수 있다.

(1) 급성 : 증상 기간이 3개월 이하
(2) 만성 : 증상 기간이 3개월 이상
(3) 지연성 : 스트레스 발생 후 적어도 6개월 이후 증상이 나타난다.

영유아, 아동이 겪는 외상후 스트레스장애의 증상들은 성인에게서 나타나는 증상과는 구별된 아동의 발달을 고려한 고유의 특성으로 인식할 필요가 있다.

5) 치료

아동기에 발달적 외상을 입은 이들을 대상으로 하는 심리치료적 개입은 안전하고 아동의 능력을 개발할 수 있는 관계형성 즉, 아동에게 즐거움과 함께 기술습득, 안전감, 예측 가능한 환경을 만들어 줌으로써 어떤 일이 일어날 것인지 아동이 알 수 있게 하는 것이 필요하다.

어린 아동의 경우 사건을 다루는 내용의 텔레비전 신청을 제한하는 것이 좋으며 만일 아이가 사고에 관해 걱정을 한다면 무엇을 걱정하는지 들어보고, 그 이야기를 부모에게 했을 때 부모가 무시하지 않고 이해할 수 있도록 설명하면 안심하는 경우가 많다. 트라우마 치료에서 가장 먼저 해야 하는 것은 심리적 미사여구로 내담자를 편하게 하는 것이 아니라 내담자의 실제적인 '안전'이 가장 중요하다.

- 최근에는 외상기억과 관련한 정서적 관여(engagement), 외상 이야기(trauma narrative)의 조직과 표현, 세계와 자기에 대한 기본적 핵심 믿음에 대한 변형을 다룬 인지행동적 접근이 이루어지고 있다.
- 미술치료 : PTSD에 대한 치료의 사례로 Carey(1999)는 모래놀이치료가 매우 효과적이었다는 연구를 보고하고 있다. 그는 가까운 부모의 죽음이나 이혼, 성학대, 교통사고, 충격적 사건 등 근원적이고 민감한 문제에는 모래놀이와 같이 감각기관에 기반을 둔 치료가 필요하기 때문에 치료효과가 긍정적이었다고 보았다(조정숙, 2010). 또한 미술은 촉각, 후각 등 다른 감각 경험을 내포하기 때문에 매우 자연스러운 감각기억의 표현을 활성화시킨다. 내담자의 외상 경험이 성공적으로 치유되기 위해서는 외상이 감각적 수단으로 처리될 수 있어야 하며 그런 의미에서 감각적 재료를 활용하는 미술치료는 외상을 중재하는 데 유용한 도구이다.

외상아동을 위한 치료에 있어서 미술치료적 접근이 효과적인 이유는 첫째, 아동의 위기, 슬픔, 절망 등과 같은 감정을 조형활동을 통해 자연스럽게 표출할 수 있기 때문이고 둘째, 비언어적 표현은 두려움을 느끼거나 위축되어 있는 아동에게 안전한 표현수단이 될 수 있기 때문이고 셋째, 미술활동은 아동이 위기로 인해 받은 무력감, 혼란, 긴장 등을 완화할 수 있고 성취감을 느낄 수 있기 때문이다.

TIP 사고를 겪은 아이에게

1. 아이들이 안전하고 보살핌 받고 있다고 안심시켜 주세요.
2. 슬픔에 대해 이야기할 수 있도록 부모가 도와주세요.
3. 가장 불안한 취침시간, 특별한 관심을 주세요.
4. 슬픔의 감정을 표현하는 기회를 제공해 주세요.
5. 아이들의 활동에 가족이 다 같이 함께 해주세요.
6. 죄책감을 느낄 일이 아니라고 알려주세요.
7. 장례식에 참석하고 싶어 하면 부모나 교사가 동반해 주세요.
8. 사고 뉴스를 반복해서 접하지 않도록 도와주세요.

세월호사고 관련 정신건강 지침(대한신경정신의학회, 대한정신건강재단, 재난정신의학위원회)

6. 반응성 애착장애

반응성 애착장애는 5세 이전의 병적인 보살핌 즉, 애착결핍으로 인하여 대부분의 상황에서 심하게 손상되고 발달적으로 부적절한 사회적 관계를 형성하는 장애이다. 반응성 애착장애는 과잉보호나 잦은 양육자 교체와 같은 부모의 병적인 보살핌이 문제가 되기도 하고 방임과 학대 등 극단적인 양육 형태나 아동의 장기간 입원, 부모의 무경험, 극심한 빈곤 등의 특정 상황을 원인으로 보기도 한다.

반응성 애착장애 아동은 발달적으로 손상된 모습으로 사회적 관계를 시작하지 못하고 적절하지 못한 방식으로 관계에 반응한다. 뿐만 아니라 어떤 아동은 지나치게 경계하거나 양가반응을 보이는 경우도 있다. 반응성 애착장애 아동은 정신지체 아동이나 전반적 발달장애 아동과 유사한 발달지연을 보이는 듯하지만, 안정된 애착을 저해하는 요소가 선행된다는 점에서 큰 차이가 있다.

반응성 애착장애는 억제형과 탈억제형으로 나뉘는데 둘 다 아동이 사회적인 관계를 먼저 시작하지 못하고 발달적으로 적절한 방식으로 반응하지 못한다. 두 가지 유형의 특징은 다음과 같다.

- **억제형** : 발달단계에 맞게 적절한 방법으로 사회관계를 시작하거나 반응하는 것을 지속적으로 하지 못하는 것이다. 아동의 감정이 양면적이고, 억제되고, 무반응적이고 지나치게 조심스러운 반응으로 나타난다.
- **탈억제형** : 애착 대상을 선택하는 능력에 문제를 가지고 있어 무분별한 애착을 보이는 경우이다. 아동이 사회적 상황에서 사람을 변별하지 않고 가리지 않아 지나친 사회성을 나타내며 선택적인 애착을 보이지 않고 낯선 사람과의 사회적 상호작용을 조절하지 못한다(낯선 이에 대한 지나친 친근감).

영유아기에 학대를 받았거나 방임된 아동들이 그렇지 않은 아동보다 불안정 애착을 형성할 가능성은 훨씬 높다. 뿐만 아니라 부모의 우울증이나 정신분열증과 같은 질병은 아동의 애착발달에 위험요인이 된다. 한편 불안정 애착이 특정한 정신병리와 연결되어 있을 가능성에 관심을 갖는 학자들은 공포증(학교공포증, 분리불안, 특정 동물공포증 등)이 불안정 애착과 상당한 관련이 있음을 보고했다. 또한 부모의 관심 등의 양육행동을 유발하는 품행장애 역시 불안정 애착과 연관되어 있음이 밝혀졌다(장휘숙 역, 2003).

불안정 애착이 항상 정신병리를 유발하는 것은 아니지만 정도가 심할 경우에 아동은 애착장애를 겪는다. 반응성 애착장애 아동은 애착 대상으로부터 건강한 상호작용 방식을 습득하지 못하며 부모의 패턴에 맞춘 다양한 행동전략을 만든다. 지나치게 냉담하여 어느 누구에게도 애착행동을 하지 않거나 무분별하게 아무에게나 매달리는 것이 그 예다. 어떠한 경우에는 발달지연을 초래하기도 한다. 심할 경우에 나타나는 증상이 발달장애 아동과 유사하기 때문에 사람들과의 상호작용 질은 매우 열악할 수밖에 없다. 결국 사회적 관계는 단절되고 사회 속의 부적응아로 전락하고 만다. 무엇보다 반응성 애착장애 아동은 선천적으로 어려움을 가지고 태어나지 않았음에도 불구하고 후천적 양육환경으로 장애가 유발되기 때문에 아쉬움이 더 크다.

반응성 애착장애 아동들은 생애 초기에 정서적으로 가까이 할 수 있는 주 양육자에게 접근하지 못하기 때문에 사회적 관계에 심각한 이상을 초래한다. 반응성 애착장애는 이후 발달에 있어 사회적 유능성에 심각한 영향을 미치고 행동문제와 인지발달 영역에 지속적으로 영향을 미친다. 그러나 조기개입이 이루어질 경우 아동의 정신병리는 상대적으로 빠르게 호전될 가능성이 높다. 물론 연령과 증상, 개인차에 따라 다르겠지만 적절한 개입은 아동의 건강한 사회적 적응을 도와줄 수 있다.

반응성 애착장애 치료개입 방안은 애착이 초기 관계형성의 경험이 내재화된 것이라는 점에서 상담자와 아동의 관계가 치료에 중요한 역할을 한다. 즉 건강하지 못한 어머니와의 상호작용을 경험한 아동에게 아동의 과거 경험, 행동 유형, 사회적 상호작용, 아동의 발달 자체를 교정한다. 그리고 발달을 촉진할 수 있는 교정적 발달경험을 하게 하는 것이다. 놀이치료나 치료놀이를 실시하여 정서적인 교류를 통해 애착을 재경험하여 유아기의 발달과업을 성취하고 사회적인 관계를 형성하는 기초를 이룰 수 있다. 언어치료는 발달에 맞는 언어를 습득하고 활용하면서 초기에 결핍된 언어발달을 촉진시킬 수 있다. 사회성 훈련은 아동이 발달시기에 적절한 사회적 기술을 익히고 사회적 관계를 형성할 수 있는 개인의 역량을 키우도록 한다.

제4절 부적응문제

1. 언어지연

언어는 자신의 의사를 표현하고 전달하는 매우 중요한 심리적 기능이다. 이러한 언어능력을 발달시키는 것이 대인관계와 학업적 적응을 위해서 매우 중요하다. 언어는 연령이 증가해 가면서 서서히 발달하기보다는 결정적 시기에 집중적인 습득과정을 거쳐 발달한다. 이 시기에 언어발달을 적절히 평가해 대처하는 것이 이후 발생할 수 있는 언어지연이나 학습장애를 예방하는데 도움을 줄 수 있다.

언어는 크게 수용언어와 표현언어로 나눠진다. 수용언어는 아기가 엄마 배 속에 있을 때부터 발달하기 시작한다. 이 때문에 태교가 중요하다. 임신 중 좋은 음악이나 부모의 목소리를 들려주면 아이는 이 소리를 듣고 자란다. 표현언어는 아기가 태어난 이후 입술, 혀, 성대 등의 조음기관이 서로 조화를 이뤄 기능하기 시작하면서 발달하게 된다.

언어지연으로 상담소를 찾는 아이들 대다수가 수용언어 능력은 이상이 없지만, 표현언어 능력에서 지연을 보이는 경우가 많다. 수용언어 능력도 지연을 보인다면 발달검사 등 정밀검사를 통해 이상 여부를 확인해야 한다.

표현언어 평가에서는 13~14개월 유아가 '다' '가' '모' '버' '더' 등과 같이 자음과 모음이 합쳐진 소리를 내고, 원하는 것을 손가락으로 가리키면 된다. 또 '좋다(예)' '싫다(아니요)'를 몸이나 고개를 흔들어 표현할 수 있으면 연령에 맞는 언어발달이 이루어지고 있는 것이다.

15~16개월은 '엄마' '아빠'를 명확히 구분해서 말하고, 다른 단어가 하나 더 있으면 충분하다. 17~18개월의 경우 '아니'와 같이 싫다는 뜻을 가진 말의 의미

를 알고 사용하면 또래에 맞는 언어발달이 이뤄지고 있다고 생각된다.

수용언어 평가는 13~14개월 유아에게는 동작을 보여주지 않고 말로만 '주세요', '오세요', '가자', '밥 먹자' 등을 말하고, 이 중 2개 이상의 뜻을 이해하면 '괜찮다'고 볼 수 있다.

15~16개월 유아에게는 보이는 곳에 공을 두고 '공이 어디 있어요'라고 물어보면 공이 있는 방향을 쳐다보면 언어를 충분히 이해하고 있다고 보면 된다. 17~18개월 유아는 익숙한 물건(전화기 · 자동차 · 책 등)을 그림에서 찾으라고 말할 때 짚어낼 경우 충분히 언어발달에 문제가 없다고 볼 수 있다.

영유아건강검진에서 언어발달이 정상으로 나왔다면 말이 조금 늦어지는 것처럼 보여도 크게 문제가 될 가능성은 없다. 하지만 추적관찰이나 심화평가 결과가 평균 이하로 나왔다면 아이의 언어가 또래보다 늦어진다고 이해하면 된다. 특히 인지 발달이 함께 늦어지는 경우 추가적인 검사도 필요할 수 있다.

아동이 언어지연을 지니고 있다고 해서 반드시 언어장애가 있다고 의미하지는 않는다. 언어지연은 언어기술의 발달이 늦지만, 정상적으로 발달하는 아동들과 동일한 순서로 언어를 습득하는 것을 의미한다. 언어장애는 단순히 말이 늦은 줄 알고, 크면 괜찮을 것이라는 생각으로 마냥 기다렸다가는 유치원에 적응 못하고, 학령기에서의 읽기와 쓰기, 대인관계 맺기 등에 문제를 초래하게 된다. 언어발달이 늦는 아동은 자신이 속한 사회의 교류수단을 상실함으로써 많은 정보와 경험을 획득하지 못하게 되고 일생동안 지속적인 문제를 가지게 되는 것이다.

본 장에서는 표현성 언어장애와 혼재성 수용-표현성 언어장애, 언어음장애에 대해 알아본다.

1) 표현성 언어장애

표현성 언어장애는 언어이해에는 문제가 없으나 언어적 표현에 현저한 제한이나 결함을 나타내는 경우이다. 이런 아동은 어휘가 제한되어 있거나 단어나 어휘를 부적절하게 사용하고, 문법능력이 떨어지며, 문장의 주요 부분을 생략하며, 길고 복잡한 문장을 만들지 못한다. 시제에 있어 오류를 범하며 일반적인 생각을 표현하는 데 어려움이 있다. 종종 언어적 기억력이 제한되기도 한다. 나이나 교육 수준에 비해 언어적 능력이 현저하게 부족한 반면, 비언어적인 지적 능력이나 언어적 이해능력은 보통 정상적이다.

아동들 중에서 2개 국어를 사용하는 환경에서 성장한 경우 표현성 언어장애를 나타낼 가능성이 있고 발달형 표현성 언어장애의 경우 남아가 여아에 비해 더 많다. 대개 3세경에 인식되는데 증상이 가벼운 경우에는 청소년 초기까지 잘 드러나지 않을 수도 있다. 경과는 다양하게 나타나고 이런 장애를 지닌 아동의 절반은 성장하면서 언어장애가 호전되는 반면 절반은 오랫동안 지속된다.

2) 혼재성 수용-표현성 언어장애

혼재성 수용-표현성 언어장애는 구두언어와 상징적 언어 모두를 포함하는 의사소통에서 장애가 일어나는데, 현저하게 제한된 어휘, 시제의 오류, 단어회상이나 발달수준에 맞는 긴 문장 또는 복잡한 문장을 만드는 데의 어려움이 있다.

정상적인 지능을 지녔음에도 불구하고 언어의 표현과 이해에 현저한 어려움을 나타내는 경우로 혼재성 수용-표현성 언어장애가 있는 아동은 표현성 언어장애에 동반되는 장애가 있다. 그리고 수용성 언어발달에서 장애가 있고 좀 더 심한 경우 여러 가지의 능력 부진이 나타난다. 기본 어휘나 단순한 문장을 이해하는 데 어려움이 있으며 소리의 구분이나 소리와 상징의 연합 등 다양한 영역의 청각과정에서의 능력 부진을 포함한다.

혼재성 수용-표현성 언어장애는 학령기 아동에서 3%까지 발생하고 보통 4세 이전에 발견된다. 그리고 장애가 심한 경우에는 2세경에도 분명한 증상을 보이나 가벼운 경우에는 초등학교 갈 때까지 나타나지 않기도 한다. 혼재성 수용-표현성 언어장애의 경우 정상적인 언어능력을 획득하지만, 예후는 표현성 언어장애보다 나쁘고 언어능력은 때때로 완전하게 회복되지만, 때로는 회복이 불가능하거나 진행성 결함이 있을 수 있고 심한 경우에는 학습장애가 일어날 수 있다.

DSM-5의 진단기준은 다음과 같다. 첫째, 이해력이나 창작의 부족 때문에 습득과 형식에 반하는 어휘력 감소, 제한된 문장구조, 화법의 손상 등의 언어사용에 어려움이 있을 수 있다. 둘째, 언어능력은 충분하지만 나이와 개별적 혹은 단체에서 효과적인 의사소통, 사회참여, 학업성취, 직업능력 기능제한의 결과가 기대에 미치지 못한다. 셋째, 이러한 어려움이 감각손상, 신경학적 상태에 기인하는 것이 아니고 지적인 결함이나 전반적인 발달지연으로도 잘 설명되지 않는다.

3) 언어음장애

발음에 어려움을 나타내는 경우를 말한다. 나이에 비해서 현저하게 부정확하거나 잘못된 발음을 사용하고 단어의 마지막 음을 발음하지 못하거나 생략하는 등의 문제를 나타낸다. 음성학적 장애를 나타내는 경우 언어음을 인식하거나 생성하는 데 어려움을 보이고, 증상의 심각도는 말을 하는 데 지장이 없는 경우부터 완전히 이해할 수 없는 정도까지 그 범위가 매우 넓다. 음의 생략이 음의 대치보다 더 심하고, 음의 대치는 음의 왜곡보다 더 심한 편이다. 그리고 혀 짧은 소리를 특히 많이 낸다. 심한 정도의 경우 어린아이의 말을 가족조차도 이해하지 못하는 경우가 많다. 그리고 덜 심한 정도의 음성학적 장애의 경우는 가까운 가족 외에는 발견하기 어렵고 초등학교에 들어가기 전까지 장애가 있는 줄 모르고 지내는 경우가 많다. 이러한 증상은 동반되는 원인과 심각도에 따라 경과가 다양하다.

언어음 오류의 유형은 다음과 같다.

① **생략**(omission) : 필요한 위치에 있는 음소를 적절하게 발음하지 못하여 표준음이 생략되는 것(예: "신문"–"시무").

② **대치**(substitution) : 표준음을 다른 음으로 대치하는 경우. 우리말에서 흔히 나타나는 대치현상은 'ㅅ'은 'ㄷ'이나 'ㅌ'으로 'ㅈ'은 'ㄷ'으로 발음하는 것이다(예: "사과"–"다과", "자전거–다던거").

③ **첨가**(addition) : 불필요한 음을 첨가하는 것(예: "고래"–"골래").

④ **왜곡**(distortion) : 표준음을 잘못 발음하는 것인데 오류음을 정상적으로 사용되는 음소로 표기하기 어렵다.

언어음장애는 치료에 대한 반응성이 높아 언어가 발달하는 시기에 치료가 적절히 이루어진다면 대부분 호전되어 성인기까지 지속되지 않는 경우가 많다. 하지만 언어장애에서 보이는 언어음 문제는 예후가 좋지 않고 특정학습 장애와 관련성도 높다.

2. 따돌림

또래로부터 따돌림을 당하는 아동들의 특성 중 또래관계에서 수동적, 자기중심화 경향, 상황이나 자신에 대한 인식의 부족, 부적절한 대인관계 기술, 부적절한 자기표현능력, 낮은 주장성, 자신감 부족 등에 초점을 맞추어 이런 특성들을 변화시키기 위해 집단상담 프로그램이 필요하다. 집단프로그램을 통해 다양한 사회적 기술을 훈련시켜 그들 스스로 따돌림과 관련된 문제들을 파악하고, 이를 극복해 나갈 수 있는 문제해결방법을 찾아 효과적으로 문제에 대처할 수 있는 능력을 향상시키는 데 중점을 둔다.

1) 집단 프로그램의 목표

- 따돌림을 당하는 아동들이 자신이 어떤 상황에 처해 있는지에 대해 자각할 수 있게 도와준다.
- 따돌림을 당함으로 인해 경험하게 되는 부정적인 감정을 표면화시켜 충분히 표출하게 하여 감정 정화과정을 경험하도록 도와준다.
- 따돌림을 당하는 아동에게 객관적으로 자기인식을 검증할 수 있는 기회를 제공함으로써 따돌림에 효과적으로 대처할 수 있는 기회를 제공해 준다.
- 따돌림을 당하는 아동들에게 또래관계 형성에 필요한 대인관계 기술과 같은 사회적 기술이 부족하다는 인식하에 또래관계 상황에 적절한 사회적 기술을 훈련시키고 그에 따라 따돌림 당하는 수준을 감소시키는 데 중점을 둔다.
- 사회적 기술 향상 프로그램에 참가한 아동들이 자신감을 갖고 새롭게 습득한 기술들을 실생활에 잘 적용하여 일반화할 수 있는 기회를 제공한다.

2) 게임의 특성과 치료적 가치

따돌림 당한 아동을 위한 게임놀이치료기법을 소개하면 다음과 같다. 게임은 보통 규칙이 있는 형식적이고 조직화된 형태를 지니고 있다. 그래서 일반적으로 게임을 하려면 누구든 이미 정해져 있는 일련의 규칙들을 이해하고 따라야 한다. 게임에서의 규칙은 역할, 행동들의 제한과 기대, 그리고 게임방법 등을 알려주고 게임행동의 범위를 제한시키고 형식화시킨다. 또한 게임활동은 엄격한 규칙을 가지기 때문에 구성원들의 조직적이고 논리적인 사고를 가능하게 할 뿐 아니라 경쟁적 특성을 가지기 때문에 구성원들의 적극적인 참여를 이끌어 낼 수 있다는 장점을 가지고 있다. 게임의 치료적 기능에 대한 Reid(1986)의 연구에 따르면 게임놀이는

첫째, 자아가 약한 아동들은 치료자의 사무실에 혼자 치료자와 있다는 것에 대해 압력을 느끼는데 게임은 보다 편안함을 느껴 아동이 치료과정에 열중할

수 있게 한다.

둘째, 게임은 아동에게 자연스럽고 즐겁게 놀이활동에 참여하게끔 한다.

셋째, 게임은 아동이 자아존중감, 무력감, 일반적인 자아강도를 탐색하기 위한 투사적인 도구로서 유용하다.

넷째, 게임의 규칙은 놀이하는 아동들 사이의 의사소통을 촉진시키게 한다.

다섯째, 게임은 아동에게 직면, 훈습, 불편한 감정의 극복감을 얻을 수 있는 기회를 제공한다.

여섯째, 규칙이나 게임을 규정짓는 구조, 사회적 행동을 위한 긍정적인 또래 압력에서 치료자의 객관적인 지식을 경험할 기회를 게임은 제공한다. 게임과 게임놀이가 사회화 과정에서 중요한 역할을 한다는 연구에 의하면, 게임을 통해 자신과 다른 사람을 구분하도록 배우고, 기본적인 의사소통 기술을 연습할 기회를 갖는다고 한다. 이와 같이 게임은 사회화 과정에서 중요한 역할을 하며, 게임맥락에서 작은 삶의 상황이 만들어져 이를 통해 새로운 정보를 얻고 새로운 역할과 행동을 경험하게 되며, 집단의 규칙과 게임의 요구에 적응하는 기회를 갖게 된다. 이러한 게임의 치료적 요소들은 따돌림 아동의 사회적 기술을 향상시키는 데 적절한 매개체가 될 수 있다.

따돌림 아동을 위한 개입 프로그램의 내용을 구체적으로 살펴보면 다음과 같다.

① 친해지기 단계

아동과 상담자 간의 라포와 신뢰감을 형성하고, 아동이 개입 프로그램의 내용과 목표를 이해하고 준비된 마음으로 참여할 수 있도록 도와주며 참여동기를 유발시켜 다른 아동들과 친밀감을 형성하면서 집단의 응집력을 높이는 데 중점을 둔다. 이를 위해 신체적 접촉이 많고 몸을 많이 움직일 수 있는 게임을 통해 집단구성원 간의 어색하고 서먹한 심리적인 거리감을 줄이고 서로에게 신뢰할 수 있는 분위기를 조성하며 서로에 대해 마음을 열 수 있도록 준비시키는 데 중점을 둔다.

② **자기인식 단계**

또래관계 속에서 자신의 모습을 객관적으로 살펴보는 단계이다. 따돌림을 당하는 아동에게 자기인식에 대한 객관적인 검증을 할 수 있는 기회를 제공하여 또래관계 속에서 자신의 문제상황을 올바르게 인식하도록 도와준다.

③ **문제해결 단계**

또래로부터 따돌림을 당하는 아동들은 다양한 부정적 정서를 가지게 되는데 이를 표현하지 못하고 혼자 내면에 간직하고 회피하는 경향이 높다. 표현하는 경우 주목하여 자신의 감정을 적절한 방식으로 표출하고 정화시킬 수 있는 기회를 제공하도록 한다. 또한 따돌림 당하는 문제상황을 극복하고 해결할 수 있는 대안을 찾아 효과적으로 대처할 기회를 제공한다. 따돌림 당하는 아동에게 부족한 사회적 기술을 훈련시킴으로써 효과적으로 문제상황을 해결하고 실제 생활에 잘 적용하여 긍정적인 또래관계 형성을 일반화할 수 있는 기회를 제공한다.

④ **마무리 단계**

마무리 단계에는 그동안 새롭게 알게 된 것을 정리하는 시간을 가지고 또래들과 협동할 수 있는 기회를 제공하고, 함께 한 집단구성원들과의 긍정적인 또래 압력을 제공함으로써 우정을 키워 나갈 수 있는 경험을 하게 한다. 자신의 장점과 다른 구성원들의 장점을 발견함으로써 자신감을 향상시키고, 적극적으로 일상생활에서도 긍정적인 또래관계를 형성하도록 도와준다.

3. 학교폭력

아동 · 청소년기는 발달단계상 어떤 시기보다도 또래집단의 영향력이 강한 시기다. 가장 많은 시간을 보내는 학교에서 폭력이 일어나는 경우, 가해자와 피해자가 같은 공간에 있는 시간이 많으며 폭력이 장기적으로 지속화되는 특성이 있어 피해 학생이 정신적 자신감을 상실하고, 심하면 정신질환으로까지 이어질 가능성이 있다. 학교폭력은 신체적 폭력, 금품갈취 및 집단따돌림과 같은 심리적 폭력, 괴롭힘 등을 모두 포함한다. 최근 우리나라에서의 학교폭력은 점차 증가 추세에 있고 저연령화되고 있어, 고등학생뿐만 아니라 초등학생까지 학교폭력의 대상이 되고 있다.

교육부는 초 · 중 · 고등학교(초 4~고 3) 학생들을 대상으로 실시한 '2021년 1차 학교폭력 실태조사' 결과를 발표했다. 조사 결과, 전체 피해응답률은 1.1%로, 2020년 조사 대비 0.2%p 증가하였으나, 2019년 1차 조사에 비해서는 0.5%p 감소하였다.

학교급별로는 초 2.5%, 중 0.4%, 고 0.2%로 조사되어, 2020년 조사 대비 초등학교는 0.7%p 증가하였고, 중학교는 0.1%p, 고등학교는 0.06%p 감소하였다.

학생 천 명당 피해유형 응답 건수는 2020년 조사와 비교해 언어폭력, 신체폭력은 증가(각각 2.5명, 1.0명)하였고, 집단따돌림, 사이버폭력은 감소(각각 1.2명, 0.1명)한 것으로 나타났다.

피해유형별 비중은 언어폭력(41.7%), 집단따돌림(14.5%), 신체폭력(12.4%), 사이버폭력(9.8%) 등의 순이며, '언어폭력'은 초등학교에서, '사이버폭력'은 중학교에서 응답 비중이 가장 높은 것으로 나타났다.

피해학생이 보호받고 안정적인 학교생활을 할 수 있도록 학교에서 학교폭력 징후 및 초기 발생 상황을 조기에 감지하고 즉각적인 조치가 이루어질 수 있도록 관련 제도를 개선하고, 학교폭력을 손쉽게 신고할 뿐만 아니라 상담을 받고 다양한 학교폭력 예방 정보 등을 얻을 수 있도록 도와야 한다.

신체폭력	• 주먹으로 때리거나 발로 차는 행위 • 찌르고 목 조르는 행위 • 손가락 뒤로 꺾기 • 화장실에서 문 잠그고 때리기 • 운동장으로 나오라고 해서 집단으로 때리기

언어폭력	• 생김새 공격 • 희롱 • 협박 • 욕설 • 다른 학생들 앞에서 상대 학생에 대한 언어적 공격
금품갈취	• 갚을 생각이 없으면서 돈 빌리기 • 입고 있는 옷이 예쁘다면서 계속 옷을 빼앗기 • 돈을 걷어오라고 하기 • 교통카드, 휴대폰 등 개인물품 빼앗기
따돌림	• 싫어하는 말로 바보 취급하기 • 빈정거림 • 면박 주고 핀잔주기 • 골탕먹이기
성폭력	• 성폭행: 폭행, 협박을 하여 성행위를 강제로 하는 것 • 성추행: 폭행과 협박을 하면서 신체적인 접촉을 하는 것

1) 학교폭력에 대처하는 10가지 단계

① 우선 차분하게 마음을 다스린다

- 부모가 안정감을 가져야 자녀에게도 안정감을 유도할 수 있다.
- 부모가 불안한 마음을 가지면 자녀들도 죄책감과 불안감을 느낀다.

② 학교폭력을 당한 사실을 물어보고 들어주고 기록한다

- 학교폭력은 사실에 대한 기록과 증거, 반복성이 매우 중요하다.

③ 자녀가 얼마나 힘들었는지 이해하고 존중한다

- 자녀의 입장에 서서, 자녀가 겪은 감정의 소모와 힘든 시기에 대해 감정적으로 안아 주어야 한다.

④ 자녀의 마음을 공감하고 냉정하게 판단한다

- 부모의 입장은 내 자녀가 우선시되어야 하는 것은 분명하다.
- 하지만 그 상황을 냉정하게 분석하고, 학교폭력의 사실을 파악해야 한다.

⑤ **괴롭힘을 비밀로 하겠다고 약속하지 않는다**

- 학교폭력 사실을 주변에 비밀로 한다고 하고 말을 번복하면 불신이 형성된다.
- 범죄사실에 대한 비밀보장은 어떤 곳에서도 이루어지지 않는다는 것을 알려준다.

⑥ **자녀에게 보다 많은 관심을 기울인다**

- 자녀를 최우선 관심대상으로 하고 자녀의 물건에 이름을 새겨준다.
- 자녀가 사용하는 물건이라서 부모가 소중하게 여긴다는 것을 알려준다.

⑦ **반드시 선생님과 상담한다**

- 가해학생을 찾아가거나 부모를 만나는 것은 신중해야 한다.
- 감정적이지 않도록, 선생님과 냉정한 판단을 해야 한다.

⑧ **자기주장 훈련을 시키고 전문가의 도움을 받는다**

- 평소에 자녀가 자기주장을 할 수 있도록 도와준다.
- 혼자 해결하기 힘들 때는 지역사회기관이나 전문가의 도움을 받는다.

⑨ **법적인 해결을 신중하게 고려한다**

- 자녀의 감수성이 민감하므로 무조건적인 법적 합의 요청은 정서에 좋지 않을 수 있다.
- 법적인 부분은 주변 이야기를 듣지 말고 전문가의 의견을 듣고 면밀히 파악한다.

⑩ **부모가 가장 중요한 롤모델임을 기억한다**

- 부모는 자녀의 생활과 관련된 모든 것의 거울이다.
- 부모는 자녀의 선생님으로서 중요한 존재이므로 서로 긍정적인 영향을 주어야 한다.

2) 학교폭력의 요인과 해결방법

① **가족 내의 요인** : 학교폭력 가해 · 피해 학생 등의 환경은 공통적으로 부모의 학대 등 가정에서 1차 폭력이 발생하는 경우가 많다. 가정에서 부모가 자녀에 대해 부정적인 태도를 갖고, 체벌을 많이 행하거나, 부부간 또는 자녀에게 폭력을 행사하는 경우가 많은 경우 자녀는 폭력에 대해 허용적인 태도와 공격성을 배우고 폭력을 사용할 가능성이 높다.

➡ 부모의 감정 상태를 확인하고 일관된 자녀양육 수칙을 지키는 것이 필요하다.

② **개인적, 심리적 요인** : 가해 학생들의 공격성은 학교에서 선생님과의 관계에서 표출되거나, 또래 관계에서 위협적으로 사용되면서 자연스럽게 학교폭력으로 이어지며 이런 공격성의 원인은 심리적 열등감에서 비롯된다. 자신감이 부족하고 열등감이 느껴지면 상황을 벗어나기 위해 폭력을 행사한다. 폭력적 위협으로 자신이 중심이 되었을 때 존재감을 확인받고 우월감을 느낀다.

➡ 부모는 자녀에게 심리적 안정감을 줄 수 있는 단어를 사용하도록 가르쳐야 한다. 아동 · 청소년기는 많은 욕설과 비속어를 사용하는데 자녀와 함께 어떤 비속어를 사용하는지, 어떤 욕설이 유행하는지 확인하고 공격적 단어를 전환하는 연습을 해본다.

③ **또래관계 요인** : 아동 · 청소년 시기는 또래의 영향이 매우 큰 시기이다. 또래는 개인의 활동에 압력을 행사하거나 동조활동을 유발하는 역할을 한다. 이러한 과정에서 자녀들이 학교폭력에 가담하게 되거나 피해자가 되기도 한다.

➡ 질문을 통해 자녀의 또래관계를 파악한다. 어떤 친구와 또래관계를 형성하느냐가 학업 성적은 물론 부모와의 관계형성에도 영향을 미치므로

부모는 의도된 질문을 하여 자녀의 친구를 파악하기 위해 친근하게 대화한다.

④ **사회적 요인** : 각종 범죄, TV 드라마, 폭력적인 온라인 게임, 영화 등의 폭력적인 대중매체는 스마트폰의 보급과 함께 심각한 수준에 이르고 있다. 폭력적인 대중매체를 피하기 위한 적절한 개입이 필요하다.

➡ 가정과 학교에서 스마트폰과 인터넷 사용에 대한 지도와 제한이 있어야 한다.

학습과제

1. 조손가정 아동의 적응유연성에 대해 논의해 보자.
2. 폭력가정에 노출된 아동의 특성에 대해 설명해 보자.
3. 학대받은 아동을 위한 치료와 개입에 대해 논의해 보자.
4. 분리불안의 원인에 대해 살펴보자.
5. 분리불안을 해결하기 위한 대처방법에 대해 살펴보자.
6. ADHD의 증상은 어떠한 특성을 갖고 있는지 살펴보자.
7. ADHD의 부모에게 도움을 줄 만한 방법은 무엇이 있는지 살펴보자.
8. ADHD 아동의 치료방법에 대해 살펴보자.
9. 아동기 우울의 증상은 어떠한지 살펴보자.
10. 아동기 우울의 원인에 대해 살펴보자.
11. 우울증의 예방책과 대처방법에 대해 살펴보자.
12. 자폐스펙트럼장애 아동에 대한 음악치료와 미술치료, 놀이치료 등 다양한 기법의 적용에 대해 이야기해 보자.
13. 자폐스펙트럼 아동과 반응성 애착장애의 차이점에 대해 토론해 보자.
14. 말더듬이의 지도방법에 대해 이야기해 보자.
15. 언어지연이 다른 발달에 미치는 영향에 대해 논의해 보자.
16. 또래로부터 따돌림당하는 아동을 위한 치료와 개입에 대해 논의해 보자.
17. 학교폭력 근절을 위한 예방대책에 대해 이야기해 보자.

관련문헌 · 영상물

- Concise guide to child and adolescent psychiatry(2013). Dulcan, Mina K., Lake, Mary Beth, 김정민 역 아동과 청소년을 위한 정신건강. 학지사.
- EBS 지식채널e – 네 잘못이 아니야
- Helping your child with selective mutism : practical steps to overcome a fear of speaking(2009). McHolm, Angela E., McHolm, Angela E., Cunningham, Charles E., Vanier, Melanie K., Cunningham, Charles E., Vanier, Melanie K., 아이가 말을 안해요: 선택적 함묵증 자녀를 둔 부모와 치료자를 위한 지침서. 김광웅, 홍주란 옮김. 시그마프레스,
- KBS "생로병사의 비밀" – ADHD 라는 이름의 특별한 아이들 (2008.7.27).
- SBS 스페셜. 다친 마음의 대물림 트라우마 삼대를 챙긴다. 2014. 6. 1.
- SBS 우리아이가 달라졌어요 281회 ADHD http://www.youtube.com/watch?v=A-P1aVMRaLI
- SBS. 우리 아이가 달라졌어요. 294회. (2011. 8. 23).
- SBS. 우리 아이가 달라졌어요 시즌2 SBS(2014). 경향에듀.
- Sharon L. Johnson(2013). PTSD 외상후 스트레스 장애 치료 가이드. 유미숙, 천혜숙 공역. 시그마프레스.
- 그웬돌린 레쏭(2013). 놀라운 우리 가족. 이효숙 (역). 산하.
- 김동일(2009). 이혼가정 아동을 위한 집단상담 프로그램(독서치료의 적용). 학지사.
- 김민화 역(2008). 허클베리 핀 길들이기(David Nylund 저). 학지사.
- 놀이방의 코끼리(2008). 데니스 브로디. 홍은미 옮김. 크림슨.
- 마리안 드 스멧(2012). 나는 두 집에 살아요 괜찮아 괜찮아 1. 정신재(역). 두레아이들.
- 마사오 시마자키(2007). 싫다고 말해요. 최순지(역). 학은미디어.
- 모토요시 마토코(2013). 흘러넘치도록 사랑하라 0-6세 아이에게 주는 마법의 사랑. 이다미디어.

- 박세영 역(2008). 왁자지껄ADHD 연구반. 교육지대.
- 조혜수(2006). 아이의 심리학. 아울북.
- 양명희, 황명숙 공역(2007). 얘들아! 천천히 행동하고 주의집중하는 것을 배워보자(Kaudson G. Nadeau, Ellen B. Dixon 공저). 학지사.
- 영화 〈소원〉 (이준익 감독, 2013).
- 영화 〈에이미(Amy)〉 (나디아 타스 감독, 1998)
- 영화 〈집으로〉 (이정향 감독, 2002).
- 영화 〈개구쟁이 데니스 Dennis the Menace〉 (감독: 닉 캐슬, 1993)
- 윤여림(2009). 우리 가족이야. 토토북.
- 이영미(2007). 엄마, 나 화났어요(눈높이 교육총서). 대교출판.
- 임희옥(2008). 내게 만약 엄마 아빠가 있다면. 아이미코리아.
- 정지음(2021). 젊은 ADHD의 슬픔. 민음사.
- 조아라, 이순 공역(2005). 대학교수가 된 ADHD 소년 리틀 몬스터(로버트 저겐 저). 학지사.
- 콜린 톰슨(2012). 널 만나 다행이야. 박수현(역). 책읽는곰.
- 피토(2006). 안 돼요 정말 안 돼요. 양진희(역). 교학사

관련웹사이트

- CHADD(Children and Adults with Attention Deficit/Hyperactivity Disorder) www.chadd.org
- 국민건강보험공단 http://www.nhis.or.kr
- 대한소아청소년정신의학회 http://www.kacap.or.kr
- 보건복지가족부 http://www.mw.go.kr
- 서동일음성크리닉 http://voice clinic.com
- 서울특별시학교보건진흥원 http://www.bogun.seoul.kr
- 자폐반디상담센터 http://www.ibandicenter.co.kr

- 자폐해냄클리닉 http://hnclinic.co.kr
- 자폐밸런스브레인 http://balancebrain.co.kr
- 서울해바라기아동센터 http://www.childabuse.or.kr
- 중앙아동보호전문기관 http://www.korea1391.org
- 초록우산어린이재단 http://www.childfund.or.kr

참고문헌

강정원, 홍기묵, 안지영(2009). **영유아교사를 위한 아동상담.** 정민사.

고인숙, 이숙희(2010). **아동상담.** 동문사

김붕년, 이동수, 조수철(2000). 주의력 결핍/과잉운동장애에서의 뇌혈류이상. **신경정신의학, 39**, 412-423.

김선현(2013). 외상 후 스트레스 아동의 미술치료 사례연구: 정서조절과 자아개념 증진을 중심으로. 동국대학교 문화예술대학원 석사학위

김수정, 정익중(2016). 아동학대의 사회경제적 비용 추계. **한국아동복지학. 53.** 25-50.

김순혜(2005). **현대 아동상담.** 학지사.

김옥경(2004). 미술치료가 선택적 함묵증 아동의 표현언어 능력 향상에 미치는 효과 연구. **미술치료연구, 11**(3), 369-390.

김재엽, 조학래, 양혜원(2003). 가정폭력에 노출된 아동의 문제와 개입프로그램에 관한 연구. **한국사회복지학, 55**, 27-54.

김태련, 박량규, 윤진영 공역(2005). **테라플레이 놀이치료.** 학지사.

김혜숙(2013). **한국이혼가정아동의 성장: 위험과 자원.** 집문당.

문선화(2001). 소년소녀가장을 위한 후견인 제도의 정착 방안. **한국아동복지학, 11**, 7-32.

박영순(2010). 조손가정 아동의 적응과 애착에 관한 가독교 상담연구- John Bowlby의 애착이론을 중심으로. 계명대학교 박사학위논문.

박필상, 김대광, 정철호(2008). 주의력결핍 과잉행동장애에서 도파민 전달체 및 도

파민 D2, D3, D4 수용체 유전자 다형성. **소아청소년정신의학, 19**(1).

박형원(2004). 가정폭력 노출 아동의 공격행동 감소 프로그램 개발연구. **청소년상담연구, 12**(4), 41-52.

반건호, 이서경, 김봉수(2007). 주의력결핍-과잉행동장애 치료시 비중추신경흥분제 사용의 치신지견. **경희의학, 23**(2), 83-89.

보건복지부(2014). 2014년 정신질환실태조사.

보건복지부(2021. 8. 19). 아동학대 대응체계 보완방안 보도자료.

서울시 소아청소년 정신보건센터(2005).

송영혜(1996). 선택적 함묵아의 심리검사 사례분석. **한국심리학회지: 발달, 9**(1), 88-98.

송영혜, 김경선, 이경하(2001). 신체학대 받은 아동의 놀이치료 접근방향. **놀이치료연구, 5**(1), 23-34.

신민섭, 김현미, 온싱글, 황준원, 김붕년, 조수철(2006). 주의력 결핍과잉행동장애, 아스퍼거장애, 학습장애아동의 실행기능 비교. **소아청소년정신의학, 17**, 131-140.

신숙재, 이영미, 한정원(2000). **아동중심놀이치료.** 동서문화원.

신의진, 엄소용, 최의겸, 송원영, 오경자(2004). 한번의 심각한 외상 경험을 한 학령 전기 아동의 발달정신병리. *J. of Neuropsychiatric Association, 43Z*(2), 172-182.

안동현(2005). 주의력결핍-과잉행동장애. 소아정신의학, 중앙문화사; 220-248.

양명희(2003). 아동의 선택적 함묵증에 대한 교육현장연구 사례 분석.

양명희, 김정희(2003). 선택적 함묵아동 출현율, 특성, 또래관계에 관한 연구: 전주지역 초등학교 1학년을 중심으로. **정서 · 행동 장애연구, 17**(3), 57-77.

양선미(2005). 놀이중심의 인지행동치료 프로그램이 이혼가정 아동의 부모이혼에 대한 지각에 미치는 영향. **놀이치료연구, 9**(2), 79-93.

여성가족부(2014). 2014년 새학기증후군. 여성가족부위민넷. http://www.women.go.kr/new_women/women/common/bbs/view.do?menuId=M00224&selectedSeq=120724

연세대사회발전연구소(2010). 2010 한국어린이 · 청소년 행복지수.

오혜선, 채규만, 김명식(2007). ADHD 성향 아동의 사회기술 향상 프로그램 개발과 효과연구. **한국심리학회지: 임상, 26**(1).

유채은(2008). 가정폭력 노출아동의 적응향상을 위한 자기성장 집단 상담 프로그램 개발 및 효과검증. **교류분석과 심리사회치료 연구, 5**(1), 1-26.

이근후 외 역(1995). **정신장애의 진단 및 통계편람(1995) 제4판.** 하나의학사.

이영미(2003). ADHD 아동의 통합놀이치료효과. 숙명여자대학교대학원 박사학위논문.

이영미(2007). **엄마, 나 화났어요(눈높이 교육총서).** 대교출판.

이정호, 박중섭, 최영민(1995). 소아우울에 관련된 용인에 관한 연구: 가정환경, 양육태도, 학업성적을 중심으로 하여. **신경정신의학, 34**(5), 1485-1491.

이현주(2007). 저소득 조손가족 아동의 성인아이 성향에 영향을 미치는 요인에 관한 경로분석: 수용적 양육태도의 매개효과를 중심으로. **한국아동복지학회, 23,** 7-32.

이혜승, 이순형(2003). 부모효능감 및 부모역할수행이 아동의 문제행동과 내면적 증세에 미치는 영향. **인간발달연구, 10**(1), 37-55.

장현아(2008). 학대아동에 대한 상담 모델의 개관. **청소년상담연구, 16**(2), 1-15.

장휘숙(2003). **애착장애의 치료.** 시그마프레스.

정선주, 홍강의(1995). 선택적 함묵증 아동의 임상특성 및 치료경과. **소아 · 청소년 정신의학, 6**(1), 74-89.

정은정(2003). 주의력결핍 과잉행동장애 아동의 실행기능 결함. 이화여자대학교 대학원 박사학위논문.

정혜정, 공미혜, 전영주, 정현숙(2009). **가족과 젠더.** 신정.

조수철, 이영식(1990). 한국형 소아우울척도의 개발. **신경정신의학, 29**(4), 943-955.

조아라, 이순 역(2005). **대학교수가 된 ADHD 소년 리틀 몬스터.** 학지사.

조정숙(2010). 외상후 스트레스 장애 유아를 위한 모래놀이 치료 사례연구. **아동학회지, 31**(4), 29-47.

주현주(2010). 선택적 함묵증 경향을 보이는 아동의 모래상자치료 사례연구. **모래상자치료연구, 1**(1), 103-121.

중앙아동보호전문기관 www.korea1391.org

천미영, 김희정(2011). 조손가정 아동의 적응유연성에 관한 질적 연구. **한국가족치료학회지, 19**(3), 159-182.

최영(1999). 1994년 4월 대한신경정신의학회 제정 '정신건강주간에 시행된 우울증 선별의 날 행사' 강의자료. 대한신경정신의학회.

최현화(2018). 가족구조의 변화를 겪은 조손가정 아동의 개인미술치료 단일사례연구. 이화여자대학교 교육대학원 석사학위논문.

하혜주, 심은정(2021). 아동학대 피해자를 위한 심리사회적 개입의 효과 : 체계적 문헌고찰 및 메타분석. **한국청소년연구. 32**(4). 65-95.

한은선, 이경숙(2012). 대형 교통사고로 외상을 입고 가족을 상실한 학령기 PTSD아동의 심리치료 사례. **영유아아동정신건강연구, 5**(1), 93-116.

현정환(2009). **아동상담.** 창지사.

홍강의(2004). 아동학대: 개입과 치료. 한국아동학회 추계 학술대회 자료집.

홍성훈, 김희수(2005). 아동이 지각한 가정폭력 수준과 불안 및 사회적응의 관계. **한국보육학회지, 5**(1), 75-87.

황현주, 유은정, 박혜정, 서은정, 신현정, 정다운(2013). **교사를 위한 아동정신건강.** 파란마음.

경인일보(2012.8.16). 말문 닫은 초등생, 마음의 문을 열다. 가평 전문상담교사 함묵증 학생 도와.

중앙일보(2020.9.15). 악당물리치는 게임했더니 ADHD치료... '머리로 먹는 약' 화제.

헬스조선(2014.2.12).

Albano A. M., & Kendall P. C.(2002). Cognitive-behavioral therapy for children and adolescents with anxiety disorders: Clinical research advances.

International Review of Psychiatry, 14, 129–134.

Amanat, E., & Butler, C.(1984). Oppressive behaviors in the families of depressed children. *Family Therapy, 11*, 65–76.

American Psychiatric Association(1994). *Diagnostic and statistical manual of mental disorder*(4th ed.). Washington, DC: American Psychiatric Association Inc.

American Psychiatric Association(2013). *Diagnostic and statistical manual of mental disorders*(5th ed.). Arlington, VA: American Psychiatric Association.

Barkely, R. A.(2005). *Attetniton deficit hyperactivity disorder: A handbook for diagnosis and treatment*(3rd ed.). New York: Guilford press.

Barkley, R. A., DuPaul, G. J., & McMurray, M. B.(1990). A Comprehensive evaluation of attention deficit disorder with and without hyperactivity. *J Consult Clin Psychol, 58*, 775–789.

Bauermeister, J. J., Canimo, G., & Bird, J.(1994). Epidemiology of disruptive behavior disorders. In Greenhill, L.(Ed.), *Child and Adolescent psychiatric clinics of north America.* Philadelphia: Saunders.

Becker, G, S.(1964). *Human Capital*. New York: N Bureau of Economic Research.

Berlin, L., Bohlin, G., & Rydell, A. M.(2003). Relations between inhibition, executive functioning, and ADHD symptoms: A longitudinal study from age 5 to 8 1/2 years. *Child Neuropsychology, 999*, 255–266.

Biederman, J., & Faraone, S. V.(2005). Attention deficit hyperactivity disorder. The Lancet, 2005. July 16.

Brown, E. J., & Goodman, R. F.(2005). Childhood traumatic grief: an exploration of the construct in children bereaved on September 11. *Jounrnal of Clinical Child and Adolescent Psychology, 34*, 248–259.

Brown, G. W., & Harrris, T.(1978). *Social origins of depression: A study of psychiatric disorder in women*. London: Cambridge University Press.

Brown, R. T., Freeman, W. S., Perrin, J. M., Stein, M. T., Amler, R. W., Feldman, H. M., et al.(2001). Prevalence and assessment of attention deficit/hyperactivity disorder in primary care settings. *Pediatrics, 107*: E 43.

Carey, L. J.(1999). **모래놀이치료. 아동치료와 가족치료.** 이정숙, 고인숙 역. 하나의학사.

Cho SC(2001). *ADHD*. Seoul: Seoul National University Press.

Cicchetti, D., & & Schneider-Rosen, K.(1986). An organizational approach to childhood depression. In M. Rutter, C. Izard, & P, Read(Eds.), *Depression in young people*(pp. 77-134). New York: Guilford.

Colligan, R. W., Colligan, R. C., & Dilliard, M. K.(1977). Contingency management in the classroom treatment of long-term elective mutism: A case report. *Journal of School Psychology, 15*(1), 9-17.

Dawson, G., Frey, K., Panagiotides, H., Osterling, J., & Hessl, D.(1997). Infants of depressed mothers exhibit atypical frontal brain actirty: A replicatin and extension of previous findings. *Journal of Child Psychiatry, 38*, 179-186.

Gadow, K. D., Sprafkin, J., & Nolan, E. E.(2001). DSM-IV symptoms in community and clinic preschool children. *J Am Acad Child Adolescent Psychiatrry, 40*, 1383-1392.

Herbert, M.(1991). Clinical Child Psychology. Chichester, England: Wkley.

Jacobs, Edward H.(1998). *Fathering the ADHD Child: A Book for Fathers, Mothers, and Professionals*. Northvale, NJ: Jason Aronson.

Jones, M. R.(1993). Adjustment of raised of their grandparents. paper presented at the 101st Annual Convention of the American Psychological Association. Toronto, Ontario, Canada.

Kaduson, H. G., & Schaefer Charles E.(2006). *Short-Term Play Therapy for Children*. Guilford.

Kashini, J., Rosenberg, T., & Reid, J.(1989). Developmental perspectives in child and adolescent depressive symptoms in a community sample. *American Journal of Psychiatry, 146*, 871–875.

Kim, Kyoung–hee(2007). *The abnormal psychology of child and teenager*. Seoul: Parkyoumgsa.

Kim, S. S., Aannm D. H., & Lee, Y. H.(1998). The effects of the combined treatment of medication and parent's training in children with ADHD. *J Korean Neuropsychiatry Assoc, 37*(4), 683–699.

Knell, S. M.(1993a). *Cognitive-behavioral play therapy*. Northvale, NJ: Aronson.

Kovacs, M., Paulauskas, S., Gatsonis, C., & Richards. C.(1988). Depresiive disorders in childhood: A longitudinal study of comorbidity with and risk for conduct disorders. *Journal of Affective Disorders, 15*, 205–217.

Lyman, R. D., & Hembrdd–Kigin, T.(1995). *Mental health interventions with preschool children*. New York: Plenum Press.

McAlonan, G. F, M., Cheung, V., Cheugn, C., Chua, S. E., Murphy, D. G. M., Suckling, J., et al.(2007). Mapping brain structure in attention deficit–hyperactivity disorder; vessel–based MRI study of regional grey and white matter volume. *Psychiatry Research Neuroimaging, 154*, 171–180.

O'Keefe, M.(1994). Racial/Ethnic Differences among Battered Women and Their Children. *Journal of Child and Family Studies, 9*, 63–78.

Pamela, A. K., & Gali, G. S.(1998). Fasint the pain of divorce through children's literature. *Early Childhood Education Journal, 26*(2), 89–94.

Rapee, R. M., Spences, S. H., Cobham, V., & Wignell, A.(2000). *Helping your anxious child: A step-by step guide for parents*. Oakland, CA: New Harbinger.

Rey, J., & Plapp, J.(1990). Quality of parenting in oppositional and conduct disordered adolescents. *Journal of the America Academy of Child and Adolescents Psychiatry, 142*, 588–592.

Rief, Sandra F.(1997). *The ADD/ADHD Checklist: An Easy Reference for Parents and*

Teachers. Jossey–Bass

Scahill, L., & Schwab–Stone, M.(2000). Epidemiology of ADHD in School–age children. *Child Adolesc Psychiatr Clin N Am, 9*, 541–555.

Spitz, R. A., & Wolf, M.(1946). Anaclitic depression: An enquire into the genesis of psychiatric conditions in early childhood. *Psychoanalytic Study of the Child, 2*, 342–363.

Stoppelbein, L., & Greening, L.(2000). Posttraumatic stress symptoms in parentally bereaved children and adolscents. *Journal of American Academy of children and adolescence psychology, 39*(9), 1112–1119.

Velting, O. N., Setzer, N. J., & Albano, A. M.(2004). Update on and advances in assessment and cognitve–behavioral treatment of anxiety disorders in children and adolescents. *Professional Psychology: Research and Practice, 35*, 42–54.

Wallerstein, J. S., & Kelly, J. B.(1980). *Surviving the break up: How children and parents cope with divorce*. NY: Basic Book.

Wender, P. H.(1987). Minimal brain dysfunction in children. NY: Guilford Press.

Willcutt, E. G., Pennington, B. F., & DeFries, J. C.(2000). Twin study of the etiology of comorbidity between reading disability and adhd. *Am J Med Genet*, 293–301.

부록

소아우울척도 Kovacs' Children's Depression Inventory (CDI)

1) 척도 내용

소아의 우울 정도 측정-Beck 우울 척도를 8~13세 연령에 맞게 변형을 시킨 문항으로 구성

2) 실시 및 채점 방법

자기 보고식, 자신의 기분 상태를 각 문항에서 기술하는 3개 문장 중 하나에 표시하도록 하여 각 문항의 점수를 합산하여 총점을 구함

첫 번째 문장 – 0점, 두 번째 문장 – 1점, 세 번째 문장 – 2점, 점수범위 : 0~54점

3) 해석 지침

0~21점 : 정상

22~25점 : mild depression(경도의 우울)

26~28점 : moderate depression(중등도의 우울)

29~54점 : severe depression(매우 심한 우울)

* 다음은 각 문항마다 여러 가지 느낌과 생각들이 적혀 있습니다. 그 문항들을 읽고, 지난 2주동안의 나의 느낌과 생각을 가장 잘 나타내는 문장을 고르세요. 여기에는 정답이 있는 것이 아닙니다. 단지 여러분의 생각과 느낌을 정확하게 표현하는 문장을 한 개만 골라서 왼쪽 괄호에 ○표하여 주십시오.

1. ( ) 나는 가끔 슬프다.
   ( ) 나는 자주 슬프다.
   ( ) 나는 항상 슬프다.

2. ( ) 나에게 모든 일이 제대로 되어 갈 것이다.
( ) 나는 일이 제대로 되어 갈지 확신할 수 없다.
( ) 나에게 제대로 되어 가는 일이란 없다.

3. ( ) 나는 대체로 무슨 일이든지 웬만큼 한다.
( ) 나는 잘못하는 일이 많다.
( ) 나는 모든 일을 잘 못한다.

4. ( ) 나는 재미있는 일들이 많다.
( ) 나는 재미있는 일들이 더러 있다.
( ) 나는 어떤 일도 전혀 재미가 없다.

5. ( ) 나는 가끔 못됐다.
( ) 나는 못됐을 때가 많다.
( ) 나는 언제나 못됐다.

6. ( ) 나는 가끔씩 나에게 나쁜 일이 일어나지 않을까 생각한다.
( ) 나는 나에게 나쁜 일이 일어날까 걱정한다.
( ) 나는 나에게 무서운 일이 일어나리라는 것을 확신한다.

7. ( ) 나는 나 자신을 좋아한다.
( ) 나는 나 자신을 좋아하지 않는다.
( ) 나는 나 자신을 미워한다.

8. ( ) 잘못되는 일은 보통 내 탓이 아니다.
( ) 잘못되는 일은 내 탓인 것이 많다.
( ) 잘못되는 일은 모두 내 탓이다.

9. ( ) 나는 자살을 생각하지 않는다.
( ) 나는 자살에 대하여 생각은 하지만, 그렇게 하지는 않을 것이다.
( ) 나는 자살하고 싶다.

10. ( ) 나는 때때로 울고 싶은 기분이 든다.
( ) 나는 울고 싶은 기분인 날도 많다.
( ) 나는 매일 울고 싶은 기분이다.

11. ( ) 간혹 이일 저일로 해서 성가실 때가 있다.
( ) 이일 저일로 해서 성가실 때가 많다.
( ) 이일 저일로 해서 늘 성가시다.

12. ( ) 나는 사람들과 함께 있는 것이 좋다.
( ) 나는 사람들과 함께 있는 것이 싫을 때가 많다.
( ) 나는 사람들과 함께 있는 것을 전혀 원치 않는다.

13. ( ) 나는 쉽게 결정을 내린다.
( ) 나는 어떤 일에 대한 결정을 내리기가 어렵다.
( ) 나는 어떤 일에 대한 결정을 내릴 수가 없다.

14. ( ) 나는 괜찮게 생겼다.
( ) 나는 못 생긴 구석이 약간 있다.
( ) 나는 못 생겼다.

15. ( ) 나는 별로 어렵지 않게 학교 공부를 해낼 수 있다.
( ) 나는 학교 공부를 해내려면 많이 노력하여야만 한다.
( ) 나는 학교 공부를 해내려면 언제나 노력하여야만 한다.

16. ( ) 나는 잠을 잘 잔다.
( ) 나는 잠들기 어려운 밤이 많다.
( ) 나는 매일 밤 잠들기가 어렵다.

17. ( ) 나는 가끔 피곤하다.
( ) 나는 자주 피곤하다.
( ) 나는 언제나 피곤하다.

18. ( ) 나는 밥맛이 좋다.
( ) 나는 밥맛이 없을 때가 많다.
( ) 나는 밥맛이 없을 때가 대부분이다.

19. ( ) 나는 몸이 쑤시고 아프다던지 하는 것에 대해 걱정하지 않는다.
( ) 나는 몸이 쑤시고 아픈 것에 대해 걱정할 때가 많다.
( ) 나는 몸이 쑤시고 아픈 것에 대해 항상 걱정한다.

20. ( ) 나는 외롭다고 느끼지 않는다.
( ) 나는 자주 외롭다고 느낀다.
( ) 나는 항상 외롭다고 느낀다.

21. ( ) 나는 학교생활이 재미있을 때가 있다.
( ) 나는 가끔씩 학교 생활이 재미있다.
( ) 나는 학교 생활이 재미있었던 적이 없다.

22. ( ) 나는 친구가 많다.
( ) 나는 친구가 좀 있지만 더 있었으면 한다.
( ) 나는 친구가 하나도 없다.

23. ( ) 나의 학교 성적은 괜찮다.
( ) 나의 학교 성적은 예전처럼 좋지는 않다.
( ) 예전에는 무척 잘하던 과목이 요즈음 성적이 뚝 떨어졌다.

24. ( ) 나는 다른 아이들처럼 착하다.
( ) 나는 마음만 먹으면 다른 아이들처럼 착할 수가 있다.
( ) 나는 절대로 다른 아이들처럼 착할 수가 없다.

25. ( ) 분명히 나를 진심으로 좋아하는 사람이 있다.
( ) 나를 진심으로 좋아하는 사람이 있을지 확실하지 않다.
( ) 나를 진심으로 좋아하는 사람은 아무도 없다.

26. ( ) 나는 나에게 시킨 일을 대체로 한다.
( ) 나는 나에게 시킨 일을 제대로 하지 않는다.
( ) 나는 나에게 시킨 일을 절대로 하지 않는다.

27. ( ) 나는 사람들과 사이좋게 잘 지낸다.
( ) 나는 사람들과 잘 싸운다.
( ) 나는 사람들과 언제나 싸운다.

출처: 조수철, 이영식(1990). 한국형소아우울척도의 개발.

Chapter
08

부모상담

자녀의 건강한 성장과 발달을 위해 부모들은 교사나 여러 매체를 통해 많은 정보를 알고자 한다. 특히 인터넷이 발달해 있는 우리 사회에서는 넘쳐나는 육아정보와 교육정보로 인해 때로는 부모들이 혼란스러워하거나 잘못된 정보로 부모–자녀관계에서 갈등을 겪기도 한다. 아동상담센터에서의 부모상담은 일반적으로 아동에게 보이는 발달상의 문제를 상담하는 과정에서 공감과 경청을 통해 부모와의 신뢰로운 협력관계가 필수적이다. 아동의 상담과정에서 성과를 높이기 위해서 상담자는 부모상담의 중요성을 깊이 인식하여야 할 뿐 아니라 부모상담에 있어서 필요한 역량을 강화해야 한다.

제1절 부모상담의 개념

아동상담에서 부모상담이 차지하는 부분은 매우 크다. 즉 아동의 문제를 정확히 파악하기 위해 부모에게 아동의 현재 상황에 대한 올바른 정보와 아동의 문제해결을 위해 부모의 적극적인 협조를 구해야 한다. 즉 부모상담은 부모와 아동이 환경에 보다 잘 대처해 나갈 수 있도록 부모의 역량을 길러주는 것이며, 이를 통해 아동과 부모의 행동변화를 이끄는 것이다.

부모상담은 아동과 관련된 여러 현장에서 사용되는 전문적인 기술로, 아동상담 및 치료 현장은 물론, 교육 및 보육기관에서 교사에 의해 이루어지는 부모교육과 상담, 그리고 아동관련 복지현장에서 이루어지는 부모상담 등 다양하다(강경미, 강란혜, 송주미, 2006). 최근에는 인터넷의 발달로 사이버상담 또한 활발히 이루어지고 있다.

일반적으로 부모상담에서 이루어져야 할 상담내용에는 발달에 적절한 양육 및 교육방법, 의사소통기술, 부모-자녀관계, 부모-자녀의 긍정적 관계 맺기, 행동 문제에 대한 지원 등이 포함된다(강정원, 홍기묵, 안지영, 2009).

부모상담을 통하여 부모는 아동을 보다 객관적이고 심층적으로 이해하며 양육하고 교육하는 데 도움을 받게 되는데, 부모상담은 일반적인 자녀양육에 대한 정보와 자기 자녀만을 위한 개인적이고 특수한 정보를 원하는 부모들의 요구를 충족시켜 줄 수 있다(김현주, 손은경, 신혜영, 2002).

현대 부모들은 사회적 변화로 인하여 과거보다 자녀양육에 여러 가지 어려움을 가지고 있으므로, 상담자들은 현대 부모들의 특징을 잘 인식하여 부모들을 더 많이 이해하는 태도를 가져야 한다. 다음은 현대 부모들의 특징들이다.

- 부모역할을 준비할 기회가 전혀 없었다.
- 부모는 자신에게 문제가 있는 것은 아닌지, 부모역할을 제대로 하고 있는지, 자녀의 문제를 바로 잡을 수 있을지 등 걱정이 많다.
- 부모역할에 대해 불안감이 커지고 자녀양육에 대해 누군가의 도움을 원한다.
- 내 아이만큼은 다른 아이보다 뛰어나기를 원하며 자녀에 대한 기대치가 높다.

제2절 부모상담의 유형

1) 면대면에 의한 상담

면대면에 의한 상담은 전형적인 상담 유형으로 대부분의 부모상담에서 이루어지는 형태이다. 일정한 장소와 시간에 전문상담자와 부모가 얼굴을 마주하여 이루어지는 상담으로 라포 형성에 따라 심층적인 내용까지 다룸으로써 상담의 효과를 기대할 수 있다는 장점도 있지만 때로는 대면관계에서 발생하는 심리적 부담감으로 인해 상담효과가 낮을 수도 있다. 아울러 시공간적 제약으로 인해 맞벌이 부부에게는 활용하기 어려운 점도 있다.

2) 인터넷을 활용한 상담

인터넷을 활용한 상담은 익명성이 있기 때문에 상담자와 만나 쉽게 꺼내기 힘든 내용들을 자연스럽게 질문하고 도움을 받을 수 있고, 상담기관을 찾아가야 하는 번거로움과 경제적인 부담 등으로부터 자유롭다는 장점이 있다. 그러나 면대면의 상담에 비해 상담이 초기 단계에서 그치는 경우가 많고 아동과 부모에 대한 정보 또한 정확하고 구체적인 것을 기대하기 어렵다는 단점도 있다. 최근에는 인터넷을 통해 아동문제에 대한 정보를 구한 다음 실제 상담기관을 찾는 경우가 많다.

3) 전화상담

전화상담은 실제 부모상담이 이루어지기 전에 부모가 전화로 상담에 대해 문의하거나 도움을 청하는 단계에서 이루어지는 것으로 인터넷이 널리 보급되기 전에 자녀문제를 상담하기 위해 활용한 방법이다. 그러나 전화상담은 위기상담(핫라인)에 많이 활용되고 있으며, 면대면에 의한 심리적 부담감이나 비용부담은 적고 때로는 일시적으로 양육스트레스를 해소하는 면에서는 도움을 받을 수 있다. 그러나 면대면 상담에 비해 전문적인 상담이 이루어지기에는 한계가 있다.

제3절 부모상담의 기술

부모상담이 아동상담 과정에서 중요하다는 인식은 높으나 실제 부모상담은 초보상담자뿐 아니라 숙련된 상담자들에게도 어려운 영역이다. 부모상담이 효과적으로 이루어지기 위해서는 상담자가 유념해야 할 사항이나 태도를 살펴볼 필요가 있다.

1) 부모상담 시 상담자가 유념해야 할 태도

① 공감해주고 지지해주기

부모와의 첫 접촉은 모든 상담상황에 있어서 매우 중요하다. 첫 통화 시 상담자는 부모를 공감해야 하며 라포를 형성해 나가야 한다. 부모의 말을 잘 들어주고 전화한 것 그 자체를 지지해주며, 너무 많은 조언보다는 격려해주는 것이 필요하다. 즉 상담자는 부모가 상담자로부터 관심과 이해를 받았으며, 부모 자신이 능력이 있는 존재임을 느끼도록 도와야 한다.

부모의 감정과 접촉하고 공감하기는 상담자의 가장 기본적인 기술이다. 라포 형성이 확장되면서 상담과정에 부모가 지속적으로 참여할 가능성이 더 커지게 된다.

즉 부모가 상담자를 통해 자신이 겪는 심리적인 어려움에 대해 공감과 지지를 받아 심리적 안정감을 얻게 되면, 이로 인해 아동을 대하는 태도가 변화한다. 이는 부모를 상담 파트너로서 동참시킴으로써 부모를 지지하고 공감함으로써 상담의 협력자로 동참시키는 과정이라고 할 수 있다(김성진, 한유진, 2018).

② 부모가 사용하는 표현 명확하게 하기

부모가 아동에 관한 설명을 할 때 부모가 사용한 구절들에 대한 상담자의 이해는 특히 중요하다. 그런 말들이 부모에게 어떤 의미로 다가오는지 다시 되묻는 과정을 통해 상담자는 아동의 문제에 대해 부모가 어떻게 인식하는지를 더 잘 알게 된다. 상담자가 아이에 대해 더 많이 이해할수록 부모와 아동을 더 잘 도울 수 있다.

③ 부모의 상담 목표 정하기

부모들에게 상담과정에서 원하는 구체적인 목표와 결과에 대해 물어보아야 한다. 아이를 위한 부모의 목표를 존중하는 것 외에도, 아동이 원하는 목표를 상담자가 알아차리는 것 또한 중요하다. 상담자는 부모와 아동에게 서로의 욕구를 이해하고 수용하고 협력할 수 있도록 도와야 한다.

④ 부모의 노력 지지하기

부모의 도움을 얻는 것은 상담 결과를 극대화시키는데 필수적이다. 부모의 적극적인 도움이 있다면 상담의 긍정적인 효과뿐 아니라 진행속도 또한 빨라질 수 있다. 상담자는 부모의 노력과 긍정적인 측면을 인식하고 인정하고 지지할 필요가 있다(김광웅 외 2인, 2008). 부모의 노력을 지지하는 것은 부모의 관심을 유도하고, 부모로서 자신감을 갖게 하여 부모와 상담자의 신뢰로운 관계를 유지하는데 큰 도움이 된다.

2) 부모상담의 기본 원리

① 부모유형 및 문제행동 파악하기

- 부모의 양육태도 점검하기(어떤 유형의 부모인가)
- 부모가 호소하는 문제의 정도 파악하기 : 부모가 현재 무엇을 원하며 아동에게 어떤 기대를 갖고 있는지 부모의 욕구를 이해하기
- 아동의 문제행동과 일반적인 발달 비교하기 : 영유아가 가지고 있는 문제를 정확히 파악하고 있어야 한다.

② 적극적으로 경청하기

- 부모의 언어적, 비언어적 태도를 적극적으로 경청하기
- 부모가 말하지 않은 내용 파악하기

③ 공감하기

- 부모의 핵심감정 이해하기
- 인간적인 면과 세심함을 보이기
- 적절히 반영하기
- 비언어적 메시지를 적극 활용하기

④ **부모와 문제에 대해 대안 찾기**

- 부모가 가지는 아이에 대한 관심에 대해 지지, 격려하기
- 아동의 장점을 활용하고 단점을 장점으로 활용할 방안 찾기
- 문제해결의 목표 세우기(부모 전략, 당면한 어려움 인식하기) : 아동의 문제를 알려 주는 데 그치지 않고 문제해결의 역점사항에 관한 통찰력 갖기
- 양육정보 제공하기

학습문제

1. 부모상담의 개념은 무엇인가?
2. 부모상담 시 교사가 유념해야 할 태도에는 어떤 것들이 있는가?
3. 부모상담의 기본원리에 대해 토의해 보자.

관련문헌 · 영상물

- 신혜영(2013). 부모상담. 파란마음.
- 정성훈, 박애선, 진미경(2009). 부모 자녀 관계 평가 및 상담의 실제. 시그마프레스
- EBS 60분 부모(2010). 아이와 부모가 함께 성장하는 대한민국 대표 육아 안내서. 성장 발달 편.

참고문헌

강경미, 강란혜, 송주미(2006). **아동상담**. 대왕사.

강정원, 홍기묵, 안지영(2009). **아동상담**. 정민사.

김광웅, 강은주, 진화숙(2008). **놀이치료에서의 부모상담**. 시그마프레스.

김성진, 한유진(2018). 놀이치료사의 부모상담 역할 강화를 위한 프로그램 개발 및 효과. **한국놀이치료학회. 21**(1), 43-61.

김현주, 손은경, 신혜영(2002). **현장중심 부모교육: 이론과 실제**. 양서원.

찾아보기

저자소개

구은미

숙명여자대학교 대학원 석사(아동상담 전공)
Rhode Island College 석사(유아교육 전공)
숙명여자대학교 대학원 박사(유아교육 전공)
현) 동의대학교 보육가정상담학과 교수

〈주요 저서 및 역서〉
유럽평의회 각료회의의 아동친화적 사법체계에 대한 지침(공역, 2015)
아동권리 0–8 육아지원기관에서의 아동권리 레토릭과 현실(공저, 2015)
아동청소년과 인권(공저, 2017)
아동권리와 복지(공저, 2018)

박성혜

숙명여자대학교 대학원 석사(아동심리 전공)
숙명여자대학교 대학원 박사(아동심리 전공)
Notre Dame de Namur 대학교 대학원 석사(미술치료 전공)
현) 숙명여자대학교 심리치료대학원 미술치료학과 조교수

〈주요 저서 및 역서〉
아동발달심리학(공역, 2007)
21세기 아동 · 청소년복지(공저, 2009)
현대아동복지론(공저, 2012)
미술심리치료 이론과 실제(공저, 2021)

이영미

숙명여자대학교 대학원 석사(아동상담 전공)
숙명여자대학교 대학원 박사(아동상담 전공)
현) 분당어린이카운슬링소장, 숙명여자대학교 가정아동복지학부 겸임교수

〈주요 저서 및 역서〉
아동중심놀이치료(2000)
엄마, 나 화났어요(2007)
21세기 아동 · 청소년복지(공저, 2009)
EBS 라디오 멘토 부모(공저, 2010)
현대아동복지론(공저, 2012)

이혜경

숙명여자대학교 대학원 석사(아동심리 전공)
뉴욕주립대학교 대학원 석사(교육심리 및 통계 전공)
숙명여자대학교 대학원 박사(아동상담 전공)
현) 숙명여자대학교 미래교육원 강사

〈주요 저서 및 역서〉
21세기 아동 · 청소년복지(공저, 2009)
현대아동복지론(공저, 2012)

제3판

아동상담

1판 1쇄 발행 2014년 8월 30일
2판 1쇄 발행 2016년 8월 20일
2판 2쇄 발행 2019년 9월 15일
3판 1쇄 발행 2022년 2월 25일

지 은 이 | 구은미 박성혜 이영미 이혜경
발 행 인 | 박철용
발 행 처 | 양서원
주 소 | 경기도 파주시 직지길 522 파주출판도시
전 화 | 031-955-8000(代)
팩 스 | 031-955-8005
홈페이지 | www.yswpub.co.kr
이 메 일 | yswgroup@naver.com
출판등록 | 1987년 11월 24일 제406-2003-037호

ISBN 978-89-994-1247-9

정가 21,000원